BESTSELLER

FRED VARGAS

Sobre la losa

Traducción de
Anne-Helène Suárez Girard

DEBOLS!LLO

Papel certificado por el Forest Stewardship Council®

Título original: *Sur la dalle*

Primera edición en Debolsillo: noviembre de 2024

Printed in Spain – Impreso en España

ISBN: 978-84-663-7578-8
Depósito legal: B-16.058-2024

Impreso en Black Print CPI Ibérica
Sant Andreu de la Barca (Barcelona)

P 3 7 5 7 8 8

I

Gardon, el vigilante de la comisaría del distrito 13 de París, rayano en lo maníaco de tan meticuloso, estaba en su puesto a las siete y media en punto, con la cabeza inclinada hacia el ventilador del despacho para secarse el pelo, según su costumbre. Eso le permitió divisar a lo lejos al comisario Adamsberg, que iba aproximándose a paso muy lento, portando un objeto no identificado en los antebrazos, con las palmas de las manos hacia arriba y tanta precaución como si sostuviera un jarrón de cristal. Gardon —un apellido tan apropiado para su cargo de guarda que le valió muchas bromas de sus compañeros hasta que acabaron aburriéndose— no tenía fama de ser muy avispado, pero cumplía su misión con un celo casi excesivo. Misión que consistía en detectar cualquier cosa rara que se acercara, por mínima que fuera, y proteger la comisaría. Y en esa tarea era sobresaliente, tanto por su ojo de lince, entrenado por años de servicio, como por su inesperada rapidez de reflejos. No entraba cualquiera en el sanctasanctórum que era la Brigada Criminal, y uno tenía que enseñar una patita más blanca que la nieve para que ese cancerbero —que era de todo menos impresionante— accediera a levantar la reja protectora que cerraba la entrada. Pero nadie habría criticado la suspicaz obsesión de Gardon, que más de una vez había detectado bultos apenas visibles de armas disimuladas bajo la ropa o dudado de apariencias demasiado zalameras para parecerle naturales, desbaratando así las intenciones de los agresores. La mayoría de las veces habían sido intentos de liberar a un preso preventivo, pero también en alguna ocasión, de tentativas de liquidar a Adamsberg, ni más ni menos, y estas últimas eran cada vez más numerosas. Dos en veinticinco meses. Con el paso de los años y de los éxitos del comisario en investigaciones más tortuosas, su reputación había crecido a la par de las amenazas contra su vida.

Ese peligro no preocupaba en absoluto a Adamsberg, que persistía en ir a pie desde su casa hasta la brigada; tan habitado estaba por su despreocupación innata, que a menudo parecía rozar la negligencia, incluso la indiferencia, peculiaridad de su naturaleza que, por curados de espanto que estuvieran los miembros de su equipo, los desorientaba o a veces los exasperaba, al tiempo que dejaba inexplicados muchos de sus éxitos. Éxitos que se conseguían a menudo con métodos opacos, si es que se puede hablar de método en el caso de Adamsberg, y por vericuetos por los que pocos lograban seguirlo. A lo largo de las ramificaciones ininteligibles de sus investigaciones, que en ocasiones parecían dar la espalda al objetivo, se veían forzados a acompañarlo sin por ello comprender lo que hacían. Cuando sus ayudantes —sobre todo el primero de ellos, el comandante Danglard— le reprochaban la niebla en la que los dejaba debatirse, él abría los brazos en un gesto de impotencia, pues no era raro que fuera incapaz de explicarse a sí mismo sus propios planteamientos. Adamsberg seguía su viento particular.

Gardon abrió la ventana cuando el jefe estuvo a pocos metros de la escalera del viejo edificio y lo vio volverse para dirigir un breve saludo a dos mujeres que caminaban a veinte pasos de allí, aparentemente dos ejecutivas apresuradas, en realidad dos tiradoras de élite encargadas de proteger la ruta del comisario. Adamsberg sonrió. Sabía que debía esta reciente medida a los atentos cuidados del comandante, al igual que la del coche que montaba guardia por la noche frente al jardín que enmarcaba su casa.

—Gardon —dijo sin entrar, aún con los brazos extendidos—, voy a retrasarme un poco, tengo trabajo. Avisa a los que pregunten por mí, aunque me asombraría, no se puede decir que se masque el crimen últimamente; no salimos de los robos de aficionados.

—Eso es por el tiempo que hace, comisario, por este calor anormal en pleno mes de abril. No solo se carga el planeta, sino que a los asesinos les reseca el cerebro.

—Si usted lo dice, Gardon...

—¿Qué lleva ahí? —preguntó el guardia, clavando la mirada en la especie de bola roja que sostenía Adamsberg en brazos.

—Una víctima, Gardon, y mi deber es atenderla.

—Pero ¿piensa ir lejos así? Permítame señalar que va usted con el torso al aire, comisario.

—Soy consciente de ello, cabo. Solo son diez minutos de camino, como mucho. No se preocupe.

«Como siempre —pensó Gardon mientras cerraba la ventana—. La gente se va a reír de él, y a él le importa un comino», concluyó con toda la indulgencia que sentía por su jefe. Nunca se habría atrevido a hacer algo así, pero hay que decir que Gardon era blanco y gordo, mientras que el comisario, pese a ser muy delgado, tenía el torso macizo, dotado de músculos fibrosos a los que más valía no provocar.

Es cierto que, aunque la época de las canículas aún quedaba lejos, desde hacía una semana el termómetro batía récords que no auguraban nada bueno. Todos los oficiales que iban llegando poco a poco a la brigada estaban en mangas de camisa; preocupados, pero disfrutando a pesar de todo de ese tiempo inusualmente cálido.

A la vuelta de su misión, el comisario había atravesado con el torso desnudo la sala de trabajo común, saludando a unos y otros, dejándolos bastante estupefactos, y había echado mano, en el armario de su despacho, a una de sus eternas camisetas negras, como si no tuviera otra cosa que ponerse. Su atuendo nunca variaba, le parecía lo más sencillo. Todo

9

lo contrario del comandante Danglard, a quien apasionaba la elegancia inglesa, sin duda para que las miradas se dirigieran a su ropa y no a su rostro desprovisto de encanto.

Adamsberg, sentado sobre el escritorio frente a un periódico abierto, ni siquiera volvió la cabeza cuando su segundo entró en su despacho, absorto como estaba en frotarse las manos y los brazos con un líquido de olor acre.

—¿Una nueva agua de Colonia?

—No, un remedio preventivo contra la sarna y la tiña. Tenía, suele pasar. Como yo lo sabía, tomé la precaución de recogerlo con mi camiseta, pero la veterinaria me ha prescrito esta desinfección.

—Pero ¿recoger a quién? —preguntó Danglard, a pesar de estar tan acostumbrado a las rarezas del comisario que no tendría ni que haberse inmutado.

—Pues ¿a quién va a ser? Él, el erizo. Un cabrón lo atropelló en coche, lo vi de lejos, y ¿cree usted que se habría detenido? No, por supuesto. Si hubiera menos idiotas en la tierra, no estarían las cosas como están. Y apresuré el paso hasta la escena del crimen…

—¿Del crimen?

—Sí, señor. El erizo es una especie protegida, no me diga que no lo sabe. ¿Acaso no le importa?

—Por supuesto que sí —dijo el comandante, extremadamente atento a las noticias ambientales, que no hacían sino aumentar su natural ansiedad—. ¿Y entonces?

—Y entonces recogí el animalillo, muy maltrecho; tenía las púas gachas, incapaz de ponerse a la defensiva.

—Puede que comprendiera que había encontrado un amigo —dijo el comandante esbozando su leve sonrisa.

—¿Por qué no, Danglard? Ahora que lo menciona, estoy seguro de que lo sintió. Su corazón seguía latiendo, pero su costado estaba muy dañado y sangraba. Así que lo llevé con cuidado a la veterinaria de la avenida. Un espécimen adorable.

—¿El erizo?

—No, la veterinaria. Lo examinó desde todos los ángulos y dijo que esperaba sacarlo de esta. Por suerte es un macho, así que no tiene crías esperando para alimentarse. En cuanto se recupere, tendré que ir a devolverlo a su hábitat, en esa arboleda que resiste con coraje a nuestros ataques. Si estoy ausente, Danglard, ¿lo hará usted por mí?

—¿Ausente?

Adamsberg dio unas palmadas en el periódico extendido ante sus ojos.

—Mire esto —dijo.

—No he visto nada especial en la prensa.

—Pues lo hay —dijo Adamsberg, siguiendo un titular con el dedo—. Mire —añadió, empujando el periódico hacia el comandante.

Llamó a la teniente Froissy mientras Danglard leía sin entender.

—¿Está libre, Froissy? —preguntó Adamsberg.

—Eso nunca, pero ¿de qué se trata?

—¿Podría conseguirme un ejemplar de *France de l'Ouest*? Creo que lo tienen en el quiosco.

—Ahora vuelvo. Compraré un cruasán por el camino, estoy segura de que no ha desayunado nada.

En realidad, compraría cuatro, sabía Adamsberg al colgar. Alimentar a los demás era una de las satisfacciones obsesivas de Froissy, que temía siempre la *escasez*, ya fuera para ella misma o para el resto. Efectivamente, volvió al cabo de quince minutos con una bolsa copiosamente llena, preparó el café y sirvió un desayuno completo a sus dos colegas.

—No veo qué tiene esto que ver con nosotros —dijo Danglard, que había doblado el periódico y desprendía con cuidado un trozo de cruasán.

—Porque no tiene nada que ver con nosotros, comandante. Ah, está más detallado en *France de l'Ouest*. Gracias, Froissy.

Adamsberg leyó lentamente el artículo a media voz, y Danglard tuvo que acercarse para oírlo.

—Ya ve —dijo entonces el comisario, tomándose el café.

—Si no toma al menos un cruasán, la va a conmocionar.

—Muy cierto. Froissy ya está conmocionada por naturaleza, no deseo empeorar las cosas.

—Solo veo que ha habido un asesinato en un pueblo de Bretaña.

—En Louviec, Danglard, en Louviec, anteanoche, el 18 de abril. Está a nueve kilómetros de Combourg, cené allí hace un mes, en una vieja posada. Y a la víctima, Gaël Leuven, la vi allí. Es el guarda de caza, un tipo recio como una roca bretona y ancho como un armario.

—Y llegó usted a conocerlo.

—En absoluto. Estaba en otra mesa con todo un grupo, y yo oía su conversación, hablaban del fantasma del castillo de Combourg. Supongo que lo sabe todo del tema.

—Malo-Auguste de Coëtquen, conde de Combourg, conocido como «el Cojo», porque perdió una pierna en la batalla de Malplaquet, en 1709, pierna que fue sustituida por una pata de palo —dijo Danglard como si fuera lo más normal del mundo—. El destino quiso que esa pata de palo siguiera rondando el castillo de Combourg, acompañada de un gato negro.

—Lo sospechaba —dijo Adamsberg, que se preguntaba si su ayudante no tendría tres cerebros suplementarios cuidadosamente disimulados.

En efecto, la cultura de Danglard era inmensa, abarcaba de la literatura al arte, del arte a la historia, de la historia a la arquitectura y así hasta donde alcanzaba la vista, con excepción de las matemáticas y la física. Por avezado que estuviera el comisario respecto a la insondable ciencia del comandante, así como a su prodigiosa memoria, a la cual recurría a menudo, Danglard seguía sorprendiéndolo. Porque ¿quién, fuera de Combourg, había oído jamás el hablar de Malo-Auguste de Coëtquen, nombre que él mismo tenía dificultad en recordar? La cultura de Adamsberg, criado pobremente en un remoto pueblo de los Pirineos con sus numerosos hermanos y hermanas, era, por su parte, limitada, y el hecho de que dibujara en clase en lugar de escuchar lo que se dijera no había ayudado. A los dieciséis años, había dejado la escuela con unos conocimientos rudimentarios y había iniciado su formación de poli. El que los conocimientos de Danglard fueran mil veces superiores a los suyos no lo incomodaba lo más mínimo. Al contrario, admitía sin pudor su propia ignorancia y admiraba la cultura del comandante.

—Pues sí, Danglard, ese Cojo era de quien hablaban. Recorre por la noche las escaleras del castillo de Combourg, pero también se aventura por Louviec, como si fuera su segunda residencia. Ahora bien, resulta que reapareció allí hace unas semanas, y que se oye su pata de palo golpear los adoquines en plena noche, tras catorce años de ausencia.

—Y ¿qué dejó a su paso, hace catorce años, aparte del terror?

—Un crimen, Danglard, lisa y llanamente. Un crimen ocasional, pero muchos supusieron que el Cojo había venido a Louviec a asesinar con premeditación y que esa muerte era obra suya. De modo que existía un gran temor a que su regreso anunciara un nuevo asesinato. Y así ha sido —dijo Adamsberg golpeando el periódico—. El artículo alude a la leyenda en tono jocoso, pero imagino que los habitantes deben de estar con el corazón en un puño. Es tan fácil, ¿verdad?, reírse en la distancia. Y esta vez no se trata de un crimen ocasional. Ese Gaël Leuven, el muchacho más fuerte del pueblo, acababa de salir de la posada cuando recibió dos puñaladas en el torso. No ha sido un robo, comandante, porque han encontrado el dinero que llevaba.

Danglard asintió con la cabeza y meditó unos segundos.

—Me inclino a creer que alguien habrá aprovechado el regreso del cojo para ajustar cuentas con ese tal Gaël. Sigo sin entender por qué este asunto lo tiene a usted tan preocupado.

—No lo sé, Danglard —dijo Adamsberg usando su sempiterna fórmula.

—Se lo voy a decir: porque hace un mes fue usted a Combourg y a Louviec, y eso es suficiente para que sienta sin razón alguna que el asunto lo concierne.

Y, como sucedía a menudo, había desaprobación en la voz de Danglard.

—Sin razón alguna, Danglard, es cierto.

II

Un mes antes, efectivamente, el comisario Adamsberg había delegado sus poderes en Danglard y, a las ocho de la mañana, estaba preparando la maleta para viajar a Combourg, en esta Bretaña que conocía escasamente. Los colegas lo envidiaban por ir a descubrir la luz incomparable de esa costa, los reflejos que proyectaba en cada grano de arena, insistiendo uno en que hiciera una incursión a Saint-Malo, otro en que recorriera las playas todavía salvajes, pero Danglard sabía que aquella corta estancia distaba de ser una fiesta para el comisario. Tras más de cuatro meses de agotadora e infructuosa persecución de un asesino enajenado que había violado y matado salvajemente a cinco chicas de dieciséis años, la sesión a la que acudía marcaba el punto final en la resolución del caso. O sea, papeleo, algo que el comisario aborrecía. Estarían presentes los otros cuatro comisarios que habían liderado la cacería bajo la dirección de Adamsberg, a quien algunos habían considerado discretamente demasiado lento, incluso abotargado; en definitiva, en absoluto a la altura de su reputación. Pero tuvieron que rendirse ante la evidencia: había sido él quien había establecido la conexión entre las cinco víctimas, dispersas por todo el Noroeste, gracias a los dibujos, pese a que eran muy incoherentes y dispares, de las laceraciones encontradas en los cuerpos, y de este modo había dirigido las pesquisas hacia un único asesino. Él, quien había rastreado el terreno en todas las direcciones, en las zonas boscosas y desiertas de Angers, Le Mans, Tours, Évreux y Combourg, donde habían sido descubiertos los cadáveres. Él, quien había deducido, a partir de un rastro muy fino de sangre, no coincidente con las laceraciones, que al asesino se le había roto el extremo del guante, y quien había pedido un análisis de ADN. Análisis que no había dado resultado: el autor del crimen no estaba fichado. Él, quien se había empeñado en elaborar una lista completa de las empresas del Noroeste que emplearan a representantes comerciales y camioneros, tanto si vendían libros como si vendían platos; y quien había reunido a suficientes hombres en todas las gendarmerías y comisarías de ese territorio para que tomaran muestras de ADN de todos los empleados itinerantes. Setecientas cuarenta y tres muestras ya habían sido analizadas cuando los compañeros de Adamsberg le rogaron encarecidamente que abandonara la tediosa e inútil búsqueda. Dos días más tarde, llegó un resultado, y este hecho improbable había dejado estupefactos a los miembros del equipo investigador. El tipo fue detenido en su domicilio, en Fougères, razón por la cual la reunión final se celebró no lejos de allí, en Combourg. Un hombre más que banal, de los que habría que mirar más de diez veces antes de poder reconocerlo en la calle, un rollizo padre de familia de cincuenta y tres años, calvo, rubicundo, cuyo rostro insignificante inspiraba confianza. Porque las cinco chicas, si bien habían cometido la imprudencia de viajar a dedo, sin duda debieron de echar un vistazo al conductor para hacerse una opinión antes de subir a bordo. Y, para ellas, ¿qué podía resultar más inofensivo que un viejo gordo, calvo, de aspecto paternal y bonachón?

Y era con las visiones de sus jóvenes rostros crispados y sus cuerpos acuchillados como Adamsberg iba a partir hacia Combourg, donde se redactaría el último informe colectivo en presencia del prefecto de Ille-et-Vilaine, que le entregaría con gravedad quién sabe qué medalla al mérito. Y mientras los miembros de la brigada elogiaban ante el comisario los destellos del sol en el cuarzo de las arenas bretonas, el comandante Danglard sabía que a Adamsberg, por sensible que fuera a la belleza, no le importaba estrictamente nada la arena en esos momentos. Por eso contuvo como buenamente pudo su inmensa erudición y le ahorró la historia de Combourg, de su impresionante fortaleza medieval y del hombre que había vivido allí toda su juventud: el escritor François-René de Chateaubriand, que seguía, ciento setenta y cinco años después de su muerte, garantizando la fama de la ciudad, rebautizada como «la cuna del Romanticismo». El comandante se limitó a entregarle las ciento veinte páginas del informe que había redactado en su nombre. Durante tantos años que llevaban trabajado juntos, era Danglard, apasionado amante de las letras y de la escritura —desde el mayor códice iluminado hasta el más modesto informe administrativo—, quien redactaba todos los documentos en lugar del comisario, de quien era sabido que carecía de talento para ese tipo de ejercicio. El comandante estaba dotado de un estilo notable, que adaptaba al lenguaje burocrático que se espera de un policía, y en particular de Adamsberg, confiriéndole una sencillez, no exenta incluso de torpeza, que lo hacía creíble. Y sobre todo disponiendo los datos en un orden temático y lógico, ya que el orden era lo último que Adamsberg sabía seguir.

Conduciendo sin prisas por la autopista en dirección a Rennes —pocos eran los que habían podido ver al comisario con prisas o impaciencia—, Adamsberg pensó que su único placer sería ver al comisario de Combourg, Franck Matthieu, con quien había pasado muchos días explorando la zona boscosa donde había sido encontrado el cadáver de la joven Lucile —la última de aquella terrible serie—, cuyo cuerpo llevaba el pequeño rastro de sangre que había desempeñado un papel tan crucial. Matthieu y él habían congeniado casi a primera vista, por diferentes que fueran, mientras que el comisario de Angers se había mantenido desconfiado durante toda su colaboración. En Matthieu, no había reticencias, ni celoso desprecio hacia un jefe enviado desde París, sino buen humor sin excesos, una naturaleza franca y discreta, y ningún desprecio por un hombre que a menudo era considerado en las comisarías de provincia como un soñador o un perezoso de sobrevalorada reputación. Un colega canadiense le había dicho una vez que era un «paleador de nubes», apodo que los miembros de su brigada utilizaban con moderación y dependiendo de las circunstancias. Matthieu, por su parte, no había dudado de la eficacia de Adamsberg más que Adamsberg de las cualidades de Matthieu. El comisario de Combourg —en realidad, de Rennes, pero Combourg estaba bajo su jurisdicción— había podido presenciar a veces las escapadas silenciosas y distraídas de su colega, o sorprender algún que otro comentario ajeno a cualquier nexo con la investigación. Asimismo, había podido observar su singular memoria visual —no había necesitado fotografías para recordar los trazados de las múltiples laceraciones en los cadáveres— y su desconcertante atención a los detalles insignificantes.

De este modo, a Adamsberg le resultaba fácil recordar con precisión el rostro y las expresiones de Matthieu, su redonda cabeza bretona de pelo casi rubio, sus pequeños ojos azules —un rostro de celta, como habría señalado Danglard—, un semblante benévolo al que Adamsberg estuvo aferrándose durante todo el viaje para alejar los macabros recuerdos de las últimas semanas, tan —y tan excesivamente— nítidos.

Aparcó con diez minutos de antelación frente a la comisaría de Combourg. La reunión, estrictamente administrativa, se eternizó durante más de dos horas, tal como había temido, y resultó tan plúmbea y soporífera como había previsto. Heredó, como correspondía, la tarea de redactar el informe de síntesis, teniendo así que cargar con los expedientes elaborados por sus otros cuatro colegas y guardándose en el bolsillo la reluciente medalla que le había entregado el prefecto. Al salir, demasiado aturdido para darse cuenta siquiera de la calidad del aire bretón, sus ojos buscaron inmediatamente a Matthieu, que se dirigía hacia él igual de adormecido.

—Malditas formalidades burocráticas —dijo Matthieu.

—Y todo el papeleo —dijo Adamsberg levantando la pesada bolsa y bendiciendo a Danglard, que iba a hacerse cargo de la tarea—. Cuatrocientas treinta páginas que reorganizar y sintetizar. Sin duda nos sentaría bien distraer nuestros pensamientos antes de pensar en ello. Vives en Rennes, pero ¿conoces el castillo de Combourg?

—Pero, vamos a ver —dijo Matthieu tras un breve silencio sorprendido—, ¿cómo no va a conocerlo un bretón? Cuando trabajamos juntos en Brissac, ¿no te tomaste el tiempo de ir a verlo? Solo eran siete kilómetros.

Adamsberg se encogió de hombros.

—Pues no, no lo hice. Mis colegas llevan dos días dándome la murga con eso. Es mi segunda misión: ver el castillo de Combourg. Parece imperativo y no sé por qué.

—Vamos —dijo Matthieu cogiéndolo del brazo—, lo entenderás enseguida. Lo vemos y tomamos una copa.

—Me parece bien —dijo Adamsberg, colgándose la bolsa al hombro.

Matthieu dejó a su colega en la calle, frente al castillo.

—Vuelvo en diez minutos —anunció yéndose con presteza hacia el centro de la ciudad.

Cuando regresó, doce minutos más tarde, el comisario Matthieu encontró a Adamsberg de pie en el mismo lugar, con el rostro hacia arriba, recorriendo con la mirada las almenas de la imponente fortaleza medieval que dominaba la ciudad en medio de sus bosques, a menos que estuviera observando las nubecillas que pasaban lentamente por encima de los tejados. Matthieu se colocó a su lado, con un pequeño libro en la mano.

—Entiendo por qué los colegas insistían tanto —dijo Adamsberg en voz baja, como si la impresionante y siniestra austeridad del viejo castillo lo obligara a bajar la voz.

—¿Te imaginas a ese pobre chico, obligado por la bestia parda de su padre a dormir solo en la torre más lejana? Todas las noches temblaba por ello, todas las noches cogía una vela y caminaba por el pasadizo, sin que nadie lo acompañara, hasta una habitación que estaba en el lado opuesto a todas las demás. Más tarde escribiría que ese padre despótico y cruel a veces le preguntaba a la hora de acostarse: «¿Tendrá miedo el señor caballero?». Y añadiría: «Cuando me decía eso, me habría hecho dormir con un muerto». Tenía ocho años. Pobre chaval.

—Pero ¿de qué niño estás hablando?

Matthieu pensó unos segundos.

—Entonces, ¿no sabes quién se crio aquí?

—Y si no lo sabes, ¿qué medalla te dan? —preguntó Adamsberg sonriendo.

La sonrisa muy irregular del comisario, tan seductora como involuntaria, que tantos empeños había doblegado durante los interrogatorios, desbarató la inusual seriedad de Matthieu.

—Toma —dijo Matthieu entregándole el libro—. Un arma imparable contra cualquier pregunta.

Adamsberg hojeó el libro rápidamente. Matthieu había elegido un texto breve lleno de ilustraciones. Se detuvo un momento en el retrato del vizconde François-René de Chateaubriand. Le sonaba el nombre.

—No creas —dijo Matthieu—. En mi propia comisaría, no hay un agente sobre diez que sepa exactamente quién era el ilustre habitante de la fortaleza. Y ni uno entre mil, ni yo mismo, que habría echado el guante al asesino de esas chicas. ¿Sabes lo que nos pone tan lúgubres?

—Esas chicas.

—Esas chicas. Te propongo aquella terraza, tomamos algo y te cuento la historia del ilustre habitante, del cual, puedes creerme, no he leído ni una línea. Solo conozco tres títulos de su obra. Ven.

En el corto trayecto hasta el café, Adamsberg envió una simple pregunta desde su teléfono móvil, mientras caminaba con su andar ligeramente danzante. Si había alguien que lo supiera, ese era Danglard. Adamsberg recorrió los interminables mensajes que le enviaba su colaborador, ahora ya lanzado, y zanjó la cuestión. Ahora él también lo sabía.

—Tu ilustre —dijo una vez que estuvo sentado delante de un tazón de sidra—, el vizconde François-René de Chateaubriand, es uno de los escritores franceses más importantes, precursor del Romanticismo y mundialmente famoso. —Adamsberg hizo una pausa, alzó los ojos hacia una bandada de gaviotas—. No me digas nada —dijo a Matthieu, levantando una mano—. Ya lo tengo. Y su obra monumental es *Memorias de ultratumba*.

—Has hecho trampa mirando en Internet. Me estás robando la anécdota.

—No he hecho trampa. He preguntado a uno de los pocos hombres de mi brigada capaces de responderme.

—¿A tu comandante Danglard?

—El mismo —dijo Adamsberg mientras garabateaba en su cuaderno—. Y eso que he tenido que interrumpirlo, su flujo de cultura es tan torrencial que es incapaz de contenerlo.

—Entonces no lo sabes todo —se burló Matthieu—. No sabes nada del Cojo y del gato negro, a los que él sí conoce sin duda.

—Y que son…

—Fantasmas. ¿Te imaginas por un instante la fortaleza de Combourg sin fantasmas? No tendría sentido. ¿Quieres otro tazón de sidra?

—¿Qué hora es?

—Menos de las siete. Demasiado tarde para conducir de noche después de un día como este. Te propongo un programa más divertido e instructivo.

Matthieu levantó la mano para pedir otra ronda.

—¿Tu historia de fantasmas?

—Por ejemplo. Pero sobre todo un encuentro que dejaría patidifuso hasta a tu comandante.

—¿Encuentro con quién?

—Con Chateaubriand.

—¿Con él? —preguntó Adamsberg, pasando a su colega la página de su cuaderno—. Me estás tomando el pelo, acabo de leer que murió en 1848.

Matthieu contempló el elegante retrato de Chateaubriand, finamente dibujado por Adamsberg, y que se parecía al personaje como dos gotas de agua.

—¿Cómo lo has hecho?

—¿Cómo? Pues lo he visto en el libro.

—¿Y eso te ha bastado? ¿Cómo es que el prefecto no te ha dado otra medalla? Yo no sé dibujar.

—Vuelve la página.

En la hoja siguiente estaba el rostro de Matthieu, cuyos rasgos más armoniosos y expresiones más vivas había realzado Adamsberg para hacer olvidar que no era un hombre muy apuesto.

—Joder —dijo Matthieu, atónito—. ¿Me lo firmas? Y ¿me lo das?

Mientras Adamsberg lo hacía, Matthieu se levantó, pagó al camarero y agitó las llaves de su coche.

—Date prisa, no quisiera llegar tarde.

—No sé darme prisa.

—Va a ser su hora.

—No me tomes el pelo —repitió Adamsberg, guardándose cuidadosamente el cuaderno en el bolsillo.

Matthieu arrancó y salió a toda velocidad hacia el pueblo de Louviec.

—Suele ir a cenar sobre las ocho a la posada de los Dos Escudos, que tiene uno de los mejores restaurantes de la zona. Con una excelente habitación para ti. Y un sinfín de dimes y diretes. Está en Louviec, un pueblo grande a nueve kilómetros de aquí. Una ventaja más para ti: es un auténtico pueblo bretón, casi intacto, con su granito cubierto de verdín, sus calles adoquinadas y resbaladizas, sus antiguas columnas medievales y sus bóvedas; en definitiva, todo lo que se pueda desear para olvidarse de París o de Rennes durante unas horas. Recomiendo la gallina con setas y gratén.

—Pues venga esa gallina —dijo Adamsberg mientras seguía a su colega al interior de la posada, casi llena, con una decoración ostensiblemente medieval. Reproducciones de tapices antiguos en las paredes, espadas, armaduras, mesas de madera.

—Vamos a sentarnos allí —dijo Matthieu—; yo, de cara a la puerta, así te aviso cuando entre. Suele cenar en esa mesa larga, así que podremos oír lo que se dice si escuchamos con atención.

—Ya ves que no era necesario darse prisa, llevamos veinte minutos de adelanto.

—Lo cual me da tiempo para contarte la historia del Cojo, —Matthieu torció levemente el gesto, como súbitamente reticente—. Pero no te sorprendas —añadió— si te parezco raro. Si me ves frotándome el ojo izquierdo o cubrírmelo con la mano.

—¿Te duele?

—Todavía no. Pero me duele siempre que hablo del fantasma. Nunca se lo he dicho a nadie, pero, no sé por qué, a ti no me importa contártelo. Eso sí, que quede entre nosotros.

—¿Crees en el Cojo?

—En absoluto. Pero cada vez que hablo de él, es como si me apretaran fuerte en el ojo. Cuando acabo la historia, se me pasa.

—¿Te pasa a menudo?

—Solo si hablo del Cojo. Ahora me vas a tomar por un pirado. ¿Y tú, tienes chifladuras?

—Ya ni las cuento. Así que no temas.

Matthieu sonrió y se tapó el ojo con la mano como medida preventiva.

—Te escucho —dijo Adamsberg, mientras la camarera les ponía los cubiertos.

—Es un fantasma muy antiguo. Fue antes de que el padre de Chateaubriand comprara el castillo. Era conde de Combourg, se llamaba Malo de Coëtquen. No se puede ser más bretón. Durante una batalla en 1709, perdió una pierna y desde entonces llevaba una pata de palo. Y por la noche, en el castillo de Combourg, se oye el repiqueteo del palo contra el suelo. Espera —dijo Matthieu consultando el móvil—, aquí tengo la frase de Chateaubriand: «Un tal conde de Combourg con pata de palo, muerto desde hace tres siglos» —en realidad en 1721— «se aparecía, decían, a ciertas horas y se lo oía en la escalera de la torre albarrana. Su pata de palo también se paseaba a veces sola, acompañada de un gato negro…». Otros contaban que a veces se oía maullar al espectro del gato. El padre de Chateaubriand creía esta historia a pies juntillas y se la contaba a los niños. Menudo cuentecito para antes de dormir, ¿no? Pásame agua, que me enjuague el ojo.

Matthieu mojó la servilleta en su vaso y se la aplicó en el párpado, que Adamsberg encontró, en efecto, un poco enrojecido.

—Ojo —advirtió—, ahí está, Josselin de Chateaubriand, el actual. Mira, pero sé discreto, es un hombre amable y humilde, a pesar de su atuendo un tanto inusual, pero, como comprenderás, lleva a cuestas su increíble destino, y eso pesa.

Ligeramente vuelto hacia un lado mientras bebía su copa de vino, Adamsberg vio, estupefacto, al hombre cuyo rostro había dibujado en su cuaderno. Con el cuerpo esbelto, los rasgos armoniosos, el mentón puntiagudo, la mirada ligeramente melancólica, los labios bien definidos, era el sosias absoluto del escritor. Adamsberg, que no había creído ni una palabra de aquel «encuentro» del que le había hablado Matthieu, lo miraba intensamente mientras el hombre iba saludando a todo el mundo con sencillez, de mesa en mesa, moviéndose con ligereza, bien vestido, sin ostentación. Pero, aunque sus ropas eran, tomadas por separado, clásicas —pantalón ajustado, camisa blanca, chaleco, chaqueta negra ligeramente larga—, el conjunto desprendía un aire decimonónico bastante notable, acentuado por un pequeño fular blanco anudado al cuello y por el cuello de la camisa alzado, que nadie criticaba, ya que era sabido que tenía la garganta frágil. Dependiendo de quiénes fueran unos u otros, le respondían «Buenas noches, vizconde», «Buenas noches, Chateaubriand» o simplemente «Buenas noches, Josselin».

—Lo estás mirando demasiado —susurró Matthieu—. Vuélvete hacia mí. Joder, que viene hacia aquí. Sobre todo, hazte el tonto, no lo reconozcas, eso le hará ilusión.

—Sin embargo, lleva una pinta un poco decimonónica, ¿o me equivoco?

—Es que se lo pidió el mismísimo alcalde. Por la publicidad, por los turistas, que quedarían decepcionados al ver a Chateaubriand en jersey y botas. Aporta mucho dinero a las empresas de Louviec, puedes creerme. Es una condición penosa para Josselin, que rechaza cualquier vínculo con Combourg y con su engorroso antepasado.

—Entonces, ¿por qué acepta prestarse a esto?

—A cambio, el alcalde lo subvenciona y lo aloja gratis. Para completar sus ingresos, da clases particulares de historia, literatura, matemáticas, ciencias naturales, arte, filosofía…, y me quedo corto. Sus competencias no son tan considerables como las de tu Danglard, pero son inmensas. Sus alumnos progresan rápidamente y está muy solicitado.

—Danglard es nulo en ciencias. De modo que su ropa es su uniforme de trabajo, por así decirlo.

—Exacto. Aun así, siempre me ha parecido que su atuendo no le disgustaba del todo. Creo que su antepasado lo tiene agarrado por una punta de la chaqueta, sin que él sea consciente en absoluto. Una chifladura, si lo prefieres.

Josselin de Chateaubriand fue hasta la mesa de los dos policías y tendió la mano a Matthieu, que hizo ademán de levantarse.

—Quédese sentado, Matthieu —dijo Chateaubriand con voz suave, casi musical—. Nos hemos cruzado en muchas ocasiones, en Combourg o en Louviec, como cuando hubo aquella intrusión en mi casa en que vinieron unos turistas imbéciles a hacer fotos y particularmente cuando algunos revolvieron todas las habitaciones en busca de no sé qué papeles que habría dejado el escritor. Los gendarmes de Combourg le pidieron ayuda.

—Hace cinco o seis años, sí. Un par de fanáticos. Acusados de allanamiento de morada. No encontraron nada, por cierto.

—Salvo mi vida privada —dijo Chateaubriand—, pero ya estoy acostumbrado. Y usted hizo gala de un tacto perfecto en este asunto.

—Agradezco su apreciación, señor —dijo Matthieu con una inclinación de cabeza.

—Por favor, llámeme Josselin, como todo el mundo aquí.

Acto seguido, el hombre se volvió cortésmente hacia Adamsberg.

—En cuanto a usted, si no me equivoco, su foto se publicó ayer en la prensa local. Es el comisario que ha puesto fin a la terrorífica escapada de ese asesino, y me honra felicitarlo. Pero no dan ningún detalle sobre el modo exacto en que llegó hasta él. ¿Supongo que es a propósito?

—¿Así que le interesa, Josselin? —preguntó Matthieu, un poco incómodo de llamarlo por el nombre, pero sabiendo cuánto deseaba Chateaubriand el trato sencillo.

—Ciertamente, cabe preguntarse cómo encontró el comisario la manera de salir de semejante dédalo.

—¿Tomará un tazón de sidra con nosotros? —preguntó Matthieu señalando una silla—. No creo que mi colega sea hombre de secretos.

Josselin dio las gracias con un gesto de cabeza y se sentó, apartando cuidadosamente los faldones de su chaqueta.

—Cinco víctimas, todas laceradas —dijo Adamsberg—, pero eso ya lo sabe usted. En total, ciento sesenta laceraciones, todas diferentes. Muy diferentes. Demasiado, diría yo.

—«Todo lo que es excesivo es insignificante», dijo Talleyrand, pero en su caso parece haber sido, por el contrario, significante.

—Así es, y a fuerza de examinarlas, pude detectar similitudes sin duda pequeñas pero claras y sistemáticas. Eso nos llevó directamente a un único asesino que operaba en todo el Noroeste. Hicieron falta más de setecientos análisis de ADN para identificarlo.

—¿Había encontrado usted ADN?

—En un rastro de sangre, leve pero más ancho que los de las laceraciones. Se le había roto el guante.

—Más de setecientos análisis... —dijo Josselin pensativo—. Pero ¿de quién?

—De multitud de representantes comerciales y camioneros regionales de los que recorren el Noroeste. Debo reconocer —dijo Adamsberg con una sonrisa— que dos de mis colaboradores no aprobaron esa última etapa y, por supuesto, tampoco aquellos a los que se pidió que se sometieran al examen, cosa que comprendo.

—Pues yo, comisario, por ocioso que pueda ser, lo habría apoyado hasta el fin en esta búsqueda de lo ínfimo, y permítame renovarle mis felicitaciones. Pero aquí están sus platos —dijo levantándose—, no quiero interrumpir más su cena. Gallina con setas, muy buena elección.

Se inclinó a modo de saludo y el fular blanco que llevaba al cuello cayó a los pies de Adamsberg, que lo recogió y se lo entregó.

—Lo siento —dijo Chateaubriand—, se me escapa todo el tiempo. Debería conseguir unos más largos, pero resultarían demasiado anticuados y no me apetece en absoluto —dijo con una sonrisa mientras se recolocaba la prenda.

Una vez que Chateaubriand se hubo alejado para conversar con el dueño de la posada —un hombre poderoso en la plenitud de la vida, alto e imponente—, Matthieu asintió con la cabeza.

—Perfecto —dijo—, le has contestado como si estuvieras hablando con cualquiera.

—¿Quieres decir que he hablado como cualquiera?

—¿Y qué? ¿Te avergüenzas de haber hablado como un policía? Pero si eso es lo que te había pedido, ¿no?

—Cabe preguntarse por qué deseaba tantos detalles. Espero haberlo satisfecho.

— ¿Temes haber decepcionado a un Chateaubriand? ¿Tú? Vamos, hombre, él no es *el* Chateaubriand. Te has dejado impresionar por su lenguaje un tanto rebuscado, y por su cara.

—¿Y cómo explicas que sea su viva imagen?

—Come, que se te va a enfriar —dijo Matthieu, llenando los vasos—. Ya te puedes imaginar que el tema ha hecho correr ríos de tinta. Espera un momento, escucha lo que se dice en la mesa grande, puede ser divertido.

Mesa grande que tenía nueve comensales, incluido Chateaubriand, que había ocupado su lugar habitual.

—Entonces, vizconde —dijo un tipo musculoso—, tú ¿qué dices?

—Es Gaël, el guarda de caza —susurró Matthieu—. Un provocador, un pendenciero. Josselin es uno de sus objetivos favoritos.

—Deja de llamarme vizconde, ¡maldita sea! No soy más vizconde que vosotros. ¿Cuántas veces tengo que decirlo? Yo ¿qué digo de qué? —añadió Josselin atacando una tortilla.

—Ya sabes de qué hablo. El Cojo de Combourg, hace tres semanas que vuelve a oírsele golpear las calles por la noche.

—Cierto —confirmó una mujer gorda—, lo oí ayer mismo bajo mi ventana, su pata de palo sobre los adoquines, yo estaba aterrorizada.

—Yo también —dijo un hombre, sacudiendo la cabeza—. Corrí a mirar por la ventana, pero no vi nada. Suele pasar con los espectros. Sobre todo con este, solo se le ve la pierna.

—Ese es el Jorobado, como puedes ver —susurró Matthieu, señalando a un hombre sentado en el mostrador de espaldas a la pared—. Maël Yvig. Mucha gente le toca la joroba para tener suerte, y eso lo saca de quicio, y es comprensible. Josselin nunca lo hace.

—¿Y por qué va a afectarme a mí más que a nadie? —preguntó Chateaubriand al guarda de caza.

—No te hagas el inocente, vizconde. Al fin y al cabo, el Cojo es del castillo de Combourg.

—¿Y yo lo soy, acaso? Todos sabéis que nunca he puesto los pies en el castillo ni tengo intención de hacerlo. Yo soy de Louviec, no de Combourg.

—Pero, de todos modos —insistió el guarda de caza—, el Cojo es un poco como un Chateaubriand.

—¿Y tú qué crees, Gaël? ¿Que he traído al fantasma del castillo para distraeros un rato?

—Es probable que sea un tipo o un niño que se dedica a dar golpes con un palo —dijo un hombre apuesto de tupida cabellera blanca, deseoso de aliviar la tensión.

—Ese es el doctor —explicó Matthieu—. Loig Jaffré.

—Ya, claro —dijo el Jorobado—. Josselin respeta a todo el mundo aquí y no anda buscando las cosquillas a nadie. Y haríais bien en hacer lo mismo, sobre todo tú, Gaël. El primero que se meta con él, se las tendrá que ver conmigo.

—No quita que el Cojo llevaba catorce años sin poner un pie, bueno, una pata de palo, en Louviec —dijo la mujer gorda—. ¿Os acordáis?

—Sí, estuvo golpeteando todas las noches durante dos o tres meses. Y ¿qué pasó entonces?

—El señor Armez recibió un tiro en su cama, y sus ahorros desaparecieron.

Adamsberg alzó una ceja hacia Matthieu, que asintió.

—Es el único homicidio que ha conocido Louviec, dejó huella —dijo Matthieu—. Aquí hay tanta calma que la gente se olvida de cerrar las puertas. El señor Armez guardaba estúpidamente su dinero debajo del colchón. Ya me contarás tú qué escondite. Pensamos en aficionados en ciernes, en cretinos sin escrúpulos, buscamos por todas partes a jóvenes que de repente se dedicaran a gastar dinero a espuertas, pero no encontramos nada. Entonces, y aquí es donde el caso fascina a los autóctonos, el Cojo desapareció de Louviec. Hasta los últimos tiempos.

—Y ahora que ha vuelto —dijo un tipo delgaducho—, ¿quién creéis que va a palmar?

—No sé dónde tenéis la cabeza —dijo Chateaubriand mientras escrutaba el color de su vino, alzando la copa a la luz con un gesto, todo hay que decirlo, más elegante que los de cualquiera de sus compañeros—. Para empezar, los fantasmas no existen, os lo recuerdo. Sois bretones, tenéis la cabeza bien puesta. Segundo, un fantasma no abandona su hogar. Tercero, el fantasma de Combourg nunca ha atacado a nadie, que yo sepa. Cuarto, hace catorce años, yo todavía no había vuelto a Louviec. ¿Os parece bien? Uno de vosotros oyó un golpeteo o soñó con él. Y desde entonces, os ponéis todos a oírlo. O más exactamente, lo imagináis. Alucinación colectiva. Todo esto es una quimera, y cuanto antes la olvidéis, antes desaparecerá vuestro Cojo.

La intervención de Chateaubriand y la llegada de tres botellas más pusieron fin a la discusión, que se perdió en la confusión general.

—¿De verdad se lo creen? —preguntó Adamsberg.

—Me temo que sí, en su mayoría. Depende, algunos un poco, otros mucho.

—Y ¿piensan que el Cojo viene aquí debido a la presencia de Chateaubriand?

—Más o menos, aunque, como has oído, Chateaubriand no estaba en Louviec hace catorce años. Pero en estos asuntos la lógica no entra en juego. Aquí, por ejemplo, mucha gente cree que, si alguien te pisa la sombra, y en particular la de la cabeza, daña la integridad de tu alma y, a la larga, te hace morir. Otros muchos, la mayoría, se ríen de eso y se divierten cruzando por encima de las sombras. Sobre todo los niños, que juegan en grupo, saltando sobre ellas hasta que los ahuyentan a bofetadas.

—Yo conocí esto en mi pueblo de los Pirineos. Mi abuela nos cogía de la mano y nos paraba en cuanto alguien cruzaba la calle. Para proteger nuestras sombras.

—Es algo que se remonta a la noche de los tiempos y ningún pueblo ha escapado a esta creencia —dijo Matthieu, apartando por fin la mano de su ojo—. Pero me estabas preguntando por este parecido asombroso. Solo hay tres hipótesis. Es tan raro tener un sosias que solo la teoría del impostor se sostendría. Cedí a la curiosidad y busqué. Examiné con lupa el registro de nacimientos de la parroquia y el del ayuntamiento. Nada —concluyó negando con la cabeza—. El papel no está rayado ni borrado, la letra del cura y del empleado del ayuntamiento son perfectamente reconocibles. Nació aquí, en Louviec, hace cincuenta y tres años, de un padre llamado Auguste-Félix de Chateaubriand. De modo que no ha aprovechado el parecido para alterar su nombre. Además, un impostor intentaría aprovecharse de ello, ¿no? Por el contrario, ese parecido solo le ha traído problemas. Vagaba de trabajo en trabajo, que le daban con los brazos abiertos debido a su cara y a su nombre, sin pedirle ningún diploma. De modo que, sin ninguna formación, como profesor de letras, por ejemplo, fracasaba en su tarea, más aún porque le horrorizaban los programas y las obligaciones. Una vida llena de fracasos y de caídas en picado que lo volvió a traer humildemente aquí, a Louviec.

—¿La segunda hipótesis?

—Su padre, también de Louviec, estaba tan orgulloso de su apellido y de su retoño que pasó años buscando en todos los archivos para rellenar el vasto árbol genealógico de la familia. Depositado en los archivos del ayuntamiento, Josselin ni siquiera lo quiere. El documento mide lo menos un metro por dos, y fue establecido con gran precisión, con todos los nombres y fechas —el padre era notario y de conocida probidad—. Estuve muchas horas examinándolo. Efectivamente, se encuentra un linaje de primos muy lejanos, entre los que figura un Josselin-Arnaud de Chateaubriand, el primero con este apellido, transmitido de generación en generación. Nuestro Josselin sería en este caso un primo en cuarto grado. Lejano, ¿no?, para semejante parecido.

—Demasiado.

—Queda la hipótesis del bastardo, mi favorita. Chateaubriand, el otro, el verdadero si se me permite decirlo, era un mujeriego. Conoció a tantas que es poco probable que esas uniones, breves o largas, no dieran lugar a una numerosa descendencia que él no reconoció. Pero supón que una de esas mujeres tuviera suficiente poder sobre él como para obligarlo a dar su apellido al niño. Entonces nuestro Josselin sería descendiente directo y llevaría legalmente su nombre.

—Aun así, a dos siglos de distancia estamos un poco lejos para que se le parezca tanto.

—No hay que olvidar que, en estas familias, eran frecuentes los matrimonios o las uniones consanguíneas. Esto podría haber amplificado la posibilidad genética de esta anomalía. No se me ocurre otra explicación, aunque no sea satisfactoria. ¿Te apetece una última copa antes de que nos separemos?

—No lo sé —dijo Adamsberg con gesto evasivo.

—Haz lo que prefieras, no te estoy obligando.

—No es eso —corrigió Adamsberg con ademán de disculpa—. Es solo que acostumbro a decir «no lo sé».

—Pero ¿por qué?

—No lo sé —dijo el comisario, sonriendo—. Vamos a por esa copa, Matthieu.

III

Al día siguiente, a las nueve, Adamsberg partió hacia París, con la cabeza todavía atestada de las historias del Cojo, de los pisadores de sombras y del refinado Josselin de Chateaubriand.

Y un mes más tarde, Danglard lo encontró en su despacho por la mañana, leyendo y releyendo el artículo sobre el asesinato de Louviec, que lo absorbía sin motivo válido. Gaël Leuven había sido un hombre agresivo, Adamsberg recordaba su enfrentamiento con Chateaubriand en la posada. Estuvo a punto de telefonear a Matthieu para pedirle detalles, pero Danglard tenía razón, no era asunto suyo en absoluto. Algo que también sabía Matthieu, que, a cientos de kilómetros de distancia, pensaba aun así en Adamsberg y sentía tentaciones de oír su opinión. Tras una hora de vacilación, cerró la puerta de su despacho y lo llamó.

—¿Adamsberg? Matthieu. Las cosas van mal por aquí, ¿estás al corriente?

—Sí, Gaël Leuven. ¿Dónde fue?

—En el callejón oscuro que llevaba a su casa. Volvía de la posada, muy borracho, al menos lo bastante como para haber dado el coñazo a un montón de gente. Incluido Josselin. Al sentarse, le derramó parte de su vino en el chaleco gris, supuestamente por accidente, pero no engañó a nadie. Has de saber (y Gaël no se cortaba en decirlo) que todo lo irritaba en Josselin: su nombre aristocrático, su atuendo «afeminado», sus rizos un poco largos. Por lo general, iba con cuidado, porque poca gente lo seguía en este terreno. Y todo el mundo sabe (ya te lo dije) que es el alcalde quien espera de Chateaubriand que cultive ese aspecto más bien elegante y anticuado. Pero cuando Gaël se pasa bebiendo, la cosa degenera. El dueño lo agarró por el cuello y lo echó de la sala.

—¿Cómo reaccionó Josselin? ¿A lo del vaso de vino?

—Se limitó a limpiarse el chaleco con una servilleta. Muy tranquilo.

—¿Y luego?

—Y luego el doctor, aquel tipo con una hermosa cabellera blanca, ¿lo recuerdas?

—Sí, intentó calmar los ánimos.

—Salió del albergue diez minutos más tarde y fue por el mismo camino que había tomado Gaël. Y lo encontró allí, tendido en un charco de sangre. Dos puñaladas en el pecho. Una le perforó el pulmón, la otra le fracturó una costilla y le lesionó el corazón. El doctor llamó a una ambulancia de Combourg y se quedó con el herido. Que habló.

Por el tono de voz de Matthieu, Adamsberg intuyó que algo iba mal.

—Te escucho.

—Antes, o no entenderás nada, te contaré en dos palabras la escena que había tenido lugar la víspera del asesinato durante una recepción en el ayuntamiento, con motivo de la inauguración de la exposición de un pintor local. Había allí unas sesenta personas, entre ellas un periodista amargado, odioso y con mala leche que lleva la sección de sucesos en *La Feuille de Combourg* y *Sept Jours à Louviec*. Sin saber que estaba presente, Josselin hablaba de la falta de respeto o la irrisión por parte de los periodistas, en general, de las que tanto había sufrido, so pretexto, explicaba objetivamente, de que se esperaba de él mil veces más que de un hombre corriente, lo que era realmente. Y ese periodista local, ese Germain Joumot, se le acercó y le sacudió el hombro con fuerza. Aunque Josselin es, en efecto, un tipo como tú y como yo, nadie le había puesto nunca la mano encima con violencia al «vizconde de Chateaubriand». De hecho, no hay motivo alguno para hacerlo.

Joumot estaba hecho una furia (él también había pimplado bastante, estaba rojo como un pimiento) y tomó la defensa de sus colegas periodistas. Llamó a Josselin incapaz, fracasado, profesor lamentable, y concluyó que tener su careto y su nombre no le impedía ser un auténtico cero a la izquierda. Que publicaría la verdad sobre su nulidad en el periódico de Louviec, para que nadie lo ignorara. Todo el público quedó estupefacto y conmocionado, al igual que el alcalde.

—¿Qué hizo Josselin?

—Sacudió la cabeza, se encogió de hombros, se hizo con una copa de champán cuando pasó el camarero. Pero estaba claro que aquel torrente de insultos públicos (no todos infundados) lo había soliviantado. Él mismo no niega sus sinsabores profesionales, pero imagina que el cabrón de Joumot publicara un artículo así en el periódico local, llamando «cero» a Josselin de Chateaubriand: correría por todo el país en un santiamén y asestaría un duro golpe a tan venerado apellido. Entonces, de repente, Josselin perdió su calma habitual. Mientras el alcalde trataba discretamente de evacuar a Joumot, Josselin le metió un gancho al mentón que lo tiró al suelo, ante la aprobación general. Nada grave, pero humillante.

—Excelente. Yo habría hecho lo mismo probablemente.

—Y yo ni te cuento.

—Pero entonces Joumot tendrá aún más ganas de publicar sus infamias.

—No tendrá tiempo de hacerlo porque los directores de *La Feuille de Combourg* y *Sept Jours à Louviec*, escandalizados, lo han despedido. Pero la noche del asesinato aún no se sabía. Sin embargo, desde entonces, las palabras de este cabrón de Joumot se han extendido por todo Louviec. La mayoría de los habitantes lo lamentan, pero otros, envidiosos del prestigio local de ese «aristócrata», de ese «impostor», se alegran en secreto. No obstante, nada ocurre en secreto en Louviec. Si meas en un árbol en una punta del pueblo, al minuto siguiente todo el mundo se entera en la otra punta.

—¿Y qué tiene que ver esto con el asesinato?

—Ahora lo entenderás. Pero mantenlo en secreto.

—Naturalmente.

—¿Tienes un papel para escribirlo?

—Aquí mismo.

—Las últimas palabras del herido, las recogidas por el médico, ¿estás preparado?

—Te escucho.

—Te las voy a dictar, con pausas. Gaël ya no hablaba con fluidez, sus palabras estaban entrecortadas. Fíjate bien, me interesa tu opinión: «Vihc... joh... dao... coh...... ie... jjj... ge... meh... ta... mueh... to...». Hizo una pausa y añadió «som... ojo». Y ya está. Es acusatorio para Chateaubriand, Adamsberg, un desastre. Estoy consternado.

—Lo estudio como pueda y te vuelvo a llamar. No te precipites, recuerda que el tipo estaba borracho y moribundo. Eso no facilita... (espera, estoy buscando una palabra, ah, ya está). Eso no facilita la elocución ni el pensamiento.

Adamsberg comprendió inmediatamente qué era lo que angustiaba tanto a su colega. Cogió la nota y la analizó como lo habría hecho Matthieu. «Vihc... joh...» significaba «vizconde Josselin». Y el nombre del asesino es lo primero que se intenta comunicar. ¿Gaël Leuven llamó vizconde a Josselin? Sí, recordó que lo había llamado así, por irrisión. El resto de las palabras eran relativamente claras: «Ha dado una colleja a Germain», o sea a Joumot, luego algo relacionado con la muerte y el final seguía siendo indescifrable. Adamsberg volvió a estudiar las palabras de Gaël sin prejuicios y llamó de nuevo al comisario de Combourg.

—¿Y bien? —preguntó Matthieu, un poco alterado—. No saldrá de esta, ¿verdad? Estoy haciendo tiempo en espera del informe de la autopsia, pero no tengo elección. Interrogatorio y prisión preventiva.

—La acusación parece aplastante, no digo que no. Pero hay cosas que no cuadran, demasiadas cosas. ¿Estaba Gaël presente cuando ese Joumot insultó a Josselin en el ayuntamiento?

—Sí, y se tronchó de risa abiertamente, por supuesto. Estaba claro que le hacía gracia.

—Pero ¿por qué Gaël habría contado esa escena?

—Para explicar la furia de Josselin contra él.

—Pero lo primero que habría hecho Josselin habría sido matar a Joumot, no a Gaël, ya que aún no se sabía que el periodista sería despedido. Gaël se había tronchado de risa, por supuesto, pero eso no constituye un móvil. Gaël llevaba mucho tiempo provocándolo en la posada y nunca había habido consecuencias. ¿Era la primera vez que Gaël le echaba vino encima?

—Por lo menos la quinta vez. Que yo sepa. Tampoco estoy todos los días en Louviec.

—¿Lo ves?, y no por eso Gaël fue asesinado. Josselin no tiene motivos.

—Estamos de acuerdo, pero qué quieres que te diga, las palabras están ahí.

—Y entre ellas, hay una que no se sostiene. «ha dado una colleja a Germain». ¿Una *colleja*, Matthieu? Pero si esa es una palabra de chavales. ¿Te imaginas a Gaël diciendo «ha dado una colleja a Germain», como en un patio de recreo? Golpeó, le metió una hostia, le partió la cara, lo que quieras, pero no eso. No, no cuadra. A menos que Gaël hubiera vuelto a la infancia.

—Te sigo, pero el significado sigue ahí, no podemos hacer nada.

—Sigue ahí en lo que respecta a «vizconde Josselin», pero entonces toda la frase se tuerce y deja de tener sentido. Por no hablar del incomprensible final: «está muerto». ¿Pero quién está muerto, Matthieu? Y «som... ojo...», ¿qué entiendes?

—Nada más de lo que puedas entender tú.

—Aparte del nombre Josselin, ya ves que nada tiene sentido. Todo lo que podemos entender de las palabras de Gaël es

«El vizconde Josselin ha dado una colleja a Joumot». Yo no llamo a esto una acusación de asesinato.

—No. Pero el comandante divisionario solo ve este nombre: Chateaubriand. Y me presiona. Un arresto tan espectacular no lo disgustaría del todo. ¿Cómo lo ves?

—No me has dicho si, de tanto pimplar y gritar, Gaël no se había buscado problemas durante esa noche en la posada.

—No del todo. La gente está acostumbrada a los excesos de beodo del guarda de caza, que no son frecuentes, por cierto. Lo oyen con un oído, les resbala como la lluvia en un tejado de pizarra, y siguen con sus conversaciones, hasta que el dueño lo echa para que los deje en paz. Ah, sí, aunque hay una cosa. Entró una mujer, no para cenar, sino para amenazar a Gaël con el puño y decirle: «¿Me quieres muerta o qué, Gaël Leuven? Si no me dejas en paz, te garantizo que me las pagarás». Y se fue inmediatamente. Esta mujer, la mercera, cree en el cuento de las sombras. Y como Gaël es el líder de los «pisadores de sombras», ella lo teme y lo odia. No creas que no he hecho mi trabajo: ha sido interrogada a primera hora de la mañana.

—¿Antes que Josselin?

—El doctor Jaffré tuvo que salir para atender urgentemente un parto, justo antes de que la ambulancia llegara al callejón. Por desgracia, en su precipitación, dejó allí su teléfono, y luego siguió con sus consultas durante todo el día. Así que no supimos de las últimas palabras de Gaël hasta anoche, cuando Jaffré nos llamó por fin desde su casa. Pero esta mañana, Josselin ha ido a pasear por el bosque y de compras a Combourg. Hace buen tiempo, puede tardar un buen rato. No voy a enviar a mis hombres bosque a través como si fueran de montería.

—Volviendo a la mujer. ¿Talla?

—Una fortachona. Recia, con los brazos como jamones. Esa tarde, Gaël le había saltado en la cabeza, bueno, en la sombra de la cabeza, por lo menos cinco veces seguidas. Según dice, cuando lo vio delante de la posada, no pudo resistirse a venir a cantarle las cuarenta. Y luego se fue directamente a casa, sin testigos.

—Podría perfectamente haberlo esperado en el callejón, cuchillo en mano.

—Pero amenazarlo delante de todo el mundo antes de matarlo es lo que se dice echarse la soga al cuello.

—Igual es un poco zopenca y actuó sin pensar.

—De que es un poco zopenca no hay duda. Pero, sobre todo, es la que lidera el grupo de cotillas. Hablar mal de todo el mundo, incluso de los niños, parece que la apasiona. Se llama Marie Serpentin, pero se la conoce sobre todo como «la Serpiente» o «la Víbora».

—Cómo se lo pasan en Louviec.

—Qué quieres que te diga, se aburren bastante.

—¿La Víbora? —repitió Adamsberg—. Empieza con «vi», como «vizconde».

—Pero «joh» no encaja. Pienso más bien que está un poco pirada. Soñaba con una familia ideal de siete hijos sin ser lo bastante guapa o lista para atraer a ningún tío. Se quedó sola en su mercería, y ya se sabe que cuando alguien habla mal de los demás suele ser porque se siente mal. Y meterse en historias de sombras hasta el fanatismo también suele venir de eso. Te da un objetivo. Pero de ahí a sacar un cuchillo hay un buen trecho.

—Estoy de acuerdo contigo. Pero lo que me interesa es que tienes otra sospechosa. Ella, y toda la gente que Gaël provocó al pisar sus sombras. ¿Tienes huellas?

—Sí, de lo más raras. Parece que el asesino resbaló en la sangre. Digamos que son huellas lisas con pliegues irregulares.

—El asesino se habrá atado bolsas de plástico alrededor de los zapatos. Habrás revisado todos los contenedores de la zona, supongo. ¿Para encontrar las bolsas y los guantes?

—A primera hora de la mañana. No había rastro de guantes, ni de tus bolsas.

—¿Qué hay de Josselin? ¿Cuándo salió de la escena del crimen?

—Se fue antes que los demás. Antes que Gaël. Veinticuatro testigos. Pero también él podría haber esperado a Gaël en el callejón. El asunto pinta muy mal, fatal. Te lo pregunto de nuevo: ¿cómo ves las cosas?

—Espera, déjame pensar un momento. Un momento largo, por favor, pienso tan despacio como camino y escribo. Y lo que es peor, no siempre pienso en orden.

Matthieu lo sabía, pero él, como tantos otros, valoraba la opinión de Adamsberg. Encendió un cigarrillo y pasaron más de cinco minutos antes de que el comisario volviera a ponerse al teléfono.

—Yo que tú, compañero, no me tiraría de cabeza.

—Porque tú nunca te tiras de cabeza.

—No te creas, me pasa a veces. Para ti, las últimas palabras de Gaël son acusatorias. Y sí, aparece el nombre de Josselin, y eso es grave, pero son solo fragmentos. Y el resto no salta a la vista. Si detienen a Josselin, la cara del «vizconde de Chateaubriand» saldrá en toda la prensa y apasionará a la opinión pública hasta el juicio. Pero en el juicio, Matthieu, incluso el más cretino de los abogados demolerá en un santiamén esa única «prueba», la famosa frase: no hay acusación, ni móvil, ni prueba material; solo disparates, incoherencias, la embriaguez de la víctima, otros sospechosos, el carácter pendenciero de la víctima, que se pondrá de relieve en contraste con el temperamento tranquilo y atento de Josselin. Respecto a ese Joumot, ya es otra historia, le dio un puñetazo. Pero ¿quién no lo habría hecho en su lugar? Al fin y al cabo, Matthieu, y gracias a la admiración por el antepasado escritor, que sigue derramándose sobre los hombros de su asombroso descendiente, puedes estar seguro de que será absuelto. Tras meses de prisión preventiva de los que serás responsable si no te contienes. Esto te dejará en una situación muy delicada. ¿Metedura de pata? ¿Precipitación? Te van a silbar los oídos y servirás de chivo expiatorio. El terreno no es lo suficientemente sólido. Y lo peor sería que podrías meter a un inocente en la cárcel.

Esta vez fue Matthieu quien permaneció en silencio y Adamsberg quien encendió un cigarrillo. Había adquirido este hábito durante el tiempo que su hijo mayor había vivido con él, dejándose los paquetes tirados por ahí. No le gustaba ese tabaco, pero fumaba un pitillo de vez en cuando, por la noche, en compañía de su hijo. Costumbre que había mantenido después de su marcha. Seguía comprando la misma marca, pensando que así no fumaba, sino que robaba cigarrillos a su hijo, lo cual era muy distinto.

Matthieu le tomó la palabra.

—Tienes razón —dijo con voz firme—. Me quedé de piedra cuando leí ese «vihc… joh…», perdí la sangre fría. Voy a tratar de frenar a mi comandante de división, he tomado nota de todas tus objeciones. Porque si Josselin es encarcelado y luego absuelto, también él se verá implicado.

—Hasta las cejas. No es asunto mío, pero si haces tiempo hasta las dos, ¿me permitirás asistir a tu interrogatorio de Josselin? Me encantaría verlo.

—¿Verlo? ¿De qué te servirá?

—Su tono de voz, sus expresiones faciales, sus gestos, sus reacciones.

—¿Por qué no? Pero sé discreto. En la gendarmería de Combourg, entra por la puerta trasera, evita el ascensor, sube al tercer piso y toma la primera puerta a la izquierda. Allí es donde he instalado mi oficina temporal. Si alguien te hace una pregunta, di que he pedido verte.

—Gracias, Matthieu. Me voy a la estación.

Adamsberg cruzó el vestíbulo principal de la brigada casi a paso ligero, velocidad que dejó atónitos a todos sus ayudantes, y dejó a Danglard con sus instrucciones para la jornada. El comandante lo alcanzó, trotando con sus largas y blandas piernas.

—Pero ¿adónde diablos va? —preguntó Danglard.

—A Combourg ida y vuelta. Quiero asistir al interrogatorio de Chateaubriand, está en peligro.

—No solo no es asunto nuestro, sino que es totalmente ilegal. Está perdiendo la cabeza, comisario.

—Será extraoficial.

—Por favor, ¿ha olvidado la reunión de las once? ¿La mujer de pieles y diamantes que fue asesinada y desvalijada en su coche anoche? No tenemos nada a lo que hincar el diente. Excepto ese único testigo que vio brevemente el coche parado, un hombre asomado a la portezuela, pidiendo gasolina con un bidón en la mano. ¿No le suena de nada? Ni un rastro, ni una huella dactilar, una mujer con muchísimas influencias, abatida allí mismo, ¿y usted se larga?

—Me suena tan poco, Danglard, que esta mañana, al amanecer, estaba yo en el perímetro del crimen, registrando los arbustos y el bosque más abajo del emplazamiento del coche.

—Ya los habíamos peinado el día anterior con veinticinco hombres y dieciocho proyectores. Un auténtico vertedero. Resultado: nada.

—Pero lo registramos sin perro rastreador. Y un bidón apesta. Este bidón verde oscuro estaba profundamente hundido en un tejo, y lo pasamos por alto.

—El asesino llevaba guantes.

—Para cometer el crimen, es evidente que sí. Pero es su bidón, y tiene sus huellas de antes. No siempre lo encontramos, pero es raro que estos tipos no cometan un error. Desperté a Lambert a las siete y una hora después tenía la respuesta: Simon Reboulier, conocido como Sim el Anguila, el escurridizo. Dos años de talego hace veinte, luego una carrera de robos, atracos a mano armada y asesinatos si hacía falta, sin que nadie haya conseguido atraparlo nunca. El tipo es muy hábil, cambia de nombre, de aspecto y de lugar como de camisa. El Anguila podría seguir escurriéndosenos entre los dedos durante años, pero no entre las fosas nasales de un perro. El bidón está precintado en mi despacho, y el informe de Lambert, encima de mi mesa. Queda echar el guante al tipo. Debido a sus años de impunidad y con la edad, se ha ido haciendo más imprudente, más descuidado. Según los ficheros, últimamente ha estado frecuentando la casa de juegos de Angelo, El Dado Suertudo. Su escondrijo debe de estar por allí cerca. Lleven cada uno una foto de él, recorran todos los cafés de la zona, los hoteles pequeños, los apartamentos amueblados. Por lo demás, la rutina, haremos todos los peristas.

—Pero ¿por qué no me lo ha dicho siquiera? —dijo Danglard indignado mientras Adamsberg se alejaba a toda prisa hacia la estación de Montparnasse.

—Se lo estaba escribiendo con todo detalle —dijo Adamsberg, agitando su teléfono—. Tendrá todo lo que necesita para la reunión de las once.

—Salvo a usted —murmuró Danglard, siempre dividido entre la reprobación y la admiración por Adamsberg.

Por un lado, las maneras de hacer, de trabajar y, sobre todo, de pensar del comisario exasperaban al muy racional Danglard; por otro, no podía evitar seguir la imprevisible dirección de la extraña brújula del comisario. Esa brújula, por desorientada y desorientadora que fuera —hasta el punto de que daba la impresión de no funcionar—, la necesitaba para sobrevivir a su propia ansiedad. Era, a pesar de sus desajustes, la luz de la que nunca apartaba los ojos.

Adamsberg recibió un mensaje de Danglard mientras dormitaba en el tren.

—¿Por qué se deshizo del jerrican en vez de llevárselo a casa? Estamos atascados en eso.

—Para que el olor no impregnara las joyas. Es un olor volátil y persistente. A un traficante no le gusta que las bagatelas huelan a gasolina. Es fácil de rastrear, es difícil de vender.

IV

Poco antes del interrogatorio en Combourg, con quince minutos de antelación, Adamsberg se coló en el despacho de Matthieu. Los dos hombres intercambiaron un fuerte abrazo, y Matthieu examinó a su colega.

—No has dormido mucho.

—Tuve que ocuparme de un caso al amanecer, he dormitado en el tren.

—Te preparo un café.

—Sí, por favor. ¿Has llamado a Josselin?

—Sí, he pensado que era mejor no informarlo del asesinato de Gaël por mensaje de texto. Solo le he pedido que venga cuanto antes a la comisaría de Combourg, le he dicho que lo necesito, pero no ha consultado el móvil hasta las doce y media.

—¿Respuesta? —preguntó Adamsberg, y se tomó el café a grandes tragos—. ¿Tengo tiempo de encender un cigarrillo?

—Tenemos nueve minutos —dijo Matthieu ofreciendo fuego a su colega, que buscaba en vano su encendedor por todos los bolsillos—. Respuesta amable y neutra. Terminaba sus compras en Combourg y llegaría a la hora solicitada. Por descontado, no harás preguntas, eso sería irregular.

—Naturalmente, Matthieu.

A las dos en punto, Josselin dio tres ligeros golpes con los nudillos y abrió la puerta.

—Pase, Josselin, siéntese —dijo Matthieu, estrechándole la mano.

—Anda —dijo Josselin, sonriendo—, Adamsberg. ¿Ya no puede prescindir de nosotros?

—Hay algunos detalles finales que resolver. He dado un rodeo hasta Louviec y he venido a saludar al comisario.

—Y si ha dado un rodeo hasta Louviec, significa que algo habrá pasado.

Al mismo tiempo, Josselin se afanaba en sacudir los bajos de su grueso pantalón para quitarle la tierra que había acumulado en el bosque. Para pasear por el monte, no se ponía el atuendo de vizconde.

—Perdón —dijo de pronto, enderezándose—. Estoy ensuciando el despacho, discúlpenme, me estoy comportando como un malcriado. Ha sido un reflejo, esta mañana había humedad en los matorrales, pero la recolección ha sido buena —añadió señalando una pequeña cesta—. Imagínese, he conseguido cinco colmenillas, que empiezan a escasear por estas fechas. Catherine estará encantada.

—Catherine es su asistenta —dijo Matthieu a Adamsberg, que encontró perfectamente natural este comienzo de conversación por parte de Josselin, muy improbable si hubiera sabido algo de la muerte de Gaël, o peor aún, si lo hubiera matado.

—Señor de Chateaubriand, por favor, siéntese. ¿Tiene algún inconveniente en que grabe nuestra conversación?

Josselin entornó sus ojos melancólicos.

—¿«Señor de Chateaubriand»? ¿Y con grabación? O sea que es un interrogatorio, Matthieu, ¿no?

—No se preocupe, no será usted ni el primero ni el último en sufrir mis preguntas. Ya he interrogado a siete de los que estuvieron en la posada anteayer, y lo que falta.

—¿Interrogado sobre qué? ¿Qué está pasando, comisario?

—Gaël Leuven fue asesinado anteanoche.

—¿Qué? —dijo Josselin, alzando la voz y apoyando las manos en los reposabrazos del sillón de madera, como dispuesto a levantarse.

—Asesinado. ¿Cómo es que no se enteró usted? Ayer era demasiado pronto para salir en la prensa, pero la noticia ya corría por todo Louviec.

—Ayer estuve en casa de un amigo de infancia en Dol. Pregúntele, si le interesa. Pero ¿y Gaël? ¿Qué ha pasado? ¿Tanto degeneró la discusión anteanoche en la posada? Hay que reconocer que estaba muy bebido y que esparcía invectivas como quien siembra grano. ¿Llevó la provocación demasiado lejos? ¿Alguien le rompió una botella en la cabeza?

—¿Por qué piensa en una botella?

—Porque ya ocurrió hace cinco o seis años. Llamó a Kemener «caracol baboso», y Kemener saltó, botella en mano, y se la rompió en la cabeza a Gaël.

—Kemener es el director de la escuela —dijo Matthieu en dirección a Adamsberg.

—Y es cierto que tiende a salivar mucho —añadió Josselin—. Lo único que consiguió fue abrir una brecha a Gaël en el cuero cabelludo. El dueño, Johan, el único hombre fuerte que puede toser al guarda de caza, consiguió separar a los dos hombres y llamó a la gendarmería.

—Pues bien, señor de Chateaubriand…

—Aunque sea un interrogatorio, ¿no podría ahorrarme el «señor de Chateaubriand»? Aquí, todo el mundo me llama Josselin, o Chateau, o Chateaubriand.

Matthieu apagó la grabadora.

—Lo siento, Josselin, pero el protocolo del interrogatorio exige que lo llame por su apellido. De lo contrario, se me podría acusar de complacencia.

—Comprendo —dijo Josselin—. Continúe. ¿El protocolo le permite contarme lo que le pasó a Gaël? No lo entiendo. Sí, era un provocador, un ironista, incluso una especie de bestia parda cuando había bebido demasiado, pero muy en el fondo, como se suele decir, era un buen tipo.

—¿«Un buen tipo»? ¿Y es usted, de quien tanto se ha mofado, anteayer sin ir más lejos, al rociarlo con vino, quien lo dice?

—Nada indica que derramara el vino a propósito, estaba que se tambaleaba. En cuanto a sus burlas, sus ataques incluso, caían un poco al azar sobre cualquiera, incluido yo. Se trataba sobre todo de defectos físicos o de apariencia, nariz, pelo, dientes, orejas, aspecto... No llegaba mucho más allá porque Gaël mismo no era muy apuesto y lo sabía. También se burlaba de los alfeñiques, de los miedosos. No había nada agradable en todo ello, pero tampoco nada grave.

—¿Y eso es lo que usted llama «un buen tipo»?

—Quiero decir con eso que no había odio en él. Dolor desde la muerte de su madre, sí, e ira, y ahí se agravó la cosa. Uno podía rechinar los dientes por sus insultos, pero de ahí a matarlo, no. No lo caricaturicemos: al mismo tiempo era un hombre franco, cordial, siempre se interesaba por todos; cuando estaba sobrio, claro. Incluso conmigo, cuando nos encontrábamos en el bosque. Esa mujer, en cambio, la Serpentin, que vino a desafiarlo a la posada, lo detestaba profundamente. Y no era solo por ver su sombra pisoteada. Es la hermana de Joumot. No hace falta romperse la cabeza para saber de dónde sacaba la información ese metomentodo. Él sí que está lleno de odio, no cabe duda, lo mismo que su hermana. Son tal para cual. Lo siento, comisario —dijo de pronto—, no tengo por qué formular sospechas en su lugar, lo lamento, retiro mis palabras.

Matthieu abrió un cajón y sacó una bolsa grande, manchada de sangre.

—Y esto, señor de Chateaubriand —dijo mostrándoselo a Josselin—, ¿le dice algo? No se preocupe, se lo enseño a todos.

—¡Pero si es mi cuchillo! —exclamó Josselin poniéndose en pie—. ¡Mi propio cuchillo! ¿Puedo? —dijo, tendiendo una mano hacia la bolsa.

—Por supuesto, pero no lo abra.

—¡Mire! —continuó Josselin con una excitación inusual en la voz—. Allí, junto a la marca del mango (un cuchillo Ferrand, los mejores que hay), ¡tiene un rasguño! Es mío, ¡no hay duda!

De repente, Josselin arrojó el cuchillo sobre la mesa, como si quisiera verlo lo más lejos posible de él.

—Con esto lo mataron, ¿no?

—Sí.

—Catherine no lo encontraba ayer. Lo había usado anteayer para preparar la comida. No puede prescindir de este cuchillo (hay que decir que es de calidad superior) y estaba tan disgustada que me llamó a Dol para ver si me lo había llevado. No, claro que no, y eso es lo que he venido a comprar a Combourg esta mañana: un cuchillo de la misma marca. Lo llevo en la cesta, si quiere verlo.

—No hace falta.

—Y eso me incrimina, ¿no?

—Digamos —observó Matthieu con lentitud— que nunca es bueno ser el propietario del arma homicida.

—Es evidente. Aunque hay que ser condenadamente estúpido para matar a alguien con el propio cuchillo. Peor aún, el decir espontáneamente que es de uno mismo. Pero Catherine lo conoce perfectamente, lo habría identificado de inmediato. Y tiene mis huellas dactilares. Y las suyas.

—Exacto, aunque están un poco borrosas. El asesino puede haber actuado impulsivamente, pero no olvidó ponerse guantes. Supongo que usted también los usa en sus paseos por el bosque, ¿no es así?

—Por supuesto que sí. Hay muchas zarzas y ortigas.

—¿Me los enseña, por favor?

Josselin hizo un fugaz mohín de fastidio mientras sacaba los guantes de cuero de la cesta. Los colocó sobre la mesa un poco bruscamente.

—Sé lo desagradable que es —dijo Matthieu—. Pero es…

—… la rutina —lo interrumpió Josselin—, el protocolo.

A Adamsberg no le disgustó ver que Josselin perdía un poco la compostura. Cuando los sospechosos están demasiado tranquilos es porque sus respuestas han sido muy trabajadas de antemano.

—Supongo que buscará rastros de sangre, eso también es rutinario. Pero, una vez más, tendría que ser un tremendo cretino para no haberme deshecho de los guantes sucios. Joumot puede llamarme cero a la izquierda, pero no soy imbécil.

—Los insultos de Joumot lo exasperaron, ¿verdad? —preguntó Matthieu, mientras metía los guantes en una bolsa nueva.

—Habrían exasperado a cualquiera, aunque yo nunca he negado mis incompetencias profesionales. Pero no fue por eso por lo que lo golpeé. Fue cuando me amenazó con publicarlo todo en *Sept Jours à Louviec* y *La Feuille de Combourg*. Que todo el pueblo lo sepa me da igual, ya me conocen. Pero un artículo tan mortificante difundido en Combourg, acompañado de una bonita foto del rostro que heredé, no habría tardado ni dos días en dar la vuelta al país e incluso en cruzar las fronteras y circular en Internet. Al pensar en esta campaña infamatoria, mi puño salió disparado y le di. Lo sacaron de allí, ebrio de rabia. Si hubiera tenido que matar a alguien en mi vida, habría sido a una sabandija como Joumot, y no a un hombre como Gaël.

—Existe, sin embargo, una conexión entre los dos sucesos, al parecer —dijo Matthieu con voz sorda, dándose golpecitos en el labio con la goma del lápiz—. Y fue Gaël quien estableció esa conexión.

—¿Gaël? Pero todos los testigos se lo dirán: no dijo ni una palabra sobre Joumot durante aquella famosa velada en la posada. A menos que lo hiciera después de irme.

—Después, sí. Fue el médico quien lo encontró moribundo en el callejón. Gael tuvo tiempo de decir algunas palabras, a retazos, antes de morir. Aquí están —dijo Matthieu entregando un papel a Josselin.

Cuando devolvió el papel al comisario, Josselin parecía más pálido.

—Ya veo lo que está pensando, comisario —dijo apretando las mandíbulas—. Que maté a Gaël porque sus primeras palabras me acusan. «Vihc... joh...», es decir, «vizconde Josselin». No paraba de llamarme «vizconde», sabía que no me gustaba. Y, lógicamente, el nombre del asesino es lo primero que se dice. O sea, yo. Pero antes de que me detenga, comisario, quisiera hacer unas observaciones sobre estas últimas palabras.

Josselin cogió el papel y volvió a leerlo en voz baja, con la misma calma y la misma concentración que si hubiera estado corrigiendo el examen de uno de sus alumnos. A decir verdad, pensó Adamsberg, después del leve temblor de voz cuando había pronunciado la palabra *detenga*, ahora estaba pensando, trabajando.

—Luego dice «El vizconde Josselin ha dado una colleja a Germain». Por un lado, no veo por qué un moribundo, incluso borracho, se tomaría tantas molestias para contar ese incidente. Pero elijamos atribuirlo al carácter nebuloso de sus pensamientos en ese momento. En cambio, con o sin agonía, con o sin embriaguez, lo que no se puede cambiar es su forma de hablar. ¿«Dar una colleja a Germain»? Por un lado, no fue una colleja, sino mucho más que eso. Lo golpeé en la cara, lo bastante fuerte como para hacerlo caer. ¿Y *dar una colleja*? ¡Ni en broma! ¿Se imagina a un hombre como Gaël utilizando ese término? Imposible, inimaginable.

—Sin embargo, aunque haya sido expresada de forma curiosa, la historia está ahí: usted golpeó a Joumot, no cabe duda.

—Cierto. Y no veo, una vez más, qué interés tenía Gaël en recordar esta escena. En cuanto al resto, no es inteligible. No sabemos quién está muerto, no sabemos a qué o a quién se refiere ese «som… ojo…». Aun así, a pesar de las inverosimilitudes de la frase, es innegable que pronunció mi nombre antes que nada. De modo —concluyó Josselin enderezándose en su silla— que estoy a su disposición, comisario.

—Un detalle importante, sin embargo —dijo Matthieu, sin que pareciera haber oído la última frase—. También cabe suponer que el cuchillo puede haberle sido robado.

—¿Con qué propósito?

—El de incriminarlo.

—No tengo enemigos en Louviec.

—Excepto Joumot, que lo odia a usted más que nunca. Y que sabía, como todo el mundo, que Gaël estaba en la posada casi todas las noches. Lo sabe todo, por desgracia, es su sucio trabajo. ¿A qué hora va Catherine a su casa?

—De once a dos. Me sirve la comida y prepara la cena. Yo no sé cocinar.

—Y usted, señor de Chateaubriand, ¿a qué hora suele salir?

—Casi todas las mañanas, durante la temporada de setas; salgo bastante temprano y, por lo tanto, la casa está vacía de nueve a once. Después de comer, entre las dos y media y las cuatro de la tarde, voy a casa del pequeño Germain y a casa de Victor, ambos personas con discapacidades y desescolarizadas.

—¿Va todos los días a la misma hora?

—Nunca falto, excepto los fines de semana.

—Y lo sabe todo el mundo en Louviec.

—Por supuesto. Y luego doy clases particulares a domicilio de cinco a seis y media.

—Y todo el mundo sabe que nunca cierra la puerta durante el día.

—¿Para qué voy a cerrar? Incluso a menudo se me olvida por la noche. Tanto es así que después del colegio, cuando salgo a dar una vuelta en bici y de paso voy por el pan o la leche para el día siguiente, la casa está vacía durante una hora larga. Son detalles insignificantes, comisario, pero se los doy por si quiere comprobarlos con los tenderos.

—De modo que es un juego de niños venir y llevarse el cuchillo. Por ejemplo, el martes a primera hora de la tarde, el mismo día del asesinato, mientras daba clase a los niños con discapacidades.

—Nada más fácil. Pero no veo a Joumot robando mi cuchillo y matando a Gaël solo para culparme de un asesinato.

—¿Y por qué no?

—Porque es un cobarde, un pérfido. Pero no un hombre de acción.

—No lo entiendo. Le ofrezco un sospechoso en bandeja, y usted lo defiende.

—Ni por un segundo. Le digo lo que pienso de ese tipo, es una cuestión de honestidad. Que tenga impulsos asesinos es posible. Otra cuestión es que sea capaz de llevarlos a la práctica, y no creo que lo sea.

—Le agradezco su colaboración, señor de Chateaubriand —dijo Matthieu, poniéndose en pie—. Puede marcharse.

—¿Me deja ir? ¿Aunque me haya acusado Gaël?

—Eso es.

V

Adamsberg se reunió con Matthieu en la posada a las nueve. Una siesta le había ayudado a recuperarse, mientras que el comisario de Rennes parecía agotado.

—Interrogatorio tras interrogatorio, derrengado —dijo, tomando asiento en su mesa habitual—. ¿Qué piensas de Josselin?

—Que, a primera vista, no tiene nada que ocultar. No estoy seguro de nada, pero parecía realmente atónito, conmocionado incluso, al enterarse del asesinato de Gaël. Su reacción no ha tenido nada de un paripé. Y era tan fácil birlarle el cuchillo. Has vuelto a interrogar a la Serpentin, supongo.

—Primero he hablado con cotorras que suelen hacer corro con ella. Cuatro de ellas, cuatro, llamaron a su puerta anteayer, martes, entre las dos y cuarto y las tres y media; su tienda está cerrada a esa hora.

Matthieu consultó su cuaderno. El cansancio hacía que le temblaran ligeramente los dedos.

—Deberías pedir algo de beber —dijo Adamsberg—, te acompañaré. Y comer ya, te dejo elegir. Tenemos tiempo antes del último tren.

Matthieu hizo un gesto a Johan, y el coloso rubio, todavía de bastante buen ver, tomó él mismo la comanda.

—A pesar de las circunstancias —dijo, volviéndose hacia Adamsberg con una reverencia—, es un honor tenerlo aquí de nuevo, y en esta posada. —Adamsberg le sonrió, y la rigidez profesional del gigante pareció vacilar ante la sonrisa—. Llámeme Johan, comisario —dijo el dueño antes de alejarse.

—Le has caído bien a la primera —observó Matthieu.

—Decías de tus cotorras…

—Llamaron varias veces —dijo Matthieu haciendo una seña a Johan—. Piensa que el ataque de Josselin a Joumot fue todo un acontecimiento, había mucho que comentar. Una a las dos y cuarto, otra a las tres menos veinticinco, la siguiente a las tres menos diez y la última a las tres. No hubo respuesta.

—¿Cuánto se tarda en llegar de casa de la Serpentin a casa de Josselin?

—Poco si fue en bicicleta, pero arriesgado. Su bici es roja y todo el mundo la conoce. Es una mujer a la que gusta llamar la atención. Si yo fuera ella, si quisiera ir a casa de Josselin discretamente, me habría puesto ropa apagada y habría ido por las callejuelas que rodean la parte trasera del pueblo. Es más largo, pero está casi vacío. Y a pie, digamos veinte minutos. Ayer fui a interrogarla a las tres y media. Me juró por Dios que no se había movido de su casa el día anterior. Le dije que cuatro amigas suyas habían ido el martes a cotillear y que ella no había contestado. «La lavadora estaba funcionando —me dijo—. Hace un ruido terrible, no oí nada». Le pedí ver la ropa tendida, y no había. Estaba incómoda, confusa y enfadada (no tiene el aguante de un Josselin), me gritó que, si quería saberlo todo, que sí, que estaba en casa, de acuerdo, pero que se había quedado dormida delante del televisor. Que si no lo había dicho era porque no quería que la tomaran por una holgazana. Me rogó que quedara entre nosotros, que la perjudicaría mucho.

—¿Por qué?

—Tiene fama de ser enérgica e infatigable. Y echarse una siesta arruinaría su imagen.

—Tiene sentido —dijo Adamsberg.

—Tiene sentido —repitió Matthieu, antes de tomar la mitad de su vaso y atacar su comida—. Pero no olvido que es una mentirosa notoria, además de una fabuladora. Su única debilidad admitida e incluso reivindicada: el miedo a que le pisen la sombra. Por esta razón habría matado a Gaël.

—Es fácil cuando te enfrentas a un hombre que va dando tumbos y con los ojos entornados. Y con ese cuchillo, endosaba la cosa a Josselin.

—Sin embargo, me cuesta imaginarla clavando el arma. Sea cual sea su odio, como dice Josselin.

—Anda, se ha dejado el cesto de setas en el mostrador de Johan.

—No se lo ha dejado, no las come nunca. Las regala. A Catherine, a Johan, a quien las quiera.

—¿Va mucho a recoger setas?

—Pues casi todos los días. Durante ocho meses, toda la temporada.

Adamsberg dejó el tenedor y echó un vistazo a la cesta, que veía con ojos nuevos.

—¿Estás intentando decirme que va al bosque casi todas las mañanas a llenar la cesta a pesar de que no le gustan las setas?

—Eso es —dijo Matthieu, dando un sorbo—. Tampoco le gusta el bosque. Acabada la temporada, no vuelve a pisarlo.

—Pero ¿cómo lo explica?

—No lo explica. Cuando le preguntan, hace un gesto de ignorancia y ya está. Nadie se lo explica.

—Pero no tiene sentido. Sobre todo teniendo en cuenta que hacerlo requiere tiempo y conocimientos.

—Digamos que es algo bastante loco, sí. Cada uno tiene su propia interpretación. Podría ser un voto, una promesa, un recuerdo… Yo digo que es una chifladura. O que le gusta vagar sin rumbo, y que las setas son solo un pretexto: sería el toque de romanticismo heredado de su abuelo.

—Vagabundea para soñar, tal vez. A mí me pasa a menudo —dijo Adamsberg.

—¿Ah, sí? ¿A horas fijas?

—¿Cómo podría? ¿Con el trabajo? No, cuando surge la ocasión. A veces incluso salgo de la brigada, y eso saca de sus casillas al concienzudo Danglard. Pero también me da por vagabundear sentado en mi silla, con los pies en la chimenea.

—Y ¿con qué sueñas?

—No lo sé.

—Otra vez tu «no lo sé».

—Es que es verdad.

Ocho campanadas repicaban en la iglesia cercana y la posada se llenaba de los clientes habituales y algún que otro turista.

—Va a empezar la cháchara —comentó Matthieu.

—Este sitio no es barato. ¿Cómo es que la gente de Louviec puede venir tan a menudo? No me parecen muy ricos.

—No lo son —dijo Matthieu bajando la voz—. Pero aquí hay dos precios. Uno para los de Louviec, otro para los extraños. Johan, el dueño, dice que un restaurante vacío no anima a nadie a entrar. Los comensales autóctonos sirven de cebo en cierto modo, particularmente Josselin. Si supieras cuánta gente viene aquí para verlo, o a hacerse una foto con él... Es inaudito. El pobre Josselin, ya te lo dije, es la mejor publicidad del pueblo. Durante los periodos turísticos, por sí solo, duplica el volumen de negocio.

—Y, sin que llegue a ser por una orden, no puede cortarse esos largos rizos castaños. Que le quedan bien, por cierto. En el fondo, es un esclavo.

—En cierto modo. Pero bien querido y bien tratado.

—Excepto por la persona que le quiere colocar un asesinato sobre los hombros.

Adamsberg se detuvo bruscamente.

—¿Qué te pasa?

Con el tenedor en el aire y el vaso suspendido a mitad de trayecto, Adamsberg se había quedado inmóvil, con la mirada perdida.

—Parece que ya no ves nada —dijo Matthieu, que no había tenido la oportunidad de observar bien esos momentos de ausencia en su colega, cuando las pupilas de los ojos parecían sumirse en el pardo del iris. Sacudió a Adamsberg por el brazo, y este volvió a ponerse en marcha como si alguien le hubiera dado una vuelta de llave inglesa.

—No es nada —dijo Adamsberg—. Es solo una idea que tengo y que no encuentro.

—Pero si la tienes, deberías poder encontrarla.

—No, Matthieu, es el tipo de ideas que se esconden como bichos en las profundidades del fango de un lago. Sé que está ahí, pero no puedo nombrarla. Sé lo que es porque he dicho la palabra *hombros*, y ya está. Ya ves que no tiene sentido y que, seguramente, no tiene importancia —concluyó mientras terminaba de cortar la carne. Un detalle de nada.

—Nunca he tenido ideas desconocidas enterradas en el fango.

—Me ocurre a menudo. Irrita. Pero dejo que vivan su vida.

En la mesa larga, que ahora estaba llena, la discusión giraba naturalmente en torno al asesinato y cada cual daba su opinión sobre el asesino. Uno de los comensales llegó a sugerir que había sido el propio doctor quien había dejado morir a Gaël, con el pretexto de ir a atender un parto de urgencia. Al fin y al cabo, ambos estaban en permanente disputa acerca del alcohol y ninguno de los dos cedía un ápice. Porque, vamos a ver, ¿cómo es que el médico se había largado antes de que llegara la ambulancia? ¿Y por qué no se había puesto en contacto con Matthieu desde la ambulancia para informarle de las últimas palabras de Gael?

—Tiene razón —dijo Matthieu—. Hay algo raro en el comportamiento del médico. Que se dejó allí el teléfono es indudable. Pero que al día siguiente no pidiera uno prestado para llamarme me sorprende un poco.

—O tal vez, simplemente, no midió en aquel momento la importancia de las palabras inconexas de Gaël, balbuceadas por un hombre borracho como una cuba y moribundo. Jaffré es médico, estará más centrado en eso último.

Johan, inquieto debido a los turistas, fue a rogarles que bajaran la voz. Pero los turistas, que solo oían un barullo bastante indistinto, no tenían ojos más que para Josselin de Chateaubriand. Sin embargo, estaba prohibido fotografiarlo en la posada de los Dos Escudos —así lo indicaba un cartel en la fachada de la posada—, Johan protegía de este modo a Josselin en el remanso donde estaba comiendo.

—¿Qué opinas, vizconde? —preguntó el maestro.

—Nada —respondió Josselin—. Realmente no veo quién podría haber tenido un motivo para eliminar a Gaël.

—Oye —dijo el teniente de alcalde—, pues la verdad es que era un pelma importante.

—Pudo haberse granjeado enemigos, berreando a todas horas y soltando chorradas a troche y moche.

—No era a todas horas —corrigió Josselin—. Y tenía que estar muy borracho para pasarse de la raya.

—Es cierto que a menudo decía tonterías.

—Y por eso nadie le hacía ni caso, más o menos.

—Todo está en el «más o menos» —dijo el teniente de alcalde.

—En cualquier caso, ya no oiremos más la pata de palo del Cojo. Ahora que ya tiene su cadáver —dijo el maestro.

—Vete a saber.

—Y así seguirá toda la noche —dijo Matthieu—. Instructivo a veces, hay que decir. No como el informe del forense. Que nos dice que Gaël murió de dos puñaladas en el pulmón y el corazón. Asombroso, ¿no? Y que tenía picaduras de pulgas. ¿Y a nosotros qué nos importa? Absolutamente nada. Estos médicos...

—Dime —lo interrumpió Adamsberg con los ojos fijos en un taburete de bar donde un hombre fornido y de buena estatura terminaba un bocadillo con un vaso de sidra—, ese es el Jorobado, ¿no?

—Baja la voz, por favor. Sí, es él, pero ya no tiene joroba.

—Pero ¿qué ha pasado? ¿Un milagro, Matthieu? ¿Se sumergió en el agua de la fuente de Louviec?

Fuente de la que manaba un fino arroyo transparente que borboteaba sobre las piedras, a la que, como correspondía en muchos pueblos, se atribuía el poder de dar fertilidad y curación.

—Es mucho más prosaico que eso, pero me costaría decirte exactamente de qué se trataba. Estaba consumido por la fiebre, se le había desarrollado una infección en la articulación del omóplato, mal sujeta, mal encajada, que se movía hacia atrás y le abultaba la espalda. Eso por lo que pudimos sonsacarle, que apenas fueron cinco palabras. El médico se lo llevó a la fuerza al hospital de Rennes, e incluso lo acompañó (no quería oír hablar de hospitales) y volvió así, operado por un as de las disyunciones articulares, es lo único que dijo el médico, con mucha reticencia.

—Obligado por el secreto profesional.

—Por supuesto. Un consejo, Adamsberg: ni una palabra de más. Ya han pasado casi tres semanas, y el Jorobado (perdón, Maël) ha dado instrucciones muy claras, órdenes más bien: que no vuelva a oír hablar de su malformación, que lo dejen en paz y lo llamen por su nombre de pila, Maël. Como si quisiera borrar el pasado. Lo había pasado tan mal de niño, burlas constantes, palizas, marginación. En cambio, siempre era el primero de la clase, y eso compensaba, se lo necesitaba para los deberes. Pero, como puedes ver, persiste en no cenar con los demás. Una costumbre. Creo que se le pasará. Y allá, en su taburete, está bajo la protección indefectible del dueño, el gran Johan.

—Sin embargo, por lo que he visto, la gente es muy benevolente con él.

—Lo es, y tiene por qué. Es que el tipo es atento, incluso solícito, temeroso siempre de desagradar. El doctor dice que sigue buscando a toda costa que lo quieran, como cuando era niño. Pero a escondidas, algunos huyen de él como del diablo.

Ya sabes que los jorobados tenían la desgracia, además de su deformidad, de ser considerados siervos del diablo. Y aquí, como has visto, no son avaros en cuestión de supersticiones.

—¿Y por qué tiene una férula y una escayola en el brazo izquierdo?

—Para evitar que se mueva hasta que haya cicatrizado por completo. Tiene para seis semanas largas.

La puerta se abrió violentamente y una mujer en pánico irrumpió en la habitación:

—¡El Cojo! ¡Herveline dice que ha pasado por debajo de su ventana! Ya no se atreve a salir de su casa.

—Maldita sea —dijo Matthieu, y vació su vaso de un trago.

—¿Y por qué no ha enviado a su marido?

—Porque Erwann dice que son tonterías. Ni siquiera lo oyó, al Cojo, es lo que dice. Aun así, salió y no vio nada.

Maël se bajó lentamente del taburete —el dolor se hacía sentir todavía—, pero sin contorsionarse como solía hacer, y se acercó a la mesa.

—Erwann tiene razón. Y vosotros, que no sois imbéciles, dejad ya de creer en esas zarandajas, y el que se divierte con eso ya se cansará.

—Maël tiene razón —dijo el posadero—. Lo único que hacemos es alentar a ese tipo escondiéndonos debajo de la cama en cuanto lo oímos. Un hombre como Erwann tiene sentido común y agallas. Pero no podrá atrapar a ese pelma él solo. Hay que ayudar.

—Propongo —continuó Maël— que hagamos una batida todas las noches en las inmediaciones. Que corra. ¿Quién está a favor?

Se alzaron las manos, y el plan de Maël fue aprobado por unanimidad, seguido de una ronda de copas ofrecida por Johan a esos hombres súbitamente orgullosos de su recién adquirida valentía.

VI

En el tren de vuelta a casa, Danglard anunció por teléfono a Adamsberg la captura de Sim el Anguila, en un modesto hotel a veinte pasos del Dado Suertudo. El mérito del descubrimiento de su nueva guarida correspondió a Estalère. Habían encontrado a Simon en compañía de cinco hombres armados. Ellos solo eran tres, y habían dudado en pedir refuerzos. La teniente Retancourt, a quien Adamsberg consideraba la diosa polivalente de la brigada, debido a un poder asombroso que, según él, podía convertir en múltiples talentos según la situación, exceptuando la delicadeza y la gracia, se había opuesto firmemente. Si había que esperar, corrían el riesgo de ser descubiertos y perder a sus presas. Así pues, Retancourt había abierto silenciosamente la cerradura con su llave maestra y había entrado en primer lugar —ese tipo de hombres no teme a una mujer, por imponente que sea su complexión—, seguida en la sombra por el brigadier Noël y el teniente Veyrenc. Antes de dar la menor explicación o responder a las preguntas, había derribado a tres de los hombres, seriamente aturdidos, incluido Sim. El terreno ya estaba bien despejado y la teniente apuntaba con su arma a Sim, lo que permitió a Noël y Veyrenc inmovilizar a un cuarto comparsa. Dos se dieron a la fuga. Con el cañón de la pistola bajo el cuello, Sim comprendió que no se enfrentaba a un adversario ordinario y confesó el lugar donde se ocultaba la mercancía.

Adamsberg sonrió al imaginar la escena con precisión. Entretanto, había recibido un mensaje de Matthieu informándolo de que un examen más en profundidad del forense indicaba claramente que el cuchillo había sido utilizado por un zurdo.

En efecto, los profundos cortes se desviaban ligeramente hacia la derecha. Esto lo cambiaba todo para el comisario, solo tenía que hacer una lista de zurdos. Adamsberg volvió a la zona de descanso para telefonear a su colega.

—¿Cuántos habitantes tiene Louviec?

—Mil doscientos veintitrés.

—Si quitamos a los menores de quince años, quedan unos mil —calculó Adamsberg, consultando las curvas de edad en su portátil.

—Y las personas de edad avanzada.

—Matthieu, hay tipos de setenta y cinco años tremendamente fuertes. Pero pongamos que sí: sin los mayores de setenta y cinco, te quedan unos ochocientos setenta. Si te ocupas solo de los zurdos, no dejan de ser unas ciento treinta personas, no es moco de pavo.

—Hombre, pero acota la investigación.

—No, te la concentra. ¿No te diste cuenta, durante el interrogatorio de Josselin?

—¿De qué?

—Josselin fuma con la mano izquierda.

—¿Estás seguro? —gritó casi Matthieu.

—Completamente. Y si dejas que se filtre la información, no habrá quien retenga a tu comandante divisionario y Josselin acabará en la cárcel. Por otra parte, Matthieu, cualquier diestro puede golpear con la zurda para desviar la búsqueda. Es un viejo truco y lo conoces tan bien como yo. Pero entonces, la mayoría de las veces, el brazo no tiene fuerza suficiente para clavar la hoja hasta la empuñadura de un solo golpe, y el cuchillo se ladeará ligeramente para luego ser hundido hasta el fondo. ¿Es bueno tu forense?

—Muy competente y apasionado por su trabajo.

—Pídele urgentemente que haga un examen detallado, pero que muy detallado, con resonancia magnética, del trazado de las heridas. ¿Puedes llamarme en cuanto tengas los resultados? Por ahora, que quede entre nosotros. Lo que me desconcierta es por qué querría alguien incriminar a Josselin: el cuchillo, y ahora la mano izquierda. Por no hablar de la reaparición del Cojo, que vuelve todas las miradas hacia Chateaubriand. ¿De verdad no le conoces enemigos?

—Ni uno, pero no conozco a los mil adultos de Louviec.

—Ni uno excepto Joumot y su hermana, la Serpentin. Busca por ese lado, pon a uno o dos hombres sobre el caso si tienes tiempo. ¿Qué tienen contra él y quién está de acuerdo con lo que dicen esos dos?

—Lo haré. Un asesino que trata de incriminar a otro es un clásico. ¿Pero has visto alguna vez a alguien que mate con la única intención de mandar a otro al talego?

—Muy rara vez, pero ha ocurrido. Y hay algo muy particular en este caso, notable incluso. Y no debes perder eso de vista.

—¿Notable? El guarda de caza es apuñalado en la calle justo después de haber soltado una sarta de insultos. Ocurre en todas partes. En Louviec como en los demás sitios. No veo nada notable.

—Yo veo a Josselin-Arnaud de Chateaubriand, sosias de uno de los escritores más importantes de Francia, la «encarnación», en cierto modo, de uno de sus mayores genios. Para colmo, el hombre es culto, refinado, elegante, famoso y más bien guapo. De modo que, incluso sin arrogancia y sin quererlo, está muy por encima de todos los habitantes de Louviec. Créeme, debe de haber muchas mujeres muy sensibles a sus encantos. Esto, inevitablemente, amarga y pone celosos a muchos maridos que no llevan al héroe en su corazón. Su decadencia en prisión no les disgustaría. Y alguno de ellos podría llegar a matar para inculparlo.

Tras colgar, Matthieu sintió la necesidad de aislarse yendo a tomar un café. Él, el independiente, el comisario exitoso, se dio cuenta de que se ponía a la zaga del comisario Adamsberg. Lo llamaba a la menor noticia y no solo escuchaba sus consejos, sino que actuaba conforme a ellos. Como el insecto que vuelve a la farola, buscaba sus opiniones y consejos, en un caso que podría haber resuelto solo y que no era asunto de Adamsberg. Conocía su reputación, aquello por lo que era criticado y por lo que era admirado, el desorden de su lógica, los senderos sinuosos e insólitos que tomaba, sus derroteros enigmáticos, el respeto o incluso el culto que suscitaba, o bien la antipatía, el rechazo. Lo mismo se lo podría haber calificado de holgazán que de genio. Su singular rostro reflejaba un poco de todo eso. Anguloso, moreno, con la nariz aguileña, ojos dulces perdidos en la vaguedad, excepto cuando la mirada se precisaba de repente, labios desiguales de sonrisa seductora que había turbado tantos otros, todo ello acompañado de su voz un poco cantarina. Pero no era esa sonrisa, por cautivadora que fuera, lo que impulsaba a Matthieu hacia Adamsberg en contra de su voluntad. Era precisamente su visión extemporánea de las cosas, sus rarezas, su falta total de clasicismo. Muy bien, concluyó Matthieu mientras se terminaba la segunda taza de café, tenía que romper con lo que consideraba una debilidad sin precedentes por su parte. Ese caso era suyo y estaba dispuesto a sacarlo adelante sin la ayuda del ondulante comisario.

Sin embargo, volvió a llamarlo en cuanto tuvo la respuesta del forense. Tuvo que admitir que Adamsberg no se había equivocado.

—Tenías razón. La hoja desvió ligeramente su trayectoria en lugar de ir directa a la guarnición.

—Entonces se trata, efectivamente, de un falso zurdo. Lo que elimina a Josselin y aumenta el número de posibles sospechosos.

VII

Con el regreso de Adamsberg a París, la rutina volvió a la brigada, sin ningún caso «notable» susceptible de captar la atención del comisario. Desde el punto de vista de un policía, ese raro bajón en el trabajo era una bendición que atrapar al vuelo. Muchos aprovechaban el periodo de alivio para reducir el ritmo, recuperar, alargar la sobremesa, dedicarse a otras tareas, como Danglard a sus investigaciones heráldicas —era su preocupación del momento— o Voisenet a su pasión por los peces, sobre todo los de agua dulce. El declive de estos animales por efecto del calentamiento global y la contaminación lo afectaba como si él mismo hubiera sido un pez. Otros, como Mercadet y Froissy, genios de la informática, aspiraban a una investigación larga y compleja, que no llegaba. Retancourt, una mujer para quien la acción constituía la esencia misma de su temperamento, daba largos paseos a paso rápido para rebajar su exceso de energía. En cuanto a Adamsberg, tras su indolencia, su odio radical al asesinato, su exasperación ante los asesinos sigilosos, ocultos, que se cruzaban en su camino sin que pudiera adivinar el menor contorno, se veían privados de desahogo y satisfacción, y recorría las viejas oficinas aún más despacioso que de costumbre. Se aburría, saltaba a la vista, pero a sus colegas no les preocupaba, pues sabían desde hacía tiempo que el comisario era muy capaz de vivir el aburrimiento sin que eso lo aburriera. Y que su mente, por alguna razón totalmente incomprensible, incluso para el propio Adamsberg, seguía rondando Louviec. Nada más regresar, se había suscrito en línea a *Sept Jours à Louviec* y a *La Feuille de Combourg*. Así se enteró de que todavía se oía el taconeo del Cojo, que las batidas organizadas por Maël solo habían tenido como resultado la captura de un vagabundo, desprovisto de palo, al que se le permitió seguir su camino con algo de dinero de bolsillo, y que la tan mentada cohorte se había disuelto.

La pausa no duró mucho. Ocho días después del asesinato de Gaël Leuven, Anaëlle Briand, una joven treintañera que regentaba la tienda de electrodomésticos con su prima, fue encontrada con dos puñaladas a pocos metros del negocio. Nadie ignoraba, según *Sept Jours à Louviec*, en una edición especial en digital a las diez de la noche, que las primas trabajaban hasta tarde, después de la hora de cierre, limpiando el local, haciendo las cuentas del día, ocupándose del papeleo y de los pedidos. El artículo de *Sept Jours* decía que la prima de Anaëlle Briand había salido en bicicleta hacia las ocho de la tarde y Anaëlle sin duda media hora más tarde, según su costumbre. Solía aparcar la bicicleta en un callejón sin salida a la vuelta de la tienda y fue allí donde la apuñalaron. Su prima, preocupada porque no volvía a casa —vivían muy cerca la una de la otra—, volvió al local y la descubrió. No había ni testigos, ni huellas, ni móvil. Según la policía, no había ningún nexo entre el asesinato de Gaël Leuven y el de Anaëlle Briand, que no tenían ninguna relación común. Anaëlle Briand, que acudía a cenar a la posada todos los sábados, saludaba a todo el mundo con una sonrisa y unas palabras, pero, según los testigos, aparte de ese gesto cordial, nunca se había visto a la joven conversar de manera prolongada con Gaël Leuven.

Una foto y un recuadro acompañaban al texto bajo el título «Anaëlle Briand era querida por todos»: «Este atroz asesinato ha sumido a Louviec en un estado de *shock*. Efectivamente, nadie se explica quién habría podido estar resentido con la joven. Las dos primas eran la amabilidad personificada, cálidas y sonrientes con todos los clientes. Todos coinciden en que la salvaje muerte de Anaëlle es un misterio incomprensible».

Adamsberg anotó la fecha y los pocos datos en su cuaderno, al tiempo que controlaba su teléfono. El asesinato había sido descubierto la noche anterior a las diez. Matthieu había debido de dormir poco, lo mismo que el forense. Y desde esa mañana debía de ir de un interrogatorio a otro. Pero Matthieu no acostumbraba a no enviarle ni un mensaje siquiera para informarlo. Quizá su comandante divisionario le había reprochado la injerencia de Adamsberg en un caso que no era asunto suyo.

Mientras Froissy, pegada a su pantalla, había encontrado por fin una búsqueda imposible y trabajaba con ahínco en una imagen ilegible, Adamsberg se dirigió al despacho de Danglard, donde el comandante redactaba el informe sobre el atraco a mano armada en una pequeña joyería el día anterior, que había dejado gravemente herido al cajero. Los dos hombres se habían marchado con las manos vacías y los policías sin indicios convincentes, salvo, según el dueño, que eran jóvenes de aspecto, de unos veinte años, que el «jefe» respiraba con sibilancias y que le asomaban unas mechas pelirrojas de una malla del pasamontañas. Al intentar guardárselo en la cazadora antes de arrancar su escúter, el pasamontañas se le había caído al suelo. Un error de aficionado que había permitido encontrar el ADN del joven en sus rastros de saliva, ADN desconocido en los ficheros. En cuanto lo tuvo en sus manos, Froissy quedó fascinada por el pasamontañas: no era de canalé prieto ni de forro polar, sino tejido a mano, en grandes mallas, como para permitir al hombre respirar mejor.

—¿Qué es lo que tanto le interesa en este pasamontañas, teniente? —preguntó Adamsberg.

—Una chifladura, seguramente.

—Dígame, me gustan las chifladuras.

—¿No había un transeúnte que lo fotografió de cerca cuando salía de la tienda?

—Sí, pero no sirve, Froissy, todavía llevaba puesto el maldito pasamontañas.

—Solo que está hecho a mano y de malla ancha. ¿Lo ve?, puedo meter fácilmente el dedo por los agujeros. Tal vez tejido por la abuela para que el nieto pueda ir a esquiar sin sufrir del asma. No olvide las sibilaciones.

—¿Y entonces?

—Y entonces me preguntaba si, dada la anchura de los espacios entre mallas, si ampliáramos la foto y luego seleccionáramos las imágenes que muestran los agujeros, ¿no nos daría al menos los contornos del rostro del joven, el grosor de su nariz, la longitud de sus labios? Cosas así. Lo más probable es que solo nos dé una imagen gris e inútil. Una idea idiota. Estoy en ello con Mercadet, es imbatible en imágenes.

—Inténtelo, Froissy.

—¿Cómo está el cajero? —le preguntó Adamsberg sin que Danglard levantara la vista de su máquina.

—Algo mejor. Un poco más y no lo cuenta.

—Lo encontraremos. Froissy está buscando su rostro.

—Ah, sí, ¿y cómo? —dijo Danglard interrumpiendo.

—En los agujeros de las mallas del pasamontañas. —Danglard desechó de un gesto la idea descabellada.

—¿Así que la matanza continúa en Louviec? —dijo el comandante—. Pobre mujer.

—¿Cómo lo sabe?

—Cuando algo le importa a usted, me informo.

—Venía a hablarle de ello. ¿Qué clase de hombre es el comandante divisionario de Rennes, Combourg y otros lugares?

Para estas cuestiones, como para tantas otras, se podía preguntar a Danglard con toda certeza. Conocía a los diferentes oficiales de toda la policía nacional del país, como otros se saben el alfabeto.

—¿Le Floch? Es un gilipollas —dijo Danglard—. Un gilipollas sin imaginación, un estudioso normativo y conformista que nunca ve más allá de su corta lógica.

—¿Cómo consiguió el puesto?

—Ah, esa es su otra faceta. Solo tiene dos, imagine la profundidad del hombre. Es marrullero, chanchullero y ladrón. Siempre se las arregla para robar el trabajo de los demás, es decir, sus éxitos. Se las compone para espiar a todo el mundo y tiene dominados a sus subordinados. Un mal tipo realmente, pero que ha maniobrado para tener conexiones de alto nivel en todas partes, en «las esferas que cuentan», digamos. Mezclas todo esto y al final obtienes un imbécil deshonesto y ambicioso que se ha convertido en comandante divisionario.

—Después del primer asesinato, este Le Floch quiso meter a Chateaubriand en la cárcel. Conseguí convencer a Matthieu para hacerle comprender el alcance de la metedura de pata.

—¿Había alguna prueba sólida?

—Los balbuceos de un moribundo borracho. Pero asesinado con el cuchillo de Chateaubriand.

—¿Dónde se encontró?

—En la herida.

Danglard sacudió la cabeza con expresión de desprecio.

—Alguien debe de estar realmente resentido con ese pobre descendiente de los Chateaubriand, que carga con la pesada cruz de su antepasado, para tenderle trampas tan infantiles. Pero el asesino tendrá mucho que hacer. Porque antes de que allá arriba, arriba del todo —dijo Danglard, señalando con el dedo al techo como si el ministerio estuviera por encima del desván—, acepten tocar a un Chateaubriand, y sobre todo a Josselin, que parece ser su reencarnación, talento aparte, hay mucho trecho.

—Porque…

—Porque Chateaubriand, innovador, precursor del Romanticismo, estilista grandioso, es una gloria nacional, reconocida en todo el mundo —se embaló Danglard—, de Canadá a Japón, de Brasil a Rusia. Acusar a su descendiente Josselin, que tanto se le parece, de ser un asesino es un efecto rebote inmediato, el polvo de la ignominia que, a pesar de las décadas transcurridas, cubrirá de lodo los hombros del augusto antepasado. A menos que haya pruebas realmente tangibles, se hará todo lo posible por evitarlo. ¿Dio alguna pista el segundo asesinato?

—Matthieu no me ha informado.

—Pues me había parecido que eran uña y carne. Haría usted bien en correr a informarse antes de que el jefe conduzca a Matthieu hacia estanques cenagosos.

Adamsberg llamó a su colega en cuanto estuvo en la sala común. Tuvo la impresión de que el comisario le contestaba con voz ligeramente forzada.

—¿Tu comandante divisionario te ha estado cantando las cuarenta? ¿Me echa del cotarro?

—Algo de eso hay.

—Y hay algo más.

—Un poco.

—Mucho. Sobre el asesinato de Anaëlle. Algo que te incomoda tanto que no quieres informarme.

—Exacto.

—Porque tenéis otros elementos para acusar a Josselin, obviamente. ¿Me equivoco?

—No.

—Y que el idiota de tu comandante divisionario se precipita sobre la ocasión para asegurar su gloria. No es gloria lo que encontrará, Matthieu. Más bien morderá el polvo. ¿Tuvo tiempo la joven de hablar con su prima?

—No, no lo tuvo.

—Y el cuchillo, ¿se quedó en la herida?

—Sí.

—Es la primera vez que oigo que un tipo no se deshace del arma. ¿El informe del forense?

—Te dejará boquiabierto: murió por las heridas, igual que Gaël. Y no por las picaduras de pulgas.

—¿Porque tenía picaduras de pulgas? ¿Ella también?

—Sí, ella también —contestó Matthieu un poco enérgico,

al percibir que la atención de Adamsberg crecía por la vibración de su voz—. ¿No me dirás que te interesa eso? Tenía perro, punto.

—Lo estás pasando por alto un poco rápido, Matthieu. Porque Gaël no tenía perro.

—Pero ¿qué diablos te importan esas pulgas?

—Mucho. Tanto que me gustaría que le preguntaras al forense si esas picaduras eran frescas, y si Anaëlle tenía rastros de picaduras antiguas. Lo mismo para Gaël, si es que lo recuerda.

—¿Para que el forense se me ría en las narices?

—¿Y qué si lo hiciera? Lo que importa es que tengamos la información.

—¿*Tengamos*? Esta es mi investigación, Adamsberg, no vengas a armar el follón con tus desvaríos. Y esas picaduras no me interesan para nada.

—No hay necesidad de enfadarse, no tengo nada que ver en esto. Te estoy pidiendo un favor sencillo que solo te llevará unos minutos.

—¿Y para qué servirá?

—Para poner orden en mis ideas.

—¿Y desde cuándo ordenas tus ideas?

—Estás de los nervios —eludió Adamsberg en tono flemático—. Te hago una última pregunta y te dejo en paz.

—Bueno, ya qué más da —suspiró Matthieu—. Venga esa pregunta.

—Gracias. ¿El cuchillo también era un Ferrand, limpio y nuevo?

—Sí, y esta vez, el que Josselin compró en Combourg se había quedado en casa.

—No es muy difícil, en las ferreterías de Rennes, conseguir el mismo cuchillo. O incluso varios.

—¿Varios? ¿Por qué dices eso? ¿Porque piensas que habrá más asesinatos?

—No lo sé, Matthieu.

Otra vez ese «no lo sé», la fórmula recurrente de Adamsberg que, a ojos de Matthieu, abarcaba muchos pensamientos. Amorfos, quizás, pero pensamientos. Y en el curso de su investigación anterior, había podido ver germinar y luego florecer esa especie de pensamientos soterrados, y no los descuidaba. Matthieu sintió que se estaba dejando llevar, que su resolución de prescindir del comisario estaba menguando. Del mismo modo que el interés de Adamsberg por los asuntos de Louviec se mantenía.

—Dado que el cuchillo no es una pista, hay algo más para que tu divisionario se suba a la chepa.

Y una vez más, y de repente, Adamsberg notó que su mente se iba a vagar a otra parte, a los cienos, y se perdió la respuesta de su colega.

—No te he oído —se disculpó.

—Porque no he dicho nada.

Adamsberg se repitió su última frase y no encontró absolutamente nada que justificara su repentina errancia.

—¿Tan mal se presenta la situación?

—Has dicho dos preguntas. No tres.

—Solo te pido tu opinión.

—Pues sí, es grave. Josselin estará en la cárcel antes de esta noche.

—Deja que piense. Sabes que me lleva tiempo.

Y Matthieu, en lugar de rebelarse, depositó el teléfono y esperó. Adamsberg, incapaz de concentrarse realmente, dejaba pasar por su mente todas las imágenes de Josselin, numerosas, que había memorizado a la perfección, en busca de un detalle típico y fácil de volver en su contra. Sus pensamientos se detuvieron en la posada de los Dos Escudos, en el momento en que había entregado a Josselin el pequeño fular de seda blanca que se le caía constantemente.

—En el cadáver —dijo Adamsberg— habéis encontrado el pañuelo ensangrentado de Josselin. Que, según vosotros, habría caído sobre la víctima al inclinarse para asestar las cu-

chilladas. Algo por el estilo. ¿Estoy en lo cierto? Desconcertante, abrumador.

Matthieu no contestó, de lo que Adamsberg dedujo que
había acertado.

—¿El asesino atacó por la izquierda? ¿Cómo en el caso de
Gaël?

—Sí.

—¿Y las puñaladas? ¿También un poco interrumpidas y
dirigidas a la derecha? ¿Un poco desviadas?

—Sí.

—Tu asesino es un falso zurdo, eso seguro.

—Pero el fular, ¡por el amor de Dios! —estalló Matthieu,
abandonando toda reserva—. ¿Qué hago con el fular?

—Un antiindicio, Matthieu. Primero el propio cuchillo de
Josselin, luego un asesino supuestamente zurdo, luego su fular, que es tan fácil de recoger, tanto si lo pierde en la posada
como en la calle, o incluso en su casa, donde se entra como
Pedro por la suya y donde debe de haber toda una colección.
Tu asesino no parece tener manías con las víctimas, como si
las escogiera al azar.

—Estamos en lo mismo. ¿Porque quiere meter a Josselin
en problemas?

—O lo contrario, Matthieu, o lo contrario.

—No te entiendo.

—El que mucho acusa, mal acusa, Matthieu. ¿Crees que
puedes frenar al idiota de tu oficial de división? ¿Sabes que tiene fama de ser un imbécil y un chanchullero que se atribuye el
mérito de las victorias ajenas?

—No, esta vez no puedo frenarlo. Arrestar al famoso Josselin de Chateaubriand, se imagina que esto sería su consa-
gración, su nombre en todos los periódicos y todo lo que
conlleva.

—¿Estás ahora en la comisaría de Rennes? Si es así, coge
a todos tus hombres libres y peina los supermercados de la
ciudad y las distintas ferreterías para averiguar si alguien,

hombre o mujer, ha comprado recientemente uno o varios cuchillos Ferrand. O de uno en uno, en diferentes comercios. No olvides que disfrazarse es un juego de niños. Busca también en las tiendas de disfraces: postizos, pelucas, tintes, gafas y toda la pesca.

—Pongo en marcha la operación. Lo tiene jodido Josselin, ¿no?

—Si no fuera por el majadero de tu divisionario, no. Pero, estando él, no apostaría por su pellejo. Espera, dame un segundo más. En el primer cuchillo, el de Josselin que se quedó en la herida, ¿los remaches del mango eran dorados o plateados?

—¿Es importante?

—Fui a ver cuchillos Ferrand a una ferretería. Me enseñaron dos modelos, uno con remaches dorados y otro con remaches plateados. El de los remaches dorados es claramente más caro y la madera es de mejor calidad.

—Tres remaches dorados en el de Gaël —dijo Matthieu tras consultar las fotos.

—Bien. Es posible que el asesino no se acordara de este detalle y comprara el más barato, con remaches plateados. ¿Puedes verlo en la foto?

—Sí, remaches plateados.

—Pues puedes estar seguro, absolutamente seguro, de que Josselin, que tenía apego a su cuchillo, compró exactamente el mismo, con remaches dorados. Fue otro hombre, o mujer, quien se hizo con el segundo cuchillo. Haz también esta observación a tu Le Floch. Y no olvides las pulgas.

—Descuida —dijo Matthieu, pero esta vez se percibía una vaga sonrisa en su voz.

Dos horas más tarde, Adamsberg seguía dando vueltas en su despacho, yendo y viniendo de una pared a otra, pasando por encima de las astas de ciervo que yacían en el suelo —recuerdo de un caso antiguo—, anotando una palabra de vez en cuando. Se detuvo para escribir «cordial, cálido, hombros, chepa», y se unió a Froissy y Mercadet inclinados sobre una pantalla.

—¿Qué encuentran?

Mercadet le mostró una página cubierta de cuadraditos grisáceos de distintos tonos.

—No es exactamente un retrato robot.

—Espere, comisario, no hemos optimizado el pixelado, borrado las zonas negras, unido las partes ni coloreado. Aún queda una vaga esperanza.

—Muy bien, optimicen —dijo Adamsberg, que no entendía nada y que, con la cabeza en otra parte, pensaba en los titulares del día siguiente: «Ha sido detenido Josselin-Arnaud de Chateaubriand, el salvaje asesino de Louviec».

VIII

Danglard salió de su despacho agitando un brazo, haciendo grandes señales mudas que instaban al comisario a que acudiera a reunirse con él de inmediato.

—El agregado y primer secretario del Ministerio del Interior al teléfono —le susurró—. Es urgente, dese prisa.

—¿Qué pifia habremos hecho? —murmuró Adamsberg.

Danglard lo empujó por la espalda, lo sentó en su silla y le puso el teléfono en la mano. Adamsberg saludó con toda la deferencia necesaria, pero el primer secretario se ahorró los preliminares para ir directamente al grano, hablando lo más rápido posible.

—El caso Louviec, comisario Adamsberg. Ahorremos tiempo, conozco todos los detalles. Nunca he creído en las cualidades del comandante divisionario Le Floch, pero iba a sobrepasar los límites de la estupidez y la inconsciencia al detener *ipso facto* a Josselin de Chateaubriand. El ministro lo ha parado en seco y Le Floch ha sido sustituido temporalmente por su comandante divisionario, hasta nuevo aviso. Es decir, que usted se hace cargo del caso con prioridad absoluta, tal y como ha decidido el ministro, por paradójica que sea su reputación, comisario. Llévese con usted a todos los efectivos que necesite, no dude en pedir refuerzos, tiene carta blanca, y bloquee a ese asesino que se empeña, además de en sus inmundas fechorías, en incriminar a Josselin de Chateaubriand. El ministro está furioso. —El secretario hizo una pausa que no exigía respuesta antes de proseguir con más calma—. Lo que le acabo de transmitir es el contenido de las palabras del ministro, e incluso su humor. Sé que ha estado dos veces en Louviec, que ha trabajado en buen entendimiento con su colega Matthieu, un elemento excelente, y que ha bloqueado una vez las desastrosas iniciativas de su divisionario. ¿Cómo lo ha conseguido?

—Ausencia de acusación, incoherencia y, como confirman los recientes acontecimientos, un exceso de pruebas digno de un imbécil. No es el caso de Josselin de Chateaubriand.

—Desde luego.

—Pero el caso no será sencillo, señor secretario. Se diría que el asesino ataca al azar, pero no creo que sea así.

—¿Por qué?

—No lo sé, señor secretario, una sensación vaga.

—A pesar del silencio protector de los miembros de su brigada, nos llegan noticias de sus sensaciones vagas —dijo el secretario más secamente—. Trate de olvidarlas, de ser preciso, eficaz y rápido. Saque a Chateaubriand de ahí, es todo lo que pedimos.

La llamada fue cortada sin dar tiempo a intercambiar saludo alguno.

—Nos dan el caso, Danglard. Louviec es para nosotros.

—Lo había entendido.

—Prepare una reunión en la sala del concilio para que todo el mundo quede informado. Llamo a Matthieu.

La «sala del concilio», tan enfáticamente bautizada de este modo por Danglard, designaba la mayor de las dos salas de reunión, mientras que la «sala capitular» acogía las comisiones más restringidas. En el concilio, cada cual se sentaba en su lugar habitual, no por respetar un ritual, sino por automatismo. Aunque nadie se habría sentado en el extremo frontal de la larga mesa de madera, desde donde presidían los comandantes Danglard y Mordent, ambos superiores de Adamsberg. Ciencia e inmensa memoria del primero, perspicacia e instinto intuitivo del segundo, ambos contribuían a la mecánica de las investigaciones, sobre todo de las que interesaban poco a Adamsberg.

El comisario ocupaba siempre el asiento situado frente a los dos grandes ventanales que daban al viejo patio pavimentado, desde donde observaba los cambios de la vegetación y la actividad de los pájaros. Pájaros para los cuales Froissy —que temía, cómo no, que sufrieran de escasez— colgaba de las ramas redecillas llenas de semillas nutritivas y colocaba cuencos con agua.

Mientras el brigadier Estalère disponía las tazas para el café en la mesa —tarea de la que se enorgullecía y de la que se había convertido en el ejecutor indiscutible—, Adamsberg llamó al comisario Matthieu, que apenas dio tiempo a su colega a pronunciar tres palabras.

—Ha ocurrido un milagro, Adamsberg. —Y su voz estaba sobreexcitada—. Sin la menor explicación, el divisionario acaba de comunicarme que Josselin queda libre cuando estaba a dos dedos de la celda. Luego, furioso, se ha marchado dando un portazo.

—Ningún milagro, Matthieu. La orden ha llegado aquí, al comandante Danglard, directamente del ministro del Interior. Te lo dije: no se puede tocar a Chateaubriand, a menos que haya pruebas irrefutables.

—Excelente. Eso salva a Josselin por el momento y me da un poco de tiempo.

—Lo menos que se puede decir es que tu divisionario está mal visto en los altos círculos.

—Perfecto, me parece estupendo.

—El resto probablemente no te parecerá tan estupendo.

Adamsberg buscaba las palabras. Anunciar a Matthieu que había sido apartado del caso no tenía nada de agradable.

—En vista de la enormidad de lo que estaba a punto de hacer, tu comandante divisionario ha sido relegado: prohibición de interferir en la investigación, de nuevo por orden del ministro. Por lo tanto, lo sustituye temporalmente, para el caso de Louviec.

—También me parece estupendo. ¿Quién toma el relevo?

—Mi comandante de división, Matthieu. Y te aseguro que no tengo nada que ver en eso, no estamos en buenos términos.

—Habla —se impacientó Matthieu—. Si hay un nuevo divisionario, hay un nuevo comisario, ¿es eso? Y ese nuevo comisario ¿eres tú?

—Pura lógica administrativa.

—Obviamente —dijo Matthieu con voz repentinamente apagada—. Quitan de en medio a Le Floch, y yo, que no fui capaz de convencerlo y contenerlo, salto con él.

—¿De dónde has sacado que saltas? Allá arriba se te considera un «excelente elemento», cito, que no es mi caso, y se me ruega encarecidamente que trabaje contigo.

—Estando bajo tu tutela.

—Administrativamente, sí. Pero nada más. Tengo total libertad para constituir el equipo, te necesito y cuento contigo. Si aceptas unirte a nosotros.

—Pero no tengo elección, ¿verdad? O de lo contrario cometeré un delito de insubordinación.

—No entiendo cómo un simple formalismo burocrático puede ofenderte hasta este punto. En cuanto a mí, que seas tú o yo quien dirija el equipo, no es más que un detalle oficial que me importa un bledo, y lo dejo en tus manos sobre el terreno si te place. ¿Has oído o no?

—Sí —reconoció Matthieu, cuyo tono volvía a la normalidad.

Había sido un simple rasguño de soberbia, pensó Adamsberg, ya se le pasaría. Rasguño que le había sorprendido porque él estaba desprovisto de toda soberbia.

—En la práctica, habrá colaboración permanente y acción conjunta y, sí, os necesito a ti y a tus hombres. No puedo desplazar a toda la brigada de París. Maldita sea —añadió Adamsberg, alzando ligeramente la voz—, ¡no es culpa tuya ni mía! Lo importante es que Josselin sigue libre. Por lo demás, nada cambia. Es el idiota de Le Floch quien ha sido excluido, ¿qué tiene eso que ver contigo?

—Nada —admitió Matthieu—. Perdona. ¿Cuándo piensas venir?

—Esta misma tarde. ¿Puedes encontrarnos un sitio en el pueblo? Creo que seremos cinco, y habrá una mujer entre nosotros.

—Lo arreglo con el ayuntamiento de Louviec.

—Dime una cosa, respecto a Anaëlle...

—Frescas —interrumpió Matthieu—, muy frescas. Me refiero a las picaduras de pulgas. Ni rastro de antiguas. Lo mismo en Gaël. Incluso he llegado a pedir que revisen al perro de Anaëlle. Pero nada. ¿Satisfecho?

—Sí, mucho.

—¿Puedes decirme por qué?

—Porque eso significa, simple y llanamente, que el asesino tiene pulgas. En contacto estrecho, pasó al menos una a cada una de sus víctimas.

Matthieu dejó pasar un silencio, rumiando su descuido.

La pista era importante y se le había escapado.

—Y por el lado de Anaëlle —reanudó rápidamente Adamsberg, que no deseaba notar cómo su colega se mortificaba—, ¿algún asunto sentimental tormentoso?

—Su prima está tan destrozada que no sería humano interrogarla. Apenas es capaz de hablar. Es comprensible, se criaron juntas. Pero por lo que sé, y lo mismo los vecinos, no hay problemas emocionales. Muchos amigos, uno de ellos privilegiado, y sin rival en el horizonte. He visto al joven, manso como un cordero, hundido por la pena. Nada que rascar por ese lado.

—¿Y Gaël Leuven? ¿Ninguna inclinación por Anaëlle?

—He vuelto a interrogar a sus mejores amigos. No, estaba casado y tenía una amante en Louviec (una mujer divorciada, no sé su nombre), y eso parecía resultarle ampliamente suficiente. Olvida el móvil sentimental, no hay ninguno.

—¿Y financiero?

—Tampoco. Parece que nuestro hombre ataca a lo que encuentra, al azar en las calles. Ah, un detalle a propósito de

Anaëlle. Por la noche, de camino a casa, pasa por delante de las ventanas de los Joumot-Serpentin, la pareja infernal. Dicen las malas lenguas (pero ya sabes lo que vale este «dicen») que esos dos no tienen una relación normal de hermanos. Incluso yo me lo he preguntado a veces. Supongamos que fuera verdad, supongamos que Anaëlle los hubiera visto poco antes en una situación íntima.

—En ese caso, Anaëlle se lo cuenta a su prima, lo cual pone a esta prima… ¿cómo se llama?

—Gwenaëlle.

—… en peligro. En cuanto esté en condiciones, pregúntale si Anaëlle le ha hablado del incesto en casa de los Joumot. Si es así, debe ser puesta bajo protección. En cuanto a Gaël, provocador como era, es fácil imaginarlo haciendo comprender a la pareja lo que pensaba de ellos. Debió de hacerle mucha gracia poner a la Serpentin en vilo. Lo malo es que Gaël no se dio cuenta de que, con esta bravuconada, estaba firmando su sentencia de muerte. ¿Tiene Joumot coartada?

—Sí y no, dada por su hermana, que es como decir que no tiene nada. Dice que Joumot volvió de Combourg hacia las ocho de la tarde, que se quedaron en casa y nada más. ¿Qué estuvieron haciendo? Cenar y echarse el tarot para conocer su futuro y el de los demás, con ayuda de fotos y relojes. Si Joumot es el asesino, entendemos su insistencia en incriminar a Josselin. Y todo esto hace aún más enigmáticas las últimas palabras de Gaël. «Vihc… joh… dao… coh… ie… jjj… ge… meh…».

—Siempre topamos con ese hueso duro de roer. Y es el que nos indicará el camino correcto. Solo que, de momento, nos rompemos los dientes con él. Lo atacamos por el lado equivocado.

—¿Cómo lo sabes?

—Pero si no lo sé, Matthieu.

Durante la reunión de todos los agentes de la brigada en la sala del concilio, Adamsberg se tomó su tiempo para explicar el asunto Louviec en todos sus detalles, desde la pata de palo del Cojo hasta las discordias por los pisoteos de sombras y las pistas que incriminaban al descendiente de Chateaubriand. Danglard aprovechó la ocasión para hablar largo y tendido sobre la historia de François-René de Chateaubriand, su vida y su obra, y el comisario observó con cierta satisfacción que muchos solo le conocían de nombre y que otros nunca habían oído hablar del autor, ni de él ni del castillo de Combourg. El cuaderno en el que estaban anotadas las últimas palabras de Gael Leuven pasó de mano en mano, y cada uno meneó la cabeza de impotencia. Adamsberg explicó el primer significado que se había atribuido a estas palabras y las razones de su incoherencia.

—Tienes razón, *colleja* es una palabra fuera de lugar, y por el retrato que has hecho de Gaël Leuven, es inconcebible que la hubiera utilizado, ni que hubiera contado la escena en el ayuntamiento cuando estaba a punto de morir. Una escena que no tenía nada de inolvidable. Sin embargo, este «dado una colleja a Germain» está ahí, y debemos encontrarle un sentido —comentó Veyrenc.

—Una maraña inextricable —resumió Adamsberg—. Palabras finales sin sentido, sombras que no hay que pisar bajo ningún concepto, amenazas, el sonido de la pata de palo del fantasma de Combourg que supuestamente anuncia un asesinato, la presencia del sosias de Chateaubriand, sobre el que se acumulan burdamente todos los indicios, la ausencia de móviles (salvo en el caso de Joumot, pero es muy cuestionable), la ausencia de relación entre las dos víctimas… Compadezco a los que van a trabajar en ello. Es decir, nosotros. Es decir, ustedes: Retancourt, Veyrenc, Noël y Mercadet. No podemos desnudar a la brigada y tendremos el apoyo del comisario Matthieu y sus hombres. Noël, conténgase y sea amable con los refuerzos. Punto importante: no se viste en Louviec como en París o Rennes. Nada de trajes; pantalones sencillos y cómodos, camisas anchas, con cuadros si se quiere, jerséis un poco gastados, sudaderas, nada ajustado, nada estrecho, nada especialmente a la moda, salvo para los jóvenes cuando sus padres pueden permitirse regalarles lo que desean.

—Vamos bien, comisario —dijo Danglard con una sonrisa sin ambigüedad—: usted no tendrá nada que cambiar en su atuendo. Lo mismo que Retancourt o Mercadet, que se visten lo más cómodamente posible para estar igual de a gusto sentados que tumbados. Noël, sin embargo, habrá de refrenarse un poco respecto a sus rutilantes cazadoras de motero, al igual que Veyrenc respecto a su indumentaria hábilmente sencilla a la par que refinada. Pero ¿por qué esta medida? ¿Teme ofender a los lugareños? Sin embargo, están más que acostumbrados a los turistas.

—Pero no a los policías que les mandan de la capital, Danglard. No quiero que a los «parisinos» nos hagan el vacío de buenas a primeras. Tendremos vínculos que forjar, interrogatorios que llevar a cabo.

Adamsberg parecía concentrarse de nuevo en su dibujo, que representaba al erizo en el bosquecillo. Seguía preguntando por él constantemente, y las noticias no eran buenas. La herida se había infectado y se había declarado una septicemia dos días antes. Pero la veterinaria no se rendía ni perdía la esperanza. El animal estaba durmiendo en ese momento, lo que hizo que sus pensamientos volvieran a los agentes que se llevaba a Louviec. La decisión de llevar a Mercadet no había sido sencilla. El teniente era hipersomníaco, funcionaba por ciclos de vigilia y sueño de tres a cuatro horas, lo cual no facilitaba una investigación sobre el terreno que, intuía, amenazaba con ser ardua. Adamsberg nunca había informado de esa discapacidad a sus superiores, que habrían echado al policía en el acto. Todos los agentes de la brigada protegían a Mercadet. Se tomaba sus descansos en la salita del dispensador de bebidas del primer piso, donde habían instalado cojines en el suelo junto al cuenco del gato. Pero Mercadet era un informático excepcional, y Adamsberg deseaba a toda costa tenerlo en su equipo. De él dependería que las periódicas desapariciones de su hipersomníaco pasaran inadvertidas. Retancourt y Noël habían sido designados para garantizar la defensa y la potencia, y Veyrenc, eficaz, hábil e influyente, para sustituirlo a él durante sus ausencias, ya fueran justificadas o no.

Todos viajaban ligeros de equipaje, ya que no pensaban demorarse en Louviec, excepto Adamsberg, que, además de su mochila, llevaba un bulto alargado y visiblemente pesado.

—¿Qué demonios llevas ahí dentro? —acabó preguntándole Veyrenc, mientras avanzaban por el andén de la estación—. ¿Una reserva de artillería pesada?

—No, mi equipo de pesca. Bueno, el que he pedido prestado a Voisenet. He visto en el mapa un pequeño río un poco al norte del pueblo, bonitamente llamado la Violette, frecuentado por carpas, alburnos, lucios, salmones del Atlántico y no sé qué más.

—Porque ¿ahora pescas? —dijo Veyrenc, deteniéndose un momento.

—Qué va. Ni siquiera me he traído cebo ni anzuelos, solo un plomo para hundir el sedal, por si me ven. Tiene que ser creíble.

—¿Qué está tramando, comisario? —preguntó Mercadet, que había estado siguiendo la conversación.

—Escapadas, teniente, escapadas. En un pueblo pequeño como Louviec uno no desaparece así como así. En cambio, si uno finge estar de pesca, todo el mundo comprende que necesita silencio y lo dejan en paz.

Todo el mundo conocía la necesidad de Adamsberg de salir a pasear y de aislarse en busca de pensamientos inciertos.

—Buen truco —dijo Retancourt subiendo al tren—. Pero ¿qué hará con su pesca a la vuelta?

—Pero si no tendré pesca, Retancourt.

—Y ¿cómo lo va a explicar?

—Diciendo simplemente que he soltado los peces.

—Pensarán que es usted raro —opinó Noël.

—De todos modos, parezco raro, teniente. No creo que eso los sorprenda más que lo que hace Josselin de Chateaubriand.

—¿Que es…? —preguntó Veyrenc.

—Ir casi todas las mañanas al bosque a recoger setas para luego regalarlas a los aficionados a las setas porque a él no le gustan.

—¿Está tarado? —preguntó Retancourt, que nunca se andaba con matices en cuestión de psicología.

—En absoluto. Excéntrico tal vez, pero yo diría más bien que es un paseante, un soñador, un escapista o las tres cosas a la vez. Recoger setas toda la mañana es una forma de escapar del mundo. Sin embargo, este hombre, por lo demás encantador, se ve obligado a exponerse durante el resto del día a las hordas de turistas venidos especialmente, incluso del extranjero, para verlo y fotografiarse con él. Necesita huir de esta presión, que le resulta tan penosa.

—El parecido —preguntó Mercadet— ¿es evidente hasta ese punto?

—Evidente no, teniente, alucinante. Es un enigma total. No insistí demasiado en ello durante la reunión porque no afectaba a los demás oficiales. Pero aquí tienen un retrato del famoso escritor en 1809 —dijo Adamsberg, pasando el librito que le había dado Matthieu—. Aquí tendría unos cuarenta años.

—Atractivo —comentó Retancourt.

—Y aquí está la foto de Josselin que me pasó el comisario, tomada más o menos a la misma edad.

Veyrenc se concentró en los dos retratos, pasando de uno a otro, tan estupefacto como sus colegas, que permanecían mudos de incomprensión.

—Su sosias perfecto —dijo Adamsberg—. Josselin es sin duda descendiente de su antepasado François-René, pero es comprensible que semejante parecido a tanta distancia fascine y que Josselin escape como pueda. Así pues, he aquí las instrucciones: cuando lo vean por la noche en la posada de los Dos Escudos, donde cena (allí las fotos están prohibidas), no muestren en modo alguno que lo reconocen. Nada le agrada tanto como ser ignorado y tratado como un hombre cualquiera.

—Se entiende —murmuró Veyrenc, que no podía apartar los ojos de los dos retratos.

—Sabiendo por el dueño (un gigante rubio con el que no tiene secretos) que somos un equipo de policías que trabajamos en un caso en el que está seriamente implicado, sin duda vendrá a saludarnos y a presentarse. No muestren sorpresa, no lo miren fijamente.

—Entendido —dijo Noël—. Lo intentaremos.

—Apenas ha prestado atención al retrato del escritor —señaló Adamsberg.

—Es que me lo sé de memoria —respondió Noël con una sonrisa un tanto sarcástica—. Las *Memorias de ultratumba* eran el libro de cabecera de mi padrino y yo lo heredé. La edición tenía este retrato. Y el libro lo leí dos veces. Y luego, *René* y *Atala*. Lo sorprende, ¿verdad? Porque por mis maneras directas, mi lenguaje grosero y mis reacciones a menudo agresivas, todos me toman por un imbécil, excepto Retancourt, que solo sirve para partir la cara a los criminales. Pues no soy un imbécil.

—Nadie lo piensa, Noël —dijo Adamsberg, cuya voz envolvió al teniente lo suficiente como para convencerlo—. Si hay un imbécil aquí, ese soy yo. Antes de venir a Combourg, solo conocía a Chateaubriand de nombre.

—Pero el nombre de Combourg me sonaba —dijo Retancourt.

—A mí también, pero nada más —añadió Mercadet.

—Pero usted, Noël —continuó Adamsberg—, ya que conoce su aspecto, al igual que Veyrenc seguramente, con más razón domine su reacción cuando vea al descendiente esta noche.

El comisario Matthieu estaba en la estación para darles la bienvenida. El alcalde de Louviec había hecho las cosas lo mejor posible, y rápido. Había habilitado una antigua casa municipal, antes destinada a acoger a personas mayores dependientes. Una amplia sala con vistas a un prado, una cocina, diez habitaciones en el primer piso, cada una con un retrete alto y una ducha a ras del suelo, equipadas con barras de sujeción. Por supuesto, las camas tenían a los lados barras metálicas para evitar caídas. Todo ello limpio y casi desinfectado. Eran casi las ocho de la tarde cuando el equipo tomó posesión de las instalaciones.

—¿El barrido de las ferreterías de Rennes ha dado algún resultado? —preguntó Adamsberg mientras instalaba sus cosas.

—No ha ido nada mal —dijo Matthieu sonriendo—. Tenías razón, cuatro cuchillos vendidos en cuatro lugares diferentes. Todos con remaches de plata. ¡Cuatro! El tipo (pues solo tiene un disfraz) llamó un poco la atención porque es bastante raro que alguien pida un cuchillo Ferrand, que es el más caro del mercado.

—Cuatro… ¡Planea tres crímenes más! Y puesto que se trata del mismo tipo, el hecho de que disperse sus compras en distintos lugares demuestra bastante que es desconfiado y que sus intenciones son brutales y decididas. Va disfrazado, necesariamente. ¿Qué aspecto tiene?

—Imprecisión de los testimonios, de todos, con algunos detalles: «Estatura media», «entre dos edades», pero, en cualquier caso, un rostro bastante llamativo.

—Es necesario que oculte su verdadero rostro. Pelo rojo, ¿verdad?

—Gris. Pero sí, bigote, cejas y perilla pelirrojos. Barrigudo, mejillas gruesas, rubicundo, una verruga en una aleta nasal. Ropa corriente, gris y un poco desgastada, sobrecamisa y vieja gorra de marinero. No hay nadie en Louviec que vista de marinero, no es un pueblo de pescadores. El atuendo algo desaliñado llamó la atención de los vendedores porque el cuchillo vale más de cuarenta euros.

—Perfecto, está todo inventado, Matthieu. La barriga, las mejillas hinchadas y enrojecidas, ceniza para el pelo, un tinte al agua para las cejas y el bigote, e incluso la verruga, fácil de hacer con una bolita de pegamento. Tuvo que comprar el tinte en un supermercado. Y después de la compra, ir a un gran café a teñirse y cambiarse. Lo que implica que llevaba una bolsa.

—Lo olvidaba. Una bolsa de marinero, con una correa al hombro.

—Metió en ella sus trapos, su barriga, su traje de marinero, su verruga, recuperó su aspecto normal y reanudó el camino. No es tan fácil deshacerse de una bolsa grande en pleno día.

—Entre los pueblecitos de Saint-Germain y Saint-Médard puedes llegar a orillas del Ille. Si el tipo tuvo cuidado de lastrar su bolsa con piedras, solo debió de dar un pequeño rodeo y tirarla al río.

—Me pregunto dónde habrá encontrado ropa vieja de marinero.

—En Saint-Malo, hay tiendas de ropa que la venden. Nueva o vieja. Muy turístico. En cualquier caso, no tenemos a nadie en Louviec que corresponda a esa descripción. Cuatro cuchillos, por el amor de Dios.

—Una expedición muy bien preparada —dijo Noël—. El tipo no es tonto —añadió, dándose una palmada en la frente.

—En cuanto estén listos, nos vemos en la posada de los Dos Escudos —dijo Matthieu al salir—. El dueño nos ha reservado una mesa grande y me ha dicho que os hará los mismos precios que a los habitantes de Louviec.

—De acuerdo —respondió Adamsberg con voz repentinamente distante.

Y el comisario permaneció petrificado en su habitación. La idea vaga, esa u otra. ¿Qué demonios había ocurrido? Nada, absolutamente nada. Noël había dicho que el asesino era un tipo listo y se había dado una palmada en la frente. No era como para lanzarse a tener ideas vagas. Que el ministro le había prohibido, por cierto. Se sacudió, anotó ese microevento en su cuaderno, se pasó los dedos por el pelo para peinarse y se dirigió a la posada, a seis minutos a pie. Matthieu había llevado a dos de sus colegas, un hombrecillo todo orondo, incluso de mente, desde la forma de la nariz hasta la de la punta de los dedos, y otro desgarbado de pelo rubio iluminado por una gran sonrisa de dientes muy blancos. El comisario Matthieu les había hecho de antemano un retrato rápido de ambos: el bajito, Berrond, dúctil y sociable, no parecía, por su físico, un hombre avispado y productivo, pero era un enérgico incansable y sutil. Por su parte, Verdun, cuyo rostro luminoso sugería que era un hombre emprendedor y rápido, presentaba la cara opuesta hecha de previsión, discreción y reserva. Ninguno de los dos mostraba el menor resentimiento hacia el desembarco de un equipo parisino y los dos grupos se entendieron sin esfuerzo. Matthieu había tenido cuidado de excluir de su elección a los agentes parisinófobos, por buenos que fueran.

El dueño, Johan, cuya fuerte voz se oía desde la mesa, situada en el lado opuesto al mostrador, cerca de la gran chimenea, se acercó a ellos libreta en mano para darles la bienvenida, y luego bajó de repente el tono para casi susurrarles el contenido del menú que se proponía servirles, enumerando largamente su composición, con los vinos que lo acompañaban. Si esa cena no resultaba adecuada, cabía otra alternativa, que describió con la misma minuciosidad discreta y apasionada. En vista de las copiosas raciones que se veían en las otras mesas, todos optaron por el menú del día, pero sin entrante. Un poco ofendido, Johan se alejó con el pedido.

—¿Por qué susurra? —preguntó Retancourt.

Matthieu sonrió y le contestó susurrando también.

—Es por instinto de protección. Está fervorosamente apegado a la calidad y las peculiaridades de su cocina. Siempre habla de ella en voz baja, como si temiera que algún espía pudiera robarle sus secretos de Estado. Sus recetas no están escritas en ninguna parte, salvo en su cabeza. Un consejo: no lo interrumpa cuando describa sus platos de un modo tan circunstanciado, heriría sus sentimientos.

—¿Y no le preocupa que un invitado las memorice?

—No, es demasiado complicado, y omite deliberadamente detalles clave añadiendo además otros falsos, lo sé por su chef. Es como un mensaje codificado. Así que sus preparaciones son imposibles de reproducir.

—Aquí todo el mundo tiene un toque de locura —dijo Retancourt.

—A veces hay que acercarse bastante al toque para detectarlo.

Matthieu percibió un movimiento en la mesa de los habituales.

—Prepárense —dijo—. Ahora que Johan ha tomado la comanda, Chateaubriand no tardará en venir a vernos antes de que nos sirvan los platos. No lo olviden: no lo han visto nunca. Llámenlo simplemente «señor».

Unos minutos más tarde, Josselin llegó a la mesa mientras Johan acercaba una silla.

—Gracias, Johan, pero no tengo intención de molestarlos mucho tiempo —dijo, sentándose de todos modos.

—No es ninguna molestia —dijo Matthieu—, es usted bienvenido. Ya conoce al comisario Adamsberg, permítame presentarle a los cuatro miembros de su brigada que le acompañan. Los tenientes Veyrenc, Noël, Retancourt y Mercadet.

Hubo un intercambio de saludos y «Buenas noches, señor», que sonó muy natural.

—Así que, comisario Matthieu, aquí tiene a su nuevo equipo —dijo Josselin, cuya curiosa mirada se detuvo en Retancourt y su inusual estatura.

—Solo que no es mi nuevo equipo, sino el de Adamsberg, a quien el comandante divisionario que ahora se encarga del caso Louviec ha confiado la responsabilidad.

—Imagínese que ya lo sabía —dijo Josselin, volviéndose

hacia Adamsberg—. Estuve a punto de ir a la cárcel y le estoy altamente agradecido por su obstinación en creerme inocente, que hizo que el divisionario local fuera relevado de sus funciones y le pasara a usted el relevo.

—¿Y cómo se enteró?

—Por Matthieu, que asestó al divisionario todos sus argumentos y le instó a no lanzarse por ese camino. En vano. Y ayer, Le Floch montó en cólera, acusándolo a usted de haber avisado a su propio jefe, que a su vez alertó al ministerio.

—Cierto —dijo Adamsberg—. Aunque en aquel momento el caso no era de mi incumbencia, me pareció bien que estuviera informado, porque es muy muy influyente. Pero para ser justos, fue el ministerio el que no toleró el ensañamiento de Le Floch con usted, cosa que yo esperaba.

—Y para ser aún más justos —añadió Chateaubriand con una sonrisa—, no es en absoluto a mi insignificante persona lo que el ministerio ha protegido, sino a Él. Él, el antepasado.

—En eso estamos todos de acuerdo —dijo Adamsberg, sonriendo a su vez.

—Pero lo siento —dijo de pronto Chateaubriand, sobresaltado—, soy un auténtico patán, ni siquiera me he presentado a sus ayudantes. Caballeros, señora, gracias por el refuerzo. Me llamo Josselin de Chateaubriand, vivo en Louviec y he sido acusado de los dos crímenes.

—Creo que lo habían entendido —dijo Adamsberg—. Les expliqué el caso y su situación antes de irnos.

—Entonces, todo está bien —dijo Josselin mientras llegaban los platos—. Les deseo buen provecho y les estoy sumamente agradecido por su presencia.

—¿Siempre habla así? —preguntó Noël cuando Josselin estuvo suficientemente lejos.

—Su supuesto padre aristócrata lo educó como futuro vizconde —explicó Matthieu—. Aunque Josselin se oponga ferozmente a ello, deja huella.

—¿Y un toque de locura? —preguntó Retancourt.

Adamsberg pareció pensárselo un momento antes de contestar.

—Es posible —dijo.

X

Al día siguiente, tras una noche pasable en su cama-jaula, Adamsberg se enteró de que Gwenaëlle ya podía hablar. Pero no su erizo, pensó en secreto durante unos segundos, y se avergonzó. Venga a las once, dijo el médico, así tendré tiempo de animar a la joven a vestirse y desayunar algo.

—A las once —dijo Adamsberg a Matthieu—. ¿Me acompañas?

Matthieu torció el gesto.

—No me gustan este tipo de misiones —dijo.

—A mí tampoco.

—Pero paso a recogerte a menos cuarto.

—¿Tenías vigiladas las ventanas de los Joumots anoche?

—Estuvieron jugando a las cartas. Tarot, probablemente. Nada muy sensual.

—Un momento —dijo Adamsberg—. Se me ha pasado una cosa por la cabeza. Algo que me pica.

Adamsberg se había frotado el brazo mecánicamente y se había remangado para examinar la picadura. Un mosquito. Cada vez picaban antes y persistían hasta noviembre o más tarde. Calentamiento global, lo estaban aprovechando.

—¿Una pulga? —preguntó Matthieu—. ¿Sigues pensando en ello?

—Claro que sí. Me pican y me molestan. Es algo que me importa. Pienso hacer que lo investiguen, ya te contaré esta tarde.

Adamsberg se sentó con retraso a la larga mesa donde desayunaban sus ayudantes. En ausencia de Estalère, el maestro cafetero de la brigada de París, Mercadet se había ocupado de prepararlo mientras Veyrenc iba a buscar pan, mantequilla y azúcar. Adamsberg se sirvió una taza ante la mirada ansiosa de Mercadet.

—Muy bueno, teniente —dijo.

—Está lejos de ser tan bueno como el de Estalère —dijo Mercadet con un mohín—. Intentaré mejorarlo.

—No se trata de ser bueno en todo. Pero a partir de hoy, voy a necesitar todas sus habilidades de impostores. Lo voy a resumir, y si les parece grotesco, paciencia, porque habrá que hacerlo. Nada conecta a nuestras dos víctimas, salvo un pequeño detalle: ambas tenían picaduras recientes de pulga, y ni rastro de picaduras antiguas. Como no tenemos nada en qué basarnos, debemos suponer que el asesino, durante el contacto con sus víctimas, les pasó una pulga.

—Es menos grave que una puñalada —dijo Retancourt.

—He dicho «si les parece grotesco, paciencia», Retancourt.

—Y de ello podemos deducir que el asesino tenía pulgas —dijo Veyrenc con seriedad.

—Más aún, Louis, el asesino estaba infestado de pulgas. Para pasar pulgas a otra persona no basta con llevar tres encima. Hay que llevar más. Eso es lo interesante.

—Y ¿cómo podemos estar seguros de que son pulgas? —preguntó Mercadet, mientras se cortaba una cuarta rebanada de pan.

—Suelen picar en hilera, normalmente de tres. Es muy fácil reconocerlas. Y el forense no es un ignorante.

—¿Y cuál es el objetivo de la maniobra?

—Identificar a los habitantes de Louviec susceptibles de ser portadores de pulgas.

—Así que ¿llamamos al timbre de todos los habitantes y les preguntamos si están llenos de pulgas? —propuso Retancourt.

—Retancourt —suspiró Adamsberg—, para esta investigación y empezando hoy mismo, se esforzará en convertir su energía en amabilidad y gentileza. ¿Le parece que está a su alcance?

—Perfectamente. Ni siquiera me reconocerá.

—Muy bien. Irán ustedes provistos de formularios oficiales del ayuntamiento, del Departamento de Servicios de Higiene, y un plano de Louviec con los nombres de los habitantes, casa por casa, todas numeradas. Ya he prevenido al alcalde, que está preparando los documentos. A continuación, empezarán ustedes su sondeo puerta a puerta. Louviec tiene unas cuatrocientas cincuenta viviendas. Unas setenta y cinco visitas para cada uno de ustedes seis, añadiendo a los dos hombres de Matthieu y contando las pausas de descanso de Mercadet. Les llevará dos días, pero las preguntas son sencillas y solo durarán unos minutos. Tomarán prestadas las bicicletas en el ayuntamiento. Mercadet, tómese cafés para intentar aguantar cuatro o cinco horas seguidas.

—Cinco horas —dijo con semblante afligido—, no puedo. Cuatro y media como mucho.

—Lo que sé —dijo Noël— es que las pulgas que llevamos encima proceden de los perros y los gatos. La mitad de la gente de aquí debe de tener algún animal de compañía. Eso significa que la mitad tendrá pulgas. Entonces, ¿qué sentido tiene lo que vamos a hacer? ¿Conseguir cientos de sospechosos?

—No es tan simple, teniente —corrigió Adamsberg—. De acuerdo, la mitad de las casas o más deben de tener un animal. Lo cual no significa en absoluto que sus dueños estén cubiertos de pulgas. Y sí creo que para que el asesino haya arrojado una pulga sobre su víctima dos veces seguidas, tenía que llevar encima una colonia considerable.

—Estamos de acuerdo —dijo Veyrenc.

—¿Y por qué van unos a tener una colonia considerable y otros no?

Adamsberg se sirvió una segunda taza de café y pasó la cafetera a los demás.

—Esto me obliga a darles una pequeña charla sobre pulgas —dijo—. Pongamos, por ejemplo, un gato o un perro que vive en casa. Pero sale. Habrán observado que un buen número de animales vagan libremente por las calles de Louviec. Luego vuelven a sus casas con pulgas. Si se los desparasita, los insectos mueren y ya está. Pero aquí la gente no es rica, los productos antipulgas son caros y hay que repetir la aplicación a menudo. Por no hablar de la visita anual al veterinario. Si el animal no está protegido, y es un caso que seguramente encontrarán a menudo, estará infestado, pero también lo estará el hábitat. Porque las pulgas no se quedan en el animal. Una vez que han comido, lo abandonan y vagan por la casa. La casi totalidad de las pulgas viven en el suelo. Cuando tienen hambre, vuelven a subirse a su anfitrión y lo pican. Luego lo abandonan de nuevo. Se sabe que una pulga puede poner entre veinte y cincuenta huevos al día durante tres meses, huevos que se convertirán en larvas en un tiempo récord, y larvas que alcanzarán la fase adulta en quince días, un mes como mucho, y que a su vez empezarán a picar y a poner huevos. El gato y el perro eliminan bastantes, pero imaginen cuántos miles de pulgas puede contener una casa.

—Caray —dijo Mercadet—, una auténtica escalada. O sea, que los habitantes se ven devorados, ¿no?

—Precisamente, no. A veces tienen picaduras, pero nunca están infestados. Porque los humanos no son la presa preferida de las pulgas del perro y el gato, solo son un recurso de emergencia en caso de escasez. Por eso todo cambia si el animal desaparece. Si huye, se pierde o se muere. En este caso, las pulgas hambrientas que andan por el suelo, privadas de su huésped preferido, se abalanzarán sobre el humano y lo infestarán. Lo que nos interesa es, por consiguiente, un propietario que no trató a su animal y que lo perdió.

—¿Cómo es que sabe tanto de pulgas? —preguntó Noël.

—Noël, no habrá usted olvidado la época en que trabajábamos sobre la peste.

—Desde luego que no.

—Pues estuve investigando sobre el tema, eso es todo.

—En resumen —prosiguió Noël—, ¿qué preguntas hacemos?

—Uno: el nombre, la edad. Dos: si hay un animal. Tres: si el animal es tratado contra las pulgas. Cuatro: cuántas personas viven en la casa, sus nombres, sus edades. Cinco, y este es el punto crucial: si el animal ha desaparecido recientemente o ha sido confiado a otro lugar. Aprovechen para fijarse, al hacerles firmar el formulario, si son zurdos o diestros.

—No es muy complicado —dijo Veyrenc—. La cuestión es hacerlo con amabilidad.

—Y tomar precauciones. No entren en las casas y no se acerquen a menos de medio metro de la persona. Una pulga no puede saltar muy lejos ni muy alto. Matthieu y yo estaremos en casa de la prima de Anaëlle, y ustedes, de caza.

Durante el corto trayecto hasta la casa de Gwenaëlle Briand, Adamsberg y Matthieu permanecieron en silencio; ambos temían los interrogatorios a las víctimas destrozadas por la aflicción. Las frases consoladoras no ayudaban, y tenían la ardua tarea de arrancarles las palabras.

—No tiene gracia —dijo finalmente Matthieu.

—¿Empiezas tú? —preguntó Adamsberg—. ¿La conoces?

—En absoluto. Empiezas tú, eres tú el que está al mando, te toca a ti.

—Te escaqueas.

—Totalmente. Y tú también.

—Totalmente.

El médico les abrió la puerta y los saludó con una inclinación de cabeza. La joven, postrada en una silla, con la espalda encorvada, los dedos entrelazados y apretados, alzó hacia ellos un rostro devastado y una mirada sin luz. No era naturalmente bella, y la falta de expresión la desfiguraba aún más.

Los dos policías se sentaron en silencio a ambos lados de su silla.

—Esto no la ayudará en nada —empezó diciendo Adamsberg con voz muy suave—, pero la acompañamos en el sentimiento. Encontraremos a quien lo haya hecho.

¿Cuántas veces había tenido que decirlas, esas frases hechas, frente a una mirada anegada en la distancia de la indiferencia?

—El vizconde, dijo. Es su fular.

Unas primeras palabras, ya era algo.

—Es su fular, pero no es el vizconde.

—La policía nunca encuentra nada.

—A veces sí. ¿Su prima tenía perro o gato?

Esta pregunta extemporánea sorprendió a la joven y pareció reanimarla un poco. Posó sobre Adamsberg una mirada más nítida.

—No, claro que no. Con la tienda, ya sabe…

—Y en su tienda, ¿la gente entra con animales?

—No, está prohibido por razones de higiene. Y ya no es mi tienda —dijo con más firmeza—, y ya no es mi pueblo. Voy a vender y a marcharme. Mi tío me ofrece un trabajo en Dinan.

—¿Qué trabajo?

—Es pizarrero. Me subiré a los tejados y pronto llegará el día en que me caiga. Eso es todo lo que deseo.

—Entiendo —dijo Matthieu.

Al igual que Adamsberg, sabía que, por el momento, cualquier protesta habría sido inútil e incluso habría empeorado las cosas.

—Y entre sus amigos —continuó Adamsberg—, ¿ha estado Anaëlle recientemente en contacto con animales? ¿O con alguien que los tenga?

—Nos ocupábamos de la tienda durante todo el día, debería saberlo. Pero ¿por qué habla de animales?

—Porque a su prima le picó una pulga.

Gwenaëlle lo miró, desconcertada. Al menos había conseguido distraerla un poco de sus pensamientos.

—Mi prima ha sido asesinada, ¡asesinada! ¡Y ustedes vienen a hablarme de una pulga! ¿Es así como pretenden encontrar a su asesino?

—Una última pregunta —dijo Adamsberg, poniéndose en pie, como para demostrar que no tenía importancia—. Su prima pasaba todas las tardes por delante de las ventanas iluminadas de los Joumot. La calle es cuesta arriba, y ella no debía de ir muy deprisa. ¿Alguna vez le comentó que vio algo, digamos, inusual, inesperado?

—Se refiere al rumor, ¿verdad?

—Eso es.

—No, Anaëlle no me habló de nada y me lo contaba todo.

—Una cosa más: ¿sabe si Anaëlle pisaba sombras?

Gwenaëlle se encogió de hombros débilmente.

—¿Se refiere a los imbéciles que creen que les daña el alma cuando uno pisa su sombra? Anaëlle y yo los encontrábamos estúpidos y atrasados —Gwenaëlle se frotó los ojos hinchados—, pero es cierto que jugaba a eso. Había algo rebelde en ella, algo guasón y, si se presentaba la ocasión, no lo resistía y cruzaba pisando la sombra. Alguna vez le dije que dejara en paz a esos atrasados, pero Anaëlle me contestó un día, muy seria, que les estaba curando el miedo: que cuando vieran que les pisaban la sombra y no les pasaba nada, acabarían por no creer más en eso. ¿Por qué me lo pregunta?

—Porque Gaël Leuven era un pisador de sombras notorio y había recibido amenazas de muerte.

—¿De quién?

—Marie Serpentin.

—Ya veo —dijo la joven—, maldita víbora. Pero de ahí a… Aunque los que protegen su sombra no son tan frágiles como cabría imaginar.

El médico le había traído una taza de café —mezclado con

un medicamento, según les hizo comprender por señas— que parecía hacerle buen efecto.

—No —prosiguió—, no son tan inofensivos. Creen que sus vidas corren peligro y reaccionan. Se llaman a sí mismos «umbrosos» y se reúnen dos veces al mes para «organizar la defensa». Menudo teatro. Pero tienen toda una lista de «atacantes», a los que llaman «sombristas», ¿se da cuenta de cómo son? Parece ridículo, pero ahora que lo dice, pienso que igual tiene usted razón.

—¿Cómo sabe todo eso?

Gwenaëlle se sonó la nariz por décima vez.

—Por una amiga mía, Laure Celestin. Quiso asistir a una de esas reuniones, para reírse un poco. Pero cuando volvió, ya no se reía tanto. Dos o tres tipos habían propuesto «hacer fiesta» a los sombristas.

—¿Qué querían decir con eso?

—Laure no lo sabía. Quizá darles una paliza. O tal vez…

La joven rompió a llorar de nuevo. Adamsberg se levantó y le puso la mano en el hombro.

—Gracias, Gwenaëlle —dijo con suavidad.

Una vez fuera, Adamsberg lanzó un largo suspiro.

—Muy duro —dijo—. Suelo enviar a mi teniente Froissy a este tipo de cosas. Es una mujer muy ansiosa, pero aguanta el tipo mejor que yo.

—Me siento como si acabara de salir de un funeral —dijo Matthieu, sacudiéndose el pelo rubio—. Voy a tomarme una copa.

—¿Ahora?

—Ahora. Vamos.

—La pista «incesto de los Joumot» se ha jodido. ¿Tenías necesidad de hablarle de las pulgas? —preguntó Matthieu una vez que estuvieron sentados delante de un coñac en el café Chez Joss, a quinientos metros de la posada de los Dos Escudos.

—«Chez Joss» —repitió Adamsberg, mirando el cartel.

—No te embales, es solo el nombre del bisabuelo que fundó el café. Nada que ver con Josselin. ¿Y las pulgas? ¿Lo hiciste a propósito para hacerla reaccionar o ibas en serio?

—En serio, Matthieu. Me interesan esos bichos, ya te lo he dicho. A estas horas, nuestros dos equipos están llamando a las puertas de Louviec, en nombre del Departamento de Higiene del ayuntamiento, en busca de alguien que pueda estar infestado de pulgas.

—¿Porque lo crees de verdad?

—¿Que el asesino pasó una pulga a sus víctimas? Sí, me parece muy probable.

—¿Y eso te basta para ir a llamar a todas las puertas del pueblo? Tienes para rato, compañero, la mitad de la gente tiene mascotas.

—Hay pulgas y pulgas.

—¿Y qué harás después?

—Una lista de personas infestadas.

—¿Y luego?

—Luego, y solo luego, se comprobarán sus coartadas. No vamos a interrogar a todo el pueblo.

—Las coartadas, ya sabes, son siempre las mismas: «Estábamos en casa viendo la tele», «Ya estábamos en la cama»… Es raro que de ahí salga algo. Y el marido o la mujer siempre confirman.

—Ya miraré qué películas echaban el miércoles por la noche a la hora del asesinato en los canales más populares. Pero primero las pulgas.

—Y ¿cómo se te ocurre contarle lo de las sombras?

—La frase de Gaël, estoy tratando de entenderla. Al final, ese «som… ojo…». Me pregunto si no quiso decir «Las sombras… cuidado».

—Pero no encaja en absoluto con el principio.

—En absoluto. A menos que quisiera decir «Los sonidos… cuidado», refiriéndose al Cojo. Pero recuerda la amenaza de la Serpentin en la posada. No estaría de más infiltrarse en el grupo. Por casualidad, ¿no habrás oído hablar de alguien que mate gatos?

Matthieu dejó bastante bruscamente su vaso vacío sobre la mesa, atónito.

—¿Pero adónde vas, colega?

—A eso, un asesino de gatos, o de perros pequeños.

—Francamente, me desconciertas, Adamsberg.

—Y te preguntarás —añadió el comisario, sonriendo— cómo es que el ministro me ha enviado a ocuparme de este caso.

—Algo de eso hay —admitió Matthieu.

—Imagínate, hasta yo mismo me lo pregunto. ¿Así que conoces a un asesino de gatos? Por tu expresión, veo que te dice algo.

—No es exactamente un asesino, es un grupo de mocosos que se divierten haciendo esas cosas. Estrangulándolos. Es abyecto. Al alcalde le encantaría echarles el guante, porque unos chavales que empiezan con este tipo de «juego» es algo que no hace presagiar nada bueno.

—Y ¿cómo es que nunca los han atrapado?

—Porque tienen su técnica. Los miércoles, los sábados, uno de ellos atrae a un gato con una lata de comida y lo captura. Lo mete en una bolsa y se escapa a las zonas desiertas de Louviec con sus amigos. Allí tiene lugar la «ceremonia del estrangulamiento». Repugnante. Luego alguien encuentra el cadáver del gato, y eso es todo. A veces aderezan el placer añadiendo una rana destripada o un gorrión con las alas arrancadas. Una futura banda de sádicos, te lo digo yo.

—¿Cuánto tiempo lleva durando esa pequeña distracción?

—Yo diría que un año.

—Y en un año, ¿cuántos crees que han matado ya?

—Por los que hemos descubierto, yo diría que veintiocho, veintinueve. Pero si consiguen hacerlo dos veces por semana, y eso sin contar las vacaciones, llegaríamos a sesenta. Son muchos gatos.

—Decididamente —repitió Adamsberg—, la gente se lo pasa bomba en Louviec. ¿Hay un internado en el pueblo?

—Sí, en la zona norte. Creemos que es allí donde están.

—¿Cuántos niños en total?

—Unos cincuenta. Hay más padres de lo que se cree que se rinden ante la dificultad de criar a un niño conflictivo y acaban metiéndolo en un internado. Los domingos, salidas permitidas para los que quieran. Porque, lo creas o no, hay niños que se niegan a volver a casa. Ya ves cómo está el patio.

—¿Qué edad tienen los niños?

—Entre ocho y doce. Luego los devuelven a sus casas.

—Y ¿cómo salen de allí los miércoles y los sábados?

—Hay un gran parque, todo rodeado de setos espinosos. Pero ya conoces a los niños, se les da muy bien buscarse la vida. Un agujero entre las ramas y pasan.

—¿No se supone que deben estar vigilados los miércoles y sábados por la tarde?

—Se supone que hacen los deberes en sus habitaciones. Habitaciones de seis. Y si uno se escapa, es la *omertà*, nadie los delata.

—Si yo fuera tú, si me permites la sugerencia, me daría una vuelta por el internado. Un lugar ideal para desarrollar el dolor, la rabia, y finalmente el odio y la violencia. Deberíamos registrar las mochilas. Lo interesante son las mochilas.

—¿Por qué?

—Un gato encerrado a la fuerza en un lugar desconocido forcejea y araña todo lo que puede. Puede incluso mearse de miedo. En resumen, daña la mochila, la raya, la desgarra. Si registras las cincuenta mochilas, es probable que encuentres a tus pequeños asesinos en ciernes.

Matthieu asintió en silencio.

—Así lo haré —dijo—. Pero creía que habías venido a ocuparte de los asesinatos.

—Es que los asesinos de gatos pueden desempeñar su papel en el caso. No creo que se trate de un niño asesino, ya sabes

que no hay homicidas natos. Estoy pensando en los proge-
nitores, especialmente en los padres. En un niño maltratado,
hijo de una bestia parda, y por lo tanto tal vez hijo de asesino.

—Saltas de un tema a otro. Del asesino a las pulgas, de las
pulgas a los estranguladores de gatos, de los estranguladores
de gatos a las bestias pardas de sus padres.

—Todo tiene sus ramificaciones, Matthieu.

XI

La sala de la posada de los Dos Escudos había sido reservada solo para el equipo policial desde las ocho de la tarde hasta las once y media. Matthieu se reunió allí con sus dos hombres. Adamsberg había acabado memorizando los nombres de los ayudantes de Matthieu leyendo y releyendo sus notas: el que era todo redondeces se llamaba adecuadamente Antoine Berrond, y el rubio de gran sonrisa tímida, Loïc Verdun.

—Siéntese, lo invito a una sidra seca —dijo Johan.

—Cuando pasé por delante de la tienda de las primas —dijo Verdun—, había por lo menos sesenta personas esperando para dar el pésame. Es cierto que Anaëlle era muy querida. Cuando les dijeron que la tienda no volvería a abrir, se quedaron todos por ahí delante, como si fueran incapaces de alejarse.

—Y nada impide al asesino mezclarse entre la multitud y lamentar la suerte de Anaëlle, siempre es una buena tapadera —dijo Berrond—. Así que tomamos los datos de todos los presentes y empezamos por los hombres. Los interrogatorios, por así decirlo, se llevaron a cabo fuera del protocolo, en el viejo banco de piedra que hay delante de la tienda. Nadie intentaba irse. Incapaces de abandonar el lugar, todos esperaban pacientemente su turno. Ya que no podían hablar con Gwenaëlle, querían contar a los policías cómo se sentían. Elogios, arrepentimientos, recuerdos; era conmovedor, pero terriblemente repetitivo.

—Entre esos hombres —dijo Adamsberg—, ¿no han visto a alguno rascándose?

—¿Rascándose? ¿Qué se rascaba? ¿La cabeza? —preguntó Verdun.

—Pues el brazo, el muslo, el hombro, lo que fuera.

—Debo decir que no nos fijamos en eso, comisario.

—Sí —intervino súbitamente Berrond—. Había un tipo delante de mí que no paraba de rascarse.

—¿Sabe cómo se llama?

Berrond hojeó su cuidada libreta.

—Yvon Briand —dijo—. Un miembro de su familia, quizá, aunque gente apellidada Briand la hay a patadas en Bretaña.

—Gracias —dijo Adamsberg, y abrió a su vez el cuaderno para anotar el nombre, un cuaderno en el que, a diferencia del de Berrond, se mezclaban nombres, bocetos, fragmentos de frases y fechas, todo ello sin alineación ni secciones.

—¡Pero si soy yo! —exclamó Berrond deteniendo la mano de Adamsberg en una página.

—Es usted, teniente.

—Pero ¿por qué me ha dibujado? ¿Soy sospechoso o qué?

—No, hombre, no —dijo Matthieu—. A mí también me hizo un retrato.

—¿Para qué sirve? ¿Para acordarse de nuestras caras?

—No —replicó Adamsberg—, sirve para dibujar.

—¿Puedo verlo? —preguntó Berrond, tan ilusionado como si hubiera recibido una recompensa.

El comisario le entregó su cuaderno, y los rostros se volvieron hacia la página. Adamsberg había difuminado algunas redondeces, y Berrond se quedó fascinado ante su imagen.

—Es la primera vez en mi vida que a alguien se le ocurre dibujarme —dijo, casi conmovido—. Caricaturas, sí, ha habido algunas en la comisaría, pero nunca un retrato real y hermoso. ¿Me lo regalaría?

Adamsberg desprendió la página del cuaderno, la fechó y firmó, y se la entregó.

—Gracias, comisario, estoy emocionado —dijo Berrond, y guardó cuidadosamente la página.

Matthieu, sonriente, observó cómo sus tenientes se las componían con las sinuosidades de Adamsberg. Los cuatro agentes del comisario se unieron a ellos un poco más tarde y siguió una segunda ronda de sidra. Mercadet estaba bien despierto y activo, tras haber dormido una siesta de más de tres horas, pero un poco avergonzado por no haber recogido tantas pruebas como sus colegas.

—Terminada por hoy la excursión a los sacos de pulgas —dijo Noël, que parecía agotado por aquel cúmulo de interrogatorios que en el fondo le parecían no venir a cuento. Su cansancio contrastaba con el aspecto de Retancourt, cuya obligada conversión a la amabilidad y la gentileza le había devuelto toda su frescura.

—A comer —dijo Adamsberg, iniciando el movimiento—. Solo nos queda una hora para... —El comisario frunció el ceño durante unos segundos— ... para sintetizar —concluyó—. Lo siento, pero a veces se me escapan las palabras.

—Hay que decir que «sintetizar» no es fácil —murmuró el gordo Berrond a su lado, y Adamsberg encontró en él un amigo, un hermano.

—El dueño, Johan —dijo Adamsberg, sentándose junto a Matthieu—, ¿es de fiar?

—Una tumba —dijo Matthieu—. Primero, por naturaleza, y luego porque cuando regentas una posada, más te vale no ir desvelando por ahí las conversaciones de los clientes. Secreto profesional, por así decirlo.

—Eso es lo que esperaba. ¿Cómo ha ido la primera jornada de pulgas?

—Entre los seis —dijo Mercadet, sacando su ordenador— nos hemos empapuzado doscientas treinta y ocho visitas.

—Un poco más de la mitad —dijo Adamsberg—. Lo han hecho rápido.

—No —dijo Mercadet—. Porque muy a menudo no hay nadie, la gente está trabajando, tienes que volver más tarde o pedir la información a un vecino. Y no siempre es fácil abreviar, porque una vez que se lanza a hablar de sus mascotas, mucha gente no puede callar. Pero creo que mañana irá más rápido y habremos terminado a última hora de la mañana. Es sábado, habrá mucha más gente en casa. Lo he pasado todo a limpio durante la sidra, así estará más claro.

—¿Tan pronto? —preguntó Adamsberg, asombrado por la rapidez de ejecución de Mercadet, que compensaba con creces sus deficiencias sobre el terreno.

—De estas doscientas treinta y ocho casas visitadas, ciento dos alojan, o han alojado, un animal. Sin embargo, algunos no han querido tener más, por haber pasado mucha pena al perderlos, o porque dan mucho que hacer. Si solo cuento a los que tienen o han tenido un animal recientemente, nos quedan ochenta y cuatro. Y de los ochenta y cuatro, más de la mitad van al veterinario, sobre todo las mujeres. Quedan treinta y dos animales que no están protegidos contra las pulgas. O que no lo estaban. Porque usted nos pidió que preguntáramos acerca de las desapariciones o muertes. Bueno, pues ha habido bastantes.

—Hábleme de las de los últimos meses. Las pulgas no viven mucho si solo tienen sangre humana que echarse al coleto.

Mercadet hizo algunas maniobras en su ordenador.

—Si ponemos dos meses, ¿está bien?

—Adelante.

—De los treinta y dos, en dos meses, han desaparecido once gatos y tres perros, o se han perdido, o han tenido accidentes, no se sabe, y cuatro han muerto en casa. O sea, dieciocho animales. Son muchos.

—Sobre todo gatos —dijo Noël.

Adamsberg miró a Matthieu. Matthieu asintió. Comprendía las preguntas de su colega sobre los asesinos de gatos. Había tomado la iniciativa.

—¿Han averiguado si los tres perros desaparecidos eran grandes o pequeños?

—No figuraba en el cuestionario —dijo Retancourt—. Pero las tres mujeres me enseñaron fotos de sus perros. Enmarcadas. Eran pequeños.

—Se han pasado bastante, ¿no? —dijo Adamsberg a Matthieu.

—Más bien sí. He conseguido la autorización para registrar el internado esta tarde, no es fácil cuando se trata de menores. Iré mañana con dos agentes. Cincuenta mochilas, es pan comido.

—En total —resumió Adamsberg—, ya tenemos dieciocho casas infestadas. ¿Cuántas mujeres solteras hay en esta muestra, Mercadet?

El teniente volvió a sus gráficos.

—Once —dijo.

—De momento, vamos a excluir a las mujeres. Lo cual nos deja siete hogares sospechosos. ¿Cuántos hombres hay en total en estas casas?

—Diez. Pero seis de ellos son de edad avanzada, que viven solos o con sus hijos, en mi opinión demasiado viejos para poder matar y correr por las calles de noche.

—¿Diestros? ¿Zurdos?

—Todos diestros, por lo que hemos podido ver, porque dos de los hombres, de ochenta y dos y ochenta y nueve años, estaban durmiendo la siesta.

—Quedan cuatro hombres sanos, infestados y diestros.

Satisfecho, Mercadet se frotó el bigote y entregó al comisario los documentos de los resultados, aún sin imprimir, pero clasificados casa por casa, y el plano en el que acababa de colorear en rojo los lugares infestados, con los nombres de los ocupantes. Berrond señaló con el dedo la casa número 44.

—Conozco a la pareja que vive en la 44 —dijo—. Los Vernon. Puede que se hayan jubilado o se hayan ido de vacaciones y hayan alquilado su casa, porque el apellido que ha apuntado Mercadet es distinto: Longevin. No conozco a esa gente. Deberíamos ir mañana a ver al alcalde y pedirle que mire la lista. Puede haber otros desconocidos que hayan venido a vivir a Louviec. ¿Cuándo, por cuánto tiempo y, sobre todo, para qué?

—Sí, porque es raro venirse a vivir a Louviec si no eres nativo —dijo Noël.

—Eso mismo pienso yo —dijo Berrond. Necesitamos un listado de «extranjeros». Miren, la número 62 es la casa del jorobado. Perdón, la de Maël. En rojo.

—Tenía un perro —afirmó Noël—. Lo atropelló un coche.

—¿Cuándo? —preguntó Matthieu.

—Digamos que casi un mes antes del asesinato de Gael.

—Y cuando volvió a casa del hospital, las pulgas, hambrientas, debieron de echársele encima —concluyó Adamsberg—. Y en cantidad. Sin comida, se multiplican aún más para garantizar la supervivencia del máximo número de ellas.

—No son tontas, las pulgas —murmuró Berrond, soñador.

—Tú fuiste quien dijo que el asesino tenía que ser diestro —intervino Matthieu—, o más exactamente un falso zurdo. Maël no puede golpear con la izquierda, ya viste el estado de su brazo.

—Lo vi, Matthieu. Retancourt, me ha dicho que tres personas le habían enseñado una foto de su perro. Para verlas, ¿no se acercó a ellas?

—No, pero me las han enseñado tendiéndomelas, y he tenido que cogerlas.

—Esta noche, al llegar a casa, como medida de precaución, se duchan todos, antes que nada, sin olvidar lavarse la cabeza, y meten toda la ropa, insisto: toda, en la lavadora. Temperatura mínima sesenta grados. Y lo mismo mañana, después de la segunda ronda de visitas.

—Sesenta grados —dijo Veyrenc—. Buena idea habernos cambiado de manera de vestir o se me habría jodido la chaqueta.

Eran las nueve y media, y Johan abrió la puerta. Ya esperaban clientes fuera y se dispersaron por la vieja posada.

XII

A la mañana siguiente, Matthieu y Adamsberg enseñaron al alcalde el plano de Louviec y los apellidos asociados a cada una de las viviendas.

—No forma parte de mis asignaciones el vigilar las idas y venidas de mis electores —dijo el alcalde con una sonrisa—. Son libres de mudarse y alquilar sus casas si les place.

—Naturalmente —dijo Matthieu—. Pero, habida cuenta del contexto, nos ayudaría si pudiera usted señalar los nombres que le resulten desconocidos en alguna de las cuatro casas coloreadas en rojo.

El alcalde deslizó la hoja hacia sí y la estudió unos instantes.

—Longevin —dijo—, en la cuarenta y cuatro, no los conozco. La casa pertenece a los Vernon.

—Esa ya la habíamos visto. ¿Pero las otras?

—La doce está ocupado por los Jouel. Pero el nombre que figura aquí es Desmond. No conozco a ningún Longevin ni Desmond. Son las dos únicas novedades que veo.

—Desmond, Desmond —murmuraba Adamsberg mientras volvía al coche.

—¿Lo conoces?

—Es un nombre que he oído alguna vez. Como en la bruma, como de lejos.

—Deberías poder volver a esa vaguedad.

—Pues mira, Matthieu, nunca he encontrado el camino. Cuando consigo establecer la conexión, es porque la bruma ha venido a mí, y no a la inversa.

Desde el coche, Adamsberg pasó un mensaje a Mercadet, pidiéndole que buscara en los ficheros los nombres de los dos habitantes desconocidos: René Longevin y Roger Desmond. Mercadet volvió a llamar siete minutos más tarde, bastante nervioso.

—Longevin no está fichado. Desmond, en cambio, es harina de otro costal. Agárrese, comisario: es un hombre de Sim el Anguila. Desmond es un nombre falso, ha tenido cinco nombres diferentes. ¿Le envío su retrato robot?

—Sí, por favor. Es uno de los dos nuevos residentes de Louviec. Longevin debe de ser su socio. Recuerda que en la redada de Retancourt en el escondite de Sim, dos hombres se dieron a la fuga.

—¿Vendrán a por nosotros?

—¿Se te ocurre alguna otra razón?

—No, y si es así, la cosa huele a chamusquina.

Adamsberg resumió los hechos para Matthieu.

—Corre a casa de Desmond, para cerciorarnos. Pero no aparques delante. Mostrarás discretamente el retrato a los vecinos. No, cambio de planes: el vecino podría hablarle de tu visita. En lugar de eso, ve a las tiendas de alimentación más cercanas a su casa. Ultramarinos o panadería. Debe de salir solo a por lo estrictamente necesario. Preséntese como empleado del ayuntamiento. Si es él, es necesaria la máxima discreción. Lleva tu arma encima, el tipo es peligroso.

Matthieu regresó diez minutos después.

—Es él —dijo, cerrando de un golpe la puerta del coche—. Ha bastado con interrogar a la panadera. Ha visto al tipo salir a dar una vuelta en bicicleta. Solo lleva allí desde ayer. Es decir, que te siguió en cuanto saliste de la brigada con tu equipaje. O sea, tan pronto como volviste.

—Lo que nos faltaba, Matthieu —dijo Adamsberg, suspirando—. Sim el Anguila nos envía a su esbirro. «Una vuelta en bicicleta»… ¡Y un cuerno! Está preparando su operación.

—¿Venganza?

—Por encargo del propio Sim desde su celda, puedes estar seguro.

—¿Se trata de Sim el Anguila?

—¿Lo conoces?

—¿Qué policía no ha oído hablar de él?

—Está en la cárcel con tres cómplices. Retancourt tumbó a dos de ellos nada más llegar y retuvo a Sim a punta de pistola. Eso despejó el campo, y Noël y Veyrenc atraparon a un cuarto. Pero los otros dos lograron escapar y Veyrenc no pudo alcanzarlos. Iban en moto.

—Sim debió de sentirse horriblemente humillado al verse vencido por una mujer.

—No cabe duda. Y este es el resultado: una operación comando en el corazón de Louviec.

—¿Debemos arrestarlo ahora? ¿Antes de que haga daño?

—No, Matthieu, seguro que no ha venido solo. Primero nos aseguramos de que el segundo recién llegado, Longevin, es el otro cómplice fugado. Lo cual me temo.

—No será muy listo cuando, en plena huida, se apostan en un pueblo trufado de policías.

—No recordábamos bien sus caras. Solo reconocí a Desmond por su nombre. En cuanto al otro, no tiene antecedentes penales. Necesitaríamos una foto para pedir una búsqueda a Mercadet.

—Es imposible esconderse delante de su casa y fotografiarlo. Debe de estar al acecho, y nos pillarían.

—Hay otra solución. Ninguno de los dos me conoce. Llamo al timbre de Longevin...

—Hay fotos tuyas en la prensa —interrumpió Matthieu.

—Es cierto —admitió Adamsberg—. La maldita prensa que les confirmó que yo estaba en Louviec.

—Toma mi gorra de visera, cálatela bien, eso cambia a cualquiera. Y quítate tu eterna chaqueta negra, tu camiseta a juego, y coge mi camisa y mi chaqueta azul claro. Puede desorientarlos un poco.

Los dos hombres detuvieron el coche, procedieron al intercambio y Matthieu examinó a su colega.

—No está mal —dijo—. No se te reconoce de inmediato. Pero quizá en tres minutos. Hazlo lo más rápido posible.

—Así que llamo a la puerta de Longevin —continuó Adamsberg, ajustándose la gorra—, pido ver a los Vernon, el tipo me dice que están de vacaciones y que han alquilado su casa, me disculpo y me voy.

—No veo de qué te sirve.

—Para hacer su retrato, Matthieu, ¿para qué va a ser?

—Ah, claro.

—Retrato que envío a Mercadet, que me dice si tiene esa cara fichada, ya que no su nombre.

—No deja de ser imprudente. El tipo podría identificarte a pesar de todo. Pero no a mí. Es mejor que me encargue yo.

—Es un riesgo que hay que correr y no tenemos elección.

—¿Por qué?

—Porque no sabes dibujar.

—Cierto, lo había olvidado.

—¿Vas a ir al internado?

—Mis dos ayudantes ya habrán empezado el registro. Los aviso y me quedo contigo.

—Gracias.

Tras su breve visita a Longevin, que Adamsberg había realizado con camisa azul y el pelo cubierto, temiendo que aquello fuera un pésimo subterfugio para engañar a su sospechoso, el comisario se había retirado a la esquina de un pequeño bar no lejos del ayuntamiento, con vistas al nuevo domicilio de Longevin, donde terminaba su retrato del hombre. Matthieu tomó asiento a su lado, y sacó la pistola de la funda.

—No hay movimiento —dijo Adamsberg, que vigilaba la puerta de la casa mientras dibujaba a lápiz.

—¿Cómo puedes dibujarlo con tanta precisión después de haberlo visto tan poco tiempo?

—No lo sé, Matthieu.

—Claro.

Adamsberg fotografió el retrato y lo envió a Mercadet.

Desmond frunció el ceño al leer el mensaje que acababa de recibir de su compañero: *Descubiertos. Visita de Adamsberg.*

—¿En persona?

—Seguro a cien por cien, camuflaje cutre.

—Sabemos que no vino solo. He visto a la gorda no hace ni diez minutos en la carretera de Maillant. Tipo de mujer inconfundible. Va en bicicleta puerta a puerta, no va rápido.

—¿Instrucciones?

—Nos largamos en cuanto nos descubran. La operación ya está en marcha, llevamos ventaja. Te recojo en la calle lateral y la alcanzamos antes de que se pierda de vista. Prepárate.

Desmond cogió su chaqueta y su mochila, salió de la habitación por una ventana trasera y enfiló en coche los callejones.

Nadie mejor que Mercadet —ayudado por dos informadores con los que se comunicaba en clave— para abrirse camino en los dédalos de las identidades falsas. Adamsberg, sentado ante su café frío, obtuvo rápidamente la información que buscaba. El retrato que había dibujado era de un tal Pernot, otro nombre falso de René Longevin, de cincuenta y seis años, que era efectivamente un socio de Sim el Anguila. El equipo envejecía y Adamsberg esperaba un bajón en su rendimiento.

—En cuanto supieron que estábamos en Louviec, tomaron posiciones. El primero nos siguió en tren, el segundo vino hasta aquí en coche. Maldita sea, Matthieu, era lo que nos faltaba.

—¿Y cómo pudieron encontrar dos alquileres en un abrir y cerrar de ojos?

—No lo hicieron, obligaron a los ocupantes a irse. Unos días, tiempo más que suficiente para vigilarnos, tantear el terreno y organizar su plan.

—¿Cuál?

—El peor, Matthieu, me temo.

XIII

Adamsberg se apresuró a avisar a Noël, Retancourt y Veyrenc de que tenían a los dos cómplices de Sim pisándoles los talones, allí mismo, en Louviec. Les ordenó que prepararan sus armas y estuvieran en guardia. Matthieu hizo lo propio con sus hombres, acompañando sus mensajes con retratos de los dos socios. De Noël y Veyrenc, Adamsberg recibió inmediatamente la respuesta «Entendido», pero Retancourt no reaccionó.

—Joder, ¿qué demonios estará haciendo? —dijo Adamsberg.

Era la primera vez que Matthieu veía a su colega perder un poco la sangre fría, algo poco frecuente, según se rumoreaba. Se preocupaba mucho por esa Retancourt, aunque su trato no fuera de lo más agradable.

—Debe estar liada con alguna señora que le enseña una foto de su gato.

—No, Matthieu, no. A Retancourt nunca se la lían —dijo Adamsberg, levantándose y dejando un billete sobre la mesa—. Me van a hacer pagar cara la detención de Sim el Anguila. Y no tiene sentido que corramos a sus casas a detenerlos. Probablemente ya no estarán allí. Longevin me habrá reconocido y habrá dado la alarma.

Adamsberg hizo una pausa, buscando la mejor manera de salir de aquella.

—Todo nuestro equipo está en la «misión pulgas» —dijo—. Pero tienes a otros dos hombres no muy lejos de aquí, en el internado. ¿Cuánto pueden tardar en volver?

—Conduciendo rápido, cuatro o cinco minutos.

—Pídeles enseguida que corran a ver si se ha visto un coche delante de la casa de Desmond o de Longevin, y si es así, cuál.

—¿Y si están en casa? Todavía es posible.

—No lo creo, Matthieu. El hecho de que Retancourt no responda es muy mala señal. Ya han salido de caza.

—¿Y cómo habrán localizado a Retancourt?

—La habrán seguido, es su bestia negra. Esta mañana tenía que ocuparse de estas calles —dijo Adamsberg, extendiendo un mapa arrugado sobre la mesa—. Las de color verde. ¿Las conoces?

—Sí, muy bien. Seguiremos su itinerario. Probablemente ya estará lejos, por la carretera de Maillant. Desierta.

—No hay tiempo para esperar a los demás, cada minuto cuenta. Si les damos alcance, solo estaremos nosotros dos para hacerles frente, ¿estás de acuerdo?

Matthieu asintió con decisión.

—¿Tienes el equipo? —preguntó Desmond, mientras aceleraba por el camino hacia Maillant.

—Sí, Roger.

—Cuando corte el paso a la bici de esa poli asquerosa que nos ha jodido a tres hombres, que se atrevió a encañonar a Sim, saltamos los dos. Repito: uno, tiras la moto y a la mujer al suelo y le pegas la cinta; dos, le arreas un culatazo en la cabeza; tres, le pones las esposas en las manos, yo en los tobillos. Cuatro, abro el maletero y metemos el bulto en la parte de atrás de la furgoneta.

—Tranquilo, lo sé todo. ¡Está allí! ¡A sesenta metros!

La furgoneta adelantó a la bicicleta, se le atravesó, y Retancourt echaba mano a la pistola cuando una violenta patada en el vientre la hizo caer al suelo. Vio cómo lanzaban su arma lejos e inmediatamente sus labios quedaron sellados con cinta adhesiva. Se enderezó y lanzó sus pies contra el torso de Longevin, que, tambaleándose, se desplomó a su lado.

—¡Culatazo, Desmond!

El impacto hizo que Retancourt cayera hacia atrás, pero se puso en pie de un salto, lista para el combate.

—Otro culatazo, Longevin, ¡esta tía es un monstruo!

Retancourt recuperó rápidamente la conciencia, esposada de pies y manos. Ocupaba todo el espacio de la parte trasera del vehículo, y los dos hombres iban sentados delante. La furgoneta se dirigía hacia quién sabía dónde, girando todo el tiempo, sin duda para despistar.

El teléfono sonó, y Adamsberg se abalanzó sobre él. Retancourt, por fin. Pero no era ella. Solo un breve mensaje que mostró, con los dientes apretados, a su colega: «Ya verás qué risa cuando se pierde a un compañero».

—Demasiado tarde —dijo con voz de desamparo, apretando el puño—. Ya no están en el nido y tienen a Retancourt.

—Informe de Noblet, uno de mis hombres —dijo Matthieu—: los vecinos han visto un coche nuevo delante de la casa de Desmond esta mañana.

—Maldita sea, tienen a Retancourt, tienen a Retancourt —repetía Adamsberg con voz ronca.

—Vamos a alcanzarlos —respondió Matthieu sordamente—. Sube, vamos a toda velocidad hacia la carretera de Maillant. ¿Qué crees que harán? —dijo, cerrando la portezuela—. ¿Tomarla como rehén a cambio de ti?

—No, hacerla sufrir un buen rato y matarla. Solo para que quede claro que van en serio. Me atraparán más tarde y me cambiarán por Sim. Son perversos, sádicos, no estrategas, no tengas duda de eso. Descríbeme el coche.

—Una vieja furgoneta azul brillante, matrícula terminada en GA76.

—Envía la descripción a todas las comisarías de la zona, junto con retratos de esos cabrones. Señal de emergencia.

Adamsberg aceleró de nuevo, haciendo temblar el coche.

—Especifica el punto desde el que partieron —dijo.

—Ya lo he hecho.

—Pide a la policía de Combourg que ponga controles en todas las carreteras que salen de Louviec.

—Ya lo he hecho.

Mientras Adamsberg y Matthieu atravesaban el pueblo a toda velocidad, Noël, Veyrenc, Mercadet, Berrond y Verdun, condenados a esperar, terminaron su «misión pulgas» con un nudo en el estómago. Sabían que habían perdido a Retancourt y que aquella banda no iba a hacerles ningún favor, ni a ella ni a Adamsberg. Sentado en una piedra de granito, Mercadet terminaba, sombrío, de ordenar la lista y de perfeccionar el plano de las casas rojas, luego se durmió sobre los brazos, sentado en la piedra.

—¿Resumimos la «misión pulgas»? —preguntó vacilante Verdun en el silencio plúmbeo.

—Más tarde —dijo Berrond—. Cuando Retancourt esté con nosotros.

—Si es que vuelve —murmuró Noël, resumiendo los pensamientos de todos.

—Olvida una cosa, Noël —dijo Veyrenc con firmeza—. Se trata de Retancourt, no de usted, ni de mí, ni de nadie más.

—Bueno, pero no es un superhombre —dijo Verdun—. Amordazada, atada en la parte trasera de un coche —no se atrevió a decir «asesinada»— con dos cabrones armados, tampoco va a conseguir la luna.

Poco antes del final de la carretera de Maillant, los dos detectives descubrieron la bicicleta de Retancourt tirada a un lado de la carretera.

—No hay sangre —dijo Adamsberg—, solo signos de lucha. Derribó a uno de ellos aquí. No les debió de resultar fácil dominarla antes de llevársela. Si contamos el tiempo de hacerlo, arrancar el motor y enviarme el mensaje, nos llevarán unos quince minutos largos de ventaja. Los seguimos a toda pastilla.

—Pero ¿por dónde? En treinta metros, dejamos la vía única y hay tres desvíos. ¿Cómo sabemos cuál han tomado?

—Pregunta por los controles, que sepamos si ya están montados.

Pero era demasiado pronto para que la policía de Combourg hubiera tenido tiempo de montar nada y los dos hombres surcaban las carreteras al azar, yendo, volviendo, cambiando de dirección, mudos.

—No veo ningún control —dijo Adamsberg sombrío.

—La policía se habrá anticipado a su avance y los habrá situado más lejos.

—Hay muchas carreteras —murmuró Adamsberg—, y necesitan traer más hombres de Dol, Saint-Malo o de donde sea. Lleva tiempo, demasiado tiempo.

—Vámonos a casa —dijo Matthieu—. Llevamos una hora recorriendo la zona para nada. Y pueden haber cambiado de vehículo por el camino.

Adamsberg asintió y dio media vuelta rumbo a Louviec. Eran más de las dos cuando Johan abrió la puerta de la posada y pudo ver en sus rostros grises que algo iba mal.

—¿Asesinato? —preguntó con voz apagada.

—No, Johan —dijo Matthieu—. Retancourt. Secuestrada por dos canallas. O asesinada.

—Nada —dijo Adamsberg, sentándose pesadamente a la mesa, sin apartar los ojos de su teléfono—. Han desaparecido.

Desplazándose en medio del silencio, Johan señaló que ya había pasado la hora de comer y que sería recomendable que se alimentaran.

—Lo siento, pero no tengo hambre, Johan —dijo Adamsberg, interrumpiendo la detallada presentación que el anfitrión estaba a punto de susurrarles para explicarles el menú.

Los demás agentes, todos de vuelta de su «misión pulgas», asintieron con la cabeza, incluido Mercadet, a quien la ansiedad le había, por el contrario, abierto el apetito.

—Lo repetiré —dijo Veyrenc, poniéndose en pie y golpeando la mesa con la palma de la mano—. No han atrapado un pájaro cualquiera, sino a Retancourt. Sin embargo, ellos no lo saben, y esa ignorancia será su perdición.

—¿Por qué no? —dijo Berrond, que, por ese arrebato, se dio cuenta de que los rasgos, inciertos pero un tanto imperiales, del rostro de Veyrenc le recordaban los de un busto romano alojado en una hornacina en el ayuntamiento de Louviec.

Como un animal súbitamente obediente, el teléfono de Adamsberg sonó a las catorce treinta, y el comisario se apresuró a consultarlo. Luego, exultante, leyó el mensaje en voz alta:

—«Caso cerrado. Tengo a dos tipos en el suelo y desarmados. De todos modos, dense prisa. Carretera Saint Aubin-Combourg, lugar llamado La Piedra Alzada».

Un súbito revuelo sucedió a la desolada apatía.

—¡Usted lo dijo, teniente, lo dijo! —exclamó Johan a Veyrenc, que sonreía mientras se ponía la chaqueta.

—Era simplemente indudable, Johan —dijo.

—Matthieu —dijo Adamsberg—, avisa a los chicos de Combourg de que encontrarán dos paquetes atados en La Piedra Alzada.

—Ya lo he hecho —repitió Matthieu con un destello de diversión en los ojos, recogiendo su gorra al pasar.

Con aullido de sirenas, los policías llegaron rápidamente al lugar, donde se quedaron estupefactos al ver a dos hombres retorciéndose en el suelo mientras una mujer de proporciones inusuales los amenazaba con una pistola, tranquilamente apoyada en una furgoneta, con cuatro armas a sus pies. Adamsberg les explicó la situación, el fotógrafo tomó instantáneas de la escena y los policías se llevaron a los agresores, que iban gritando los peores insultos, amenazas y obscenidades a Retancourt, que permanecía tan insensible como el menhir que se erguía junto a la carretera.

Tres cuartos de hora más tarde, Adamsberg y Veyrenc entraban de nuevo por la puerta de la posada, el comisario abrazando a Retancourt por el hombro, con el rostro radiante. Todos los agentes se habían puesto en pie y vitoreaban a la reaparecida. Johan incluso pidió permiso para darle un beso, diciendo: «Hemos temido tanto por usted». Luego se apresuró a ir a la cocina a impartir sus órdenes, que esta vez nadie contradijo. Eran más de las tres, y el hambre había vuelto. Johan se dio prisa, deseoso como los demás de escuchar la historia de la mujer, y regresó lo antes posible para sentarse a la mesa.

—Tampoco es para tanto —dijo Retancourt, sonriendo, frente a todas las miradas fijas en ella—. Ha sido un trabajo fácil.

—¿La agresión? —preguntó Matthieu.

—En lo alto de la carretera de Maillant, me tiraron al suelo con la bici y me desarmaron. Uno de los tipos me cerró el pico con cinta adhesiva y me golpeó en la cabeza con una culata. Quedaban los tobillos, y yo les lanzaba tantas patadas que entre los dos no conseguían meterme en la furgoneta. Auténticos ineptos. Me noquearon sin más de otro culatazo (ese sí que me dolió), me esposaron los tobillos, me metieron en la parte trasera de la furgoneta, y en marcha. El efecto de los golpes no duró mucho; los oía hablar en la parte delantera, muy seguros de sí mismos y encantados de su éxito. En realidad, no hablaban, gritaban. No tenían más remedio, la vieja furgoneta daba bandazos y hacía un ruido infernal. Eso me vino bien para mi plan, que era coser y cantar. El conductor había metido la pistola entre los dos asientos delanteros. Me hice la inconsciente un buen rato para que no me prestaran atención; de todos modos, tenía que darme prisa porque estaban consultando un mapa en busca de un pozo abandonado, a unos treinta kilómetros, donde me iban a tirar después de machacarme la cabeza. Estaban examinando los mejores caminos forestales para llegar hasta allí y evitar los controles. Enrosqué la cadena de las esposas alrededor de la de los tobillos, apreté a fondo y tiré. Clac. Lo mismo con los pies. Deslicé la cadena bajo la manivela de la ventana, tiré, y clac.

—¿Qué quieres decir con «clac»? —preguntó el teniente Berrond.

—Clac, las cadenas se rompieron.

—¿Pero eran esposas normales y corrientes?

—Desde luego no eran de juguete. Lo demás no fue nada del otro mundo. Coger la pistola del conductor entre los asientos, encañonarle la nuca, hacerme con sus tres pistolas, aparcar y hacerlos bajar mientras mantenía mi brazo bajo el cuello del conductor y la pistola en la nuca. He de decir que se estaba ahogando un poco mientras su compañero seguía tronchándose. Pero mala suerte, este tipo tenía otra pistola en el pantalón, desenfundó y tuve que disparar. Ya lo ha visto, comisario, no hice estropicios, apunté a la grasa del muslo, evitando la arteria, y cayó al suelo. El otro forcejeó todo lo que pudo y estuvo a punto de zafarse de mi llave de agarre. Tuve que darles algunos golpes fuertes (dos de ellos en el bajo vientre, lo reconozco) y aturdirlos con el puño para calmarlos. Cuando ambos estuvieron en el suelo, sujetos el uno al otro con mis esposas y sus cinturones, tuve la amabilidad de hacer un torniquete al herido con su camisa. Y les llamé a ustedes. Fin de la historia y fin de Sim el Anguila —dijo Retancourt mientras atacaba el plato que acababa de llevar uno de los cocineros—. Hay que ver el hambre que dan estas cosas.

—Fin de la historia, fin de la historia… —protestó Berrond, que seguía atónito, mientras el equipo de Adamsberg sonreía, acostumbrado a los golpes maestros de Retancourt—. ¿Quiere decir que si tiro con fuerza de las esposas se romperá la cadena?

—Muy fuerte, pero que muy muy fuerte —dijo Adamsberg—. No vaya por ahí, teniente, yo ya lo he probado, igual que Noël y Veyrenc: nos herimos las muñecas hasta hacernos sangre y eso fue todo.

Retancourt examinó sus muñecas enrojecidas.

—Pero eso luego se pasa —dijo, empuñando de nuevo el tenedor.

—¡Pero si tiene sangre en el pelo! —exclamó Johan.

—Superficial, Johan, no se preocupe. ¿Cómo llevan la investigación sobre las pulgas? Acababa de terminar la última casa de mi lista cuando esos dos cabrones me interrumpieron.

—Ahora no —dijo Adamsberg—. Primero terminamos el divino almuerzo del maestro Johan, disfrutamos de esta hora de gracia, tomamos un café con coñac y mandamos a Mercadet a la cama, que no se tiene en pie. Y sin él, no hay resumen sobre las pulgas. Reanudamos de nuevo a las seis y media. Descanso para la mente y ocio para todos.

—Voy ahora mismo —dijo Mercadet.

—Y yo iré a pescar —dijo Adamsberg.

—Ah, porque ¿es pescador? —preguntó Johan, interesado.

—Sí y no.

—¿Qué significa «sí y no»? —dijo Johan, buscando la ayuda de Veyrenc—. ¿Que depende de si pican o no?

—En cierto modo.

—¿Y qué pesca? ¿Lucios? ¿Truchas? Puedo aconsejarle los mejores lugares, según sus preferencias.

—¿Qué pesco? —repitió Adamsberg al desgaire, sin buscar realmente una respuesta.

—Tal vez ideas poco comestibles, maestro Johan —dijo Veyrenc con una sonrisa.

XIV

Adamsberg se había remangado los pantalones y luego había dejado flotar las piernas en el río —que aún estaba muy frío—, observaba los remolinos de agua alrededor de las piedras y de sus pies, agitándolos para contrarrestar la corriente y hacer que surgieran burbujas. Tras dos horas de esta operación, que lo cautivaba, de la que nunca se hartaba y en la que rara vez tenía tiempo de complacerse, se sentía a la vez descansado del tumulto del caso Retancourt y dispuesto a abordar el trabajo pendiente sobre las pulgas. El comisario era reacio a cualquier tarea que implicara inventarios, listados, clasificación y selección, pero esta vez no podía evitarlo. El caso era importante y ese paso podía resultar decisivo. Se secó someramente los pies en la hierba, echó a andar y fue el primero en llegar a la posada, donde acabó de desenrollarse los bajos de los húmedos pantalones.

—¿Ha visto peces? —preguntó Johan con incredulidad—. Su caña ni siquiera está mojada.

—Se ha secado, voy a plegarla. Pero he visto agua, mucha agua.

—Es un rollo mirar el agua si ni siquiera se está intentando pescar.

—¿Un rollo, Johan? Pero si a cada segundo ocurre algo nuevo con el agua, algo que nunca ha sucedido antes y que nunca volverá a suceder.

—Si eso lo relaja...

El resto del equipo fue entrando poco a poco. Johan preparó cuencos y botellas y llevó un café a Mercadet, que a todas luces no había tenido suficientes horas de sueño, pero que preparaba con coraje su ordenador.

—Vamos allá —dijo Adamsberg después de frotarse las mejillas un buen rato.

Mercadet se sumergió de inmediato en el documento.

—¿Puedo dejarlos un momento? —preguntó Johan—. Aún es temprano y todo está ya listo.

—Por supuesto, Johan —dijo Adamsberg—. ¿Nos deja las llaves?

—Cierre cuando me vaya —dijo el posadero—. Llamaré a la puerta para entrar.

—Es costumbre —comentó Matthieu—, no puede quedarse aquí encerrado todo el día. Y esto también es habitual —añadió, acercándose una mano a la oreja.

Un canto potente, cuya letra les era desconocida, venía de la calle y Adamsberg abrió una ventana para oírlo mejor: «Monstruo atroz, monstruo aterrador. Ah, el amor es aún más terrible que tú...».

—¿Quién canta? —preguntó cerrando la ventana.

—Johan, quién si no —dijo Matthieu—. Está feliz y orgulloso de tener una voz de barítono tan resonante (incluso es capaz de salirse de su tesitura, tanto en los agudos como en los graves) y se lo oye por la calle varias veces a la semana. Aquí todo el mundo se sabe sus canciones de memoria, solo canta cuatro, son sus favoritas, y se limita a esas. A menudo te encuentras con gente que tararea una melodía del siglo XVII o XVIII sin saberlo. A decir verdad —añadió Matthieu, bajando la voz, ya que no deseaba en absoluto desacreditar a Johan—, cuando se escabulle cantando tan alto, es porque va en busca de la golondrina blanca.

—¿Una golondrina blanca? ¿Enteramente blanca?

—Sí, tiene visiones, pero no lo digas por ahí. Ya te contaré la historia otro día.

—¿Todos sus cantos pertenecen al repertorio barroco? —preguntó Veyrenc.

Veyrenc era el único agente de la brigada aficionado a la música. Pertenecía a un coro e iba regularmente a conciertos. Había intentado sin éxito convencer a Danglard para que participara, pero ese arte no entraba en los saberes y gustos del comandante.

—Ah —dijo Matthieu—, ¿lo ha reconocido?

—Era de Rameau, ¿verdad?

—Rameau o Lully, son sus dioses.

—Es cierto que tiene una hermosa y sonora voz de barítono —dijo Veyrenc—, pero es una pena que no afine del todo.

—Es cierto, pero sus melodías no son tan fáciles de cantar. Yo mismo lo he intentado alguna vez. De todos modos, nadie lo advierte y a nadie le importa que desafine. Ni una palabra sobre esta falla: no es consciente de ello y lo apenaría muchísimo.

—Por supuesto —dijo Adamsberg—. Pero, por sorprendente que sea la pasión de Johan, nosotros, desgraciadamente, tenemos que jugar con nuestros pulgosos.

Fugazmente, se arrepintió de no haber acompañado a Johan en su búsqueda de la golondrina blanca. La suya era mucho menos atractiva y volvió a sentarse, concentrando su voluntad. Al fin y al cabo, había sido él quien había decidido peinar con lendrera a todo Louviec.

—Primero tengo que añadir tus datos —dijo Mercadet a Retancourt.

—No será necesario. No hay pulgas en las viviendas que he visto.

—Ah, muy bien. Eso nos da, excluyendo a las mujeres solas, un total de diecinueve casas infestadas y, en estas, catorce hombres válidos.

—Hemos olvidado algo importante —dijo Adamsberg—. El hombre que Matthieu vio en Rennes, el que compró los cuatro cuchillos, llevaba sin lugar a dudas bigote y perilla postizos, pelirrojos.

—Sin lugar a dudas —repitió Berrond—. No hay ni un solo pelirrojo en Louviec.

—Así que, de nuestros catorce infestados, tenemos que eliminar a los barbudos.

—Por Dios —dijo Noël—, ¿tenemos que empezar de nuevo?

—Un momento —dijo el teniente Verdun—. Soy de Louviec y tengo dos hermanos aquí. Creo que puedo decir que conozco a mucha gente del lugar. Y Berrond también, vivió aquí los últimos diez años con su mujer hasta que lo trasladaron a Rennes. Quizá entre los dos podamos indicarles los barbudos.

—Tome —dijo Mercadet, girando su máquina hacia los dos hombres.

Berrond y Verdun examinaron la lista de catorce nombres, consultándose de vez en cuando.

—No, Yvon Briand no —dijo Verdun.

—Te aseguro que sí. Lo vi ayer en la cola de gente que esperaba ante la casa de Gwenaëlle.

—Entonces es que acaba de dejársela recientemente. Tal vez después de comprar los cuchillos. ¿Encajaría una barba de tres o cuatro días?

—Sí —dijo Adamsberg.

—Entonces nos lo quedamos —dijo Verdun, sirviendo otra ronda de sidra.

—En general, hay dos razones por las que un hombre se deja crecer la barba —dijo Adamsberg—. La primera es que le fastidia afeitarse cada mañana, como a todos nosotros. En segundo lugar, los hombres que llegan a los cincuenta o cincuenta y cinco empiezan a dejarse barba para ocultar las primeras arrugas o la papada. Rara vez cambian de opinión y se la afeitan, incluso para sustituirla por un postizo. ¿Cuántos hombres con barba cree que hay en el grupo?

—Yo diría que seis —estimó Verdun—. Eso deja siete imberbes más Yvon Briand.

—Y estos ocho hombres, ¿podría decirme sus edades? —preguntó Adamsberg, que estaba tomando algunas notas.

—No son jóvenes —aseguró Mercadet—. La mayoría son hombres maduros, de unos cincuenta años o un poco más, y dos sexagenarios.

—Eso nos deja a ocho tipos cubiertos de pulgas, imberbes o con barba reciente, maduros, pero aún en la plenitud de la vida. ¿Solos? ¿Casados?

—Cinco de ellos viven solos. Uno es viudo, tres están divorciados y uno es un solterón empedernido.

Sonaron cuatro golpes en la puerta y Veyrenc fue a abrir, deseoso de felicitar a Johan por su canto.

—Era de Rameau —dijo—. ¿Pero qué ópera? ¿*Dárdano*?

—Dárdano, sí —dijo Johan, exultante—. Caray, hace ilusión conocer a un entendido. ¿La ha visto?

—Sí, la he visto. Ha cantado usted esa pieza brillante en la que Dárdano está a punto de enfrentarse al monstruo.

—Un pasaje irresistible.

—Pues lo felicito, Johan, espero volver a oírlo —terminó Veyrenc, y volvió a sentarse.

—No tengo ningún mérito —dijo Johan, sacudiendo la cabeza, risueño—. Mi tío era músico callejero y me enseñó unas cuantas arias.

—Hay algo más que hemos olvidado —continuó Retancourt. Berrond volvió la cabeza hacia ella, de quien se había convertido de un flechazo en un nuevo adepto, hasta el punto de concentrarse no en su talla y su masa muscular, sino en su rostro redondo enmarcado por un pelo rubio demasiado corto, al que encontraba un encanto discreto pero cierto; y así era—. Pensaba en ello cuando aquellos tipos hablaban en el coche. Uno de ellos lamentaba no haberse puesto postizos y el conductor protestó, ni hablar de tener otro eccema, los pegamentos de esos pelos falsos eran una mierda que te destrozaba la piel. No se equivocaba, porque para que un postizo se sujete bien, tiene que llevar un pegamento del demonio.

Y un pegamento del demonio, cuando se lleva durante mucho tiempo, ¿qué da?

—Eccema —dijo Matthieu.

—O una alergia, o algún tipo de dermatitis, pero, en cualquier caso, la piel se pone roja.

—Muy cierto —dijo Adamsberg. Así que quien comprara los cuchillos tendría los labios o la barbilla irritados.

—Alguna vez he usado —dijo Matthieu—, pero el enrojecimiento desapareció en unas horas. Nuestro hombre puede haber recuperado una piel de bebé.

—Es lo único que tenemos para empezar, lo intentaremos de todos modos —dijo Adamsberg.

—¿Cómo organizamos el interrogatorio de los ocho tipos? —preguntó Veyrenc.

—En su puerta. No vamos a infestar a toda la gendarmería. Creo que Matthieu y sus dos tenientes son los más indicados para hacerlo. Conocen más o menos a esos hombres, que hablarán con ellos con más facilidad que con los policías de París.

—Eso seguro —confirmó Matthieu.

—Lo mismo, mantened las distancias. Intentad informaros sobre sus compañeras. Y fijaos bien en si tienen marcas rojas en la parte inferior de la cara.

—Será fácil encontrarlos, mañana es domingo.

—En cuanto a las preguntas, son evidentes: ¿dónde estaban en el momento en que Gaël y Anaëlle fueron asesinados? Insistid en Anaëlle, es mucho más reciente en su memoria. Si os dicen que estaban viendo la tele el miércoles pasado, preguntadles qué programa estaban viendo. Mercadet, prepare un resumen de las películas y programas que más interés hayan despertado esa noche.

—El miércoles tuvo lugar el partido de fútbol Francia-Alemania —dijo Verdun—. Lo sé, lo vi con Noël. Alemania ganó 1-0 en los últimos minutos de la prórroga. Duró hasta las diez de la noche más o menos.

—Supongo que muchos de nuestros tipos estaban pegados al televisor —dijo Mercadet—. Por término medio, los franceses de esa edad pasan entre tres y cuatro horas al día viendo la televisión. Cuando hay partido, la audiencia debe de aumentar.

—También había una buena serie policíaca y una película sobre Robin Hood, que no estaba mal —añadió Verdun—. Como el partido estaba estancado, me aburría y zapeaba de vez en cuando.

—Y si lo vieron por Internet —prosiguió Adamsberg—, pida detalles. Personajes, localizaciones, argumento, etcétera. Y si estuvieron fuera, ¿había testigos? Por último, ¿tienen buena relación con Josselin de Chateaubriand? Y sea cual sea la respuesta, ¿qué opinan de él? La pena es que me habría gustado tener fotos. Verles las caras. De momento, me conformaré con sus descripciones. ¿Puede darme sus nombres? ¿Y sus profesiones, si las conoce?

El redondo Berrond volvió a consultar el listado mientras Mercadet introducía los datos, tecleando tan rápido que apenas se podía seguir el movimiento de sus dedos.

—Yvon Briand —comenzó Berrond—. Es el de la barba reciente que vi rascándose delante de la casa de Gwenaëlle. Es deshollinador. Vive solo, es viudo. Lo digo porque no es tan fácil ausentarse por la noche cuando se está casado. Luego está Jestin Cozic. ¿Qué hace Cozic?

—Repartidor de madera, un tío cachas —respondió Verdun—. Está casado. Vive en la calle baja.

—Sé quién es —intervino Matthieu—. Vino un día a Combourg a denunciar un robo de leña. Es un tipo desagradable. Casado, sí, pero no tanto. Su mujer cuida ancianos por la noche.

—Exacto —dijo Verdun—, y está muy solicitada. Se rumorea que eligió este trabajo para evitar las noches con Cozic.

—Kristen Le Roux —continuó Berrond—. Es el fontanero. Está casado. Hervé Kerouac, uno de los maestros. Me suena que lo describen como un soltero empedernido. Tristan Cloarec es el electricista.

—Divorciado —señaló Matthieu—. Conozco a su mujer, ahora vive en Rennes.

—Mikael Le Bihan —continuó Berrond—. No sé a qué se dedica.

—Conduce el autocar —dijo Verdun—. Casado.

—Corentin Le Tallec, es el que lleva la tienda de comestibles. Estaba casado y su mujer lo ayudaba en la caja. Pero se divorciaron antes de que me fuera de Louviec. Y, por último, Alban Rannou, que tiene el garaje de la calle principal. Es, más o menos, la misma historia que Le Tallec. Su mujer llevaba las cuentas antes de separarse y largarse con un tío de Combourg.

—Eso nos da cinco hombres solos en su casa —dijo Adamsberg—, más Cozic, cuya mujer trabaja de la noche a la mañana. Por sus oficios, todos debían de tener algo que ver con Chateaubriand.

—Pensé que no seguíamos esa pista.

—La seguimos para perderla.

—¿Ah, sí? —dijo Berrond sin intentar comprender. Era lo que su comisario le había dicho sobre Adamsberg: «No intentes entenderlo todo».

—Me ocuparé de Cozic y Le Tallec, los conozco bien —dijo Matthieu.

—Y yo de Le Bihan y Rannou —dijo Verdun, examinando la lista como si se tratara de elegir un plato en una carta—. Tengo nociones de mecánica.

—Entonces, Le Roux y Kerouac son para mí —concluyó Berrond—. Quedan dos. Yvon Briand, ¿quién lo quiere?

—No es muy hablador, pero me lo quedo —dijo Matthieu—. ¿Y Cloarec?

—Me lo quedo yo —dijo Berrond—, hace tiempo que no nos vemos.

—Ya tenemos organizado lo de los ocho tipos —concluyó Adamsberg—. También tenemos que saber qué pasa con los planes de los Umbrosos contra los Sombristas. Necesitamos saber cuándo y dónde tendrá lugar la próxima reunión.

—Eso es fácil —intervino Verdun—. Uno de mis hermanos está casado con una Umbros; no es una fanática, pero vamos, tampoco es la alegría de la huerta —dijo, y se alejó para llamarla.

—Y queda el internado —dijo Adamsberg a Matthieu—. ¿Cómo ha ido?

—El registro de las mochilas fue una excelente idea. Encontramos cinco de ellas cubiertas de arañazos de gato. Como era de esperar, estos cinco chicos están entre los más recalcitrantes del internado. Perturbadores, acosadores, provocadores, pendencieros, de todo. Todos ellos tienen entre once y doce años. Hablé con ellos, previa autorización del director. Juntos, lo negaron todo y escupieron una retahíla de insultos. Pero, por separado, ayudándolos un poco, fingiendo comprensión y sobre todo enseñándoles las consecuencias penales del maltrato animal, todos confesaron, incluido el cabecilla, que realmente es una bestia endiablada. Todos duros y fanfarrones, pero creo que desgraciados. Pregunté a cada uno de ellos si sus padres les pegaban: la respuesta fue que sí.

—Era previsible —dijo Verdun—. Tengo la fecha de la próxima reunión de los Umbrosos: pasado mañana, lunes, a las nueve y media, en la calle Priorato número 5. Ahí es donde vive esa bruja de Serpentin. Ella es quien lleva la voz cantante.

—Matthieu —preguntó Adamsberg—, ¿no tendrás por casualidad una policía en tus efectivos, una buena actriz, que pueda infiltrarse en la reunión?

—Se me ocurren dos. Una de ellas me parece adecuada, tiene una tía en Louviec. Cuarenta y ocho años, ¿qué me dices?

—Perfecto. Ponlo en marcha, nunca se sabe. Volviendo a los niños, lo más interesante de ellos —prosiguió Adamsberg para los que no habían seguido su conversación— son sus familias. Sobre todo los padres, y Matthieu ha confirmado que pegan a sus hijos. Es la triste y banal espiral de siempre: un niño maltratado tiene todas las probabilidades de ser un maltratador. Así que tenemos cinco bestias probadas en Louviec. Matthieu, por algún milagro, ¿lleva alguno de estos niños el apellido de alguno de nuestros ocho acosadores?

—Joder —dijo Matthieu tras consultar la lista—. Tenemos dos. Cozic y Le Roux.

—Lo cual no significa gran cosa —dijo Mercadet, levantando la vista de su máquina—. Le Roux es un apellido corriente en Bretaña. Debe de haber varios en Louviec… Tenemos un Cozic y tres Le Roux —precisó el teniente al cabo de unos instantes—. No puedo saber qué descendencia tienen. Tendría que hackear los ficheros del ayuntamiento —añadió, interrogando a Matthieu con la mirada.

—¿No dejará rastro?

—Nunca lo dejo.

—Pues adelante.

Mercadet no tardó más de cuatro minutos en obtener los resultados.

—Cozic está casado y sin hijos, así que no es el nuestro. Es posible que el padre de Cozic viva en otro lugar. Dos apellidados Le Roux tienen hijos, pero solo uno tiene once años. Y ese es nuestro Kristen Le Roux, casado.

—Su expediente se va engrosando —murmuró Matthieu.

—Permanezcan atentos —insistió Adamsberg—. Por amable que sea su apariencia, es probable que haya un asesino entre ellos. ¿Qué hora es?

—Llevas dos relojes en la muñeca —dijo Matthieu—, y ¿no sabes qué hora es?

—Cómo voy a saberlo, Matthieu, si no funcionan.

—Las ocho y cinco —informó Matthieu, sonriendo mientras Berrond se repetía a sí mismo: No intentes entenderlo todo.

—Hora de cenar. La cocinera de nuestro centro de acogida, esa bella y amable mujer que nos prepara desayunos principescos, al saber del secuestro de Retancourt, nos espera para una «cena de reencuentro». No podemos faltar. Matthieu, ¿nos vemos aquí mañana a la una?

—Seguro que cierra los domingos—dijo Veyrenc.

—¿Está de broma? —intervino Johan, que estaba acomodando a su clientela—. En la posada de los Dos Escudos, no hay descanso, no hay tregua. Sobre todo porque, con los sábados por la noche, el domingo es cuando hago mis mejores recetas. Se podría decir que la tregua y yo somos como el agua y el aceite.

—¿Qué quiere decir? —preguntó Veyrenc, divertido, anticipando la respuesta del gigante aparentemente invencible de la posada.

—Quiere decir que si me detengo, caigo en el agujero.

—¿Qué agujero?

—Pues el agujero negro. El agujero donde está la tristeza. Así que gracias, no, prefiero trabajar. De acuerdo para la una, les guardo una mesa. Podrán hablar, con el ruido que hay los domingos, nadie los oirá. Y si me permite, señora Retancourt, me repito, pero estamos muy aliviados de tenerla de vuelta con nosotros. Sus colegas tenían las caras muy largas. Incluso llenos de sidra hasta las cejas, no había manera de que dijeran ni una palabra, había que verlos.

—Gracias —dijo Retancourt con la más encantadora de sus sonrisas, que rara vez mostraba.

Los dos forzudos se gustaban, no cabía duda.

—Hay una cosa que me intriga —dijo Johan—. ¿Cuál de los dos es más alto?

Colocaron a Retancourt y Johan espalda con espalda, para regocijo de Berrond, y Johan ganó por varios centímetros.

—Ha hecho trampa, Johan —dijo el defensor Berrond, golpeando la mesa—. Sus botas tienen tacón.

—Cierto —dijo Johan, y se quitó los zapatos antes de repetir la prueba, que le dio dos centímetros más.

—Sí, pero es una mujer, eso no cuenta —dijo Johan, poniéndose del lado de Retancourt—. Porque no sé si yo habría sido capaz de «girar, tirar y clac».

—Solo hay que concentrarse, eso es todo. Puede llamarme por mi nombre de pila, Johan.

—¿Y cuál es su nombre de pila?

—Violette.

Violette, como la frágil florecilla.

XV

Los ocho policías se reunieron para comer al día siguiente en el ruidoso salón de la posada. Su mesa estaba lista y Johan ya había llevado el entrante, una crema de alcachofas, cuya receta les susurró. Y un vasito de agua con unas cuantas violetas recogidas por la mañana, que colocó junto al plato de Retancourt. Mercadet había dormido once horas y se sentía preparado para el día.

—Odio las alcachofas —dijo Noël en voz baja.

—Pruebe primero la crema de Johan —dijo Verdun— y verá que no todo son alcachofas.

—Berrond, ¿puedes resumir los interrogatorios? —preguntó Matthieu.

—Ya lo tengo listo —dijo el teniente, sacando una hoja de papel del bolsillo mientras Mercadet preparaba su máquina—. Empecé con Kristen Le Roux, el fontanero que metió a su hijo en el internado. No le hizo ninguna gracia ver aparecer a un policía un domingo por la mañana, y estaba de muy mal humor. Imagino muy bien a un tipo así zurrando a su hijo por un quítame allá esas pajas. Por cierto, que el niño no estaba allí, había preferido salir con su madre. Si hubiera un asesino entre estos ocho, había que colocar a Le Roux en buena posición: por un lado —dijo, mirando a Mercadet teclear con una mano mientras comía con la otra—, tiene marcas rojas en el labio y la barbilla. En segundo lugar, su coartada es patética: el miércoles pasado tenían invitados a cenar, pero a las nueve él ya había bebido tanto que dijo que tenía que dar un paseo para despejarse. Estaba claro que su mujer seguía disgustada por ello y me dijo el horario: estuvo fuera media hora, de las veintiuna y cuarto a las veintiuna y cincuenta y cinco. Su casa está a nueve minutos a pie de la tienda de Anaëlle, lo tengo calculado. Tiempo suficiente para verla salir, matarla y recoger los guantes. Malo para él también: sus invitados, a los que visité, se asombraron de verlo volver en buena forma, derecho como una i. Sobre todo el marido, más acostumbrado a las borracheras. O Le Roux se recupera muy rápidamente, o el asesinato le hizo olvidar que tenía que seguir fingiendo la curda.

—¿Y su opinión sobre Chateaubriand?

—Neutra. No sabe mucho de él y menos aún de su célebre antepasado, que le importa una mierda, según dijo.

—Anotado —dijo Mercadet—. Enmarcado en rojo.

—El maestro, Hervé Kerouac, tampoco está en buena posición —prosiguió Berrond—. Les sorprenderá, pero también tenía el labio un poco irritado, con algunos pelos que le volvían a crecer. No llevaba barba de unos días, como Briand. Se estaba preparando para ir a misa y, quizá por esa razón, estaba tan untuoso como un cura. Todo lo contrario que el gruñón de Cozic. Si buscamos un móvil de ira ciega (porque eso es lo que buscamos, ¿no?), me enteré por una cotilla de la banda Serpentin de que se rumoreaba que Kerouac es estéril, lo que explicaría por qué las mujeres se mantienen a distancia. Otros dicen que es impotente, no se sabe muy bien. La misma cotilla, una auténtica cotorra, me contó también que, frustrado por su desastrosa vida amorosa, se entrega por completo a los alumnos y a los estudios. ¿Estudios de quién, entre otros?

—De Chateaubriand —dijo Adamsberg.

—Exacto. Y su salón lo preside una reproducción del gran hombre. Aparte de su labio irritado, su coartada es desastrosa. Según dice, estuvo trabajando hasta las diez de la noche corrigiendo exámenes. Pero su vecina, que estaba sacando la basura, asegura que todo estaba oscuro en su casa a las nueve y media de la noche. Se encontró con una amiga en la calle y estuvieron de cháchara durante veinte minutos largos, pero no vieron volver a Kerouac.

—¿Está segura de que no se equivocó de noche?

—Totalmente. Los miércoles es cuando se saca la basura por reciclar.

—Anotado en rojo —repitió Mercadet.

—¿Qué clase de tipo es? —preguntó Adamsberg.

—Nervioso, calvo en parte, no muy guapo, pero con sonrisa agradable. Seguí con Cloarec, había visto el partido por televisión y sabía el resultado.

—Fácil —dijo Adamsberg—. Si Francia hubiera ganado, en Louviec habrían sonado bocinazos.

—Pero él sabía que el gol había sido marcado por los pelos, en la prórroga. Aun así, seguro que la noticia apareció en pantalla desde primera hora de la mañana.

—Es una coartada —convino Adamsberg—, pero una coartada precaria. Y con el programador adecuado, también es fácil hacer que se encienda y se apague la televisión, y las luces. Así que el caso es dudoso. Lo mismo puede decirse de todos los que vieron el partido.

—Es decir, según Verdun y las notas del comisario Matthieu, otros tres tipos: Cozic, Briand y Le Bihan. La mujer de Cozic se había marchado como de costumbre a las veinte cuarenta a su turno de noche, Briand estaba solo, y la mujer de Le Bihan había salido a cenar a casa de su madre.

—Una oportunidad servida en bandeja —observó Matthieu.

—Los cuatro anotados con interrogante —concluyó Mercadet.

—Pero los cuatro sin animadversión particular hacia Josselin —añadió Berrond—. Al menos, según ellos.

—También es altamente sospechoso Corentin Le Tallec, el de la tienda de ultramarinos —dijo Matthieu, tendiendo la mano hacia el bolsillo de Adamsberg para mendigarle en silencio un cigarrillo, que encendió en la llama de uno de los candelabros que Johan colocaba aquí y allá para resaltar el origen medieval de su posada—. Su caso es bastante delicado. Abierto, alegre, incluso bastante jovial, tiene en alta estima a Chateaubriand, del que se siente muy orgulloso. El miércoles por la noche, después de haber tenido unas palabras con su empleado, que había dejado pudrirse unas manzanas en el fondo de las cajas, pero nada grave según el propio empleado, se había marchado a Combourg para jugar en el casino, donde pierde regularmente bastante dinero. El empleado, que estaba sacando las manzanas dañadas, lo oyó marcharse antes de las nueve. No lo esperaba de vuelta hasta las once y no tenía prisa. «Pero el jefe —me dijo el empleado— volvió menos de una hora después y me deshice a toda prisa de las manzanas estropeadas. O sea que ¿cuánto tiempo habrá estado el jefe en el casino? Un cuarto de hora como mucho. No da ni para jugar al póquer, ¿qué sentido tiene? Me dijo que estaba "ese carcamal de abogado" en una mesa y que "prefería no encontrárselo"».

—Lo que podría significar que se quedó cinco minutos en el casino —dijo Adamsberg, para establecer su coartada, luego volvió y tuvo tiempo de matar a Anaëlle. Así que tenemos tres tipos señalados en rojo. ¿Quién es el último de nuestros pulgosos?

—Alban Rannou —dijo Verdun—. No estaba en casa, sino muy ocupado en su garaje y refunfuñando solo. Mi pregunta sobre qué hizo el miércoles por la tarde le cabreó mucho. Llevaba días trabajando en ese «puto coche», tardes y domingos incluidos, y tenía que entregarlo al día siguiente, le habían prometido una buena prima si cumplía el plazo. Intenté suavizarlo preguntándole qué era lo que iba mal. «¡Todo va mal, joder! Tiene más de veinte años, esa carraca, y duerme fuera, ¡imagínese cómo está!». Claro que podía haber programado los encendidos, pero la verdad es que resultaba creíble.

—Todo sin pruebas y sin móvil —dijo Matthieu—. Pero tres en rojo, cuatro en una situación precaria y tal vez Rannou fuera de sospecha.

—Kerouac podría tener un móvil —dijo Berrond—: un tipo solitario, fastidiado por la vida, que se siente inferior a los demás y humillado, puede rebelarse de repente y cobrar poder matando.

—Voy a pensar en todo esto —concluyó Adamsberg, levantándose y volviendo a guardar el cuaderno en su vieja chaqueta negra.

Para quienes conocían a Adamsberg, pensar no significaba en absoluto sentarse a la mesa con la frente apoyada en una mano, sino caminar a paso lento, dejando que las ideas de todo tipo —no las seleccionaba— flotaran al ritmo de sus oscilaciones, se cruzaran, se entrechocaran, se aglomeraran, se dispersaran; en definitiva, dejándolas hacer lo que quisieran. Por supuesto, como cualquier policía, memorizaba los hechos materiales y las declaraciones de los testigos. A veces bastaban para identificar al culpable y el caso quedaba resuelto. Así había ocurrido con el asesinato de las cinco chicas y, aunque el hecho se había resistido durante mucho tiempo, una pista material era lo que había conducido hasta el culpable. Pero cuando las pruebas se resistían y no señalaban a un culpable concreto, no quedaba más remedio que sumergirse en el mundo de las ensoñaciones libres y sus ideas farragosas, intentar darles vida, forzar su nacimiento. No conocía otro camino.

Cordial, abierto, cálido: le parecía que nunca había oído esos calificativos en tan poco tiempo. Johan, por cierto, había sido más que cordial al regalarle aquellas flores a Retancourt. Y el asesino ¿dónde demonios guardaba los guantes? ¿Y las bolsas de plástico que usaba para proteger sus zapatos? Al día siguiente de la muerte de Gaël, los policías de Matthieu habían retenido los camiones de recogida de basuras, para poder registrar, en vano, unos cincuenta contenedores públicos de los alrededores. El hombre debía de metérselos en los bolsillos y lavarlo todo en casa. A menos que usara un trapo para envolver el mango del cuchillo y lo quemara a su regreso.

A las ocho y cuarto de la tarde, tras una infructuosa caminata y un largo descanso con los pies en el río, Adamsberg se dirigió hacia la posada y oyó los ecos de un alboroto que iba creciendo a medida que se acercaba. Se detuvo en seco. Había olvidado por completo que esa noche había una fiesta por el cumpleaños de Johan. Fiesta privada para sesenta invitados, al límite del aforo de la sala. No solo no había planeado ningún regalo, no solo apenas conocería a nadie allí, sino que, sobre todo, se mantenía alejado de este tipo de eventos, de esas ruidosas melés en las que se intercambiaban en densa multitud palabras prefabricadas, acaloradas por el alcohol y oídas cientos de veces. Sin saber por qué, esas veladas excitadas y tumultuosas lo ponían inmediatamente melancólico. Le entraron ganas de huir —lo había hecho a menudo—, pero no podía hacerle eso a Johan. Así que entró en la posada para saludar al propietario y demostrar su presencia, luego se iría de nuevo y pasaría de vez en cuando.

La acera y la calzada frente al restaurante estaban ya tan abarrotadas que era imposible captar una sola palabra. Adamsberg se coló en la posada, que olía a sudor y a vapores de alcohol, consiguió llamar la atención de Johan y lo saludó con la mano. Cumplido este deber, se escabulló entre los invitados y se encaminó hacia los viejos callejones, tanto más desiertos cuanto que la fiesta había vaciado las calles. Sus pensamientos se volvieron hacia su erizo, que la veterinaria había considerado esa misma mañana fuera de peligro. Sonrió ante la idea de que, al cabo de una semana, su mascota estaría de nuevo en su hábitat. Giró en la calle del Árbol Torcido y vio a lo lejos una masa desplomada en la acera. No, se dijo, es demasiado pronto para haber bebido tanto, y se apresuró a acercarse al hombre que yacía boca arriba. Se arrodilló, aturdido, consternado, y le tomó el pulso. Luego llamó a Matthieu, Berrond, Noël y los demás, pero nadie podía oír su móvil por encima de la algarabía de la fiesta, que maldijo.

—El médico está de camino, aguante —dijo.

El herido hizo un visible esfuerzo por hablar, y Adamsberg activó la grabadora del móvil.

—Hijoputa, impostor, mentiroso... No era... Era un... Era... brian... Llame al médico... Rápido...

—Está de camino —aseguró Adamsberg, que dejó al hombre para correr hacia la posada.

En el vestíbulo principal, empujó a los invitados que lo separaban de Matthieu y se dirigió de paso al doctor Jaffré.

—Deprisa, doctor —dijo jadeante—. Otra víctima en la calle del Árbol Torcido. Todavía habla, pregunta por usted. Matthieu, sígueme, nos vamos. Retancourt —llamó mientras se abría paso—, reúna a nuestros hombres, controle inmediatamente las dos salidas de la posada, avise al equipo técnico y que elaboren una lista con los nombres de todos los invitados. Veyrenc y Noël, bloqueen el callejón y revísenlo con lupa.

—¿Qué callejón? —gritó Veyrenc en medio del alboroto.

—¡El del Árbol Torcido! ¡Rápido!

El médico ya estaba agachado cuando Adamsberg y Matthieu se acercaron corriendo.

—¡Es el alcalde, Matthieu, el alcalde! —gritó Adamsberg—. Un cuchillo Ferrand. Remaches de plata.

—Se acabó —dijo el médico, poniéndose en pie—. Por el amor de Dios, el alcalde, no puedo creer que haya matado al alcalde.

—¿Qué hora es? —preguntó Adamsberg.

—Las ocho y cuarenta —dijo Matthieu.

—Ya estaba en la fiesta cuando llegué, a las siete y diez —añadió el médico—. Estaba haciendo un pequeño discurso.

—¿Se fijó en cuándo salió?

—A ver... Tuve una llamada a las..., deme un segundo y lo compruebo. Exactamente a las ocho y cuarto. No pude oír nada porque Johan había entonado uno de sus cantos favoritos. Me alejé hacia la puerta y llevaba diez minutos al teléfono cuando el alcalde me hizo señas para despedirse. Así que debió de marcharse sobre las ocho y veinticinco.

—¿Vio a alguien salir detrás de él?

—No, había mucha gente en la puerta, y volví a entrar en la posada.

—Matthieu, pregunta a nuestros agentes si vieron a alguien salir sobre las ocho y veinticinco.

—Un momento —dijo el médico—, aquí tenemos algo poco habitual —añadió señalando la mano del cadáver—. Creo que es un huevo.

—¿Cómo que un huevo? —dijo Matthieu.

—¿Sabe lo que es un huevo, una cosa que ponen las gallinas? Haga una foto del puño para que pueda aflojarle los dedos.

Adamsberg hizo varias fotos y el médico abrió suavemente la mano del alcalde.

—No hay duda —dijo—. Es un huevo.

—¿Quiere decir que el asesino le puso un huevo en la mano y lo aplastó al cerrar el puño?

—Parece evidente. No me imagino al alcalde presentándose con un huevo en la fiesta de cumpleaños de Johan para tirarlo en la sala. Lo siento —añadió—, estoy fuera de mí. El alcalde era un gran amigo.

Retancourt y Noël habían explorado en vano todos los recovecos del callejón que podría haber servido de escondite al asesino, y se reunieron con sus colegas en la posada para ayudar en los interrogatorios. Antes de regresar lentamente a la posada, Adamsberg y Matthieu esperaron a que los fotógrafos se hubieran retirado y a que el cadáver hubiera sido cargado en la ambulancia que lo trasladaba a Combourg.

—Un huevo —repitió Matthieu—. Un huevo. ¿Nos está vacilando?

—No, cada vez tiene más confianza. Lleva la voz cantante y se divierte. Pero al hacerlo, nos está guiando.

—¿Hacia dónde? ¿Estaba a huevo? ¿El alcalde se puso a huevo?

—No creo que ese sea el sentido. Hice un vídeo del alcalde antes de que muriera. Habló.

—¿Recuerdas sus palabras?

—Mejor que eso. Las tengo grabadas. Te lo pondré más tarde. Prepárate, no te va a gustar.

Una hora y media más tarde, los cerca de sesenta invitados habían sido liberados y ni uno solo de ellos, con el barullo, fue capaz de decir quién se había ido o había vuelto, y a qué hora. Dos de los sospechosos habían asistido a la fiesta: el fontanero Le Roux y el maestro Kerouac. Eso fue todo lo que se pudo averiguar, o sea, nada.

Los ocho policías se habían reunido en una mesa, mudos y consternados, mientras Johan, atribulado, les servía una copa.

—Dios mío, comisario, ¡ha matado al alcalde! ¡Se ha atrevido a matar al alcalde!

—Se está haciendo fuerte, Johan. Ya nada lo asusta.

—No creo que vayamos a beber, Johan —dijo Matthieu.

—Es un brindis por su memoria —dijo el posadero con firmeza.

—Levantemos las copas y bebamos juntos —convino Matthieu—. Adamsberg —añadió dejando bruscamente el vaso vacío—, grabaste las últimas palabras del alcalde.

—Ya te he avisado —dijo Adamsberg, colocando su teléfono en el centro del círculo de agentes, que se apiñaron en torno al aparato—: no te va a gustar.

—Pon la grabación, por Dios —dijo Matthieu, alzando la voz con impaciencia.

Adamsberg la encendió y la voz de la víctima se oyó alta y clara: «Hijoputa, impostor, mentiroso…. No era… Era un… Era… brian… Avise al médico… Rápido…».

Los agentes se estremecieron, hubo movimientos, murmullos, exclamaciones y Matthieu, pálido, levantó una mano para llamar a la calma. De un gesto, pidió a su colega que reprodujera la grabación, que escuchó tres veces, con los dientes apretados, en un silencio sepulcral. Luego levantó la cabeza.

—Esta vez se acabó —dijo con voz lenta y cavernosa—. Chateaubriand está jodido, le guste o no al ministro. «Era... Brian». El alcalde lo nombra sin ambigüedades. Puedes dejar de esforzarte, Adamsberg, y de hacernos perseguir pulgas, no podrás sacarlo de esta.

—No estés tan seguro. Muy buen vino, Johan. Gracias.

—¡Y tú hablas de vino! —reaccionó súbitamente Matthieu, endureciendo el tono—. ¡Hablas de vino cuando hemos fracasado, Louviec está de luto, Josselin irá a la cárcel y todos vamos a acabar en la calle! A ti, a ti a quien el ministro envió desde París para hacer milagros, ¡solo se te ocurre hablar de vino!

Adamsberg hizo una pausa. La tensión agresiva de Matthieu se estaba contagiando a todo el equipo —a excepción de Retancourt y Veyrenc, a quienes no parecía importarles— y eso no auguraba nada bueno. Adamsberg miró a su colega con calma.

—No se pueden hacer milagros con un pirado —dijo en voz baja.

—Entonces, ¿a qué has venido? —gritó Matthieu, abandonando bruscamente su asiento.

—A veces le ocurre —susurró Berrond, mientras Matthieu se paseaba de un lado a otro de la sala—. No se lo tome como algo personal, comisario, ya se le pasará.

—Claro que me lo tomo como algo personal —dijo Adamsberg en voz alta con una sonrisita—. Y no se equivoca, por cierto. Josselin parece estar en una situación delicada.

—¿Situación delicada? —gritó de nuevo Matthieu volviendo a la mesa—. ¿Es eso lo que piensas? Cuando, como he dicho, ¡Josselin está acabado, muerto! ¡Y nosotros con él!

—Olvidas el huevo —dijo Adamsberg, sacando tranquilamente un cigarrillo arrugado del bolsillo y encendiéndolo con la llama de las velas.

—¿A quién le importa el huevo? —gritó Matthieu.

—A mí. Solo pienso en él.

—¡Pues a mí no! El alcalde acusó a Chateaubriand, Chateaubriand el impostor, Chateaubriand el hijoputa, el mentiroso, ¡y no vamos a salir de esta!

—Sí que saldremos. ¿Todo el mundo sabe lo del huevo?

—Sí. Y están de acuerdo conmigo. Y no saben qué hacer con tu maldito huevo. Excepto Retancourt, por lo que parece.

—No es mi maldito huevo, Matthieu —dijo Adamsberg, manteniendo la compostura—. Es el maldito huevo de todos. Haz lo que quieras, vete o quédate, pero yo aún no he terminado. Y si tienes la bondad de darme tiempo, me gustaría que todos vieran el vídeo de la muerte del alcalde en pantalla grande. Mercadet, ¿ha hecho lo que le pedí?

—Está listo, comisario —dijo Mercadet, colocando su ordenador encima de la mesa.

—¿Está clara la imagen? El cielo estaba nublado y empezaba a oscurecer.

—Muy buena, la he aclarado. Y he hecho un primer plano de la cara.

—Gracias, teniente. Ponga su ordenador en el centro de la mesa y ustedes —dijo recorriendo los rostros de los oficiales sacudidos por el ataque de Matthieu—, aproxímense para que todos puedan ver. Si he pedido a Mercadet que amplíe y trabaje la imagen es para que puedan observar con la mayor atención los movimientos de los labios del alcalde cuando dice «brian». He anotado en mi cuaderno «brian/brion» porque no estaba seguro de lo que había oído. Pero primero…

—¡Todos lo hemos oído perfectamente! —interrumpió Matthieu, exasperado—. Ha dicho «brian».

—Pero primero —prosiguió Adamsberg, sin detenerse ante la interrupción de su colega—, que cada uno de ustedes repita en silencio, sin hablar, «brian» y luego «brion», varias veces seguidas, y concéntrense en los movimientos de los labios. Es bastante diferente. Tómense su tiempo. ¿Están listos? —preguntó al cabo de un momento, cuando los agentes hubieron completado obedientemente el ejercicio. Perfecto. Mercadet, empiece el vídeo.

La voz del alcalde volvió a resonar en el silencio, todos los ojos fijos en sus labios. «Hijoputa, impostor, mentiroso... No era... Era un... Era... brian... Avise al médico... Rápido...».

—¿Podemos repasarlo otra vez? —preguntó Berrond.

—Tantas veces como sea necesario —dijo Adamsberg, y vio por el rabillo del ojo a Matthieu, que, todavía de pie con los brazos cruzados, se había aproximado y se inclinaba hacia la pantalla—. Teniente, adelante.

La maniobra se repitió dos veces y Mercadet apagó la máquina.

—Y bien, ¿qué les parece? —preguntó Adamsberg.

—Ha dicho «brion» —dijo Matthieu con un suspiro de alivio, aprobado por los demás agentes.

—Y no «brian» —dijo Retancourt—. Su movimiento de labios es muy claro.

—Estaba claro desde el principio —dijo Veyrenc.

—Por el huevo —dijo Adamsberg.

—Naturalmente.

—Era mejor comprobarlo con el movimiento de los labios, y era mejor hacerlo con ocho pares de ojos. Así que estamos de acuerdo: el alcalde no pronunció el nombre de Chateaubriand. Es más, dijo «Era un...», y luego repitió «Era... brian». ¿Habría dicho «Era *un* Chateaubriand»? Evidentemente, no.

—No —repitió Matthieu con voz ronca, sin saber cómo revocar su arrebato y los violentos ataques que había lanzado contra su colega, desacreditándolo delante de todos. Cuando Adamsberg tenía razón.

Lo único que supo hacer fue volver a sentarse sin decir nada. Lo había estropeado todo y estaba tan arrepentido que se había olvidado del asesinato. ¿Para qué decir nada? Por muchas disculpas que pidiera, Adamsberg nunca lo perdonaría.

Y en eso se equivocaba. El comisario volvió a meter la mano en el bolsillo y sacó otro cigarrillo, igual de arrugado que el anterior, que procuró enderezar lo mejor que pudo, alisándolo lentamente. Luego se volvió hacia Matthieu y, dirigiéndole su rara mirada penetrante, se lo entregó y le acercó la vela. Matthieu le sostuvo la mirada, asintió lentamente y encendió el cigarrillo en la llama. Todo estaba dicho, y Matthieu sintió que su cuerpo se relajaba y su mente rozaba la admiración. Porque, ¿habría sido él mismo capaz de semejante conducta? Lo dudaba mucho.

—Cenaría de buena gana, Johan —dijo Adamsberg—, si no es demasiado tarde. —Y Johan desapareció al instante en la cocina.

—Pero —dijo Berrond, frunciendo el ceño— sigo sin entender lo del huevo.

—El huevo, en un principio, está desprovisto de sentido —contestó Adamsberg—, pero deja de estarlo cuando uno sabe que pronunció «brion».

—¡Quiso decir «embrión»! —exclamó de pronto Verdun.

—Eso es, Verdun.

Johan sacó los platos y la vajilla; le quedaba comida suficiente para alimentar a veinte personas. El bufé que había preparado era regio, y los agentes se abalanzaron sobre él. Mercadet pidió un café doble.

—La cosa ahora es averiguar por qué aplastó un embrión en la mano del alcalde —dijo Noël con la boca llena.

—Es posible que el embrión destruido esté relacionado con un aborto —dijo Adamsberg—. ¿Qué más podría ser?

—Nada —dijo Retancourt—. Significa «aborto».

—Lo que por fin nos da una pista sobre el móvil del asesino —dijo Verdun—. Un asunto de aborto.

—¿Pero qué tipo de asunto? —dijo Adamsberg—. ¿Oficial? ¿Clandestino? ¿Solo uno? ¿Varios? ¿O solo es el principio mismo en general? En cualquier caso, se trata de algo que afecta al asesino, es lo menos que se puede decir. Supongamos que hubiera perdido un embrión, un feto, ¿por qué su rabia lo llevaría a matar a personas como Gaël, Anaëlle y el alcalde? ¿Porque «aplastaron» deliberadamente al embrión? Si perdió un feto y nunca ha podido soportarlo, su ira lo llevaría a matar a quienes lo hubieran hecho intencionadamente: hombres que empujan a una mujer a deshacerse del feto, una mujer que decide hacerlo ella misma. ¿Podemos imaginar a Gael y al alcalde dejando embarazada a una mujer cada uno y queriendo mantenerlo en secreto? ¿Por qué no? Lo que sigue resultando sorprendente es por qué el alcalde utilizó la palabra *embrión* y no *feto*. No es algo anodino.

Mientras hablaba, comiendo a su ritmo, Adamsberg observó cómo el rostro de Berrond se crispaba y su postura se encorvaba. Quizá estaba en contra del aborto, o el tema le molestaba.

—Lo cual sugiere que esos abortos son clandestinos —dijo Veyrenc.

—Exacto —dijo Mercadet—. Imaginemos que el alcalde hubiera tenido una aventura, evidentemente secreta, y que su compañera se hubiera quedado embarazada. Sabía muy bien que en Louviec todo se adivina, se barrunta y se susurra. Así que una visita al médico o una estancia en una clínica habrían multiplicado el riesgo de que la verdad saliera a la luz. En el caso del alcalde, un aborto oficial habría provocado un escándalo.

—Gaël —preguntó Adamsberg a Matthieu— dijiste que estaba casado, ¿verdad?

—Sí, lo dije. No la conozco, pero según Johan, es una mujer simpática que sigue siendo bastante guapa. Lo cual no impidió a Gaël tener una amante.

—Y, sobre todo, la esposa es la que tiene la pasta —intervino Johan—. Herencia del padre. Lo cual explica por qué, incluso con mis precios, Gaël pudiera permitirse venir aquí tan a menudo para cenar y beber. Y no todo era sidra. Así que un aborto que llegara a conocerse, ya se imaginan, ni se planteaba. Su amante tendría que arreglárselas, como se suele decir.

—Johan —dijo Adamsberg—, hablamos sin restricciones delante de usted porque Matthieu nos aseguró que era una tumba. ¿Eso sigue en pie? ¿No se filtrará nada de este asunto del huevo?

—Ni un trocito de cáscara.

—Gracias, Johan. ¿Y conoce usted… arregladoras?

—Tomaría otra porción de su paté de conejo —dijo Retancourt.

—Eso está hecho, Violette. ¿Arregladoras? Hay nombres que corren por ahí, tanto aquí como en Saint-Gildas, o en Combourg. Pero no me gusta dar nombres cuando no estoy seguro de nada.

—Podríamos empezar por ir a ver a Gwenaëlle —sugirió Veyrenc—. Puede que su prima abortara cuando era más joven y vivía con su tía.

—Pero todo eso no explica las primeras palabras del alcalde —dijo Adamsberg—. «Hijoputa, impostor, mentiroso». ¿De quién hablaba? De su asesino, por supuesto. Que había engañado a todo Louviec durante años. ¿Pero cómo? ¿Con un nombre falso? Y ¿para qué? ¿Para escapar de un crimen cometido en otro lugar?

—Tal vez se cargó a la chica que se deshizo del feto, de *su* feto —dijo Retancourt—. Luego se esfumó y reapareció en Louviec con otro nombre.

—¿Y otra cara? —dijo Adamsberg, escéptico—. Un nombre falso no transforma una cara. Mercadet, es un trabajo enorme, pero busque en los ficheros a ver si encuentra a un hombre que encaje, aquí o en los alrededores. Un tipo que tuviera ahora unos cincuenta años.

—Lo intento —dijo Mercadet, a quien le encantaban los trabajos enormes, sobre todo los que parecían irrealizables—. Como ni siquiera sabemos dónde pudo ocurrir, voy a entrar en el fichero utilizando los criterios de búsqueda: asesinato, mujer, aborto, clandestino, Ille-et-Vilaine. No es exactamente preciso.

—Inténtelo por si acaso, teniente, y déjelo si es imposible.

—Hablando de «arregladoras» —dijo Matthieu—, estoy seguro de que la Serpentin tendría algo que decir al respecto. Pero ¿cómo conseguir que hable? Hay una ley del silencio al respecto.

Adamsberg contestó inmediatamente a una llamada del móvil e hizo comprender a sus colegas que era el forense. Puso el altavoz.

—Se diría —informó el médico— que ese tipo solo conozca una forma de matar. La trayectoria del cuchillo es idéntica, ligeramente oblicua, luego se debilita y da un segundo golpe hasta la empuñadura. También falso zurdo.

—Doctor, ¿ha examinado el huevo?

—No, debo decir que no.

—¿Podría mirar la yema y decirme si estaba fecundado o no?

—Un momento. Sí —dijo al volver—, estaba el embrión.

—¿Y las picaduras de pulga?

El médico suspiró.

—Cinco, comisario, en la base del cuello. Todas recientes.

—Es posible —dijo Adamsberg, colgando el teléfono— que el asesino haya examinado el huevo al trasluz antes de elegirlo. Que no quisiera usar un huevo estéril.

—No, no encuentro nada —intervino Mercadet—. Asesinato, mujer, aborto, clandestino: no hay resultados en Bretaña.

—Hay una última cosa que me intriga —dijo Adamsberg—. ¿Por qué el alcalde dijo «avise al médico» y no, más normalmente, «llame al médico»?

—Comisario —dijo Verdun—, se estaba muriendo, así que no hay mucha diferencia entre decir «avise» y «llame».

—Aun así —dijo Adamsberg—. Antes de la segunda puñalada mortal, podemos suponer que el asesino habla a sus víctimas. Al menos, eso es lo que nos enseña el caso de Gaël. Es posible que el alcalde supiera que estaba muriendo por un embrión y quisiera proteger al médico. «Avise al médico». Lo que entiendo es «Avise al médico del peligro que corre». O, por lo menos, se puede ver así.

—Eso tú —dijo Veyrenc—. Pero es aventurar mucho.

—Sí, Louis. Sobre todo —concluyó, mirando a todos—, ni una palabra a nadie sobre lo del huevo, y menos a un periodista. Tenemos que guardarnos esta baza.

Berrond recordó una vez más la advertencia de Matthieu: «No intentes comprenderlo todo».

Era tarde cuando los ocho policías dieron las gracias a Johan y lo saludaron cálidamente.

—No has tenido un cumpleaños muy bonito, que digamos —le dijo Matthieu, que estaba demorándose.

—Sí que lo he tenido —dijo Johan—, he podido admirar vuestro trabajo. Y aunque estoy triste por el alcalde, me alegro por Josselin. Tiene buen coco, este Adamsberg, a su manera quizá, pero lo tiene. La idea de que el alcalde no quiso decir «Chateaubriand» no sé a quién se le habría ocurrido.

—Y pensar que me he metido con él, que le he gritado como un auténtico cretino, cuando yo estaba equivocado en todo.

—Yo en tu lugar…

—… me disculparía.

—Algo así. Esfuérzate. Porque, como habrás visto, no es fácil disculparse, y no mucha gente tiene el valor de hacerlo.

XVI

Un sombrío clima de desolación se había extendido por todo Louviec. Todo el mundo se las había arreglado para colgar de su ventana o puerta un paño, un chal o un jersey negros. La tienda de electrodomésticos seguía cerrada y Adamsberg fue a llamar al timbre de Gwenaëlle, tan pálida como su bata de color crudo, con los ojos hinchados y amoratados y el pelo enmarañado.

—¿Me permite? —preguntó el comisario.

—Es espantoso lo del alcalde —dijo en voz baja mientras abría la puerta.

—Quizá pueda ayudarnos.

—¿Al menos no incrimina a Josselin?

—Al contrario.

Gwenaëlle tenía sin duda alguna debilidad por Josselin, para preocuparse tanto por su suerte en medio de su dolor.

—Quisiera hacerle una confidencia —dijo Adamsberg—. Pero ¿cómo puedo estar seguro de que la guardará estrictamente para usted?

Gwenaëlle alzo la cabeza, un poco ofendida.

—Porque usted me lo pide. Nunca he divulgado un secreto. Yo no soy una Serpentin.

—Cuento con usted, Gwenaëlle. Aquí está: el alcalde tenía un huevo aplastado en el puño.

La joven no dijo «¿un huevo?», sino que se limitó a fruncir el ceño.

—¿Le dice algo?

—Sí, un problema de aborto.

—Es usted más rápida que mis ayudantes, Gwenaëlle.

Esta frase le arrancó una leve sonrisa, y esa era en realidad la intención de Adamsberg. Incluso se levantó y calentó café. Puso dos tazas sobre la mesa.

—Gracias, Gwenaëlle; ha comprendido también que no he dormido mucho. Y estoy de acuerdo con usted en que ese huevo aplastado indica algo relacionado con un aborto.

—Así que ha sido por eso —dijo Gwenaëlle, cuyas lágrimas empezaron a brotar de nuevo—. Pero eso fue hace mucho tiempo, y ¿quién lo iba a saber?

Adamsberg enjugó suavemente los ojos de la joven.

—Cuénteme.

—Anaëlle tenía diecisiete años. Habíamos ido a una discoteca a tres kilómetros de aquí. Se lio con un chico, «solo para ver qué pasaba», me dijo, y «me dolió, eso es todo». Pero eso no fue todo. Empezó a vomitar y mes y medio después nos dimos cuenta de que estaba embarazada. Ni se planteó decir nada a mi madre, teníamos que arreglárnoslas solas. Fue aquella amiga que mencioné cuando hablamos de los Umbrosos la que nos guio. Tenía veintidós años, era mayor a nuestros ojos, y nos llevó en coche hasta Combourg. Aparcó a cien metros de una casa bien cuidada y nos hizo entrar por una puerta trasera. Recuerdo que la operación fue rápida y que fue nuestra amiga Laure quien la pagó.

—¿Sabe cómo se llama la mujer?

—Sí —acabó diciendo—. No lo ocultó porque es comadrona titulada, pero tampoco grita a los cuatro vientos que ayuda a chicas jóvenes en la situación de mi prima. Se conoce por el boca a boca. Se llama señora Berrond.

—Como la esposa de...

—Berrond, sí.

Adamsberg se pasó las manos por la cara y bebió un largo sorbo de café. Por eso el teniente estaba tan crispado el día anterior cuando hablaban del aborto.

—¿Y Berrond? —dijo—, ¿lo desaprueba?

—Seguro que no. Porque una vez él mismo dejó entrar a

una amiga por la puerta de atrás para llevarla a la consulta. Es un buen hombre, muy bueno, bellísima persona, comisario, debe protegerlo.

—Me encargaré de que así sea. No se sabrá nada. Nada.

A su regreso, Adamsberg solo habló del tema a su amigo Veyrenc, yendo y viniendo ambos por las calles.

—Así que eso fue eso. Ella abortó, y él la mató. Puedes estar seguro de que hay un caso similar en lo de Gaël.

—Lo hay, Jean-Baptiste. Fui a investigar por el lado de la mujer Serpentin. No fue difícil hacerla hablar; dinero mediante, por supuesto. Según todos los «se dice» que había podido cosechar, «el cabrón de Gaël» había dejado embarazada a una mujer de por aquí, hará lo menos seis años, una mujer que ya no estaba en la flor de la vida, y por tanto con riesgo para ella y para el niño. Pero no quiso que hubiera examen médico, y la obligó a deshacerse del feto sin que nadie se enterara. Lo único que se sabe es que, cuando bajó del coche esa noche, estaba llorando.

—Y ¿has tenido tiempo de ir a investigar al ayuntamiento?

—El ayuntamiento estaba desierto, adornado con un crespón en el dintel. Jeannette es la única persona que está de guardia, en caso de emergencia. Es siniestro. Jeannette es una de las dos secretarias. Tiene unos cuarenta años, está divorciada, no es muy guapa y tiene dos hijos adolescentes. Una caja de pañuelos sobre la mesa, los ojos hinchados. Utilicé todo mi encanto para que saliera a comer conmigo, aunque apenas era mediodía. Finalmente accedió, con la condición de que fuéramos a Saint-Gildas, donde no la conocen. Fue a peinarse y maquillarse lo mejor que pudo, y los dos acabamos sentados en el Café del Puente Viejo, donde había cuatro gatos. Era temprano y la comida no estaba lista, pero el dueño aceptó prepararnos unos bocadillos, que era lo único que podía ofrecernos. Estaban muy buenos, por cierto, y a Jeannette parecieron gustarle, incluido el vino, así que aumenté la dosis.

Le expuse las cosas con mucho tacto, pero ella se adelantó y, con la ayuda del vino, me lo contó todo sin demasiado pudor, bajo secreto profesional, por supuesto.

—Había sido amante del alcalde. ¿Cuándo?

—Hace doce años, cuando tenía treinta y uno.

—Y se quedó embarazada, casada con dos hijos pequeños, igual que el alcalde. Una situación imposible.

—Porque además estaba en proceso de divorcio, y probablemente le habrían quitado la custodia de los niños.

—Así que aceptó.

—Sí, pero a duras penas, porque en aquella época estaba enamorada del alcalde. Desde entonces, las cosas se han calmado mucho y puede que ese suceso haya tenido algo que ver. En resumen, el alcalde, que conocía su pueblo como la palma de la mano, la envió a una «arregladora». Tardó un tiempo en superarlo y le quedó un fondo de depresión durante unos meses. Lo que no consigue imaginar, y Gwenaëlle tampoco, es cómo ha salido esta historia a la luz. Pero la relación amorosa de una empleada con su jefe, suceda donde suceda, todo el personal acaba tarde o temprano descubriéndola. Y de repente una tristeza, una depresión, y al mismo tiempo el alcalde parece preocupado y se deshace en atenciones hacia la joven apesadumbrada. Ya te digo yo que todos en el ayuntamiento debieron de imaginarse lo que había pasado sin necesidad de que les hicieran un dibujo. En cuanto a Anaëlle, era muy joven, todavía estaba en el instituto, y a nadie se le escaparía que sus náuseas habían cesado de repente. En cuanto a Gaël, en una noche de borrachera, en lugar de mantener la boca cerrada, debió de filtrar un poco de verdad.

—Y detrás de todas esas personas, la Serpentin y sus acólitas están ahí para arramblar con los chismes. Los chismes y las verdades.

—Sí, nada escapa y todo se filtra en Louviec. El asesino habrá acabado por enterarse de todo, y no habrá sido el único.

Ya no hay duda de que el asunto de los abortos es su móvil. Pero algo chirría en nuestro escenario.

—Es que todas esas historias son muy antiguas. ¿Es eso, Louis?

—Sí. ¿Por qué este repentino arrebato de ira y locura diez o trece años después? ¿Por qué el asesino no «castigó» a los responsables caso por caso, cada cual en el momento de los hechos? Tiene que haber un desencadenante, Jean-Baptiste. ¿Pero cuál, maldita sea?

—Nuestros tres sospechosos tienen más o menos cincuenta años. Deberíamos investigar a los que tienen hijos. Deberías volver al ayuntamiento y charlar con Jeannette. Que estará muy contenta de volver a ver tus encantos.

Veyrenc se encogió de hombros. No era consciente de hasta qué punto su rostro macizo y regular; su nariz recta, sus labios muy definidos, su cabello en bucles ligeros, con sus mejillas llenas y ese delicado mentón característico del arte romano —según le había enseñado Danglard— podían seducir a hombres y mujeres.

—No nos importan los nombres de las «arregladoras», las «hacedoras de ángeles». Creo que hoy tenemos que pasar a la siguiente fase: mantener a nuestros tres principales sospechosos bajo vigilancia noche tras noche, ya sea espiando sus casas o siguiéndolos hasta que vuelvan al domicilio. Pero solo somos ocho. Siete si no contamos a Mercadet. Seis sin mí. Podemos turnarnos.

—¿Sin ti? —preguntó Veyrenc.

Adamsberg torció el gesto, disgustado consigo mismo.

—Me habría gustado seguir los pasos de Maël anoche —dijo vacilante.

—¿Maël? ¿Qué tiene él que ver en esto? Aparte de que se rasca todo el rato, eso sí. Pero a Maël lo escayolaron antes de la muerte de Gaël.

—Eso no le impediría vagar por la noche con un palo. Por lo que me contó Johan, siempre se oye al Cojo entre las diez y media y medianoche. No todas las noches, por supuesto.

—Fue Maël, Jean-Baptiste, quien inició las batidas en busca del Cojo.

—Y no lo han encontrado.

Veyrenc negó con la cabeza, un poco escéptico.

—Nos las arreglaremos fácilmente los seis —admitió con un suspiro—. Ya que buscas un fantasma.

A las nueve en punto, los ocho policías se reunieron en su mesa habitual de la posada, al fondo de la sala para no molestar a la clientela. Que era escasa, y solo unos cuantos turistas ignorantes ocupaban algunas mesas: ni un solo habitante de Louviec, de luto por el alcalde, habría tenido la idea o el deseo de salir a divertirse. El entierro tendría lugar al día siguiente a las diez.

—¿Y bien? —preguntó Adamsberg a Veyrenc—. ¿Jeannette?

—Jeannette es la secretaria del ayuntamiento —explicó Matthieu a los demás.

—¿Que se ha dejado seducir por Veyrenc? —aventuró Berrond divertido—. Aunque no me extraña.

—Pobre —dijo Johan mientras traía la sidra, los cuencos y un plato de pequeñas creps enrolladas con jamón—, se está encargando de todo para la recepción de mañana, después del funeral. Menudo trabajo. La he ayudado como he podido con el *catering*. Porque después de una misa y un entierro, ¿qué hace la gente? Comer. Será la misa, digo yo, que cansa.

—¿Qué tal con Jeannette? —repitió Adamsberg.

—Cuatro de los pulgosos tienen hijos, de entre once y veintidós años. Nueve en total. Para saber si había la menor sospecha de aborto entre todos ellos, he preferido evitar a los padres, que siempre son los últimos en enterarse, y he vuelto a ver a la Serpentin, que empieza a ponerme buena cara.

—¿Ella también? —dijo Berrond, sonriendo a su sidra.

—Increíble, ¿eh, Berrond? Engatusar a la Víbora de Louviec: ¿quién puede ponerse esa medalla en Louviec? El caso es que ella, que siempre es la primera en enterarse de todo, está casi segura de que el fontanero, Kristen Le Roux, uno de nuestros dos brutos con la boca y la barbilla enrojecidas, hizo abortar a escondidas a su hija de dieciocho años. Al parecer, la chica lloró mucho después.

—¿Cuál era su coartada, por cierto? —preguntó Noël.

—Una cena con amigos que abandonó media hora para despejar la borrachera. Y volvió hecho una rosa después de su paseo. Para un tipo completamente moña, tiene su mérito. O era pura mascarada, muy mal interpretada.

Johan les trajo la cena —sin olvidar el café doble para Mercadet—, llenó los vasos, anunció a media voz una empanada de salmón que Verdun, al parecer tan apasionado por la comida como su colega Berrond, se apresuró a a trocear.

—Con este elemento extra —dijo Verdun mientras servía a cada uno—, al pulgoso Le Roux le pintan bastos.

—O al revés —dijo Adamsberg—. ¿Por qué matar a Gaël o al alcalde si está en el mismo saco que ellos? Más bien al contrario, lo deja libre de sospecha. Para su información, tiene un pequeño gallinero en el jardín. Y no es el único. Tristan Cloarec, el electricista, y el conductor Mikael Le Bihan también tienen uno. En realidad, no es un detalle significativo, porque cuando se compra media docena de huevos, siempre hay al menos uno fecundado.

Adamsberg se quedó un rato callado, el tiempo que tardaron Berrond y Verdun, que se sirvieron de nuevo, en apreciar plenamente su cena. El comisario, que comía poco, se preguntaba adónde podría haber ido a parar toda aquella comida. A sus barrigas, a sus papadas.

—Vamos a resumir el trabajo de esta noche —dijo una vez ahítos los dos policías—, trabajo que podría durar toda la semana. Vigilancia de nuestros tres principales sospechosos, aunque no olvido los otros cinco. Ya que todos sabemos que las coartadas perfectas son demasiado buenas para ser honestas. Prefiero con mucho las coartadas cutres. Pero concentrémonos primero en el trío de cabeza. Noël, pida a Johan una chaqueta vieja, que todos vayan de negro o gris. Verdun, pídale prestada una gorra, su pelo rubio es demasiado visible. Tú también, Matthieu. Cada uno toma su puesto a las ocho frente a la casa de su presa. Elijan bien su escondite. Propongo asignar la bestia parda, Kristen Le Roux, a Retancourt. Para Noël, el tendero Le Tallec. Matthieu, te quedas con Kerouac, no olvides su labio enrojecido. ¿Te conoce?

—Ni siquiera me verá.

Adamsberg y Matthieu terminaron de repartir los papeles y de elegir los relevos.

—No olviden que a las nueve y media hay reunión de los Umbrosos en la calle Priorato. Si ven a su hombre entrar en el número 5, déjenlo, no actuará esta noche.

XVII

Todos se separaron rápidamente para ir a ocupar sus puestos, mientras Adamsberg se dirigía tranquilamente hacia el domicilio de Maël, observando a su paso la gran cantidad de portales abovedados y las pesadas columnas románicas, todo ello propicio para proporcionar puestos de vigilancia en caso de necesidad. Ralentizó aún más el paso al hacerse visible desde el domicilio de Maël, una pequeña casa de una sola planta de contraventanas azules y juntas impecables entre las grandes piedras de granito. A su lado, un cobertizo con cubierta metálica la deslucía. Había luz a través de las cortinas, sin los reflejos azulados que indican la presencia de un televisor. Se apoyó en una columna a cubierto y esperó. No le molestaba esperar, era por naturaleza más paciente que los demás. A las ocho y media, Maël solía ir a cenar a casa de Johan, pero esa noche, como tantas otras, tenía que guardar el luto y quedarse. Una golondrina de vuelo veloz entró en el cobertizo, donde sin duda tenía el nido. Eso lo llevó naturalmente a la extraña obsesión de Johan por encontrar una golondrina blanca. No era tan extraña, al fin y al cabo: él mismo se había enamorado de un erizo. Pero su erizo existía, en cambio una golondrina blanca era una entelequia. Tendría que pedirle a Mercadet que comprobara si existían golondrinas albinas. ¿Y por qué no? De niño, él y su padre habían visto un mirlo blanco. Aunque el hecho de que Johan buscara una entelequia tampoco lo sorprendía en absoluto. Inmediatamente dirigió su petición a Mercadet.

Su mirada, por un instante perdida en sus pensamientos, volvió a la ventana de Maël. Pudo ver indistintamente la silueta del jorobado —perdón, del antiguo jorobado— afanándose de un lado a otro y desaparecer en un cuarto trasero que debía de ser la cocina. De pronto, hacia las veintidós cuarenta, todo se oscureció y Adamsberg vio la puerta entreabrirse. Se apoyó en su columna y observó cómo Maël cerraba con cuidado el cerrojo, en silencio, inusualmente vestido con una larga capa gris y la cabeza cubierta con una gran capucha. Llegaron al centro de la ciudad en menos de cinco minutos, luego Maël aminoró la marcha al llegar a la calle principal y se puso a golpear el suelo con un pesado bastón a intervalos regulares. Cada poco miraba hacia atrás, al acecho, junto a la pared, y reanudaba el golpeteo. A quince metros de allí, un hombre se detuvo para que su perro hiciera pis, y tanto Maël como Adamsberg se sumieron en la sombra de una esquina. Cuando el hombre y el perro acabaron por dar media vuelta, Maël esperó cinco minutos largos antes de desviarse a una callejuela y reemprender la marcha, haciendo sonar lentamente su bastón. Adamsberg le dio la última satisfacción de asustar a los lugareños en unos cuantos callejones más antes de encararse súbitamente con él, y el hombre dio un respingo.

—Así que eras tú, Maël —dijo Adamsberg en voz baja—. Esconde el bastón bajo la capa y vamos los dos a charlar allí, al banco del merodeador.

—Ah, no, el banco del merodeador no —dijo Maël, poniéndose rígido.

—Y ¿por qué no?

—Dicen que trae mala suerte.

—¿Tú, Maël, supersticioso? Tú, que vociferabas en la posada contra los imbéciles que se creen esas tonterías sobre el Cojo. Claro que estabas bien situado para saberlo. Pero ¿qué crees que pensarían si les dijera que no quieres poner tus posaderas en el banco del merodeador?

—No, por favor, no se lo diga.

—Seré bueno contigo —dijo Adamsberg, forzando a Maël con un gesto a que se sentara en el banco—. Así pues —añadió con una sonrisa—, ¿eras tú el que jugaba al Cojo? ¿A costa de asustar a la gente de bien tan supersticiosa como tú?

—¿Cómo se ha enterado? ¿Cómo me ha encontrado?

—Siguiéndote desde tu casa, así de fácil.

—¿Y por qué me ha seguido?

—Lo sospechaba.

—¿Por qué?

—Por la mirada de malicia que pusiste en el bar de Johan cuando hablaban del Cojo, la mirada de un tipo que trama una broma pesada. No duró mucho, solo el tiempo de un sorbo de vino. Pero la vi, en tus ojos, en tus labios. No lo recordé hasta más tarde, con los pies en el río.

—Listo —murmuró Maël para sí—, es usted muy listo. Tiene buen ojo, comisario, no se puede negar.

—Luego te levantaste y te hiciste el líder, propusiste la batida. Eso también resulta divertido. Y así estabas cubierto, en caso de que alguien viera tu silueta.

—No me divertía, comisario, no me divertía.

—Ya me lo imagino, Maël. De otro modo, no perderías el tiempo jodiendo al personal. Dime por qué lo haces y no te causaré problemas.

—¿Qué problemas?

—Se llama «alterar deliberadamente el orden público». Cuesta una pasta, Maël. Así que dime por qué y te dejaré en paz.

—Es lo que dijo usted, para joder al personal.

—Eso ya lo sé, pero ¿por qué quieres joder al personal?

—Porque se han pasado la vida jodiéndome, maltratándome, llamándome «el Jorobado», o «Quasimodo», excluyéndome, tratándome como a un monstruo. ¿Cree usted que una vez, solo una vez desde que era niño, alguien me ha llamado por mi nombre? ¿Aparte de los padres y los profesores? ¿Y el alcalde? No, «el Jorobado» no tenía otro nombre.

—En la posada, me pareció que la gente era bastante amistosa contigo.

—Nunca se es amable con un jorobado —dijo Maël con amargura, como aliviado de poder compartir por fin su dolor y su carga—. No, nunca se le habla sinceramente, nunca sin segundas intenciones. Amistad por caridad, comisario, porque nunca se olvida que uno es un jorobado, el «jorobado del pueblo», igual que existe «el tonto del pueblo», y los niños lo señalan a uno con el dedo. Eso cuando no se apartan, arrastrados por sus padres porque los jorobados traen mala suerte. No —repitió—, nadie lo olvida ni por un minuto. Me han arruinado la vida, y una noche, de repente, decidí hacérselo pagar. ¿Pero cómo? Entonces se me ocurrió traer al fantasma del Cojo de Combourg. Lo cierto es que me tronchaba solo de pensarlo. Y cuando veía a un aterrorizado que se apresuraba a cerrar la ventana, también me tronchaba.

—¿Y por qué dejaste de hacerlo durante catorce años?

—Por el asesinato del viejo avaro. Temí que alguien me viera y me acusara. Más tarde, de golpe, me volvieron las ganas.

—¿A qué te dedicas, Maël?

—Bueno, está claro que cuando eres cheposo, el trabajo no te cae del cielo. No da buena imagen. ¿Se imagina a un médico o a un abogado pidiéndome que sea su secretario? No, si eres cheposo, te buscas un trabajo donde no te vean. Se me dan bien las matemáticas, así que soy contable en el gabinete Dressel. Pero, ojo, tengo el despacho en la parte trasera, así no me ve ni Dios. Dressel, después de años currando juntos, es el único que me habla con normalidad. Josselin también, probablemente porque las pasa canutas a diario, igual que yo. Y Johan quizá un poco, no porque las pase canutas, sino porque está p'allá.

—¿En qué sentido?

—Tiene visiones, ve golondrinas blancas, cree que son hadas que lo protegen. Su hermana, que entiende de volátiles, lo ha acompañado a un montón de expediciones para demostrarle que esas golondrinas son solo una invención. Pero no hay nada que hacer, nunca ha conseguido quitárselas de la cabeza. Me lo contó ella, a mí solo, probablemente porque yo era especial. Pero, sobre todo, no vaya a decirlo por ahí, no quiero por nada del mundo buscar problemas a Johan.

Su voz era de pánico ante la perspectiva.

—No te preocupes, Johan está a salvo conmigo. Protejo a todos los que están p'allá, como dices.

—¿Y eso por qué?

—Probablemente porque yo también lo estoy.

—Eso es lo que dicen a veces. Bueno, no lo dicen así, pero viene a ser lo mismo. Ahora, que yo no me lo creo.

—¿Por qué?

—Porque, por lo que veo, y lo vi a usted el otro día haciendo como que pescaba, o deambulando sin ver, yo lo llamaría... —Maël levantó la mano y realizó lentos molinetes en el aire nocturno— pasos. Pasos al vacío, o a la plenitud, o plenitud a medias, qué sé yo.

—Eres listo, Maël —dijo Adamsberg con una sonrisa—, y comprendo por qué tu jefe Dressel no quiere perderte.

—Desde luego nos llevamos bien. Cuando descubro alguna trampa contable, y hay muchas, voy a verlo y nos echamos unas risas. El cliente se ríe menos cuando pasa a recoger sus papeles para el fisco. Por lo demás, ya que hablábamos de trabajo, en mis ratos libres hago un poco de albañilería. Hago chapuzas aquí y allá. Pero desde mi operación, he estado haciendo menos, estoy cansado. Dicen que la recuperación tardará tiempo.

—Entonces, voy a dejarte dormir —dijo Adamsberg levantándose—. Pero está claro, ¿verdad, Maël? Se acabó lo del palo. Ya tenemos bastantes problemas en Louviec.

—Entendido, comisario, no tendrá que vigilarme más, le doy mi palabra.

Maël se marchó sin hacer sonar su bastón, y Adamsberg se quedó para preguntar a los policías de guardia cómo iba todo. Nada que señalar. Era un día de luto y las calles estaban desiertas. No había muchas esperanzas de encontrar presas a las que matar.

En cuanto a la sargento de Matthieu que se había infiltrado en la reunión de los Umbrosos, le había dejado un largo mensaje:

Son dieciocho, incluida la Serpentin. Ella es la que lleva la voz cantante. Me ha presentado con mi nombre falso, Noémie Rannou, y me ha pedido mis papeles. Estaban todos encapuchados, debido a «la recién llegada de quien no se sabe nada». Once mujeres y seis hombres, además de mí y la Serpentin. Ha empezado pidiéndonos que nos concentremos en la salvación de las almas de «esa escoria de Gaël Leuven, esa lela de Anaëlle y ese cretino de alcalde». Algunos han protestado: ¿rezar por las almas de los Sombristas? La Serpentin replicó que no había nada que hiciera pensar que el alcalde fuera sombrista, aunque sí les dejaba hacer, que venía a ser lo mismo. Los tres eran culpables. Rezar por las almas de Gaël, Anaëlle y el alcalde, sí, señor. Eso demostraba lo atentos que estábamos los Umbrosos a la salvación de todas las almas. Después, la Serpentin distribuyó a todos un remedio fabricado por ella —cuya receta secreta posee—, inyectado en frascos vacíos de suero fisiológico, y que aumenta la resistencia de las almas de los Umbrosos. La distribución se llevó a cabo con una solemnidad digna de una verdadera secta, y luego cada uno ha masticado un chicle y lo ha utilizado para sellar su frasco. «Cuidado —dijo la Serpentin—, ya lo he advertido en otras ocasiones y lo repito para la recién llegada. Nunca más de dos gotas al día, o el equilibrio entre cuerpo y alma se resentirá». Entonces, ha surgido una cuestión controvertida: la Serpentin tiene frascos de una decocción —de nuevo, preparada por ella— diseñada para castigar y hacer retroceder a los Sombristas. Se dice que es un producto que, en las dos horas siguientes a su ingestión, provoca alucinaciones, pesadillas en vigilia y malestar, además de debilitar el alma.

Se vierte en el vaso del Sombrista, seguido al día siguiente de una amenaza para que sepa a qué atenerse. Solo cinco Umbrosos se han mostrado en contra, argumentando que existía peligro de accidente mortal si la alucinación se producía al volante de un vehículo, en bicicleta, al subir una escalera de mano, etcétera. Doce se han mostrado a favor, afirmando que solo utilizarán la poción si están seguros de que la persona no se moverá durante las dos horas siguientes a la administración. La Serpentin finge ser neutral, pero vende sus frascos, y muy caro. Imposible conocer la composición del producto y saber si puede ser nocivo. Este hecho refuerza la evidencia de que, sí, la disposición de esta *logia*, como ellos la llaman, no tiene nada de inofensivo. Al final de la sesión, ha llegado el momento de pagar: participación (una copa de hidromiel servida a todos), quince euros; un tubo de poción protectora para quince días, treinta euros; y algunos, un frasco contra un Sombrista: cincuenta euros. Recaudación total de la sesión: unos mil cincuenta euros. Aparte del clima muy insano que mantiene esta logia, la Serpentin obtiene así unos buenos ingresos, a razón de dos reuniones al mes. Parece importante pensar en una futura incautación de frascos destinados a los Sombristas y analizar su contenido: ¿peligro o impostura?

XVIII

A las diez de la mañana del martes, la iglesia de Louviec estaba tan abarrotada que era imposible dejar entrar a los cerca de quinientos habitantes de Louviec que habían ido a asistir al entierro del alcalde, y que se agolpaban en la explanada y en las calles adyacentes, decididos a esperar a que la iglesia se vaciara poco a poco antes de bendecir a su vez el féretro. Los ocho policías deambulaban entre la multitud en duelo, intentando captar comentarios aquí y allá, que mencionaban las cualidades del alcalde desaparecido, del asesino y de la incapacidad de los policías para hacer su trabajo. El coche fúnebre se detuvo a unos veinte metros de la iglesia y la multitud se apartó en silencio para dejar pasar el féretro, cubierto por la bandera de la República. Lo seguían tantas flores que llenaron el pasillo central y llegaban hasta el pórtico.

Debido al gran número de personas y a la exigüidad de la iglesia y del cementerio, la ceremonia no terminó hasta cerca de la una, y el mismo gentío se dirigió hacia el ayuntamiento, que estaba a rebosar. Johan estaba que trinaba delante de la puerta.

—Mierda —dijo enfadado—, no pensé que tuviera que dar de comer a quinientas personas.

—Ya no es su problema, Johan —dijo Adamsberg—. Vuelva a la posada y repose un poco. Y nosotros —añadió dirigiéndose al equipo—, descanso para todos hasta esta noche. Probablemente mañana me una al equipo de vigilancia.

—¿Vas a volver para espiar a Maël? —preguntó Matthieu—. Pero ¿por qué?

—Un fugaz destello de aprensión que me pareció ver en sus ojos cuando me acerqué a él.

—¿Nada más?

—Nada más, pero es suficiente para mí. Tengo la impresión de que Maël está tramando algo.

—¿Sabes que su hermana vino a verlo hoy? Ella sabía lo mucho que el alcalde lo había protegido.

—Precisamente. Los veré cenar.

—Verlos cenar… ¿para qué?

—Para escucharlos, tal vez. Hará calor para ser primavera, la ventana estará abierta probablemente. ¿Se llevan bien?

—Como uña y carne.

—Es perfecto. El dolmen del que me hablaste, Johan, está en el camino al puentecito, ¿no?

—Dos kilómetros *después* del puente, no te equivoques. A la izquierda, no tiene pérdida. Es espléndido, todas las piedras siguen en pie.

—¿Cuántos años tiene un dolmen?

—Muchos.

Johan frunció las cejas para pensar mejor, mientras Adamsberg se daba cuenta de que el posadero y él habían pasado de repente al tuteo.

—Unos cuatro mil años —prosiguió—. El nuestro tendrá unos tres mil doscientos años. Eso dicen.

—O sea, que son piedras penetradas por los siglos. Es perfecto para mí.

—¿Perfecto para qué?

—Y ¿para qué eran los dólmenes? —preguntó Adamsberg sin responder.

—Son monumentos funerarios. Tumbas, si lo prefieres, hechas de piedras erguidas y cubiertas por grandes losas. Espero que no te importe.

—En absoluto. Ahí es donde me voy a tumbar, en lo alto de la losa, al sol.

—¿Y qué coño vas a hacer ahí arriba?

—No lo sé, Johan.

—Sé respetuoso, es una tumba después de todo.

—No te preocupes, no voy a pisotearla. Se me olvidaba, Matthieu —añadió Adamsberg bajando la voz—: El Cojo es Maël. No se lo digas a nadie, le he dado mi palabra. Si se supiera, podrían lapidarlo.

—¿Maël? Pero ¿para qué?

—Para joder al personal, esas fueron sus palabras.

Adamsberg fue discretamente al Café de la Arcada a comprar un bocadillo y sidra, y se puso en camino hacia el dolmen. Al mismo tiempo, escrutaba mecánicamente el cielo. Había recibido una respuesta de Mercadet, a quien no sorprendía ninguna de las peticiones del comisario: no, no existía ninguna golondrina blanca albina; si acaso, muy rara vez podía verse un mirlo blanco. Pero no había noticias de golondrinas blancas, seguro. Si Johan había visto una, podría tratarse de una paloma joven. Aun así, la forma de las alas de la golondrina y su vuelo característico, hendiendo el aire como una hoz, no podían confundirse en modo alguno con los de una paloma. Adamsberg sonreía. El hecho de que le considerasen extraño —aunque nunca había entendido muy bien por qué— no lo molestaba en absoluto, pero sí le gustaba toparse con otras perturbaciones manifiestas. Al menos no era el único en palear nubes, y la golondrina de Johan era, efectivamente, una nube. Que el posadero paleaba con asiduidad.

Al anochecer, los ocho hombres siguieron su camino, como el día anterior, después de una comida rápida en la posada, que seguía estando casi vacía. Adamsberg subió por la calle principal en dirección a la casa de Maël, echando ojeadas a las numerosas callejuelas que la cruzaban. Veía gente cenando en sus casas, todavía no era un día para salir. Muchas ventanas estaban abiertas para que entrara un poco de aire fresco después de un día excesivamente caluroso. Al día siguiente, sin duda, quitarían los crespones y la vida volvería poco a poco a la normalidad.

Adamsberg comprobó con satisfacción que Maël había dejado su ventana abierta como tantos otros. Estaba terminando de cenar con su hermana. El comisario solo la veía de espaldas, maciza como su hermano, pero mucho más bajita. Ambos se levantaron para recoger y luego volvieron a la mesa.

—No bebas tanto —dijo la hermana—, procura tener la cabeza despejada para explicármelo todo. Quiero decir todo, Maël. Porque lo que me pides no es nada. Te lo repito, no apruebo en absoluto lo que has hecho. Pero soy tu hermana, sé por lo que has pasado, lo mucho que has sufrido, y soy capaz de entender que puedas verlo como una venganza, como un sentimiento de superioridad.

—Ya te lo he dicho, Arwenn, me aliviaba, me daba fuerzas. Poder mirar por encima del hombro a toda esa gente llena de desprecio me permitía aguantar el tipo. Me decía a mí mismo: «Si supieran, todos esos desdeñosos», y me sentía orgulloso.

Adamsberg se había limitado a sentarse bajo la ventana y no pudo ver a la hermana poner la mano sobre la de su hermano y sacudírsela.

—Pero ahora se acabó, Maël —dijo con firmeza—. Ya conseguiste tu fuerza, tu poder, tu supremacía. Pero la adquiriste jugando a un juego peligroso. Ahora podrías estar en la cárcel.

—Pero juras que no se lo dirás a la policía, ¿lo juras?

—¿Estaría aquí si no, Maël? Pero tienes que ser consciente de que, a partir de esta noche, me conviertes en tu cómplice.

—Lo sé, Arwenn, no te lo habría pedido si no hubiera riesgo de que registraran todo el pueblo.

—¿Estás seguro?

—Siempre lo hacen. A estas alturas ya se han quedado sin recursos, van a ponerlo todo patas arriba buscando cuchillos, ropa manchada, zapatos, lo que sea. Y encontrarán mi maletín. No quiero perderlo, Arwenn, es mi única posesión, la más preciada.

—Tráela y acabemos de una vez. Los niños ya son mayores, pero no me gusta dejarlos solos mucho tiempo. Tienen la edad de hacer tonterías. Tú nunca llegaste a vivirlo. Las tonterías las hiciste después.

Adamsberg oyó que Maël se levantaba y rebuscaba en el cobertizo contiguo a su casa. Allí debía de guardar todos sus trastos de albañil. Regresó más de cinco minutos después.

—Caramba, estaba bien escondido.

—No lo suficiente para la policía, puedes estar segura.

El comisario se enderezó lentamente para ver el maletín. Era de acero grueso, bastante pequeño y tenía un candado de seguridad en la parte delantera.

—No te repitas, Maël, no intentaré abrirlo. Lo meteré en mi caja fuerte del banco a primera hora de la mañana. Tengo una vieja bolsa de cuero, será más discreta. Tu maletín huele a dinero desde lejos.

—Ya lo creo. Y a ti puedo decirte cuánto hay. Ciento sesenta y tres mil euros.

—Sí que has trabajado bien.

—Podría haber conseguido mucho más, pero no me metía con los grandes estafadores. Esos tipos eran demasiado peligrosos, así que informaba de sus trapicheos a mi jefe. No, elegía clientes más modestos, más dóciles.

—¿Qué porcentaje pedías para borrar sus fraudes?

—Veinte por ciento.

—¿Cuánto tiempo te llevó?

—Veintidós años. Lo hice poco a poco. Pero si lo piensas, no eran más que ladrones. Lo que hice fue robar a ladrones. Como Robin Hood.

—No te voy a dar lecciones, Maël, si eso te ayudó a vivir. Pero ahora se acabó. No quiero verte en la cárcel, ni ir yo por ocultar bienes robados.

—No robados. Obtenidos por chantaje.

—Más encubrimiento de fraude fiscal.

—Se acabó a partir de mañana. Lo juro por tu cabeza y la de tus hijos. Y no sé cómo agradecerte tu ayuda.

—Poniendo fin a tus tejemanejes. Tengo que irme, Maël.

—Conduce con cuidado. Sería una idiotez que te pillara la policía.

Al oír a Arwenn levantarse, Adamsberg volvió a su escondite detrás de la columna. La vio meter el maletín en el maletero del coche, cubrirlo con un viejo chubasquero y cerrar la portezuela. Maël vio alejarse a su hermana antes de volver a casa y, ahora sí, encender la televisión. La noche anterior, cuando el comisario lo vio ir de un lado para otro, sin duda Maël debía de estar recogiendo el dinero de los diferentes escondites para meterlo en el maletín que iba a dar a su hermana.

Eran solo las ocho y cinco y el comisario regresó lentamente por la calle principal en dirección a la posada. Efectivamente, no se había equivocado. Durante veintidós años, Maël había combatido el rechazo de los demás acumulando un pequeño tesoro secreto que le situaba, a sus ojos, muy por encima de ellos. El policía que había en Adamsberg luchó durante unos instantes contra sí mismo, Jean-Baptiste Adamsberg. Porque Arwenn tenía razón en todo. Maël era culpable de chantaje y manejo de dinero robado y sería condenado. Podía poner en marcha inmediatamente la maquinaria legal, era su papel e incluso su deber como policía. Pero Maël ya había pasado página. Y tampoco estaba desprovisto de razón: los hombres a los que robaba eran ricos defraudadores y, en el fondo, lo único que hacía era obligarlos a pagar las multas por adelantado. Cuando empujó la puerta de la posada, el dilema estaba resuelto y enterrado. Había sido rápido.

—Acabo de resolver algo —dijo a Johan mientras se sentaba en un taburete—. Aceptaría que me sirvieras un *chouchenn*.[1]

—¿Ha pasado algo con el asesino?

—No, nada, uno se aficiona rápidamente al *chouchenn*.

—Es por la miel que contiene. Entra suave como una flor.

---

[1] Tipo de hidromiel bretón. *(N. de la T.)*.

Adamsberg consultó su móvil. Las veintiuna trece y sin noticias de los policías que estaban de vigilancia.

—Nada, todavía nada.

—Igual es un poco pronto —comentó Johan—. Y amenaza tormenta después de tanto calor. ¿Has visto los relámpagos?

Johan hizo una pausa para contar lentamente con los dedos.

—Uno, dos, tres, cuatro, cinco, seis. Seis. Debe de estar a dos kilómetros de aquí, cada vez más cerca. Eso disuadirá al asesino, ya verás.

—¿Qué estás contando con los dedos?

—¿Tú no lo haces? Cuento el número de segundos entre la aparición del rayo y el comienzo del trueno. Seis equivalen a dos kilómetros entre nosotros y el trueno. ¿Me sigues?

—Si tú lo dices.

—Luego —concluye Johan, levantando las manos en un gesto fatalista—, todo depende de la dirección del viento.

XIX

No había visto pasar el tiempo, había estado escuchando el fragor de la tormenta. Tenía que llegar puntual, absolutamente puntual. Comprobó a toda prisa el equipo y se salió por los callejones como una exhalación. Tenía dos ventajas. La ventaja de poder correr más rápido que la media de la gente, incluidos los policías —no se refería a la gorda, que era irrealmente imbatible—, y la ventaja de conocer todas las callejuelas, pasajes y atajos de Louviec como la palma de su mano. Se detuvo en plena carrera. ¡El huevo, maldita sea, había olvidado el huevo! Se maldijo a sí mismo, dio media vuelta inmediatamente y apresuró aún más el paso, comprobando que no se veía ninguna sombra en los pasajes que tomaba. El rugido del trueno estalló no muy lejos. Echó mano del chubasquero verde bronce, se bajó la capucha y se metió el preciado huevo en el bolsillo. Esa cabrona tendría su huevo, costara lo que costara. ¿Qué tenía ella que meterse en sus asuntos, que ir a su casa a veces para darle lecciones? Sería un placer sin nombre ajustarle las cuentas. Mientras reanudaba la carrera en sentido inverso por los callejones, pensaba en ella, la odiaba, la veía retorcerse en las llamas del infierno. Cuando llegó delante de su casa, se aseguró de que no hubiera ningún coche aparcado fuera. Nada. Aún no había vuelto a casa, pero era cuestión de minutos, había estado a punto de echarlo todo a perder. Llevaba mucho tiempo explorando la zona y se acurrucó contra el ancho tronco del viejo roble, a nueve metros de la casa. Permaneció atento al ruido de los coches en espera de su llegada. Siempre era puntual. Trabajaba en Combourg, pero prefería vivir en Louviec, adonde regresaba todas las noches entre las nueve y veinticinco y las nueve y media. Eran las nueve y veintitrés y aún era de día. El fragor de los truenos iba en aumento y caían las primeras gotas de agua, arreciando por momentos. Esa zorra iba pues a correr desde su coche hasta la puerta de su casa, y había que impedirlo a toda costa. Abandonó el árbol y se agazapó en la acera a pocos metros de la entrada; un mal escondite; pero el aguacero le nublaba la vista. En cuanto oyó el ruido del motor, se enderezó lentamente, con el torso doblado, para estar seguro de alcanzarla en cuanto cerrara la portezuela. Y sería entonces cuando la atacaría. La lluvia caía a cántaros y, como era de esperar, la mujer cerró el coche, echó a correr y fue allí, delante del capó, donde la agarró y le clavó violentamente el cuchillo. Luego, un segundo golpe, más cerca del esternón, para estar seguro de que le daba en el corazón. Mientras la apuñalaba, veía de nuevo, en sus pocos encuentros con ella, su cabezota de oveja rizada, con algún pelillo rebelde en la barbilla, volvía a oír su voz untuosa y detestable; habría sido capaz de matarla en el acto. Pero no, era demasiado listo, y en eso también superaba en mucho a la policía. En un arrebato de furia, recordando las absurdas y soporíferas palabras de quien se creía sanadora de almas, se puso a acuchillarle los intestinos, haciendo brotar chorros de sangre que iban siendo inmediatamente arrastrados por los torrentes de lluvia. No seas gilipollas, para ya, lárgate de aquí. Sacó el huevo del bolsillo, lo puso en la mano corta y gorda que cerró con repugnancia. Doblado en dos, pasó junto al coche y se adentró en el estrecho y oscuro callejón que bordeaba la casa. En el cruce de dos callejas, se detuvo para examinar la parte delantera del chubasquero. Por suerte, la fuerte lluvia ya lo había lavado, igual que le limpiaba la cara. La sangre había salpicado por todas partes y, de cara al futuro, ni hablar de acuchillar el vientre. Contener su exaltación, recuperar el control de los asesinatos anteriores.

Matthieu seguía al maestro Kerouac, que había tomado varias rutas tortuosas para acabar simplemente en el inicio de la calle principal antes de desviarse por la calle del Tejo. Estas precauciones daban esperanzas al comisario. Pero por la forma furtiva en que se abrió la puerta a Kerouac después de que este hubiera llamado con tres golpes, luego dos, y por la sugerente vestimenta de la mujer que vislumbró en la sombra, se dio cuenta de que Kerouac se había metido en una casa de citas. Extraño lugar para un hombre del que se rumoreaba que era impotente. A no ser que el ambiente del lugar lo ayudara a estimular los sentidos. Pero, joder, ¿cuánto tiempo iba a tener que esperar bajo ese aguacero que le helaba los huesos? En la acera de enfrente, divisó el famoso tejo de Louviec —del que se decía que tenía setecientos años— y se refugió bajo su follaje casi impermeable. Se quitó la chaqueta, la escurrió antes de volver a ponérsela y apoyarse en el tronco del venerable árbol.

La cortina de lluvia amainaba y fue ese puesto de observación desde donde vio, a unos veinte metros de distancia, una masa indecisa que yacía delante de un coche. ¿Saco de escombros o un cuerpo? Se acercó a paso rápido, echando ojeadas por encima del hombro por si Kerouac salía. Con los ojos muy abiertos y la mirada fija, estaba muerta. Matthieu se abrió el abrigo y le deslizó la mano por debajo de la ropa para evaluar su temperatura corporal, aparte de la lluvia que le había enfriado la cara y las manos. El vientre estaba caliente, acababan de matarla, tal vez mientras él, Matthieu, giraba en la calle del Tejo. Eran las veintiuna treinta y cinco; sin duda no había coincidido con el asesino por solo unos minutos, mientras Kerouac le hacía perder el tiempo yendo al burdel. Volvió corriendo a su refugio bajo el tejo para avisar a Adamsberg, llamar al médico de Louviec, al equipo técnico y al forense.

Matthieu y sus colegas miraban desolados el cuerpo destripado. Esta vez, el cuchillo no se había quedado clavado en el tórax. Estaba hundido hasta la empuñadura en los intestinos. El médico, con botas y gabardina, se había arrodillado junto al cadáver.

—Dios mío, Katell —dijo, tomándole el pulso mecánicamente.

—¿Quién es, doctor? —preguntó Adamsberg.

—Katell Menez. Somos prácticamente colegas, yo le envío pacientes y a la inversa.

Berrond miró la placa dorada junto a la puerta de la víctima. Katell Menez, psiquiatra, psicoterapeuta.

—¿Trabaja aquí?

—Ejerce en Combourg cuatro días por semana, pero prefiere vivir en Louviec. Se queda después de las consultas para registrar las notas del día y revisar las historias de los pacientes del día siguiente. Siempre está de vuelta a las nueve y media. Si no hubiera sido por la maldita lluvia, algún vecino habría visto…

—No habría cambiado nada —interrumpió Adamsberg—. Coge a sus víctimas por sorpresa y su ataque es silencioso. El comisario Matthieu estaba a pocos metros y no oyó nada.

Se apartaron para dejar paso al equipo técnico y al forense.

—Ha sido sangriento —dijo el médico—, pero el aguacero lo ha lavado todo. Supongo que saben que el asesinato acaba de producirse y que, esta vez, el asesino ha completado su obra con siete puñaladas en los intestinos. Y tiene un huevo aplastado en el puño. Me la llevo a la morgue y le llamaré en cuanto tenga las primeras imágenes de las heridas.

El equipo de policías al completo se reunió en la posada para entrar en calor y, por sus rostros sombríos, Johan comprendió que había habido otro.

—¿Quién? —preguntó mientras colgaba la ropa empapada.

—Katell Menez —respondió Matthieu.

—Santo cielo. Era una mujer muy buena. Y competente, según dicen.

—Te molestamos, tienes clientes.

—Recibo a quien me da la gana. Tomad la mesa junto a la chimenea para calentaros. No os preocupéis, son neerlandeses, no entienden francés. Os prepararé algo de comer, apenas habéis comido antes de salir.

Johan desapareció, volvió con un lote de mantas que distribuyó alrededor y añadió dos grandes troncos al fuego. Todos convergieron, tendiendo los brazos, las espaldas hacia el calor de las llamas.

—Lo que significa —dijo Noël— que nos hemos equivocado de tipos. Estamos siguiendo a los que no son.

—Es demasiado pronto para decirlo —dijo Adamsberg—. Todavía nos quedan los cinco pulgosos con coartadas perfectas, y ya sabes lo que pienso de ellos. Para cuatro de ellos, que vivían solos o estaban solos la noche del asesinato de Anaëlle, es el partido de fútbol. En cuanto al quinto, también solo, estaba trabajando en su garaje. Y no hay nadie que respalde su deposición. Adamsberg hizo una pausa, se repitió en silencio varias veces «deposición... deposición...», tratando de decidir si ese término era correcto o no. Dudaba de su capacidad para expresarse sin errores, y a veces sucedía que una frase o expresión lo desconcertaba. Intentaba comprobar si era correcta, a menudo sin éxito. Descartó la pregunta con un gesto de la mano; siempre estaría a tiempo de volver a planteársela.

—Así que mañana empezamos a vigilar a las cinco «coartadas perfectas». Matthieu, Berrond y Verdun se repartirán los papeles.

Su mirada se posó en Matthieu, que seguía sin reaccionar, con el gesto abatido y preocupado, cabizbajo, sin tocar su plato. Berrond, sensible a la pesadumbre de su jefe, cogió una de las botellas llevadas por Johan y se dispuso a servir a todos. Matthieu alargó su vaso en un gesto lento.

—No es en absoluto culpa tuya, Matthieu —dijo con viveza Adamsberg—, si es eso lo que te preocupa.

—Lo es.

—Tenías que seguir a Kerouac, y no era él. ¿Dónde está la culpa en eso?

—Pero estaba tan cerca... Me pone a cien.

—No, no estabas tan cerca como crees. Deja de machacarte por nada, tómate un par de copas y vuelve a la realidad exacta. Estabas a más de veinte metros y caían chuzos de punta. Aunque hubieras visto una silueta, no habrías tenido tiempo de intervenir. ¿Quieres una prueba? El asesino mismo no te vio, o habría huido inmediatamente. Niebla total. Y tú no vigilabas la calle, sino la puerta por la que había entrado Kerouac.

—Sí, señor —dijo Berrond, revitalizado y apoyado por una vigorosa aprobación de Verdun.

—Pongamos que así es —dijo finalmente Matthieu, levantando la cabeza—. Al menos hemos eliminado a tres sospechosos y el cerco se está cerrando.

—Esta nueva víctima —continuó Adamsberg—, Katell Menez, no tendrá ninguna picadura. Con esta lluvia, las pulgas se habrán quedado bien resguardadas en el asesino. Odian el agua.

—Coman, por Dios, coman —dijo Johan—, que se va a enfriar.

El forense llamó cuando abordaban el postre.

—Mismo hombre, mismo tipo de heridas. Me refiero a las puñaladas en el tórax, con una ligera desviación. No a las de los intestinos, por supuesto, allí no hay obstáculo. Y, sin embargo, aunque el material es fácil de perforar, apuñaló dos veces en una de las heridas. Y me adelanto, Adamsberg: no hay picaduras de pulgas.

—Era previsible con este tiempo, doctor.

—Ah, iba a olvidarlo. El huevo no está fecundado.

—No puede ser.

—Segurísimo.

—El huevo no está fecundado —dijo Adamsberg, colgando el teléfono.

—Entonces, ¿el móvil del aborto embrionario ya no es una pista? —preguntó Berrond.

—Por supuesto que sí. La psiquiatra entra en escena: sin duda animó a una mujer que quería abortar o se había visto obligada a hacerlo. Pero el asesino cometió un error: se equivocó de huevo. Mantengo nuestra trayectoria: no solo tiene pulgas, también es un falso zurdo. Metió la pata una vez al apuñalar los intestinos, así que tuvo que volver a hundir el cuchillo. Hay que tener un brazo muy torpe para no ser capaz de hacer eso de un solo golpe. El hecho de que se equivocara de huevo y de que perforara mal el abdomen demuestra que se está poniendo nervioso y entra en pánico. Si supiera que el huevo que aplastó era estéril, se pondría furioso.

—Y, a fin de cuentas, no estamos más avanzados que cuando empezamos —dijo Retancourt—. Tenemos las pulgas, sabemos que es diestro y se hace el zurdo, conocemos su móvil, pero no somos capaces atrapar a este tipo.

—Que no ha terminado su serie, Retancourt. Todavía tiene un cuchillo. O sea, un asesinato. Si no lo atrapamos ahora, lo perderemos para siempre.

—Y no sabemos cuándo volverá a hacerlo —gruñó Noël.

—Por eso tenemos que obligarlo a moverse, a arriesgarse, a cambiar su *modus operandi*. Es listo, es prudente, pero es un tipo de hombre que no podrá contenerse durante mucho tiempo. Porque su ira aumenta, está perdiendo la sangre fría, está en plena escalada. Tenemos que empujarlo a cometer un error.

—¿Cuál es tu idea? —preguntó Matthieu.

—Empezamos demasiado tímidamente —y es culpa mía— vigilando a solo tres tipos. Así que cambiamos de ritmo y tomamos medidas drásticas. Llenamos el pueblo de policías desde primera hora de la tarde hasta bien entrada la noche. Lo acorralamos, lo arrinconamos. Si acordonamos su territorio, perderá la cabeza. Es un obsesivo, y eso puede desquiciarlo, hacer que acelere aún más el ritmo, sea cual sea el riesgo.

Matthieu meneó la cabeza.

—Louviec es un pueblo pequeño, Adamsberg, pero para vigilar todas las calles y callejones, y hay muchos, necesitaríamos algo así como cincuenta hombres.

—No olvides que la misión, es lo que opino, será corta.

—Incluso por unos días, todo lo que puedo proporcionarte, y llegando al límite de lo posible, son unos veintidós hombres de Rennes y otros veinte de las gendarmerías locales.

—Más nosotros ocho —dijo Verdun—. Igual a cincuenta hombres. O sea, más o menos un policía por cada veinticuatro personas. Funciona para controlar Louviec.

—Pero no para proteger los alrededores del pueblo —dijo Adamsberg.

—¿Y por qué quieres rodear el pueblo?

—Por si se da el caso de que la futura víctima viva fuera.

—Entendido —dijo Matthieu—. Si queremos una trampa eficaz, no podemos ignorar esa hipótesis. Pero no somos suficientes.

—El ministerio se ha comprometido a enviarme todos los refuerzos que sean necesarios y espero llegar a conseguirlos. Pero con dos víctimas más desde mi llegada, mañana se me va a caer el pelo, y esos refuerzos podrían pasarnos por delante de las narices.

—Olvidas al vizconde —dijo Veyrenc—. Di que aún corre peligro de ser detenido, aunque no sea cierto. Ese es el argumento clave, no pueden permitirse perder a Chateaubriand. Te caerá una bronca, eso es seguro, pero tendrás tus refuerzos. Los convencerás.

—Y eso ¿por qué?

—Yo digo que un tipo capaz de dormir a un niño de pie poniéndole la mano en la cabeza puede ganarse fácilmente a un ministro.

—Te diviertes desafiándome, Louis —dijo Adamsberg con una sonrisa—, y un ministro no es un niño.

—Eso está claro. Pero ¿y el toro?

—¿Qué toro?

—¿No te acuerdas? El toro del viejo Isidore. Cuando éramos niños.

—Es verdad. Una bestia alta y oscura con una mancha blanca en la frente, ¿no?

—Eso es. Alto y poderoso. Y nosotros, con la temeridad de los doce o trece años, habíamos apostado, como pequeños matasietes, que atravesaríamos su prado para atajar. Era fácil, estaba pastando en el extremo opuesto, lejos. Saltamos la barrera y anduvimos veinte metros campo a través. A pesar de estar lejos, levantó la cabeza y, en una carrera lenta pero decidida, arremetió contra nosotros. Estábamos muertos de miedo. Te dije a voces, precipitadamente, que los toros no toman bien las curvas y que debíamos retroceder hasta la barrera en rápidos zigzags. Pero no, te quedaste ahí plantado y extendiste el brazo hacia él.

—Ahora lo recuerdo —dijo Adamsberg, entornando los ojos, aún sonriente—. Pero no los detalles.

—Muy sencillo. Me quedé pegado a tu espalda, a resguardo, y el toro frenó delante de ti, bajando la cabeza, sacudiendo el cuello de un lado a otro, dando resoplidos.

—Mala señal —dijo Adamsberg.

—Y, aun así, te quedaste allí, con el brazo extendido hacia él, la mano abierta. Dos veces levantó el hocico, dos veces resopló en la hierba. Entonces, te miró con sus ojos grandes y saltones, babeando y sin dejar de resoplar, y el espanto me paralizó las piernas. Cuando pude levantarme de nuevo, el toro...

—¡Corneille! —exclamó Adamsberg—. ¡Se llamaba Corneille!

—Exacto, Jean-Baptiste. Cuando pude levantarme, te estaba lamiendo concienzudamente un dedo, luego el otro, con su enorme lengua púrpura, y al final toda la mano, que chorreaba de babas. Retrocedimos lentamente hacia la barrera...

—... a la que nos acompañó cortésmente...

—... y saltamos al camino.

—A lo largo del cual nos escoltó. ¿Qué intentas decir, Louis, con lo del toro?

—Que nos enviarán más hombres.

—No queda claro si el ministro es un niño o un toro, pero supongamos que lo hace. Nosotros y nuestros cuarenta y dos hombres tendremos que tomar Louviec, y un buen número de otros formar un cordón de vigilancia alrededor de la ciudad (no me gusta la idea), y cualquiera que entre o salga tendrá que mostrar sus papeles.

—Un sistema radical pero eficaz —afirmó Retancourt—. No solo el pueblo estará plagado de policías, sino que vigilaremos los desplazamientos. Habrá rebelión, motín.

—Danglard me ha enviado una cita sobre el tema —dijo Adamsberg—, siempre me está enviando citas. Ah, aquí está: «Bretaña, la tierra de la eterna rebelión y la imposible represión».

—Qué bonito —dijo Veyrenc—. ¿Te dice de quién es?

—Cualquiera diría que no conoces a Danglard. Es de Alexandre Dumas, en..., espera..., *Crónicas de la regencia, 1849*. ¿Las has leído, tú, esas *Crónicas*?

—Confieso que no.

—Se equivoca —intervino Johan—. Aquí lo oigo todo. La gente está asustada, cada vez más asustada. Estarán encantados de saberse protegidos.

Matthieu se había sumergido en su calculadora y la había vuelto a dejar sobre la mesa.

—Para rodear Louviec de manera eficaz —dijo—, un guardia por cada cien metros, necesitaríamos sesenta policías más. Lo cual es considerable, Adamsberg.

—Sin ánimo de ofender —dijo Berrond—, pero ¿realmente espera algo de este enorme dispositivo?

—Se verá acorralado en su propio terreno —dijo Adamsberg—, y tiene que matar a una persona más para terminar su obra. ¿Contar con su paciencia? No. Porque no sabrá cuánto durará la vigilancia, cuánto tendrá que esperar antes de llevar a cabo el acto de liberación definitivo. Y cualquier incertidumbre que frustre repentinamente un proyecto de esta importancia es difícil de soportar. No, su paciencia no aguantará. Tiene que matar, quiere matar. Y para satisfacer este impulso, elaborará un plan antipolicía y cometerá un error, el error que no hay que cometer. Si la siguiente víctima vive en Louviec, está atrapado, pero hace un intento audaz. Y está perdido. Si la siguiente víctima vive fuera, se encontrará con un cordón de seguridad. Tendrá que dar su nombre al salir y al entrar, y se delatará.

—¿Y si se arriesga a matar en Louviec o en cualquier otro lugar a plena luz del día? ¿A la hora de comer? ¿Por la tarde? ¿Y pasa el cordón como si fuera a trabajar, como de costumbre? —preguntó Berrond—. Porque ya ha atacado antes del crepúsculo, o justo después, cuando aún había luz.

—No —dijo Johan, meneando la cabeza con firmeza—. Tiene que tener una cosa: vacío. Aquí no están solo los lugareños. Estamos en plena temporada turística, y las calles empiezan a llenarse ya en la mañana. Porque Louviec, por lo antiguo y bien conservado, es casi un pueblo museo.

—De hecho, se habla de clasificarlo como zona protegida —confirmó Matthieu.

—Y se lo merece —dijo Johan, lanzando una mirada de conocedor a las bóvedas de su propia posada—. A mediodía, los turistas suelen comprar un bocadillo y comer fuera. Y abandonan el lugar sobre las seis o seis y media. Así que hay tráfico peatonal, y no poco. Demasiado arriesgado para el asesino. Y, además, podrían verlo desde una ventana. Si supieran cuánta gente de por aquí se entretiene en las ventanas de sus casas, con los brazos cruzados en las barandillas. O sentados en una silla frente a su puerta, con ganas de charlar. No, no —dijo meneando de nuevo la cabeza—, créanme, el mejor momento para matar, si se me permite decirlo, es cuando la gente está cenando, cuando las tiendas están cerradas y los turistas han vuelto a sus hoteles. Aquí se cena entre las siete y media y las nueve de la noche. Después, las calles están casi desiertas. Y la mejor hora es mucho más tarde, cuando la oscuridad protege al asesino.

—Así es —dijo Matthieu—. Tenemos que informar cuanto antes a los vecinos de que Katell Menez ha sido asesinada y de que se va a poner protección policial. Estarán más atentos desde sus ventanas. Pero es demasiado tarde para el periódico de mañana.

—¿Y para qué necesitas el periódico? —preguntó Johan—. Haces circular la noticia por aquí y por allá a partir de mañana por la mañana y, en menos de una hora, todo Louviec lo sabrá.

Adamsberg jugaba con un corcho sobre la mesa, con cara de preocupación.

—¿Qué estás pensando? —preguntó Veyrenc.

—Me pregunto si la expresión «según su deposición» es correcta.

—Totalmente. Y tú estás pensando en otra cosa.

—Sí, estoy pensando en otra cosa. En la llamada que tengo que hacer mañana a la secretaria del ministro. Un ministro sobre cuya cabeza no puedo poner la mano, Louis, digas lo que digas. Ni puedo mirarlo fijamente a los ojos saltones mientras le tiendo la mano.

—Aunque si lo piensas —dijo Johan, pensativo—, tiene unos ojos un poco saltones.

—Cierto —dijo Adamsberg—, pero sin la expresión de los de Corneille.

—¿Desde cuándo el ganado tiene expresión? —preguntó Verdun.

—Desde la noche de los tiempos. Tenue, y muy fina, pero hay que fijarse bien. Expresión también en sus movimientos. El caso es que voy a pringar, y no por un lengüetazo. Cinco días de investigación, dos asesinatos que añadir a la lista, y todavía ningún arresto.

—¿Cómo piensas salir de esta —preguntó Veyrenc— si el ministro no tiene la sutileza de Corneille?

—Dejando que descargue su ira y luego hablando sin dejarle respirar, saltando de un argumento a otro sin darle tiempo a interrumpirme. Usando tu método de zigzags, de alguna manera. Aturdirlo. Y conseguir sesenta hombres. Lo cual, como bien dices, es considerable y probablemente imposible. Con un poco de persuasión poderosa y mucha suerte, podríamos tener nuestros efectivos mañana a última hora de la tarde. Y empezar la división en zonas mañana por la noche.

—No lo logrará —dijo Verdun—. Es demasiado. Esos tipos de ahí arriba son una panda de malencarados completamente obtusos. En su mayoría.

—El comisario ya ha ablandado a más de un malfollao obtuso —dijo Retancourt, dando la razón a Veyrenc de una forma menos refinada.

XX

El miércoles por la mañana, Adamsberg se echó agua fría en la cara, se tomó dos tazas de café sin perder de vista su teléfono móvil, se aclaró la garganta cantando la escala y descolgó el teléfono. El agregado del ministro le había dado su número directo y, como el caso le parecía grave, echó balones fuera y le puso con su superior. Retancourt le había aconsejado que hiciera una videollamada, para convencerlo tanto por el semblante como por la voz. Retancourt creía en eso y él no. Pero obedeció.

El comisario dejó primero pasar la tormenta, cinco días *in situ* y dos asesinatos más, pero ¿qué demonios hacen ustedes en Louviec? ¿Esperando a que nieve?

Adamsberg esperaba que hiciera una pausa para soltar su primera frase. En cuanto empezó, no dejó respirar ni un instante al ministro y le habló durante trece minutos sin interrupción.

—Aprecio la estrategia de ahumar las madrigueras para sacar a los topos —acabó diciendo el ministro con voz relajada—. Pero debe comprender que tengo que obtener el aval de la Jefatura de Policía.

—Y lo obtendrá —dijo Adamsberg con una suavidad confiada, halagadora, como si ese escollo solo pudiera ser un estorbo menor para un hombre como el ministro.

—Diez helicópteros con sesenta hombres, Adamsberg. Se le notificarán la hora y el lugar del aterrizaje, envíe los coches hacia las cinco de la tarde. Irán acompañados de camiones cantina y camiones de descanso, y todo el equipo necesario. Los hombres estarán operativos esta misma tarde. Se lo advierto, comisario: es su última oportunidad.

Adamsberg envió un mensaje a sus siete colegas: «Sesenta hombres hacia las cinco y media de la tarde. Reúnanse a las nueve de la mañana delante de la posada de Johan».

Johan les sirvió sin que lo pidieran un segundo desayuno a base de tostadas, huevos y cruasanes, interiormente encantado de saber que Adamsberg se había ganado a uno de los de arriba. Adamsberg se sirvió bastante, ya que el día iba a ser largo y la noche aún más.

—Matthieu, ¿dónde crees que aterrizarán los helicópteros?

—En el Gran Prado Caradec. Está cerca de Saint-Gildas, a siete minutos de aquí.

—Hay que preparar un resumen detallado de la situación para los veintidós hombres de Matthieu que llegan de Rennes y sus veinte gendarmes de refuerzo.

—Ya está hecho —dijo Matthieu—. Redacté el texto anoche y lo envié en cuanto recibí tu mensaje. Tendremos a esos cuarenta y dos hombres. Están en camino y llegarán en una o dos horas.

—Para apoyar mi petición, el ministro desea recibir un resumen detallado de la situación. Por favor, envíame tu mensaje para que pueda reenviárselo. Escribir no es mi punto fuerte.

—Ya está —dijo Matthieu—. Enviado. Ahora te toca a ti reenviarlo al ministerio.

Adamsberg leyó el resumen de los hechos y las razones por las que era necesario un aumento tan grande de los refuerzos. Él no habría sabido exponerlo de forma tan clara y concisa, y lo envió inmediatamente a la cúpula.

—¿Y el perímetro de seguridad? —dijo Berrond, con la boca llena—. Tenemos que traer de Rennes las barreras de cemento, las barras de acero y las banderolas.

—Ya están en camino —respondió Matthieu—. Rennes nos envía lo que necesitamos.

—¿Y el alojamiento para los cuarenta y dos hombres? —preguntó Adamsberg.

—En el gimnasio de Combourg. El ayuntamiento pone los catres.

—¿Y las comidas?

—También vienen tres camiones cantina. Pero no pueden proporcionar la cena. Este es un punto muy importante que hay que hablar con Johan. Puede que él tenga una solución para nosotros.

Adamsberg asintió varias veces, apreciando la rapidez de ejecución de Matthieu.

—Me gusta pensar con antelación —dijo Matthieu con una sonrisa.

—Gracias, Matthieu, porque tenemos que ser rápidos. Hemos de dormir un poco entre el almuerzo y la llegada de los refuerzos de París. Porque haremos la guardia nocturna como los demás. Eso va para Matthieu y para mí, que iremos a recibir a los helicópteros. Cena a las seis. Por seguridad, propongo que empecemos mucho antes del crepúsculo, a las siete, y que terminemos cuando todo el mundo esté durmiendo. Digamos, para no quedarnos cortos, a la una de la madrugada. El asesino no se arriesgará a ir a buscar a su víctima en la cama. No es su *modus operandi*, y este tipo de intrusión deja demasiados rastros. El mismo horario se aplica a los guardias del cordón, porque no tenemos que dar por supuesto, si el asesino sale de Louviec, que la víctima vive cerca.

—No es fácil volver a dormir después de comer —objetó Noël.

—Sí que se puede —opinó Mercadet.

—Usted sí, teniente, pero los demás no —dijo Veyrenc.

—Es verdad —admitió Mercadet con melancolía, tan difícil era sobrellevar su condición de hipersomníaco—. Lo siento —añadió.

—No se disculpe —dijo Veyrenc, apretándole el brazo—. Es su marca de fábrica y nos gusta.

—Gracias —dijo Mercadet con voz trémula—. Pero eso no nos dice cómo van a lograr dormir.

—Si les sirve de ayuda —sugirió Johan—, tengo un mejunje mío, plantas y alcohol dulce, de 8,5 grados. No atonta, pero da sueño en cinco minutos.

—Yo quiero —dijo Adamsberg—. Confío plenamente en tus creaciones, culinarias y de otro tipo.

Todos levantaron la mano en señal de aprobación y Johan abandonó el bar.

—Voy a preparártelo ahora mismo. Tiene que infusionar y luego enfriarse.

Eran más de las diez cuando Adamsberg se levantó, a modo de señal de salida.

—Empezamos a hacer circular la información según el método de Johan del «aquí y allá», sobre el asesinato de Katell Menez y la inminente llegada de ciento dos policías al pueblo y sus alrededores.

—Id sin mí —dijo Matthieu—, yo espero aquí a mis refuerzos y preparo los planos. Nos vemos a mediodía.

—Johan —preguntó Adamsberg—, ¿tienes idea de cómo podríamos dar de comer a cincuenta hombres cada tarde a las seis? E incluso un poco antes, porque nos desplegaremos por Louviec a las nueve. Me estoy devanando los sesos con eso.

—¿No crees que ya te has roto bastante la cabeza para lograr la hazaña de traer sesenta policías desde París? ¿Cómo lo hiciste, por cierto? ¿Usaste el método del niño o el del toro?

—El del toro, creo —dijo Adamsberg, sonriendo—, mezclando el mío con el de Veyrenc. Mientras hablábamos por videoconferencia, lo miré a los ojos, tranquilamente, sin apartar la vista ni un segundo, tendiéndole la mano abierta, con la palma hacia arriba. Al mismo tiempo, lo saturé de palabras en todas las direcciones, en zigzag, sin dejarlo intervenir. Es más terco que Corneille, pero en un momento dado, su agresividad cedió.

—Todo un trabajo —dijo Johan—. Así que no te líes más, yo me ocupo de todo en la posada.

—¿Aquí? Impensable, Johan, y de ninguna manera puedes asumir una carga así. Además, ¿cómo lo harías sin perjudicar a tu clientela? ¡Abres tus puertas a las diez y media! Y por grande que sea el comedor, ¡nunca cabrán! No, pensaba más bien en preparar bolsas con un bocadillo, una pieza de fruta...

—¿Bocadillos? —interrumpió Johan, poniéndose en pie y alzando la voz—. ¿Bocadillos? No me ofendas, comisario. Estás moviendo cielo y tierra, y dedicando toda tu energía en librar a Louviec de una alimaña, aparte de que ¿sabes a qué te arriesgas con tu ministro globuloso si fracasas?

—Sí.

—¿Y yo voy a quedarme de brazos cruzados, sin hacer nada, viéndoos trabajar? ¿Sin ayudar? Ni se te ocurra, y déjame echar cuentas.

—Johan, no estamos hablando de un puñado de hombres, ¡es una multitud! Sé realista, ¡joder!

—Cincuenta... —pensaba Johan en voz alta, sin prestar atención a las interrupciones de Adamsberg—. Veamos..., si reorganizo la gran galería y consigo sillas y mesas de caballete, cabrá. Por los pelos, estaréis un poco apretados.

—¿De qué galería estás hablando?

—Arriba, la gran galería del antiguo claustro. Un lugar espléndido, con una chimenea digna de un señor feudal, donde se podría asar un buey entero. Cenaréis allí.

—Te vas a complicar la vida, Johan, date cuenta de la carga.

—No te preocupes por eso. Yo también tengo mis métodos. Además, va a haber lleno todas las noches.

—Me asombras, Johan. Francamente, me asombras.

—Pues sí que te asombras fácilmente. ¿Crees que yo habría sabido hacer lo del toro? —Adamsberg no supo cómo responder a eso—. Ya ves —dijo Johan—, cada uno a su oficio.

—¿Y la comida de hoy? Lo mismo, seremos cincuenta. Luego, los cuarenta y dos refuerzos son autónomos para la comida, y solo estará el equipo base, es decir, nosotros ocho.

—Menos mal, pensaba que me ibas a privar de Violette. Olvídate de estas minucias y cuenta conmigo. Tengo provisiones de sobra en mis congeladores.

—¿Minucias? Pero ¿y la comida? ¿Cómo te las arreglarás para la comida? Puedes pedir todas las exquisiteces y empleados extras que quieras, lo pondré todo como dietas, pagará el ministerio, tengo vía libre.

—Entonces es perfecto, haré mis pedidos y contrataré algunos empleados extras. Pero los menús serán sencillos. Para hoy, salchichas con queso asadas y puré casero, no tenemos mucho tiempo, y esta noche... —Johan reflexionó un momento, concentrándose en la nueva dificultad de dar de comer a cincuenta personas sin renunciar a la calidad, naturalmente, cosa que le habría resultado insoportable—. Digamos que esta noche, chuletón de buey con brécol gratinado y salsa al roquefort —explicó, bajando la voz—. Queso y fruta, por supuesto.

Los policías se dispersaron por el centro de la ciudad, llamando a los timbres, entrando en todos los comercios: asesinato de Katell Menez, llegada masiva de refuerzos, protección calle por calle de los residentes, perímetro de seguridad, medida menos bien recibida que las demás, algunos ya se veían encerrados detrás de unas vallas.

—Vallas solo habrá una treintena en lugares estratégicos. Para el resto, una simple banda de plástico rojo y blanco, seguro que les suena. Habrá que mostrar el carnet de identidad para pasar.

—Ah, si es solo eso... ¿O sea, que se puede ir y venir?

—Como el aire. Con sus papeles.

—¿Cuánto va a durar este follón?

Adamsberg sonrió. Bretaña, esa tierra de rebeliones eternas y represiones imposibles.

A mediodía, cincuenta hombres ocupaban ya la galería del primer piso de la posada, un espacio largo, amplio y efectivamente espléndido, rodeado de arcadas y pesadas columnas, dominado por el olor de las salchichas que se asaban lentamente al fuego de la amplia chimenea medieval. Salchichas de varios tipos, observó Adamsberg. Johan no podía hacer las cosas con sencillez, como había dicho que haría. El comisario envió unas fotos del lugar a Danglard, que respondió inmediatamente: «Puro arte románico, magnífico. Tallas de los capiteles bastante primitivas y típicamente bretonas. Un antiguo claustro, ¿no?».

El dueño había reorganizado la galería y colocado mesas una al lado de la otra para que los cincuenta hombres pudieran sentarse hombro con hombro. Matthieu, sentado en el centro, había reservado un lugar para Adamsberg a su derecha, para que todos los gendarmes comprendieran la importancia de este comisario poco imponente, que no resultaba evidente a primera vista, ni siquiera a segunda. A cada lado, los otros seis miembros del equipo se habían dispersado para que las brigadas pudieran conocerse. Los distintos miembros de la gendarmería local iban y venían para intercambiar saludos, mientras Johan y cuatro nuevos ayudantes servían las salchichas y el puré de patatas con nata y pimienta, y servían un vino de apreciable calidad. Los gendarmes no estaban acostumbrados a tanta atención y la disfrutaron al máximo.

Una hora después, los hombres salieron de la posada para aprovechar su período de descanso obligatorio. En el mostrador, Adamsberg vio una botellita llena de un líquido verde. Era su poción, como la que dispensaba la Serpentin. Johan llenó discretamente ocho vasitos con el líquido verde, que olía a almendras, y les dijo que se dieran prisa en llegar a sus coches antes de que se durmieran. Condujeron a través de Louviec hasta la antigua residencia de ancianos. La cinta blanca y roja rodeaba ya gran parte del perímetro y deslucía agresivamente el pueblo. Esa noche, con los cuarenta y dos hombres de uniforme patrullando las calles, Louviec parecería un lugar sitiado preparándose para la batalla. A ello se sumaría la pequeña tropa de los dos comisarios y sus ayudantes, con la presencia intermitente de Mercadet.

La poción de Johan no tardó en hacer efecto y los ocho policías se durmieron de inmediato en las camas anticaída. Adamsberg temía estar atontado al despertarse, pero el posadero había dicho la verdad y se sentía perfectamente bien cuando sacudió a Matthieu para despertarlo.

—Las cuatro y veinte, Matthieu. Pronto se acercarán. Alerta a Rennes.

—Ya lo he hecho.

Efectivamente, era el Gran Prado Caradec el lugar elegido como pista de aterrizaje y Adamsberg y Matthieu observaban los diez helicópteros que volaban en círculos antes de iniciar el descenso a las cinco y cinco. Los dos comisarios saludaron a los policías que iban bajando de los helicópteros antes de subir a los vehículos procedentes de Rennes. Los citaron veinte minutos más tarde en la posada de Johan, donde los empleados extras ya estaban preparando febrilmente las mesas y manteniendo las brasas para cocinar los chuletones. Adamsberg y Matthieu tuvieron tiempo de explicarles de nuevo la situación, el motivo de su presencia allí y las instrucciones para la velada antes de la ruidosa llegada de los cuarenta y dos hombres de Matthieu.

—Y estos son sus colegas —dijo Matthieu—. Nuestra tropa de vigilancia cuenta con ciento diez hombres. Los cincuenta de aquí se encargarán del pueblo y ustedes del perímetro de seguridad. La guardia empezará a las siete de la tarde y terminará a la una de la madrugada. Estén alerta, el hombre es sigiloso y extremadamente peligroso.

Adamsberg distribuyó un mapa detallado de Louviec y de las calles que cada cual tendría que recorrer. Matthieu se había tomado la molestia, antes del almuerzo, de marcar en rojo cincuenta zonas y escribir los nombres de los agentes que les serían asignados. La ubicación del albergue estaba marcada con un gran punto verde. Cada policía localizó su nombre y su ruta de vigilancia. Los sesenta guardias de París, a la señal autoritaria de su jefe y tras un saludo más bien militar, abandonaron la posada para regresar a sus camiones cantina, mientras los cincuenta guardias locales ocupaban sus asientos en la mesa de la gran galería. Johan hizo servir los platos, cada uno con media costilla de ternera y un gratinado de brécol aderezado con finas hierbas y queso roquefort. Los hombres se abalanzaron sobre la comida y se produjo una animada discusión acerca de si debían o no tomar una copa, teniendo en cuenta que su turno iba a empezar en breve. Muchos argumentaron que estaba permitida una copa, ya que incluso el Código de Circulación permitía dos. Adamsberg aprobó con la cabeza, dio permiso para una copa, y Johan mandó servir una ronda. Cada uno recibió un bocadillo refinado y un trozo de pastel casero para la cena que iban a tomar hacia medianoche. Adamsberg, un verdadero ignorante en lo que a cocina se refería, y que todas las noches comía más o menos lo mismo, se preguntaba cómo se las iba a ingeniar Johan para ofrecer a cincuenta hombres una comida tan excelente como rápida todas las noches. Sin contar la añadidura del piscolabis nocturno que había mantenido en secreto.

A las siete menos cuarto, estrechó la mano del anfitrión y dio la señal de salida. Todos los habitantes de Louviec estaban en sus puertas o ventanas para contemplar el espectáculo. A pesar de haber sido informados, el enjambre de hombres armados y vestidos de azul, que llevaban la banda en la parte trasera de la cazadora y la insignia en el brazo, les inquietaba, a cada uno a su manera; algunos maldecían el despliegue de la fuerza policial por todo el pueblo, otros bendecían la sensación de seguridad, otros aún asistían a la invasión como si se tratara de un espectáculo divertido. Muchos, por fin, tranquilizados por su presencia, salieron a dar su paseo digestivo o a pasear al perro, y comentaron la situación.

—Si el asesino pretende salir de su guarida, lo tendrá muy jodido para llegar a su víctima.

—Imposible, querrás decir. No es un francotirador agazapado en un tejado. Es un merodeador callejero. Está acorralado.

—Pero los policías no se quedarán meses aquí. Como mucho una semana.

—¿Y por qué armar tanto jaleo? El tipo se va a esconder hasta que se larguen de aquí.

—Deben de tener un plan. Los polis.

—Siempre se da por supuesto que la policía tiene un plan y, en realidad, no lo tiene.

Bloqueado, estaba bloqueado. Y de mala manera. Esta avalancha de policías, no se la esperaba. Que hubieran desplazado a tantos hombres por él aumentaba mucho su sensación de importancia, de fuerza y de poder. Eso sí, el poder está muy bien, pero ¿de qué sirve si no puedes usarlo? Y el tiempo acuciaba, no tenía muchos días. Tres para ser exactos. Una idea, necesitaba una idea a toda costa. Se sirvió otra copa y apoyó la frente en los puños. Hacer que salga una idea, maldita sea. No le vino ninguna hasta una hora y media después.

XXI

Habían pasado dos noches sin que sucediera nada. La policía había comprobado el regreso de los que trabajaban fuera de Louviec; luego, a los pocos transeúntes nocturnos, los que iban a tomar una copa y a jugar a los dados en el Café de la Arcada, los que iban a cenar a casas de amigos y los inevitables paseadores de perros. Todos habían presentado sus papeles, dado los nombres de sus jefes o amigos, y sus coartadas habían sido comprobadas. En cuanto a los paseadores de perros, eran seguidos hasta que otro policía tomara el relevo, si el paseo era largo. ¿Quién saldría a matar a alguien llevándose al perro? Aun así, la policía hacía su trabajo y anotaba los nombres. Noches solitarias y aburridas, solo pautadas por el bocadillo y el pastel de Johan, hacia medianoche, que bien valían la pena. Y luego los informes enviados a los dos comisarios, que llevaban dos noches revisándolos rápidamente, es decir, ciento ocho «nada que señalar» cada noche.

—Desalentador, ¿no? —dijo Matthieu.

—No. ¿Cómo quieres que mate en calles atestadas de policías?

—¿Vamos a esperar así toda la vida?

—Tampoco. Te dije que su furia estaba creciendo. Démosle tiempo para salir de su estupor e idear una nueva táctica. Algo se le ocurrirá, puedes estar seguro. No lo sé, no tengo ni idea, pero lo creo.

XXII

Ese viernes por la mañana, sentado en su escritorio, el hombre releyó el correo que había recibido ese mismo día, sellado con lacre y marcado con una impronta tan ridícula que no podía por más que recordarla. Aquel tipo tenía la manía de sellar a la antigua usanza. Tipo con quien nunca se había llevado bien. Era con otros con los que había hecho las mil y una en su juventud, sin que nunca los pillaran, sin dejar rastro de su paso. Al principio, se habían avezado con pequeñas incursiones de extranjis; luego, a medida que iban cogiendo mano, pasaron a operaciones de mayor envergadura que les reportaron pingües beneficios a lo largo de los años. Finalmente, el equipo, perfectamente entrenado, se embarcó en operaciones aún más audaces y altamente lucrativas que habían dejado siete víctimas mortales. Con una parte de ese dinero, había podido crear la empresa que dirigía desde hacía catorce años y conseguir así un certificado de buena conducta intachable. Eso no le había impedido dedicarse a actividades sórdidas tan rentables como, a veces, mortíferas. Las operaciones fraudulentas las llevaba en la sangre y nunca había tenido intención de ponerles fin, al tiempo que tomaba precauciones para mantener una separación perfectamente estanca entre su empresa a pie de calle y sus negocios ilícitos.

La repentina reclamación que leía de nuevo lo incomodaba. Porque contenía algunas referencias a su pasado, dispersas aquí y allá y tal vez inocentes, a menos que fueran semillas ocultas e implícitas de un futuro chantaje o denuncia. Y eso no debía tomarse a la ligera. Había buscado detenidamente en sus recuerdos lejanos y no se le ocurría ninguna información fiable que el tipo pudiera haber descubierto. Sin embargo, no había que subestimarlo, el hombre era listo. Con unas pocas palabras escuchadas, unas cuantas acciones o miradas captadas al vuelo, era capaz de concebir los elementos que faltaban, desarrollar una línea de razonamiento y llegar a la verdad. Pero eso, pensándolo bien, no era algo que temiera demasiado. Por un lado, porque las insinuaciones eran demasiado vagas y su propia posición social estaba demasiado consolidada, y por otro, porque en casi catorce años no se habían vuelto a ver. Así que podía rechazarlo todo y dejar la petición sin respuesta. Ese había sido su primer instinto, a pesar de una sorda aprensión que le hacía girar la carta una y otra vez entre las manos.

Carta que reactivaba el recuerdo de un suceso penoso, y no de los menos: aunque no era nada dado a la gratitud, no había olvidado que aquel tipo le había salvado la vida. Sucedió en el estanque de Verrières donde, poco después de su regreso a Louviec, había querido ir a pescar como cuando era joven. No había encontrado a nadie que lo acompañara, pues las orillas se habían vuelto demasiado fangosas y peligrosas. Excepto este tipo, que había aceptado ir con él. Los dos hombres se sentaron cerca de la orilla, lanzaron sus sedales y el tiempo transcurrió en silencio, tanto para no asustar a los peces como porque no tenían nada que decirse.

De repente, notó que se le tensaba el sedal y se agachó, demasiado deprisa. Patinó en la orilla y cuanto más intentaba subir por la resbaladiza pendiente, más se hundía en el fango sin percibir un fondo estable. Recordó aquel momento con pavor. Su compañero había reaccionado de inmediato, había encontrado una larga pértiga de madera y se la había tendido, tumbándose boca abajo en el borde de la orilla. Él se agarraba a la pértiga con todas sus fuerzas, mientras veía que el hombre que tiraba de ella también perdía terreno poco a poco e iba aproximándose al lago. A pesar de ello, el hombre se arriesgó de forma temeraria a soltar las matas de hierba a las que se agarraba con una mano para tirar de la pértiga con ambas. Poco a poco, consiguió sacarlo del barro y llevarlo a tierra firme. Yacían en el suelo, jadeantes, tan exhaustos el uno como el otro, sabiendo que ambos habían escapado por poco de la muerte.

Cuando el hombre se sintió arrastrado hacia el estanque, podría haberlo soltado. Es lo que él habría hecho sin dudarlo. Pero ese tipo no lo hizo. Al contrario, había persistido, atreviéndose a soltar aquellas matas de hierba. Recordaba haber dicho a su compañero, tras recuperar el aliento: «Si algún día me necesitas para algo, pídemelo». Y aunque era cualquier cosa menos un hombre de palabra, aquella promesa nunca había desertado de su memoria y se mantenía incólume por encima de todas las demás, incluso tanto tiempo después. Sin duda por su absoluta franqueza de entonces. Pensándolo bien, era de hecho la única promesa que había hecho nunca. Y ahora, catorce años después, ese compañero del lago lo necesitaba.

Pero, sobre todo, por una extraña combinación de circunstancias, y por una razón que solo él conocía, la petición que le hacía le venía muy bien. Hacía tiempo que sentía que el hombre que mencionaba la carta representaba un peligro insidioso, y no era la primera vez que pensaba en hacerlo desaparecer. No quedaba nada más que ultimar rápidamente la estrategia y elegir a la persona ejecutora, el asunto debía concluir esa misma noche. Pasó revista a sus tropas ocultas: necesitaba a alguien desprovisto de moral —característica de todos sus hombres—, pero también escrupuloso, dotado de memoria y muy codicioso. Porque, aunque el encargo fuera bastante básico, requeriría delicadeza, método, pero también inteligencia para llegar a buen puerto. Se decidió por un socio que parecía reunir todos los requisitos necesarios: Gilles Lambert, un nombre falso, por supuesto. Además, Gilles nunca había pisado Louviec ni sus alrededores, y eso constituía una ventaja considerable. Solo quedaba esperar que estuviera disponible de inmediato. Ya eran las diez de la mañana y no había tiempo que perder.

Apagó el puro y abrió el baúl. Al fondo, un pequeño escondite lateral contenía once móviles, todos manipulados e imposibles de rastrear, y sacó el que usaba para ponerse en contacto con Gilles. Se alejó hasta la terraza contigua a su despacho. Allí, al abrigo de los setos, era invisible y nadie podría oírlo.

—¿Gilles? ¿Disponible hoy?

—Sí.

—Nos vemos en veinticinco minutos en el estanque Vallon-du-Mont.

El jefe se quitó la corbata y la chaqueta del traje para ponerse una cazadora común y zapatos corrientes, que no olían a hombre de negocios a cien metros de distancia. Por las escaleras, llegó al patio trasero, donde estaban aparcados los coches de servicio. El aparcamiento estaba desierto, todos los empleados habían llegado ya, y el conserje de día vigilaba el patio delantero, donde estaban aparcados los camiones ya cargados. Entró en la garita vacía del vigilante nocturno, que siempre se hacía dos huevos con jamón en mitad de su guardia nocturna. El hombre abrió las cajas y miró rápidamente los huevos bajo la potente lámpara del escritorio. Cogió uno, lo envolvió en algodón y papel de aluminio, y salió. Seguía sin haber nadie. Eligió un coche normal y salió rumbo a Vallon-du-Mont. Allí no lo conocía nadie, ni tampoco a Gilles. El sitio que había elegido —lo cambiaba cada vez— no tenía nada de un lugar turístico.

En Vallon-du-Mont, los dos hombres se saludaron con la cabeza y empezaron a caminar alrededor del estanque desierto.

—¿Qué tal un asesinato bien pagado?

—Cuenta.

No había emoción en la voz de Gilles. Hablaba lo menos posible y no hacía preguntas.

—Tiene que hacerse esta noche, entre las nueve y las nueve y media, cuando el tipo sale a pasear al perro, de aquí para allá por la pequeña carretera que hay delante de su jardín. Puntual.

—¿Cómo es el tipo?

—Buena estatura, pelo denso y blanco, inconfundible. Hay instrucciones que seguir y memorizar. ¿Tienes algo donde anotar?

—Sí —dijo Gilles sacando su cuaderno.

—Localización: al norte de Louviec, calle de la Vieja Calzada número 2.

—¿Está fuera del perímetro? Ya me he enterado. Louviec está plagado de maderos.

—Precisamente. El tipo vive fuera y su casa está aislada.

—¿Esposa e hijos?

—Niños en la cama, esposa probablemente haciendo tareas domésticas.

—¿Perro?

—Un chucho grande y pelirrojo. Viejo, no parece agresivo.

—Nunca se sabe.

El jefe se puso un guante y sacó una hoja de papel del bolsillo.

—Toma —dijo—, coge esto. La cruz roja es su casa. No está lejos de donde vives. Verás que, una vez cruzada la antigua vía del tren y llegando a la carretera, hay dos caminos a la izquierda.

—Sí.

—No tomes el primero, está lleno de barro y se vería en los neumáticos. Toma el segundo, es una calzada adoquinada. ¿Entendido?

—Entendido.

—Ahora el coche. ¿Tienes un garaje?

—Sí, tengo garaje.

—¿Qué coche tienes? ¿La berlina clásica de antes? ¿La gris?

—Sí.

—¿Algún signo distintivo? ¿Abolladura, faro roto?

—Ya te puedes imaginar que no.

—Entra marcha atrás en esta calzada, lo suficiente para que no se vea nada desde la carretera. Joder —dijo el hombre, interrumpiéndose—. Hace poco hemos entregado corcho allí. Podrían quedar fragmentos atrapados en los surcos de los neumáticos. Eso es malo. Aunque no veo cómo podrían llegar hasta ti.

—Eso no es nada. Cuando llegue a casa, revisaré las ranuras y quitaré el corcho, si es que hay.

—Perfecto. Ahora las placas. ¿Te queda alguna?

—Sí.

—Cámbialas. Pero recuerda, lo de siempre: no uses tornillos nuevos. Usa tornillos viejos.

—Rutina —murmuró el tipo.

—Lleva dos pares de guantes, un pantalón y un abrigo impermeables.

—Tengo varios K-way.

—Muy bien, ocupan menos espacio. Coge dos bolsas de plástico para protegerte los zapatos, haz el nudo bien fuerte. Y una bolsa de basura. Ah, lo olvidaba. Y un huevo. Un huevo fecundado. Te he traído uno porque no sé si tienes huevos o si sabes mirarlos a trasluz. Está bien envuelto, pero llévalo con cuidado.

—¿Un huevo?

—Un huevo que vas a aplastar en su mano.

—Pero ¿para qué?

—Para cargar el muerto al asesino de Louviec. Así que tiene que parecer exactamente un crimen suyo. Uno, apuñalar con el brazo izquierdo, un golpe profundo en el pecho, también en la izquierda, y otro golpe en el costado, para alcanzar el corazón. Dos, aplasta el huevo en su mano. Sobre todo, no olvides lo del huevo.

—No.

—Y dejas el cuchillo hundido en la herida hasta la empuñadura. Ahí está lo difícil. No tiene que ser un cuchillo cualquiera. Tiene que ser un cuchillo Ferrand. Y en este momento, la policía está pendiente de cualquiera que compre un Ferrand. ¿Conoces a alguien de confianza que tenga uno?

—Yo mismo.

—¿Tienes un Ferrand?

—Modelo grande.

—Eres un as.

Gilles se encogió de hombros.

—Cuando te dedicas a esto, tienes que tener el equipo adecuado. Para el cuerpo a cuerpo, no se usa una hoja que pueda romperse en el esternón.

—Pues limpia bien tu cuchillo y cógelo.

—No, no lo limpio y me lo llevo con todas mis huellas dactilares —dijo Gilles con su inusual sonrisa, que provocaba un escalofrío en el espinazo, incluso en el jefe a veces.

—Una vez hecho esto, te quitas los pantalones, la ropa impermeable, los guantes y las bolsas de plástico de los zapatos, y lo metes todo en la bolsa de basura. Te cambias los guantes por un par limpio y te pones de nuevo en marcha. No hacia Combourg. Vas hasta Saint-Malo y tiras la bolsa en una papelera pública. ¿Qué policía buscaría las cosas del asesino de Louviec en un cubo de basura de Saint-Malo? Porque además se vacían al amanecer.

—No, Saint-Malo no, conozco a demasiada gente allí y ahora está petado. Iré a Fougères.

—Fougères, muy bien. A la vuelta…

—… cambio las placas, limpio las ranuras de los neumáticos, y estamos limpios como una patena. Y hablando de guita, ¿cuánto será?

—El doble de lo habitual, quiero todo impecable. O sea, cuarenta mil.

—Cincuenta mil. Después de un asesinato como este, los policías olfatearán todas las pistas.

—¿Y qué van a encontrar?

—Las huellas de mis neumáticos.

—Hay miles como las tuyas. Y no habrá huellas en una calle adoquinada.

—Cincuenta mil.

—Te haré saber la hora y el lugar del ingreso. No tardaré. Cuidado con el huevo. En caso de rotura, ¿tienes otro en casa?

—No, como fuera.

XXIII

A las ocho y media, mientras los cincuenta policías patrullaban Louviec y los otros sesenta acordonaban el perímetro, Gilles Lambert ya había preparado con esmero toda la operación. El jefe había dicho de la futura víctima: «Buena estatura». Con su metro ochenta y siete y una complexión corpulenta, Lambert no tenía miedo a nada, sobre todo teniendo en cuenta que el tipo sería cogido por sorpresa. ¿Y si el perro ladraba? Cuchillada en la garganta, total, qué más da. O cortaría la correa y el chucho saldría corriendo, encantado con la escapada. Gilles había forrado el maletero con un plástico fino por si la bolsa de basura goteaba. También había tomado la precaución de plastificar el asiento delantero y llevar tres pares de guantes en lugar de dos. Todo ello estaba perfectamente doblado en la bolsa de basura y ocupaba muy poco espacio. El cuchillo estaba en la guantera, con el huevo. Había cambiado las placas con los mismos tornillos. Comprobó los neumáticos: el delantero izquierdo tenía una muesca, y eso era un fastidio. Lo cambió por la rueda de repuesto, que no era nueva. Había memorizado el plano seis veces antes de quemarlo y podría haberlo dibujado de memoria. Salida a las ocho y treinta y cinco. Cincuenta mil euros, el jefe tiraba la casa por la ventana para ese trabajo. No podía permitirse el más mínimo error. Como muy tarde, contando el viaje de ida y vuelta a Fougères, estaría de regreso a las veintidós cuarenta y cinco. La luz se filtraría por debajo de la puerta del garaje, pero los vecinos ya estaban acostumbrados a verlo cada dos por tres cuidando del coche y haciendo chapuzas.

A la hora fijada, salía por la carretera de Louviec, perfectamente porque todo el mundo estaba en casa cenando. A las ocho y cuarenta y cinco, pasaba la vía del tren, luego el camino embarrado, y entraba marcha atrás por la calzada adoquinada. Volvió a pie hasta el cruce con la carretera, el coche estaba oculto tras el follaje. Las luces de la casa, muy cercana, ya estaban encendidas, el tipo estaba en casa. A cinco metros del portón, un viejo avellano de ramas bajas y tupidas crecía pegado al seto. Sería un escondite perfecto. Volvió al coche, se puso los guantes, los pantalones y la cazadora impermeables, cubrió los zapatos con sendas bolsas de plástico que ató con firmeza, metió el cuchillo en el cinturón por el lado izquierdo, depositó con cuidado el huevo en el bolsillo derecho y, refinamiento suplementario, un trozo de carne preparado para el perro.

Era, desde luego, la primera vez que tenía que matar con un huevo de propina. Ese tipo debía de estar mal de la cabeza. Gilles se sentó cómodamente detrás del avellano y calculó que, desde su casa, el hombre tenía treinta metros que recorrer antes de llegar al portón. Así que Gilles tenía tiempo de sobra para prepararse para el asalto en cuanto lo viera venir.

Al cabo de veinticinco minutos de espera, vio abrirse la puerta de la casa. El hombre salió, sujetando con una correa a un perro de tamaño impresionante, y Gilles, ahora agazapado, con el cuchillo en la mano izquierda, se felicitó por haber pensado en la carne. En cuanto el amo y el perro cruzaron el portón, la bestia levantó el hocico pardo y se puso a gruñir. Había percibido una presencia extraña. Gilles arrojó la carne a la hierba, muy cerca de la carretera, y el perro husmeó con la nariz en el suelo y se precipitó sobre el bocado. El hombre de pelo blanco, de pie junto a su perro, había bajado la mirada.

—¿Qué estás comiendo, Jef? ¿No habrás encontrado una cochinada de carroña? Vamos, déjalo.

El hombre tiró de la correa, pero el perro se mantuvo firme, concentrado en la carne. Era el momento. Gilles tomó impulso y asestó una primera cuchillada. El hombre se desplomó en el suelo, y el perro vaciló un segundo entre la carne y el extraño. Gilles cogió el cuchillo, cortó la correa, y el animal se alejó corriendo por la carretera. Entonces asestó la segunda puñalada a la izquierda, cerca del esternón, pasó entre dos costillas y hundió el cuchillo hasta la empuñadura. Vio cómo los ojos de su víctima se ponían en blanco y la sangre le subía a los labios. Gilles se puso en pie; una cosa hecha. Iniciaba apresuradamente el regreso cuando se detuvo de repente. El huevo, maldita sea, el puto huevo, lo había olvidado por completo. Volvió junto al moribundo, abrió los dedos de la mano izquierda, sacó el huevo de su capullo de algodón y aluminio y cerró el puño sobre él. De vuelta al coche, completó los últimos pasos. Había dejado el maletero abierto diez centímetros, lo suficiente para poder levantarlo con el codo, pero no para que se encendiera la luz automática. En la bolsa de basura metió, en orden, los protectores de los zapatos, la cazadora, los pantalones, los restos del envoltorio del huevo y, por último, los guantes.

Con las manos limpias, cerró la bolsa, cuyo pequeño volumen cabría fácilmente en una papelera pública. Por precaución, se puso un par de guantes nuevos y salió en dirección a Fougères, que iba a recibir aquel valioso y sangriento depósito. Condujo despacio y sin luces hasta llegar a la carretera, encendió las de cruce y giró a la izquierda. El asunto no le había llevado más que seis minutos, que habrían sido cuatro si no hubiera sido por el coñazo del huevo. Consciente de que llevaba algo tan peligroso como una bolsa de explosivos en el maletero, iba conduciendo sin superar los límites autorizados.

Tuvo la suerte, en Fougères, de que el semáforo se pusiera en rojo justo al lado de un contenedor de basura. Metió la bolsa en él y volvió tranquilamente al coche. Misión cumplida a la perfección. Solo le quedaba, una vez en el garaje, inspeccionar el dibujo de los neumáticos, volver a colocar las placas originales y retirar los plásticos que cubrían el maletero y el asiento. Tendría tiempo de ver la serie de las once y media, una de policías y, sobre todo, de asesinos que, a su modo de ver, hacían las cosas con los pies. Gilles no pensaba: «Joder, he matado a un hombre». Ni siquiera se le pasó por la cabeza.

El perro no tardó en acabar la carne y disfrutó un buen rato de su libertad antes de volver al redil. Encontró a su amo tendido junto a la verja, le puso las patas en el vientre, lo sacudió suavemente, le lamió la cara y se sentó a su lado, aullando a muerte. La esposa dormida no reaccionó, pero sí lo hizo el perro de la casa cercana, que se puso a aullar al unísono. Rápidamente, de perro en perro, todo el vecindario resonó con lúgubres aullidos. Eran las once y cuarenta cuando el vecino decidió ir a inspeccionar la zona con su hijo. Era el perrazo del doctor el que más se oía, y se dirigió enérgicamente hacia su casa. A diez metros de la verja, vio al médico en el suelo, corrió hacia él y le tomó el pulso.

—No te acerques —dijo a su hijo, levantando una mano temblorosa—. Es el doctor, está muerto.

—¿Llamas a la policía?

—Llamo a Johan. La policía está en Louviec, será más rápido.

Johan estaba terminando de ordenar la galería después de que la cohorte de hombres se hubiera ido. Chateaubriand había esperado a que el lugar estuviera vacío antes de ir a la posada a tomar una copa, tras recorrer las calles rodeadas de policías.

—En cualquier caso —dijo Josselin—, de momento me dejan tranquilo. Desde que encontraron a un tipo que compraba los cuchillos. Pero no lo han cogido.

—Pues yo no veo qué demuestra eso —dijo Johan—. Podría haber pedido a uno que se lo comprara en Rennes.

—Pues es verdad —dijo Josselin, volviéndose hacia el po-

sadero y mirándolo extrañado con sus ojos melancólicos—. Y
tú ¿lo crees?

—Ni por un segundo.

—Y ¿por qué no?

Johan se encogió de hombros y sonrió. Tenía tiempo, los
empleados extras estaban terminando de servir a los últimos
clientes en la planta baja.

—¿Usted? —dijo—. ¿Atacar como un loco? Imposible.
Además, un Chateaubriand no puede permitirse ser un asesino. Empañaría el nombre.

Josselin le devolvió la sonrisa y le tendió la copa.

—Y hay una tercera cosa que también olvida —dijo Johan,
sirviendo dos copas y sentándose frente a Chateaubriand—.
No estoy revelando nada, acabó saliendo en el periódico.

—¿Qué cosa?

—Los remaches.

—¿Y bien?

—Los de su cuchillo son dorados. Los cuchillos que compró el tipo tienen remaches de plata.

—No están tan bien —dijo Josselin con un mohín—. Un
Chateaubriand no puede permitirse remaches de plata. Empañaría el nombre.

—Ya lo creo.

Sus risas ahogaron por un momento el timbre del teléfono.

—Tu móvil —dijo Josselin—, está sonando.

—Joder, estoy agotado. Cincuenta hombres que alimentar
más la clientela, créame, no es ninguna broma.

Johan bajó a la barra con su bebida y contestó al teléfono.

—¿La policía? Pero si están patrullando fuera con todos
los hombres.

—Arréglatelas, date prisa. Se trata del doctor Jaffré, calle
de la Vieja Calzada número 2. Ha sido asesinado. Llama al
comisario jefe.

Johan cumplió, sus dedos temblando.

—¿Adamsberg? Soy Johan —jadeó el posadero con voz

abatida—. Ha llamado Yann desde casa del médico. Lo han asesinado delante del portón. Igual que a los demás. El doctor... Imagínate, incluso el médico.

—¡Me cago en la hostia, Johan, te juro que lo atraparé! ¿Quién es ese Yann?

—Yann Radec. Vive cerca del médico. Todos los perros de la zona se habían puesto a aullar y Yann quiso saber qué pasaba.

—Y ¿a qué se dedica?

—A la fotografía. Retratos, bodas, cosas así.

Adamsberg avisó a su equipo y al de Matthieu, al médico forense y a los técnicos, y envió a diez hombres a rastrear la zona. No había nadie en el lugar cuando llegó.

—¿Es usted Yann Radec? —preguntó al hombre que esperaba junto al cadáver, cabizbajo, con los brazos cruzados con fuerza contra el pecho.

—Sí, soy Yann Radec.

—Comisario Adamsberg. ¿Ha visto algo?

—No, fue su perro, que aulló a muerte. Se lo contagió a todos los del barrio y, al final, decidí venir a ver lo que estaba pasando.

—¿A qué hora fue eso?

—Sobre las diez menos veinte, creo. Pero llevaba un rato ladrando. Fue nuestro perro el que lo oyó, nosotros no. Por Dios, si todo Louviec estaba vigilado y el perímetro de seguridad controlado. ¿Cómo lo ha hecho, comisario, cómo?

Los escoltas de Adamsberg y Matthieu se unieron a ellos en unos minutos, mientras los diez policías patrullaban en la periferia. Mercadet estaba durmiendo.

—Será mejor que se vaya a casa, señor Radec —dijo Adamsberg—, tenemos que acordonar la zona. ¿Alguien se ocupa del perro?

—Voy a llamar a su mujer. Manténganla a distancia, será un golpe duro.

Estaba oscureciendo y los policías alumbraron el cadáver

con sus antorchas. Dos heridas en el pecho, el mango de un cuchillo Ferrand clavado hasta la empuñadura, un puño cerrado, del que goteaba un líquido amarillo.

—No hay duda —dijo Retancourt.

—¿Quién dijo que estábamos perdiendo el tiempo —dijo Adamsberg—, que el asesino se limitaría a esperar a que se fuera la policía para volver a hacerlo? Ya les dije que su furia iba en aumento, que no podía esperar, que el acordonamiento de Louviec lo volvería loco, que intentaría eludirlo.

—Pero esperábamos atraparlo en Louviec —dijo Veyrenc—. Y, por el contrario, tenemos un crimen más.

—Se nos va a caer el pelo —dijo Noël sombrío—. Desde el divisionario hasta los de arriba, la bronca va a ser mayúscula. Movilizar a ciento diez hombres para este resultado, los tíos se van a reír de nosotros. Y tendrán razón.

—Esperemos a ver —dijo tranquilamente Adamsberg.

—¿A ver qué?

—Cómo ha hecho el asesino para evitar los controles. De una forma u otra, habrá dejado algún rastro. Y ahí estará el error. El error que estábamos esperando.

El camión del equipo técnico llegó de Combourg. Cuatro proyectores iluminaron crudamente el cuerpo y el fotógrafo acribilló la escena desde todos los ángulos; luego, hizo una seña indicando que el campo quedaba libre. El forense se arrodilló junto al cadáver.

—Debió de morir hacia las nueve y cuarto, nueve y media. Misma táctica, sin cambios. Dos puñaladas en el pecho, probablemente desde la izquierda, uno de los cuales dio en el corazón, y un huevo aplastado en el puño.

—Y las mismas huellas lisas de pies en la sangre —dijo uno de los técnicos.

—Esta vez —dijo Adamsberg—, podemos seguirlas. No se ha quitado inmediatamente las bolsas de plástico como ha hecho hasta ahora. ¿Puede el camión escoltarnos con un proyector?

Adamsberg y Matthieu, acompañados por un fotógrafo, pudieron detectar los rastros de sangre, cada vez más tenues, a lo largo de unos diez metros, casi al inicio de la calzada adoquinada.

—Debió de esconder el coche en esta callejuela —dijo Adamsberg—, no podía dejarlo al borde de la carretera. El tipo había hecho un buen reconocimiento del lugar.

Los comisarios recorrieron lentamente la calzada y descubrieron dos huellas de neumáticos.

—Conducía marcha atrás, lo cual es lógico, y por lo tanto no muy recto. Derrapó en dos adoquines grandes —explicó Matthieu.

Mientras el fotógrafo hacía las fotos, Adamsberg recogió una docena de fragmentos de corcho.

—Y esto ¿de dónde viene?

—De un panel de corcho —dijo Matthieu.

—Y ¿de dónde viene el panel de corcho? ¿De los que venden para aislar las casas?

—Por ejemplo. A veces los paneles se rompen y caen fragmentos. El médico debió de encargar alguno y habrán caído fragmentos al descargarlo del camión.

Adamsberg barrió la zona con su linterna.

—Sí —dijo—, hay una puertecita que da al jardín del médico. Por eso el camión aparcó en la calzada, para facilitar la entrega sin obstruir la carretera.

—De modo que el coche puede haber recogido fragmentos en sus neumáticos.

Adamsberg detuvo a Matthieu.

—Mira —dijo—, aquí es donde el asesino paró el coche y se cambió de ropa a la ida y a la vuelta. Mira estos pequeños rastros de sangre —dijo agachándose—. Paralelos. Probablemente son de las bolsas de plástico que ató alrededor de sus pies. ¿Qué nos dice eso? Nada.

—Exactamente la misma técnica, cuchillo Ferrand, dos heridas en el pecho, huevo aplastado; definitivamente es nuestro hombre. Lo que es imposible porque no pudo pasar el cordón de seguridad sin que los guardias nos informaran. Y todos los informes decían, una vez más, «nada que señalar».

—¿Y sabes por qué es imposible?

—Dímelo tú.

—Sencillamente, porque *no es* definitivamente nuestro hombre —dijo Adamsberg, poniéndose en pie—. Es uno que ha imitado a nuestro tipo. ¿Por cuenta propia? En absoluto. Porque solo pudo haber obtenido la información, confidencial —el brazo izquierdo, el huevo—, de nuestro asesino. Así que el «encargo» procede efectivamente del asesino de Louviec, que se vio abocado a esta solución debido a que sus movimientos habían sido obstaculizados por el cordón. ¿Pero cómo? Seguro que no fue por teléfono, ya que es demasiado arriesgado. Debía de temer que todos los aparatos de Louviec estuvieran vigilados. De ahí a encontrar la llamada en el teléfono móvil del asesino del médico y remontar hasta él, no hay más que un paso que se cuidó mucho de no dar.

»Entonces, ¿qué queda, en estos tiempos en que la informática campa a sus anchas y lo controla todo como medio de comunicación seguro, protegido? ¿Dónde no va la policía a meter las narices, porque se está muriendo y ya no se usa para gran cosa, aparte de pagar algunas facturas, enviar un cheque y otros trámites inofensivos, cuando no se realizan por escaneo y transferencia electrónica?

—¡El correo postal! —exclamó Matthieu.

—Exacto, Correos, por supuesto. Y hemos dejado ese agujero en el cordón de seguridad al no controlar el correo que sale de Louviec. Pero el ministro fue tajante: nada de inspeccionar los envíos, violación de la privacidad. Y yo juraría que es así como nuestro asesino superó el obstáculo. Con una simple carta instando al destinatario a cometer el asesinato en su lugar, y a su manera, desde fuera de Louviec. Un destinatario de gran confianza y muy abnegado. Porque aceptar matar a un extraño para hacer un favor a alguien es algo que nunca había visto. A menos que nuestro asesino lo tenga dominado. Amenazándolo con chantajearlo o denunciarlo si no se cumplen sus demandas.

—De modo que el asesino podría estar en relación estrecha con un delincuente cuyas transgresiones conoce. Con un hombre que no se arredraría ante el asesinato. Y cuyas actividades son lo suficientemente culpables como para que obedezca sin rechistar.

—Actividades que podrían haber tenido lugar tanto hoy como ayer —dijo Adamsberg—. Aunque uno se redima, la espada de Damocles sigue ahí.

Uno a uno, los diez gendarmes que patrullaban fueron regresando de su búsqueda con las manos vacías.

—En resumen, los alrededores están desiertos. Hemos encontrado a un padre joven en moto con su hijo de nueve años y dos vehículos, pero conducidos por mujeres. Les hemos tomado los datos de todos modos, por si acaso.

—Es inútil —dijo Matthieu negando con la cabeza—. Nuestro hombre ya está lejos.

Los dos comisarios subían de nuevo al coche, en silencio, decepcionados por su examen del lugar y rumiando su fracaso, cuando llamó el forense.

—Esto puede sorprenderles —dijo el médico—, pero no ha sido él. Las heridas fueron hechas, en efecto, por un zurdo, pero por un zurdo de verdad. Sin la menor vacilación ni desviación en las puñaladas. En cuanto al huevo, está fecundado. Y ni una sola picadura de pulga.

—Confirmado —dijo Adamsberg—. Esta vez ha sido un zurdo de verdad. Y el ejecutor no tenía pulgas. Me pregunto por qué nuestro asesino de Louviec habrá actuado tan rápido. Impaciente, sí, ¿pero hasta este punto?

—Porque el médico tenía que irse mañana de fin de semana —dijo Matthieu—. Para ver a su padre en Saint-Malo.

—¿Cómo lo sabes?

—Por uno de los habitantes a los que informé durante mis rondas. Se quejaba de ello. Normalmente, Jaffré consulta los sábados por la mañana.

—Por eso nuestro hombre tenía tanta prisa. Una carta enviada desde Louviec ¿llegaría a Combourg al día siguiente?

—Sin duda alguna.

—El miércoles por la noche se dio cuenta de que el pueblo y sus alrededores estaban controlados. Pudo escribir la carta, echarla al buzón el jueves, y su destinatario la habrá recibido esta mañana. Mientras organizas la salida de las tropas de refuerzo mañana, yo iré a ver al cartero de Combourg. ¿A qué hora termina la recogida en Louviec?

—A las diez y media.

XXIV

Mercadet consiguió encontrar el nombre y el número de teléfono personal del jefe de correos de Combourg. Dada la urgencia de la situación, y a pesar de que era sábado, el hombre, que no podía ser más «cordial», como se decía en el pueblo, le dio los datos del cartero encargado del sector de Louviec. Adamsberg tenía un auténtico problema con ese «cordial», lo que desencadenaba una segunda idea vaga cuando apenas alcanzaba la primera. El cartero de voz juvenil se mostró dispuesto a ayudarlo lo mejor que pudiera.

—¿El correo del jueves? —dijo—. Eso lo tengo ya muy lejos, es que hago muchos pueblos. Pero aquel día no había gran cosa en el buzón de Louviec, debería acordarme. De todos modos, ya no hay muchas cartas en los buzones, la gente se escribe por correo electrónico, por SMS, envía documentos o fotos por el móvil... El correo postal se está muriendo, señor comisario, créame. Espere un momento..., el jueves, ¿eh? Ah, sí, ese día hacía viento y las pocas cartas se me cayeron al suelo, se me escaparon de las manos. —El cartero hizo una pausa para concentrarse—. Ah, sí —continuó—. Recuerdo haberlos recogido. Dos pagos de facturas, ya sabe, en esos sobres prefranqueados con la letra te, y... Ah sí, una carta en sobre kraft de formato medio para un notario de París, señor no sé qué, una para Hacienda en Rennes (probablemente una multa que pagar) y otra para la vieja Adène Briand (es la madre del deshollinador, en Dol), y bueno...

—¿Eso es todo? ¿No recuerda nada fuera de lo común? ¿Algún detalle?

—Ah, sí, es verdad —dijo el joven, también muy cordial—. Dos cartas se habían quedado pegadas, y eso no es habitual. Había hecho mucha humedad durante la noche y es por eso. Un sobre blanco se había quedado pegado al sobre kraft. Porque la tinta del sobre blanco (tengo que hablarle de ese sobre) era densa y bastante pegajosa, como tinta vieja que se ha secado.

—¿Y qué le pasaba a ese sobre?

—Pues que se notaba que había otro dentro. Algunas personas hacen eso para proteger su correo. Y eso no es todo.

—Tiene buena memoria —dijo Adamsberg para animarlo.

—No es eso, es que cuando recojo el correo, tengo que sellar cada sobre con el fechador. Así que, inevitablemente, uno ve el correo.

—Comprendo. ¿Qué más había en el sobre?

—Se notaba con los dedos que el sobre del interior tenía un relieve. Una especie de círculo o de óvalo, un poco como esos sellos antiguos de lacre que se usaban antes. Ya sabe que los sobres autoadhesivos son fáciles de abrir con un dedo. Así que mucha gente añade un trozo de cinta adhesiva. Pero el tipo (o la mujer), pensé, había lacrado el sobre.

—¿Recuerdas la dirección del sobre que se quedó pegado?

—Sí, porque la letra a tinta era muy grande. Iba a Combourg, para la empresa Su Casa de la A a la Z, en la zona industrial. Es una empresa enorme, hacen de todo, muebles, suelos, aislamientos, electrodomésticos, lámparas, de todo. Yo no voy a esos sitios, son demasiado grandes, no se encuentra nada y acaba uno poniéndose de los nervios.

Adamsberg llamó a Matthieu, que estaba organizando la recogida de los refuerzos.

—Di a los del cordón que se preparen para irse a última hora de la tarde. Y envía al resto de vuelta a sus cuarteles. Aunque el último cuchillo no le perteneciera, nuestro asesino ha acabado con los cinco ataques que tenía previstos, creo que la lista está cerrada.

—Harías bien en llamar al ministerio ahora mismo —dijo Matthieu, nervioso—. Es sábado y puede no ser fácil conseguir los diez helicópteros para el viaje de vuelta.

—Los conseguiremos, y espero que no nos aparten del caso en el proceso. Matthieu, no nos equivocamos: nuestro hombre escribió a una empresa de Combourg, Su Casa de la A a la Z, en la zona industrial.

—Sé dónde es. Es una empresa gigantesca. Nunca voy allí, acaba uno de los nervios. ¿Con quién contactó?

—No se sabe, dentro había otro sobre que debía de llevar la dirección del destinatario. Y fíjate, estaba lacrado. Sí, lacrado, como en los viejos tiempos.

—Y ¿cómo lo sabes?

—Por el cartero, ya te explicaré. Voy a contactar con la secretaria del director de esa empresa. No creo que me rechacen, todo el mundo comprende la gravedad de la situación en Louviec.

Adamsberg pidió a Mercadet que le buscara el número de teléfono de la secretaria del director de la empresa Su Casa de la A a la Z, en Combourg. Luego se alejó para llamar «arriba», donde el agregado del ministro le significó claramente y con voz glacial que pensaban apartarlo del caso. Debía estar preparado.

—No es el momento —dijo tranquilamente Adamsberg—. Es cierto que el asesino consiguió burlar el control, pero al hacerlo cometió el error que yo esperaba.

—¿Que es…?

—Escribió una carta. Y sabemos adónde. Tiene un cómplice en Combourg. Recurrió a esa tangente para esquivarnos y vamos a seguirla. ¿A qué hora tendremos los helicópteros para reembarcar a las tropas?

—¿Porque ya no los considera útiles?

—No. El asesino había planeado la muerte de cinco personas y ya lo ha conseguido.

—¡Por desgracia para usted, Adamsberg! —tronó el secretario ministerial—. Último plazo para usted, ¿me oye? ¡Ultimísimo! ¿He sido claro?

—Perfectamente.

—Y los helicópteros hacia las seis —añadió el secretario antes de colgar bruscamente.

—Comisario —intervino Mercadet con tono de disculpa—, imagino que no es el momento, pero Froissy me ha enviado una imagen borrosa bastante reveladora del joven que atacó la joyería, ¿se acuerda? El tipo del pasamontañas de malla ancha. Se la paso para que decida si la difundimos.

Mercadet le envió una foto de la cara del joven, reconstruida a través del tejido de punto. El resultado no era espectacular, pero mucho menos impreciso de lo que él habría esperado, y Froissy había coloreado la imagen para resaltar el pelo rojo.

—Está bien —dijo a Mercadet—, haga circular el retrato.

—Acabo de enviarle los datos de la secretaria del jefe de De la A a la Z. Se llama Estelle Braz.

—A propósito, teniente, necesito el nombre del director de la empresa Su Casa de la A a la Z, y cualquier otra cosa que pueda averiguar sobre él.

—De acuerdo.

Adamsberg se reunió con Matthieu y le informó del enfado del agregado del ministro.

—Los helicópteros llegan a las seis. En cuanto a nosotros, pendemos de un hilo, compañero.

—Cabe preguntarse cómo es que seguimos aquí. Recojo los vehículos y aviso a todos los hombres para se preparen para el regreso. Ya son casi las once y media.

—Te dejo con eso y nos vemos en casa de Johan con los nuestros.

A pesar de la llovizna que empezaba a arreciar, Adamsberg caminó lentamente hacia la posada, evocando sus recuerdos del doctor Jaffré. Él, ¿por qué él, maldita sea?

Mercadet estaba sentado con los ojos entornados en un rincón de la mesa.

—Le preparo un café doble bien cargado —decidió Johan.

—Es el comisario —dijo el teniente, incorporándose—. Reconozco su manera de andar.

El posadero abrió la puerta sin dar tiempo a que Adamsberg hablara.

—Me cago en la —dijo con su potente voz—. ¿Quién lo hubiera pensado? Y ¿cómo demonios consiguió el asesino burlar el cordón de seguridad?

—Por el medio más sencillo del mundo: el correo. Que el ministerio me había prohibido revisar. Envió una carta a Combourg, y otro mató al doctor por él, y a su manera. Quiere firmar todos sus asesinatos. Una vez más, que no salga de aquí, Johan.

—¿En serio? Pero no se mata para hacer un favor —dijo Johan, colocando vasos y *chouchenn* sobre la mesa. Beba esto para entrar en calor, que tiene el pelo mojado. ¿Sabe a quién escribió?

—Por un golpe de suerte, la carta se había quedado pegada a otra —dijo Adamsberg—. De modo que el cartero se acordaba muy bien.

—¿Cómo es posible?

—Es posible cuando se utiliza tinta vieja un poco pegajosa y las cartas han cogido humedad en el buzón. Tinta vieja de la que ya ha tenido que deshacerse.

—¿Y para quién era?

—Su Casa de la A a la Z. Sin nombre del destinatario. Había otro sobre dentro del primero.

Mercadet se había tomado su tazón de café y había vuelto a su ordenador. Johan dejó caer el vaso de golpe sobre la mesa.

—Su Casa de la A a la Z —repitió—. ¿Se refiere a ese enorme almacén del polígono industrial de Combourg?

—Exacto —dijo Mercadet con la cara pegada a la pantalla.

—Pues eso cambia mucho las cosas —dijo Johan, concentrado y casi excitado—. Porque corren rumores acerca del director.

—Aún no sabemos quién es.

—Pierre Robic —añadió Mercadet, que siguió escribiendo en su teclado.

—Es más rápido que yo, ¿verdad? —dijo Johan—. Pierre Robic, exactamente. Y esos rumores sobre él, no digo que sean ciertos, digo que son lo que se cuenta. O lo que piensa todo el mundo.

—No te dejes llevar, no hay pruebas de que la carta fuera dirigida a él, pero creo que es lo más probable. Cuéntame todos los rumores sobre ese Pierre Robic —dijo Adamsberg sacando su cuaderno—. Aquí no se te escapa nada. Mercadet, ya que se ha recuperado, recoja todo lo interesante que encuentre sobre él.

—El tío nació en Louviec —comenzó Johan—, se marchó de «este poblacho de fracasados» (son sus palabras) después del bachillerato y, ¡hop!, desapareció. Lo que tienes que saber es que a los trece años, en el colegio, ya era un maleante en ciernes y, joder, no era el único. Pero era el «jefe». ¡El jefe! ¡A los trece años! ¿Quién se creería que era? Un mocoso de mierda, eso es todo lo que era.

—¿Jefe de quién? ¿Lo sabes?

—De un grupo de tocapelotas, pero no me preguntes más. Solo que sé que tenía un «subjefe», ¿por quién demonios se tomaba?, su amigo Pierre Le Guillou. Los dos Pierre, se decía. Le Guillou también se fue de Louviec. Como sus padres se habían trasladado al sol, a la costa, nunca volvimos a saber de él. Aun así, Robic seguía escribiendo a su madre de vez en cuando; supuestamente, era viajante de comercio por el sur, luego chófer, después limpiacristales. Y un día, hace catorce años, reapareció por aquí, recién llegado de América y forrado. Millones, dijeron que tenía. Para un vendedor ambulante, eso es algo que dio mucho que hablar. Su anciana madre explicaba a quien quisiera escucharla que un primo lejano, nacido en América, le había dejado todo su dinero. Un tal Donald no sé qué, decía. Ni siquiera conocía a ese primo, la pobre. Aquí nadie se lo creyó. Porque el cuento del tío americano está más que visto, ¿no? Y si nuestro pobre doctor estuviera entre nosotros, lo afirmaría, porque él sabía algo.

—¿Jaffré? ¿Qué sabía, Johan? —preguntó bruscamente Adamsberg, con el lápiz aún en la mano.

—Que lo del testamento del americano era un montaje.

—Pero ¿cómo lo sabía? ¿Te lo dijo? ¿Cómo?

—Hombre, porque se había hecho colega del americano.

—¿Qué quieres decir con «colega»?

—Que se entendían como lobos de la misma camada. Es que no sabe usted que el americano había venido a Francia con un amigo hacía tiempo. A los yanquis les chiflan los edificios antiguos, las piedras antiguas. Porque no tienen. Solo tienen edificios que habría que pagarme para vivir allí. Así que ya puede imaginarse que no se perdieron el castillo de Combourg, los americanos. Pero, como explicó el doctor, su amigo aún no era su amigo, ¿me entiende?

—Perfectamente. Continúa —lo animó Adamsberg, sin dejar de tomar notas—, estoy intrigado.

—Se desmayó en la mesa y su amigo lo llevó corriendo a la consulta del médico más cercano. Donde Jaffré. «Síncope vasovagal», dijo el médico, nada grave en absoluto (en mi opinión, fue más bien que se había pasado con el *chouchenn*), pero, en cualquier caso, el Donald (¡ah! Ahora recuerdo el nombre de pila), al volver en sí, lleno de gratitud, enseguida tomó afecto a nuestro Jaffré. Como si fuera su salvador, vamos. Y ya sabes cómo son los americanos. No tendrán tan buenos modales como nosotros, pero se convierten en tus amigos en un abrir y cerrar de ojos, son de lo más cariñoso, e invitó a nuestro Jaffré y a su mujer a cenar esa misma noche. ¿Y sabes adónde le llevó Jaffré?

—Lo trajo aquí —dijo Adamsberg, sonriendo.

—Sí, señor —dijo Johan, ufano—. Y como el doctor me había llamado para reservar la mejor mesa, créeme, cuidé la cena como nunca. Quería dejarlos patidifusos, al Donald y a su amigo, servir lo mejorcito de la cocina francesa, y no perritos calientes, ya te puedes imaginar.

—Perfectamente, sí.

—Y fue una cena de órdago. Langostinos con trufas y todo lo demás. Charlaron y charlaron, como si se conocieran de toda la vida, el yanqui llamando a Jaffré por su nombre de pila y Jaffré diciéndole Donald cada dos por tres. No sé lo que se dijeron, porque solo hablaban en inglés, pero después el médico los llevó de excursión durante tres días por los lugares más bonitos de la región. Era puente, me acuerdo, debía de ser en mayo. Después, nuestro Jaffré se lamentaba de que se marcharan para continuar su viaje por Francia. Una vez, incluso fue a verlo allí con su mujer, y se quedaron lo menos tres semanas con el Donald.

—Pero no me has dicho por qué este Donald va a ser, casualmente, el Donald del testamento.

—Ah, sí. Casualmente no. Este Donald le había contado a Jaffré cómo había ido a parar a esta aldea perdida de Louviec, que lo había dejado alucinado, créeme. Antes de salir para Francia, había preguntado a unas cuantas personas que conocía dónde era mejor ir. También al del concesionario de su Jaguar, que era francés. Le dijo que no se perdiera Combourg, ni Louviec, donde él había nacido. Que le encantaría. ¿Y quién era ese vendedor de coches?

—Robic.

—Exacto.

—Sigue, Johan.

—Jaffré, naturalmente, le contó la historia del fantasma de Combourg. Y para su sorpresa, el Donald se había asustado, de lo supersticioso que era. Creía a pies juntillas en todas esas cosas, en los presagios de desgracias y todas esas mandangas. Como encontrarse con un gato negro por la izquierda, viajar en viernes 13, hacer testamento… Tanta gente está convencida de que el mero hecho de hacerlo te mata. Y el americano, a pesar de ser millonario, nunca lo habría hecho, nunca, se lo dijo a Jaffré.

—¿Nunca habría hecho qué? ¿Viajar un viernes 13?

—No, lo del testamento. Eso es lo que sabía Jaffré, y por eso, en su opinión, ese testamento era puro fraude.

—¿Y el doctor se enteró de que su Donald había muerto?

—Pues claro, porque se escribían, se telefoneaban. Y el amigo americano que había venido a Francia con él dijo a Jaffré que Donald había sido asesinado por unos gánsteres. Eso lo dejó hecho polvo, y siguió la investigación que la policía estaba haciendo allí. Y cuando se enteró de que Donald había dejado sus millones a un tal Pierre Robic, estalló. Como me dijo: «No pude contenerme, Johan».

—¿De qué?

—De decirle cuatro cosas al Robic. Cuando se encontró con él en Combourg, no mucho después de su regreso, le dijo que había conocido muy bien a Donald, y le felicitó por su buena fortuna, como si tal cosa. Y luego añadió algo así como que le sorprendía mucho de su amigo, que había jurado no hacer nunca testamento. «Y ya ve, Robic —le dijo—, tenía razón, no le ha traído buena suerte». Y lo plantó ahí. «Tendrías que haberlo visto, Johan, se puso verde». Ya sabes cómo los médicos te hacen entender las cosas con frasecitas insidiosas. De todos modos, eso y la desconfianza de la gente de Louviec empujaron a Robic a coger el toro por los cuernos, y fue a enseñar su documento oficial americano al notario de Combourg, que lo declaró admisible, y Robic hizo que se supiera en todas partes, incluso en *La Feuille de Combourg*. ¿Cree usted que eso convenció a Jaffré? Ni por un segundo. Bueno, luego, uno puede imaginarse que tal vez el doctor acabó haciendo cambiar de opinión a su amigo y que Donald, al final, escribió el puñetero testamento. Y que, mala suerte, muriera esa misma noche.

—Jameson —interrumpió Mercadet—. Donald Jack Jameson.

—Eso es —exclamó Johan.

—Asesinado justo después de enviar el testamento al abogado —continuó Mercadet—. Un crimen miserable, le robaron todas las joyas y el dinero durante la noche.

—¿Qué concluyó la investigación americana? —preguntó Adamsberg, volviéndose hacia su lugarteniente, tan seguro como si estuviera consultando un oráculo.

—Punto muerto. Nunca encontraron a los asaltantes. La verdad es que el asunto da que pensar. Lega sus posesiones a Robic y es asesinado a tiros esa misma noche. Feo, muy feo.

—Y ¿eso es lo que piensas, Johan? ¿Que el bueno de Donald había cambiado de opinión? —preguntó Adamsberg, que seguía llenando su cuaderno de notas.

—Qué va. Yo creo a Jaffré. Los demás no saben nada de la superstición y el asesinato del primo de primo, pero, al fin y al cabo, en un pueblo, cuando la duda se instala, ni siquiera la intervención del presidente podría eliminarla. Al final, fue con este dinero podrido con lo que Robic montó su negocio en Combourg. Y, desde el principio, no era una tiendecita de camas, no. Era un emporio. Con electrodomésticos procedentes de los Estados Unidos. Y eso gustó a la gente. Máquinas americanas. Y luego, año tras año, su negocio fue creciendo y se convirtió en la enorme empresa que conoces. —Johan hizo una pausa mientras vaciaba su vaso y sacudió la cabeza torciendo el gesto—. No —insistió—, yo tampoco me creí nunca ese cuento de hadas. Y menos de un tipo como Robic. Oh, sí, si lo vieras, es un gran empresario, irreprochable. Ropa de lujo a la americana, supuestamente traída de allí, corbatas multicolores, pulseras de oro y puros, todo para deslumbrar. Y eso, en Louviec, no nos gusta, ni tampoco en Combourg. Se me olvidaba: los dientes. Cuando era joven, los tenía todos torcidos, no eran blancos y no estaban alineados. Pero en Estados Unidos es así: te marchas feo y vuelves guapo. Bueno, guapo no es la palabra en el caso de Robic, pero unos buenos dientes arreglan a cualquier tío.

—¿Qué clase de tipo es?

—Solo lo he visto tres veces, en Rennes, en restaurantes elegantes donde me habían invitado como catador. Lo oía hablar en la mesa de al lado. Un tipo que no se toma por un mierda, eso seguro. Insoportable. Criticando todos los platos, dando órdenes, seco, duro; ese no vendrá nunca a mi posada.

—¿Viene a ver a su madre a Louviec? —preguntó Matthieu.

—¡Qué va! No, es su madre la que coge el autobús todos los meses para comer con él. Aun así, creo que le paga una pensión, porque sus ingresos han mejorado.

—¿Y se te ocurre alguien en Louviec que pueda conocerlo bien? ¿Íntimamente?

—Nadie, realmente nadie. Ya te he dicho que, desde que aprobó el bachillerato, no ha vuelto a pisar el pueblo.

—En resumen, por este Robic —concluyó Adamsberg— ¿no pondrías la mano en el fuego?

—Ni una uña, ya te lo digo. Pero se hace tarde, tengo que haceros la comida y todavía tengo un montón de hombres a los que alimentar esta noche. Os dejo meditar entre vosotros sobre ese cabrón.

—El montón de hombres ya se habrá ido, Johan —dijo Adamsberg, en voz alta, pues el posadero se había puesto a cantar en la cocina.

—Es Lully —dijo Veyrenc, que acababa de entrar, seguido de los demás tenientes hambrientos.

Todos se sentaron a la mesa mientras Adamsberg terminaba de anotar la información recogida por Mercadet, más bien escasa pero significativa. No había nada sospechoso en los movimientos comerciales ni en las cuentas de Robic. En cambio, su pasado era más turbio. Tras dejar Louviec, había dirigido un pequeño y modesto club de apuestas en Sète, cerca de Montpellier, pero con los años su estilo de vida había alertado a las autoridades. Estas iniciaron una investigación que no produjo resultados concluyentes, salvo la detención de dos de sus empleados por tráfico de drogas. Robic afirmó no saber nada al respecto, pero la palabra «sospechoso» quedó anotada en su expediente, sin más información. Lo mismo ocurrió en Los Ángeles, ciudad a la que se había trasladado poco después de dejar Sète, donde se encontró dirigiendo un negocio de venta de coches de lujo. Durante un tiempo se sospechó que traficaba con coches robados, pero el caso quedó archivado por falta de pruebas.

—Si Robic ha estado traficando a diestra y siniestra, sabe cómo borrar sus huellas —dijo Matthieu tras escuchar a Mercadet—. Pero eso no nos dice quién, en Louviec, puede tener suficiente influencia sobre un hombre de esta calaña para hacerlo obedecer y cometer un asesinato. ¿Y por qué el médico?

—¿Por qué el médico? Por la ventaja que representaba para él su desaparición —explicó Adamsberg—. Esa nube que se cernía sobre él, esa amenaza larvada, tenía la oportunidad de eliminarla y de cargar la responsabilidad a otra persona.

—¿Qué amenaza? —preguntó Berrond.

Adamsberg, libreta en mano, resumió para todos los agentes lo que Johan le había contado sobre Robic, que había regresado de Estados Unidos convertido en un hombre rico gracias al legado de un americano —cuyo nombre era Donald Jack Jameson, confirmado por Mercadet—, sobre su asesinato, sucedido inmediatamente después —confirmado por Mercadet—, sobre la amistad que había surgido entre el médico y aquel millonario, sobre la estancia de Jaffré en Los Ángeles —confirmada por Johan—, sobre la convicción de Jameson de que escribir su testamento le traería mala suerte y que nunca se habría resignado a ello, convicción que había expresado a su amigo Jaffré, y, por último, sobre la forma muy explícita en que el médico le había hecho saber a Robic que había conocido muy bien a Jameson y que el que hubiera hecho testamento le resultaba muy sorprendente.

—Verde, se puso Robic —dijo Johan, que iba de la cocina al bar—, verde, eso es lo que me dijo el médico.

—Evidentemente —dijo Veyrenc, frunciendo el ceño—, resulta comprensible que la petición de matar al médico pudiera seducir a Robic.

—Pero ese testamento —preguntó Matthieu desconfiado—, ¿fue comprobado?

—Claro. Por un lado, Robic fue declarado sospechoso por la policía de Los Ángeles y, por otro, Jameson fue víctima de un atentado mortal la noche inmediatamente siguiente al envío postal del testamento a favor de Robic, con la garantía del matasellos fechador. Los policías americanos no son más estúpidos que nosotros, sumaron dos y dos. Pero sí, el testamento fue reconocido como válido.

—Pero —insistió Matthieu—, si el doctor y el tal Jameson se habían relacionado tanto, podemos imaginar que Jaffré intentó razonar con su amigo.

—Y lo hizo —confirmó Johan—. La superstición no era algo que fuera con el doctor.

—De modo que, con el tiempo —prosiguió Matthieu—, el millonario pudo haber cambiado de opinión por voluntad propia. En cuyo caso, el móvil del crimen, en lo que respecta a Robic, no se sostiene y la historia del americano no tiene interés.

—Por supuesto que sí —casi gritó Johan desde el umbral de su cocina—. Si el médico hubiera conseguido convencer a su amigo, ¡nunca habría dicho que el testamento era una estafa! Y en cualquier caso, ¿por qué iba Donald a dejar su dinero a un «primo de primo» y no a las obras de caridad, por ejemplo?

—Antes de que nos pongamos nerviosos con Robic —dijo Adamsberg—, voy a hacer una visita a su secretaria. Nada nos garantiza que la carta le fuera dirigida.

—Exacto —dijo Matthieu con firmeza.

XXV

Adamsberg llamó por teléfono a Estelle Braz y se presentó. Su voz era joven y muy «cordial». Adamsberg se repetía una y otra vez esta palabra con la esperanza de que surgiera la idea que había asociado a ella —y que igual no valía un comino—, pero la idea, enfurruñada, permanecía firmemente anclada en el fondo del lago.

—Al contrario, comisario, si puedo ayudar con lo sucedido en Louviec. ¿De qué se trata?

—¿Está usted a cargo del correo de Su Casa de la A a la Z?

—Sí —dijo bastante sorprendida—. Pero no soy la única. Somos cuatro los que nos ocupamos del correo, electrónico por supuesto; pero yo me encargo de las cartas postales, que no son muchas.

—¿Recuerda haber recibido el viernes un sobre bastante inusual? Blanco, con una letra grande de tinta espesa, que contenía...

—... ¿otro sobre en su interior? Perdone, comisario, le he interrumpido. Sí, lo recuerdo muy bien.

—¿Puede decirme cómo era el segundo sobre?

—También era blanco, con la misma letra grande, y muy especial: ¡estaba lacrado!

—¿Había algún signo en el sello?

—Algo muy simple: seis líneas entrecruzadas, eso es todo. Un poco como una estrella.

—¿Hechas a mano, las líneas?

—Sí, probablemente con una regla, o incluso con una cerilla. Muy rudimentario.

—¿Y recuerda el nombre del destinatario?

—Muy sencillo. Estaba dirigida al director, el señor Pierre Robic.

—¿Es usted quien abre el correo de su jefe?

—Por supuesto, no puede ocuparse de todo el papeleo. Pero en ese segundo sobre, arriba a la izquierda, ponía, subrayado: «Personal» y «Confidencial».

—¿Ocurre a menudo?

—No mucho. La gente que le escribe «personalmente» le envía las cartas a su domicilio. Pero no hay muchos que conozcan la dirección, y en ese caso, probablemente escriban aquí, a su correo electrónico personal, que nadie conoce.

—¿Y qué hizo entonces?

—Entonces no la abrí y se la hice llegar enseguida.

—Entiendo. Pero el primer sobre blanco, ¿lo tiró usted?

—Sí, no tenía ningún interés.

—¿Y sabe dónde está?

—En el contenedor especial para el papel, simplemente. Ayer, la mujer de la limpieza tuvo anginas, con este tiempo tan cambiante, y hoy no ha venido. Así que todavía debe de estar allí.

—¿Podemos recuperarlo?

—Sí, pero es solo el sobre exterior. Bueno, sus razones tendrá. Si insiste, voy a buscar en mi papelera.

—Gracias, Sra. Braz. ¿A qué hora puedo recogerlo?

—¿Digamos a las tres? Mi despacho está en la octava planta, pasillo de la izquierda, número 837.

—Hasta que llegue, ¿puedo pedirle que no diga ni una palabra de esto a nadie?

—Sí —respondió la secretaria, un tanto sorprendida—. Sus razones tendrá —repitió.

Adamsberg volvió a la sala donde el equipo estaba terminando de comer.

—El tipo escribió, efectivamente, a Pierre Robic —dijo.

—Y ¿por qué no a su domicilio?

—Quizá para no correr riesgos. Por si alguien de la casa lo abría. O simplemente porque no tenía su dirección. Según la secretaria, no la conoce mucha gente. Voy a ir a verla, nos vemos a la vuelta.

La posada se estaba llenando, y Johan había dejado de cantar y empezado a poner las mesas.

—Sabe lo que se hace —dijo Veyrenc, meneando la cabeza.

—¿En la cocina? —preguntó Berrond.

—En música. A pesar de desafinar un poco al final de la frase, ha interpretado muy bien a Lully. Excelente canto, Johan —dijo el teniente al cruzarse con él.

—Gracias —dijo Johan, encantado.

—Dígame, ¿está casado Robic?

—Ya lo creo. Y dicen que la cosa va muy mal.

—¿Alguna idea de por qué?

—Eso no, pero estoy seguro de que no me gustaría ser su mujer. Le dejo, teniente, que enseguida llega la marabunta.

La joven Estelle Braz esperaba risueña al comisario, agitando un sobre en la mano.

—Es este —dijo—. Lo he metido en plástico porque sé que es lo que hacen los policías.

—Gracias, Estelle. ¿puedo llamarla Estelle? Es perfecto. Sin duda, sabe usted si su jefe tiene chófer.

—Claro, siempre está en movimiento y nunca dice adónde va. Bueno, chófer… Yo diría más bien guardaespaldas.

—¿Por qué?

—Porque va armado. Pero hablo demasiado, no quiero meter en líos a nadie, comisario. Es que nunca he visto que el dueño de una empresa de muebles necesite un arma.

—Yo tampoco, la verdad. Y ese conductor, ¿puedo contactarlo, es hablador?

—El anterior era hablador, probablemente demasiado para el gusto del jefe, y fue despedido. Ha contratado a otro, pero no conseguirá nada de él. Es mudo.

—Siempre se puede intentar.

—No nos hemos entendido. Cuando digo mudo, quiero decir mudo de verdad, físicamente mudo. Si el jefe lo hubiera contratado por amabilidad, lo entendería, pero esa no es su mejor cualidad. Es un poco por todo eso por lo que quiero irme a trabajar a otro sitio.

—¿No se lleva bien con el jefe?

—Aquí nadie se lleva bien con él, no es ningún secreto. Es demasiado duro, demasiado hiriente. Y lo que es peor, encuentro que no se ocupa bien del negocio. No controla bien los pedidos y las entregas, y a menudo acabamos con material de mala calidad. Recibo muchas quejas. Es como si tuviera tanto éxito que le dan un poco igual esas cosas. Y somos los empleados quienes pagamos los platos rotos.

Adamsberg se reunió con sus siete colegas, que seguían alrededor de la mesa del hostal, bastante alegres. Cesaron las conversaciones, y las caras se volvieron hacia el comisario.

—Bien jugado —dijo Adamsberg—. He conseguido el sobre exterior, así que tenemos su letra. Mercadet, ¿hay algún grafólogo en la zona?

—Solo en Rennes —dijo el teniente al cabo de un momento—. Pero, bueno, si le parece bien, yo hice un año de grafología antes de entrar en la policía, y me apasionaba. ¿Quizá pueda ayudarlo?

Adamsberg le puso inmediatamente el sobre delante de las narices. Mercadet estudió detenidamente la dirección, tomando notas en medio del atento silencio de sus colegas.

—Yo diría —concluyó— que es un hombre de acción, todavía muy centrado en su pasado y poco en el futuro. Hay claras huellas de su educación escolar; forma ciertas letras como se las enseñaron, sin haberles dado carácter de adulto. Pero eso no significa que sea un niño bueno: los ápices agudos de sus letras, en la *m*, la *z*, la parte superior de la *t* en forma de arpón, como se dice en la jerga, muestran una gran capacidad de agresividad. No es un tipo con el que me plantearía meterme. Por último, la altura de su letra y sus mayúsculas muestran su afición a imponerse y, sin duda, audacia. El gran tamaño de su M, que se refiere a su yo, indica sin duda que está muy preocupado consigo mismo. Al mismo tiempo, y atención: todos estos aspectos son tan nítidos, tan exagerados, que yo diría que se trata de una escritura modificada, y muy inteligentemente.

—Que entonces no nos sirve de nada.

—Algo sí. La letra, aunque se modifique mucho, conserva rastros de la personalidad del autor. Puede que la haya agrandado, que la haya inclinado hacia la izquierda, pero no ha podido contener su *t* en forma de arpón.

—La secretaria me ha dicho que quiere dejar la empresa: el jefe se pasea por las noches con un chófer armado y mudo, y apenas presta atención a la calidad de sus productos. Para ella, descuida la gestión de la empresa. Y es tan duro que no cae bien a ninguno de sus empleados.

—Pues sí que nos divertiremos cuando vayamos a verlo el lunes.

—¿Por qué el lunes? Hoy mismo, Matthieu.

Cuatro golpes sordos sonaron en la pesada puerta.

—Es Maël —dijo Johan—, es su manera de anunciarse.

Maël saludó *cordialmente* a todos antes de dirigirse a su taburete en la barra.

—En casa no queda nada decente que llevarme a la boca —dijo a Johan—. ¿Puedes darme de comer a pesar de la hora? Me conformo con un bocadillo.

—No me gusta servir bocadillos, pero no tengo nada más, y siempre hago una excepción contigo. Los policías pasaron por la posada como una horda de langostas. Te lo traigo.

—Dime, Maël —preguntó Adamsberg—, ¿conoces a Pierre Robic?

Maël movió la cabeza de un lado a otro, cogiendo el bocadillo incluso antes de que Johan dejara el plato.

—Prefiero no conocerlo mucho. En su día, cuando volvió, hice un poco de albañilería en su nueva casa, pero no es de los que miran a los obreros, y mucho menos de los que hablan con ellos. A veces lo veo en Combourg, cuando se baja del coche, porque es de los que no iría ni tres metros a pie como todo el mundo. Lleva dentadura postiza, eso le da un careto de muñeca.

—¿Y por qué prefieres no conocerlo mucho?

—Cuando éramos niños, en la escuela, era uno de los peores. Él y Pierre Le Guillou. Ya tenían vocación de jefes pandilleros, y ponían a los demás en mi contra. Por supuesto, como me necesitaba para hacer los deberes, nadaba entre dos aguas. Así que puede imaginar, comisario, por qué no tengo ganas de tener trato con él.

—¿Por qué dice que *ya* tenía vocación de jefe de banda?

—Porque en mi opinión, sigue siendo jefe de banda. Demasiado dinero para ser honrado, esa es mi idea. Y no soy el único que lo piensa, en Louviec o donde sea. Vale, tiene un gran negocio que da dinero, pero no lo suficiente para permitirse cuatro chalés de lujo, un yate y viajar en avión cada cinco minutos.

—Y ¿cómo lo sabes?

—Por Estelle, su secretaria.

—Estelle Braz.

—Eso es. La conozco, nos llevamos bien. Es una chica estupenda, no hipócrita como otras. Y entonces charlamos mucho. Así es como me enteré de lo de los chalés, las piscinas, el barco, los viajes en avión y todo lo demás.

—¿Y cómo sabes que su negocio no le da para vivir?

Maël sonríe, divertido.

—Porque ha puesto la gestión de su contabilidad en manos de mi jefe. Es curioso, ¿verdad? Y no es un trabajo fácil. Estoy bien situado para decirlo, porque quien lleva sus cuentas entre bambalinas soy yo. Impecable, nada que reprochar. Unos ingresos muy elevados, eso desde luego. Pero no lo suficiente para pagar los chalés, el yate y el resto. Por eso digo que sigue siendo un jefe pandillero. En mi opinión, hace su dinero en otra parte, bajo mano, sin que nadie se entere. Oiga, comisario, ni una palabra de lo que le he dicho, ¿eh? Porque si llega a saberlo, las cosas me irían muy mal. Aunque lo que pienso, como ya he dicho, no soy el único que se lo huele. Puede preguntar a cualquiera en Louviec.

Maël suspiró, se terminó el bocadillo y salió de la posada.

Adamsberg hizo una seña al equipo para que cerraran filas en torno a la mesa. Ahora que estaban seguros de que Robic era efectivamente el destinatario de la carta del asesino, la situación cambiaba.

—Si Maël y Johan no se equivocan —dijo Matthieu—, Pierre Robic tiene un negocio paralelo, clandestino y lucrativo. Dirige pues una banda en la que pudo escoger a un esbirro para asesinar al doctor.

—En la práctica, tienes razón —dijo Berrond—. También en la práctica, el asesino se puso en contacto con él. Pero es difícil imaginar a alguien de Louviec atreviéndose a pedir un favor a un hombre como Robic.

—¿Joumot? —sugirió Noël—. ¿No habría ido esa comadreja viciosa a ver de cerca qué pasaba allí? Como dicen Maël y Johan, todo el mundo sospecha algo raro en Robic. Me sorprendería que Joumot no haya metido las narices en sus asuntos.

—¿Y amenazado a Robic con un chantaje? —dijo Adamsberg—. Aún no conocemos al hombre, pero chantajearlo parece más una forma de que te liquiden que de que te obedezcan.

—Quizá deberíamos averiguar qué fue de su secuaz, Pierre Le Guillou —sugirió Veyrenc—. Podríamos indagar por ese lado.

—Lo miro —dijo Mercadet antes de que nadie le hubiera pedido nada.

—Muy bien —dijo Adamsberg, poniéndose en pie.

—¿Vas a casa de Robic? —preguntó Matthieu.

—Primero voy al ayuntamiento a consultar el registro. Solo una idea.

—¿Vaga?

—Bastante vaga, pero no del fondo del lago. Johan —dijo al posadero al pasar junto a él—, ¿sabrías por casualidad qué día volvió Robic a Louviec, hace catorce años? Imposible, ¿verdad?

—El uno de abril.[2] No se sorprenda, llegó sin avisar en medio de la fiesta de cumpleaños de su madre, que se celebraba aquí mismo. Y el 1 de abril es fácil de recordar.

El teniente de alcalde acompañó a Adamsberg a la sala de registro y marcó el código de acceso.

—Recordará el nombre del hombre que fue asesinado y desvalijado aquí mismo, poco después de que se oyera la pata de palo del Cojo.

—Huy, eso fue hace mucho tiempo, diría yo.

—Catorce años.

—Exactamente. Se llamaba Jean Armez.

—¿Dejó Louviec después de la secundaria?

—Cuando tenía diecinueve años. Y regresó veintiún años después.

—¿Y sabe lo que hizo durante ese tiempo?

—No era muy comunicativo al respecto, diría yo. Siempre decía que había «viajado por los siete mares». Marina mercante. Una vida de barco en barco y una chica en cada puerto. Nunca supimos más. Lo llamaban «el Trotamundos».

—¿Y volvió rico?

—Lo suficiente para comprar una casa, amueblarla cómodamente y pagar una asistenta y una cocinera. No está mal. En toda una vida en el mar, donde no gastaba mucho, había

[2] El 1 de abril es el día de las inocentadas en Francia y en otros países. (N. de la T.).

239

hecho sus «ahorrillos», como él decía. No sabría decir cuánto. No se privaba de nada, pero tampoco vivía a lo grande, diría yo. Decía que a su edad había que cuidar sus ahorros. Pobre hombre, no tuvo tiempo de disfrutar de su casa. Cinco meses después de su regreso, se lo cargaron.

—Cinco meses, ¿está seguro?

—Digamos que volvió alrededor de noviembre, puesto que celebró la Navidad en familia.

—¿Y el robo?

—La policía dijo eso en su momento porque el colchón había sido levantado. Pero francamente, esconder dinero bajo el colchón es de broma, diría yo. Es como dejarlo a la vista en la mesa. ¿Quién se lo cree? ¿Dinero debajo del colchón?

—En absoluto —dijo Adamsberg, mientras buscaba el nombre de Jean Armez en la pantalla—. Murió el once de abril. ¿Se sabe cómo lo mataron?

—Sin miramientos. Un disparo en la sien, con silenciador. Cosa de gánsteres, diría yo. Los policías pasaron los siguientes días buscando el arma y revisando los zapatos de los hombres de Louviec, porque había rastros en la habitación. Un completo fracaso.

Así pues, pensó Adamsberg mientras caminaba de vuelta a la posada bajo la lluvia torrencial, Jean Armez reapareció en Louviec en noviembre, Robic llegó el 1 de abril y el Trotamundos fue asesinado a tiros diez días después, «a la gánster». Que Robic hubiera estado asociado con el Trotamundos durante mucho tiempo era plausible, y que Robic le ajustara cuentas en cuanto regresó para evitar que hablara era más que plausible. Pero aquí también, sin pruebas, un muro.

Mercadet lo esperaba, somnoliento, con algunos resultados sobre Pierre Le Guillou. Que participaba en la red de juego de Sète, y en el negocio de venta de coches que Robic había montado en Los Ángeles.

—Voy a descansar —dijo Mercadet—, si ya no me necesita.

—Vaya, teniente. Matthieu y yo vamos a poner a Robic en

ascuas. No arderá más que una estatua de piedra, pero ya va siendo hora de que vayamos a atormentarlo. Lo atrapamos en el fuego cruzado, Matthieu. Tú, yo, tú, yo, y así sucesivamente. Vieja técnica.

—Pero desestabilizadora.

XXVI

Robic había abandonado su despacho porque tenía una recepción en su casa, de modo que los dos comisarios se encontraron hacia las seis frente al lujoso portón de un nuevo chalé construido a dos kilómetros de Combourg, en un inmenso jardín.

—Qué feo —dijo Matthieu.

—Muy feo. Toda pretensión es fea.

—¿De quién es?

—¿Qué cosa?

—Tu frase. Sobre la pretensión.

—Mía, Matthieu, de quién si no. No sería capaz de citar autores a troche y moche como mi comandante Danglard.

Un criado fue a abrirles la puerta y no pudo negarles el acceso al ver las credenciales que mostraron los policías. Lo siguieron hasta una puerta con vidriera protegida por una reja, y les pidió que esperaran. Los sonidos de una fiesta llegaban hasta la entrada, y Adamsberg se alegró de no tener que atravesar el bullicio de la gente más encopetada de la zona para llegar hasta Robic. Que apareció veinte minutos más tarde —la espera es una de las armas de dominación—, con semblante desabrido y hosco.

—Vienen a mi domicilio un sábado, me apartan de mis invitados sin avisar, es un abuso de poder que no soporto. Vayan a mi despacho el martes y tengan la cortesía de concertar antes una cita con mi secretaria.

—No hay cortesía que valga cuando cinco hombres han sido asesinados, señor Robic —dijo Matthieu.

—Si quiere confirmación, puedo ponerme en contacto con el agregado del ministro del Interior, incluso un sábado —añadió Adamsberg—, y sin el menor problema. ¿Por qué iba a ser diferente con usted, señor Robic?

Robic no respondió. Desde el principio, Adamsberg odió a aquel hombre que se arrogaba todos los privilegios y la prepotencia de la riqueza. No le gustaba su rostro. Johan tenía razón. Era un tipo duro y arrogante, delgado y alto, que los miraba con expresión implacable por encima de sus gafas de montura dorada. Sus dientes, en efecto, le daban el desagradable aspecto de una muñeca mal hecha.

—Síganme, solo tengo unos minutos.

—Pero nosotros necesitamos más que unos minutos para hablar con usted —dijo Adamsberg, deteniendo su marcha.

—¿Hablar conmigo de qué? —dijo Robic, alzando la voz.

—Háganos el honor de recibirnos en algún sitio y lo averiguará. Tenga presente que no le hará falta llamar a un abogado, esto no es un interrogatorio, sino una conversación informal.

Robic emitió un gruñido rabioso y, si se permitía semejante actitud con dos comisarios de policía, Adamsberg imaginó fácilmente lo que debían de soportar sus empleados. Los sentó en dos pequeñas sillas en un lujoso despacho y él se instaló en un amplio sillón mucho más alto, un recurso infantil para asegurar su supremacía.

—Vayamos al grano —dijo con voz rápida y seca.

—Sabemos que abandonó Louviec cuando era muy joven —comenzó Adamsberg—, y que tuvo varios trabajos en Sète, como dependiente, chófer, limpiacristales, antes de montar una pequeña casa de juegos.

—Que creció y le proporcionó el dinero suficiente para sufragar su viaje a Estados Unidos —dijo Matthieu—. ¿Es cierto?

Los dos comisarios seguían fieles a su estrategia y realizaban el interrogatorio en alternancia ininterrumpida, una pregunta de un lado, otra del otro, maniobra que molestaba visiblemente a su adversario.

—Exacto. Como pueden ver, a fuerza de trabajo, empecé muy abajo y he llegado muy arriba.

—La policía de Sète no pensaba lo mismo —prosiguió Adamsberg—, consideraba que su tren de vida superaba las ganancias de su casa de juegos.

—De modo que inició una investigación.

—Que no llegó a nada, como ustedes saben, caballeros.

—Aparte de la detención de dos de sus empleados por tráfico de drogas.

—Sin conexión conmigo. La investigación fue abandonada.

—Y la duda persiste —dijo Adamsberg.

—Entonces se va a Estados Unidos. ¿Solo o acompañado? Con un amigo, quiero decir.

—Solo. No necesito carabina.

—Miente, señor Robic —dijo Adamsberg—. Pierre Le Guillou, su inseparable compañero, no solo era su socio en Sète, sino que lo encontramos con usted en su negocio de venta de coches en Los Ángeles. Que también se expande. Usted es declarado sospechoso en los registros policiales de la ciudad.

—Si hubieran vivido en Los Ángeles, sabrían que allí casi todo el mundo es declarado sospechoso.

—Vuelve usted a Louviec hace catorce años —prosiguió Adamsberg—, muy rico. Según su madre, ha heredado de un misterioso primo lejano…

—Nada misterioso —interrumpió Robic—. Se llama Donald Jack Jameson, emparentado con mi familia por la tercera esposa de un tío abuelo y sin descendencia. Solía comprarme sus coches de lujo, tenía varios, y nos hicimos excelentes amigos. Por un desastroso cúmulo de circunstancias, fue atacado, desvalijado y asesinado la misma noche del día en que había redactado su testamento.

—Me hace gracia su fórmula «un desastroso cúmulo de circunstancias» —dijo Matthieu con una sonrisa gélida—. Una «muy feliz coincidencia» sería más apropiada.

—No me gusta su ironía, comisario. No olvide que solo están aquí por efecto de mi buena voluntad y que tengo todo el derecho de ordenar que los echen. Vayan al grano, caballeros. Llevan más de un cuarto de hora haciéndome preguntas que no tienen nada que ver con los asesinatos de Louviec de los que se encargan ustedes.

—Terminaré, pues, aconsejándole que tenga más cuidado, señor Robic —dijo Matthieu—. Aquí, como en Sète y Los Ángeles, su tren de vida supera sus posibilidades. Acabará siendo investigado, en Combourg y en todas partes.

—Olvida mi herencia.

—No la olvidamos —dijo Adamsberg—. El bueno de su primo de América. Supongo que tiene el testamento.

—Por supuesto. Está debidamente autentificado, si le interesa, y el duplicado está en mi notaría de Combourg.

—Precisamente. Eso no me interesa —dijo Adamsberg—, por la sencilla razón de que usted no engaña a nadie, señor Robic. El viernes pasado recibió usted una carta especial.

—¿En qué sentido?

—Un sobre, cerrado y sellado metido dentro de otro sobre para asegurarse de que le llegaba a usted. Blanco, con lacre. Este tipo de detalles no se olvida.

—Desde luego —dijo Robic—. Se diría que siempre los tengo a mi espalda. Como la fea joroba de Maël —añadió con una sonrisa malévola.

—¿Lo está insultando? —dijo Adamsberg con voz tensa—. Lo maltrató usted de niño, como cabecilla de su banda de matones de pacotilla, ¿y todavía lo insulta?

—Deje en paz mi infancia. En cuanto a la carta, era de un cliente cualquiera.

El hombre de negocios se limpió las gafas, como para escapar por un momento de la mirada de los dos policías.

—Vaya, ¿«un cliente cualquiera» que toma la precaución de utilizar dos sobres y lacrar uno?

—Así es, y ¿qué puedo hacer yo si el hombre está pirado?

—¿Un pirado que le escribió qué?

—Insultos, nada que valga la pena leer. Y ese idiota que

se toma tantas molestias por una carta sin el menor interés. Pobre tipo.

Robic se levantó y se paseó por su gran despacho. Parecía estar tomándose un poco de tiempo para respirar.

—Sea más concreto, señor Robic.

—Me acusó de haber entregado cinco sacos de yeso muerto, se atrevió a escribir que mi empresa vendía materiales de mala calidad, que robaba a sus clientes, y exigía que le devolviera el dinero. Por supuesto, no es cierto, pero pediré que le reembolsen el dinero y le hagan una nueva entrega.

—¿Conservó la carta?

—No, estaba irritado y la tiré a la estufa de leña.

—¿Es su costumbre cuando le molesta una carta?

—Más bien un automatismo.

—Sí, el fuego siempre es lo ideal —dijo Adamsberg—. Pero ayer hacía buen tiempo y ¿tenía la estufa encendida?

—Soy friolero, ¿le importa?

—Pero hoy está lloviznando, hace fresco y observo que la estufa está apagada —dijo Adamsberg mientras se levantaba para despedirse.

Robic extendió mecánicamente la mano para despedirse, pero Adamsberg pasó por alto el gesto.

—Está usted en lo más alto de la escala de la riqueza, señor Robic —dijo—. Tiene una muy alta opinión de sí mismo, pero es bajo, muy bajo, y no es un buen hombre. Ni mucho menos.

Después, el comisario salió de la sala sin prisas, junto con Matthieu, y respiró hondo una vez fuera.

—No te has andado con chiquitas —dijo Matthieu.

—¿Quieres decir que me he extralimitado? El tipo es odioso, y estoy convencido de que nadie se ha atrevido a decírselo.

—Pues ya está hecho.

Adamsberg tomó el volante y salió del gran jardín pretencioso, diseñado y podado al estilo versallesco.

—No ha resultado inútil —dijo—. Nos hemos hecho una idea del tipo, duro como el acero. Y quemó la carta del supuesto cliente en la estufa. Seguro que la quemó, pero sin encender la estufa. En pleno mes de mayo, no tiene sentido. Y este tipo sería incapaz de justificar el dinero que ganó en Sète y luego en Los Ángeles, o su riqueza a su regreso a Louviec. Su única defensa es esa lamentable historia de la herencia.

—En cuanto al asesinato, suponiendo que se beneficiara de la muerte del médico…

—No es una suposición, Matthieu, es una certeza.

—Es *tu* certeza. Sigo sin ver a nadie de Louviec que se atreva a hacerle chantaje.

—No, uno no puede chantajear a alguien tan engreído y poderoso como Robic. O muere. Como Jean Armez, el Trotamundos. Ausente durante veintiún años, marinero de la marina mercante. Y ¿por qué no? Un día, su barco fondea en Sète y se encuentra con Pierre Robic. Tal vez sencillamente en el club de apuestas donde había ido a pasar la velada, porque quien dice «club de apuestas» a menudo se refiere a «club de chicas complacientes». Los dos hombres vuelven a verse, y el Trotamundos deja de ir dando tumbos por los mares y decide hacerlo por tierra, asociándose con Robic. Hace catorce años, Robic regresa el 1 de abril. Y Jean Armez, que había regresado unos meses antes, exige su parte en la estafa de la herencia. Robic debió de salir precipitadamente de Estados Unidos tras el golpe, sin molestarse en compensar suficientemente a sus cómplices. Incluido el principal: el asesino de Jameson, el Trotamundos.

—¿Por qué él?

—Porque en el hampa, el asesino suele recibir paga doble, como sabes. Robic le dio el trabajo. Pero no le pagó el doble. Por eso Armez exigió lo que le correspondía. Así que fue él quien ejecutó a Jameson.

—Pero ¿cómo lo sabes?

—No lo sé, me lo estoy inventando.

—Ah, te lo estás inventando —dijo Matthieu mientras aparcaba cerca de la posada.

—Eso es. Porque Jean Armez fue asesinado nada más regresar Robic, el once de abril, diez días después de su llegada. Y «a la gánster», como dijo el teniente de alcalde. Pistola con silenciador. ¿No te llama la atención?

— Sí —admitió Matthieu.

—Creo que, en su caso, fue Robic quien se ocupó de él.

—Estábamos en el asesinato del médico, Adamsberg.

—Estarás de acuerdo conmigo en que no se chantajea así como así a Robic. Digas lo que digas, la única razón por la que Robic accede a la petición del asesino, lo dije en la posada y lo repetiré, es el sordo deseo de librarse del médico. Que sabe algo sobre el testamento, aunque Robic desconoce qué peligro representa ese «algo». Hace años que esa cuestión lo atormenta. Y como la carta le exige que haga creer que el asesino de Louviec ha cometido un crimen, aprovecha esta oportunidad de oro para deshacerse de Jaffré y encarga la ejecución a uno de sus secuaces. Lo que sabemos con certeza es que no decidió por sí mismo eliminar a Jaffré. No conocía los detalles de cómo organizar un crimen «a la Louviec». Los supo al leer la famosa carta.

—El huevo.

—El huevo. Y apuñalar con la zurda.

—Pero esta vez, según el forense, el golpe vino del brazo izquierdo, y la hoja entró directamente.

—Un detalle ignorado por Robic: el esbirro que eligió era un zurdo de verdad, cuyas puñaladas resultaron más potentes que las de nuestro hombre de Louviec. En cuanto a la ausencia de picaduras de pulgas, demuestra lo mismo: nuestro asesino de pueblo no sospecha ni por un momento la existencia de este elemento tan significativo en las víctimas y por eso no lo mencionó en su carta. ¿Has convocado a nuestras tropas en la posada?

—Nos están esperando.

XXVII

Los dos hombres entraron en la posada bajo la lluvia y pidieron café caliente a Johan, que se limpiaba las gafas en el mostrador, levantándolas a la luz para comprobar la transparencia de los cristales.

—Ya está previsto —dijo Johan.

Efectivamente, los seis tenientes estaban tomando café para entrar en calor, y ya había dos tazas esperando a los comisarios.

Adamsberg hizo que trasladaran al equipo a la mesa más apartada de la sala.

—¿Queréis que os dejen solos? —preguntó Johan.

—Si es posible, sí.

—¿Pero cuánto tiempo?

—¿Puedes darme una hora?

—Eso está hecho —dijo Johan. El posadero colgó un cartel en su puerta y la cerró a llave—. Ya está —dijo—. La posada es tuya.

—Gracias, Johan —dijo Adamsberg mientras tomaba asiento.

—Sigue con tus invenciones, te escuchamos —dijo Matthieu, sirviéndose una taza llena de café.

—¿Por qué sus invenciones? —preguntó Retancourt, inmediatamente a la defensiva.

—Él mismo me dijo: «No lo sé, me lo estoy inventando».

—Vuelvo al asunto de la falsa herencia —comenzó Adamsberg, haciendo caso omiso de la ligera ironía de Matthieu, que en modo alguno lo molestaba.

—Una herencia que puede ser auténtica —contradijo Matthieu.

—En mi opinión —continuó Adamsberg, sin prestar atención a la interrupción de su colega—, esto es lo que ha pasado, a grandes rasgos. Todas las actividades delictivas y de tráfico de Robic le dan dinero, pero no el suficiente para su gusto. Los policías de Los Ángeles empiezan a rondar su negocio de venta de coches y él siente que el aire americano se está volviendo irrespirable. Tiene que marcharse. No marcharse acomodado, sino más rico todavía, muy rico. Así es como se le ocurre el formidable golpe de la herencia. Robic llevaba tiempo planeándolo. Nada más llegar a Los Ángeles, montó una tienda de coches de lujo, Jaguars, Porsches, Mercedes (eso ya lo sabemos), dirigida precisamente a un círculo privilegiado. En doce años, gracias al carácter cálido, espontáneo y comunicativo de los americanos, proclives a hacer amigos en un solo día (lo demuestra el ejemplo del doctor Jaffré y de Donald Jameson), Robic, ayudado por su riqueza y su capacidad de dominación e impostura, estableció muy buenas relaciones con sus clientes. Y así consiguió infiltrarse en la alta sociedad. Donde las mujeres exhiben cantidad de joyas en las fiestas, una mina potencial de la que apropiarse para la banda de Robic. Porque en Estados Unidos, a diferencia de en Francia, donde es un signo de vulgaridad, no se esconde la riqueza, se proclama, se ostenta.

—Si tu hipótesis es correcta —dijo Veyrenc—, Robic tenía otra ventaja muy importante: era francés. A los estadounidenses les encanta Francia, el primer destino turístico del mundo. Les gusta por su historia, sus monumentos, sus castillos, su gastronomía y sus vinos, y esa adoración se extiende a sus gentes, de las que aprecian cortesía, «buenos modales» y «buen gusto», ya sea en cuestión de muebles antiguos, cuadros o, por supuesto, ropa. El famoso concepto de la «elegancia francesa», especialmente de las mujeres, sigue reinando allí. A esto se añade el hecho de que el acento francés les parece delicioso. Todos estos prejuicios favorables debieron de facilitar mucho la tarea de Robic, y es probable que Le

Guillou lo acompañara a las elegantes veladas a las que era invitado.

—¿Por qué Le Guillou?

—Porque era guapo, Jean-Baptiste. Para atraer a las mujeres y hacerlas charlar.

—Muy cierto, Louis. Robic debía de cultivar allí su «elegancia francesa» y encargar la ropa en París. Pone entonces en marcha su «operación herencia» con la ayuda de Le Guillou, igual de hábil que él para reunir la información que necesitaban. Su víctima debía responder a requisitos precisos: un hombre soltero, hijo único, padres fallecidos, ningún hermano ni primo; en resumen, ningún pariente a quien legar su fortuna. Robic tenía ya su idea, y profundiza en el caso de Donald Jameson, a quien había recomendado visitar Combourg y Louviec, como sabemos por Johan. A su regreso de Francia, Jameson, todavía deslumbrado por el Mont-Saint-Michel, París, la Torre Eiffel, Notre-Dame, los castillos del Loira, etcétera, había ido a agradecer calurosamente a Robic sus consejos. El castillo de Combourg, el antiguo pueblo de Louviec y Saint-Malo lo habían cautivado. La relación de los dos hombres se intensifica y el nuevo «amigo francés» es invitado a cenar a su casa en varias ocasiones. Y allí Robic comprueba que Jameson vive solo, con sus criados. Estos detalles me los estoy inventando…

—… y se nota —dijo Matthieu.

—… pero no están lejos de la verdad. Robic se empeña en Jameson porque tiene una carta suya.

—Ah, vaya —dijo Matthieu.

—Sí, es lo que creo. Porque tener una muestra de la letra de la víctima es esencial para el plan de Robic. Carta escrita desde Francia para agradecer a Robic el rodeo por Bretaña y contarle el resto de su emocionante viaje. Por lo que Johan vio en aquella famosa cena en la posada, Jameson era un hombre expansivo y hablador. Puede que Le Guillou tuviera unas cuantas cartas de viudas ricas que se hubieran enamorado de él, algunas de ellas solitarias, que también podrían haber servido. Pero la gran cantidad de información sobre Jameson fue decisiva para que lo eligieran como futura víctima. Jameson sale casi todas las noches y no vuelve hasta tarde. Nos enteraremos de eso más adelante.

—Tus «inventos» son una película de suspense —dijo Matthieu.

—Pero una película realista. Y me gustaría que la vieras hasta el final. Una vez tomada la decisión, Robic, o el tipo de la banda a quien mejor se le dan estas cosas, se pasa un tiempo practicando la letra de Jameson con la carta de modelo. Sabe que Jameson es supersticioso a más no poder y no quiere hacer testamento bajo ningún concepto. Podemos suponer que el americano, que incluso se lo había contado al doctor Jaffré, no oculta este hecho a sus amigos.

—Ya, habrá que suponerlo —dijo Matthieu, cuyos agentes no entendían el motivo de sus repentinas burlas.

—Por lo tanto, resulta esencial salvar este obstáculo —continuó Adamsberg en el mismo tono tranquilo—. Y eso es lo que va a hacer Robic, redactando un testamento creíble que haga comprensible este legado inesperado y prematuro.

—¿Porque conoces el contenido del testamento?

—Casi, y te lo voy a decir.

—Muy bien, sigo tu película a la perfección —dijo Matthieu, y pidió otro café a Johan—. O sea, que un tipo escribe...

—Con guantes.

—Con guantes, al dictado de Robic, imitando perfectamente la letra de Jameson.

—Exacto. Lo esencial es que el testamento se envíe antes de la hora de su muerte y antes de la hora de la última recogida del correo. ¿Que tiene lugar cuándo, Mercadet?

Hubo unos minutos de silencio, durante los cuales todos estuvieron rumiando el escenario que les había explicado Adamsberg.

—Dieciocho treinta —dijo Mercadet—. La misma hora hace quince años.

Adamsberg le dirigió un gesto aprobatorio con la cabeza.

—Y así, el día del asesinato, el testamento está listo, fechado y firmado, así como el sobre con la dirección de su abogado, que han conseguido. El texto empieza así: «Mi quiromántica, cuyas predicciones siempre han resultado infalibles, me ha advertido hoy mismo de la inminencia de un peligro mortal, de un atentado, según cree entrever, y me ha conminado a que me provea cuanto antes de la protección constante de cuatro guardaespaldas. Cuatro es el número que se repetía. Los tendré mañana por la mañana. Pero su preocupación por mi seguridad era tan tangible que, en el desafortunado caso de que esta medida no baste para alejar el peligro que teme, redacto por la presente mi última voluntad. Lego todos mis activos bancarios, cuentas de depósito, seguros de vida y ahorros, a mi muy leal amigo Pierre Eiffel, cuyo verdadero nombre es Pierre Robic, sin duda mi único amigo leal y desinteresado, nacido el…, residente en…».

—Me pregunto de dónde sacas todo eso —dijo Matthieu.

—De la ley de las probabilidades, habida cuenta de los hechos de que disponemos.

Adamsberg se detuvo un momento para evaluar la corrección de ese «habida cuenta de», decidió que la expresión era válida y reanudó la narración.

—Robic no quería cargar con bienes muebles ni inmuebles. Así que dejó sus tres chalés, sus coches y su yate a obras de caridad.

—Es cierto —aclaró Mercadet— que los documentos oficiales que he consultado mencionan que el americano era hijo único, soltero y sin hijos.

—Gracias, teniente. Pero falta algo fundamental: las huellas de Jameson en el testamento y el sobre. Supongamos…

—Eso, supongamos una y otra vez —interrumpió Matthieu.

—Supongamos, porque hay otras formas de hacerlo, que Robic atrae a su *amigo* a la tienda de coches hacia las cinco. Jameson, con su habitual complacencia, acude a la cita, solo al volante, como siempre.

—A los ricos les suele gustar conducir ellos mismos sus Jaguar —dijo Veyrenc—. Poder, poder, siempre lo mismo. Sigue, Jean-Baptiste.

—Lo reciben Robic y Le Guillou, y entra sin sospechar nada. Nada más entrar, la banda se abalanza sobre él, lo amordaza y lo arrastra escaleras arriba, mientras Robic cierra la puerta con llave. Uno de sus muchachos conduce el Jaguar hasta el aparcamiento de la tienda. Los otros cogen las manos de Jameson y aplican sus huellas dactilares al documento y el sobre. Una vez hecho esto, uno de los socios, con guantes, va a echar la preciada carta al buzón más cercano al domicilio de su víctima. *Antes* de su muerte. Robic y su banda solo tienen que esperar varias horas para que la muerte se atribuya a un ataque nocturno. ¿Entiendes la treta, Matthieu?

—Por supuesto, he visto muchas películas.

—Está claro —dijo Adamsberg con más firmeza— que el testimonio del doctor Jaffré no te convence del desfalco de la herencia.

—Jameson le dijo que hacer testamento daba mala suerte, de acuerdo, pero no tienes nada más, nada de nada. Y eso fue hace mucho tiempo. Como hemos dicho, el hombre puede haber cambiado de opinión. En cuanto a Jaffré, llevado por su espíritu científico, puede haber atribuido a esa confidencia más importancia de la que tenía. Y el testamento fue validado en Estados Unidos.

—No te sigo, Matthieu. El médico era tan célebre por sus habilidades como por su capacidad para comprender la naturaleza de sus pacientes y tenerla en cuenta. Si daba tanta importancia a las palabras de Jameson, hasta el punto de seguir la investigación americana, puedes estar seguro de que era porque esas palabras no habían sido pronunciadas a la ligera. Y no había podido quitar la manía de la cabeza a su amigo.

—Tiene todo el sentido del mundo —dijo Veyrenc.

—Sigue con tu película —dijo Matthieu, sin comentar la observación de Adamsberg.

—Eso pienso hacer. Quitaron a Jameson el anillo, la cadena de oro, los gemelos, el alfiler de corbata con diamantes y el dinero de la billetera, dejando los documentos. Es esencial que pueda ser identificado. Olvidan, un clásico, el reloj para que, de forma muy trivial pero más que probada, se rompa durante el supuesto ataque. Si la banalidad es muy a menudo más rentable que un exceso de sofisticación, lo mejor es también enemigo de lo bueno, y este detalle llamará la atención a la policía. Pero aún no hemos llegado a ese punto. La banda espera hasta la una de la madrugada (hora *supuesta*, Matthieu) para empezar la escenificación. Primero encargan una copiosa comida, que obligan a Jameson a tragar para que el forense pueda determinar la hora de la muerte. Luego, a las dos de la madrugada, le dan una paliza, tanto en la cara como en el cuerpo, dejándole moratones para simular el ataque que la pitonisa había anunciado. Ataque que acaba mal (era de lo que se trataba, naturalmente), ya que el Trotamundos le vuela la tapa de los sesos a las dos y media de la madrugada. Entonces rompen el reloj.

—Yo sugeriría las dos treinta y dos —dijo Matthieu con una sonrisa.

—Ríete, Matthieu, ríete. Pero te garantizo que estoy a tres pelos de la verdad. Está muy oscuro, las calles están vacías y suben al americano a su propio Jaguar. El conductor y otros tres socios se ponen guantes. ¿Me sigues?

—Estoy viendo la película.

Adamsberg no preguntó a los otros miembros del equipo porque estaba claro, por su silencio y sus atentas miradas fijas en él, que estaban haciendo algo más que seguirlo. Suscribían, expectantes.

—Arrojaron el cadáver en el arcén de una pequeña carretera, en dirección a su casa, no lejos de un casino que frecuentaba. Ya podían ir a dormir. Por la mañana se encuentra el cadáver del millonario, y la policía de Los Ángeles identifica a Donald Jack Jameson. Su muerte es atribuida a un crimen por robo. Y al día siguiente, el notario recibe las últimas voluntades de la víctima, fechadas antes de su muerte, con unas ocho horas de diferencia.

—Buena historia —opinó Matthieu—, pero no haces más que especular y lo sabes.

—Lo sé y reivindico su fiabilidad.

—Pues a mí me parece muy bien, esta historia —dijo Johan, que llevaba un rato sentado junto a ellos.

—Espera, aún no hemos visto el final de la película.

Josselin llamó a la puerta en ese momento, en busca de pan para la cena. Catherine había olvidado comprar.

—Es Josselin —dijo Johan—. ¿Abro?

Adamsberg asintió.

—¿Vengo en mal momento? —preguntó Josselin con su voz pausada.

—Eso tendrá que hablarlo con los policías —dijo Johan—. El comisario nos está contando una historia.

—¿Sobre qué?

—Sobre ese bastardo de Robic.

—La historia no tiene nada de confidencial, puesto que me la estoy inventando en parte — dijo Adamsberg—. Tome asiento, Josselin.

Johan sirvió una ronda de *chouchenn* y Berrond le preguntó si tenía algo de salchichón que llevarse a la boca, ya eran las nueve y veinte, y estaba hambriento. Al cabo de diez minutos, Johan puso entre los dos una copiosa fuente de minicreps, una de sus especialidades, que encantó a Berrond.

—Prepararé la cena —dijo—, pero me gustaría ver el final de la película.

—¿Por dónde iban con ese Robic? —preguntó Josselin.

—Estábamos escuchando a Adamsberg contarnos la película de su vida —dijo Matthieu—. De momento, tenemos toda su historia en Estados Unidos y cómo se desarrolló la trama de la herencia, exactamente como si hubiera estado allí minuto a minuto, y estamos esperando el resto.

Adamsberg se tragó una crep con una vaga sonrisa.

—No me hagas parecer un charlatán —dijo, insensible a las pullas de su colega.

Lo miró brevemente y se encogió de hombros. Sospechaba que Matthieu no había aceptado del todo, de manera inconsciente, que él estuviera a cargo de la investigación en su lugar. Criticarlo a veces le permitía recuperar la ventaja, restar importancia a las capacidades del comisario.

—Invento, es cierto, pero me oriento, elijo, clasifico. Reconstruyo.

—Y no se tome a la ligera las *películas* de Adamsberg —dijo Veyrenc de repente, sin sonreír en absoluto—. Hemos visto muchas, nosotros, y siempre han resultado ser perfectamente exactas.

—Mató al millonario, ¿verdad? —dijo Josselin con calma—. ¿Después de redactar un falso testamento? ¿Enviado antes del asesinato?

—Exacto, Josselin —dijo Adamsberg—. Ahí es donde me había quedado. Entonces, unos días después, Robic fue citado por el notario. Notario muy sorprendido de recibir el testamento de Jameson, redactado tan poco tiempo antes de su muerte. Toda una coincidencia, ¿no? «Era muy supersticioso, explica Robic, me llamó justo después de ver a la pitonisa, le entró el pánico». El notario, aunque corrupto, le pregunta por su relación con Jameson. Robic exagera su amistad, pensando para sí que ese carcamal de abogado no tiene por qué investigar nada, sino simplemente hacer su trabajo. Y acaba haciéndolo. Al final, aunque lleve su tiempo y trámites, todos los activos bancarios de Jameson se transfieren poco a poco a la cuenta de Robic en Francia. Paga al notario corrupto por adelantado, y muy generosamente, para garantizar su silencio. También paga a sus socios, pero menos de lo que esperaban, porque Robic se queda con el cincuenta por ciento del futuro botín, un porcentaje típico de los cabecillas de bandas, como creador y organizador del proyecto. «¿Eso es todo? —dice uno—, ¿esta es toda la pasta que tenía el tipo?». Robic le recuerda que estaban los chalés, los coches, el yate, que no habían tocado. «Erais seis en este golpe, y eso hace, pongamos, un millón y medio cada uno. Desde que trabajamos juntos, ¿habéis cobrado alguna vez una cantidad así?». Algunos de los hombres están de acuerdo, pero no todos, y el asesino protesta aún más. Ha matado, y quiere el doble, es la norma. «Ni hablar —dice Robic—, estamos iguales, no hay huellas en ninguna parte, no arriesgas nada más que los demás». «Igualdad, una mierda, tú eres el que se lleva la mejor parte». «Normal —dice Robic, llevándose el dedo a la frente—, ninguno de vosotros habría ideado un golpe así. Sin mis ideas, no seríais más que atracadores de tres al cuarto». «Y sin nosotros, tú no podrías hacer nada». «Por supuesto que podría. Hombres como tú, encuentro a tantos como quiera». Imagino este tipo de escena. Por supuesto, Robic tiene toda la intención de huir a Francia en cuanto se haya completado la transferencia de dinero, con cierto número de socios leales y dejando atrás a los disidentes. Solo el Trotamundos olfatea el viento de la partida y abandona la banda en cuanto tiene el dinero en el bolsillo. Finalmente, a tres meses de la visita al notario, todo está «en orden» para Robic, sus cómplices pagados y su negocio vendido. Pero el viejo notario se entera por la prensa de que un detalle preocupa a la policía de Los Ángeles: el hecho de que los asaltantes, que desnudaron a su víctima, *olvidaran* llevarse el reloj de oro y diamantes, convenientemente destrozado, como si quisieran que la hora del crimen fuera indiscutible. Una precaución de más, un error de hecho, porque, ¿no le parece, Josselin?, «el exceso es insignificante». No obstante, el informe del forense es probable que coincidiera de forma aproximada con la hora del reloj, que no conocemos, y el caso queda archivado. Armado con este pequeño elemento significativo, si el notario intenta el chantaje, su suerte está echada. Morirá a bordo de su *jet* privado, saboteado de antemano, por supuesto, o de su yate, o de alguna otra forma accidental. Me inclino por el jet. Mercadet lo averiguará: si ha muerto y, en caso afirmativo, cuándo y cómo. Y poco después, Robic vuela a Francia con parte de su banda y su preciado dosier notarial bajo el brazo, rumbo a Louviec. Donde se encontrará con el asesino Jean Armez, conocido como el Trotamundos, que lleva varios meses esperándolo en el pueblo y que insiste en exigirle una parte mayor. Las cosas empiezan a torcerse. Y se arreglan rápidamente de la manera que ya conocen ustedes.

—Así que fue ese canalla quien lo liquidó —dijo Johan.

—No olvides que Armez también era un canalla. Fue él quien pegó un tiro a Jameson.

—En tu película —insistió Matthieu—. Hace ya horas, te pregunté qué interés habría tenido Robic en mandar matar al médico imitando la técnica del asesino de Louviec.

—Y es ya la tercera vez que te doy la única respuesta que lo explica y que no quieres oír: porque Robic temía la incredulidad del médico, te guste o no, y lo sentía como una amenaza. Lo que Johan nos ha contado está muy claro. La muerte del doctor le venía muy bien, porque además sería atribuida a otra persona. No lo repetiré más, creo que todo el mundo lo entiende.

—Disculpen —dijo Mercadet—, pero sí, Donald Jack Jameson tuvo un visado de entrada en Francia hace veintiún años.

—Ya ven que Johan dijo la verdad acerca de Donald —dijo Adamsberg—. Un poco más y Mercadet nos dice a qué hora se encontró mal.

—Y tú también —dijo Matthieu.

—Considere entonces —intervino Veyrenc, mirando a Matthieu directamente a los ojos— que las *películas* de Adamsberg son dignas de ser escuchadas.

—Simplemente, mantengo —intervino tranquilamente Adamsberg al percibir que crecía la discordia entre Veyrenc y Matthieu— que mis inventos no son meras elucubraciones. Según Johan, unos años más tarde, el doctor va a Los Ángeles para un emotivo reencuentro. En casa de Jameson.

—El doctor fue allí dos años y cuatro meses después de la estancia de Jameson en Francia, y se quedó tres semanas y tres días —dijo Mercadet.

Veyrenc miró de nuevo a Matthieu, que volvió la cabeza para no mirarlo.

—En casi un mes bajo el mismo techo, los dos hombres se hacen muy buenos amigos. Y volviendo al cabrón de Robic.

—A mí me gusta esta película —dijo Johan—, es animada, hay muchos giros inesperados.

—No es la verdadera historia —volvió a rectificar Matthieu—. Somos policías, no necesitamos una historia, necesitamos hechos y pruebas.

—O presunciones muy sólidas —corrigió Adamsberg—. Un millonario que no quiere hacer testamento, pero que deja todo su dinero a un gánster, y que muere pocas horas después, un regreso a toda prisa tras este suceso, un notario probablemente corrupto que controla el acta...

—Disculpe —interrumpió de nuevo Mercadet levantando la vista de su pantalla—, el notario de Los Ángeles que se encargó del testamento de Jameson, Richard Martin Cartney, murió en un accidente de avión poco antes de la partida de Robic. El avión, un pequeño *jet* privado que utilizaba a menudo, explotó en pleno vuelo y se estrelló como una antorcha; la caja negra quedó inutilizable.

—Gracias, Mercadet —dijo Adamsberg, mientras Veyrenc dirigía a Matthieu otra mirada imperiosa—. Añado a todo esto el miembro del equipo, llamado el Trotamundos, asesinado en Louviec diez días después del regreso de Robic. ¿No son presunciones sólidas? ¿Muy sólidas?

—Aplastantes —dijo Johan—. Y queremos el resto de la película —insistió.

—Una vez de vuelta en Bretaña —continuó imperturbable Adamsberg—, Robic necesita un poco de tiempo para crear su red de antiguos y nuevos socios y para prepararse. Tiene la intención de montar un nuevo negocio tapadera, como de costumbre, y proseguir sus actividades paralelas detrás de esa pantalla. Pero en Louviec le esperan tres escollos: la sospecha general sobre su herencia milagro...

—Pero legalmente reconocida —cortó Matthieu, obstinado.

—¡Pare de una vez, por el amor de Dios! —soltó Veyrenc, cuyo rostro había perdido su habitual impasibilidad de busto romano—. ¡Claro que parecía *legal*, habían falsificado la letra de Jameson!

—Legalmente reconocida por un notario podrido —insistió Adamsberg—. «En la película», Matthieu, pero un notario que sería asesinado.

—Mercadet acaba de decirnos que fue un accidente.

—Y yo no me lo creo, ¿me oyes? Porque es un *accidente* de más. Igual que el reloj roto era una pista de más. Continúo. En Combourg, el segundo escollo llegó cuando Robic se encontró con el doctor Jaffré, que le expresó claramente su escepticismo.

—En ese caso —dijo Matthieu—, ¿por qué no deshacerse de Jaffré?

—Porque Robic no manda matar si no es necesario. El hombre es sensato, prudente, impasible y reflexivo. Sospecha que el doctor tiene información de Jameson, pero ¿qué puede hacer con ella? Nada. Tal como no dejas de repitir, Matthieu, el testamento existe, aparentemente en debida forma. Así que Jaffré se contenta con atormentar sutilmente a Robic con esa amenaza soterrada. Por último, en Louviec, el tercer escollo es Jean Armez, de quien se rumoreaba que había muerto a tiros, esta vez por el propio Robic. Porque ninguno de los miembros de la banda aceptaría eliminar a uno de los suyos.

—Todo encaja —aprobó enérgicamente Retancourt.

—Y llegamos al final —concluyó Adamsberg—. Cuando Robic recibe la carta de nuestro asesino, organiza rápidamente el asesinato del doctor. Solo tiene que elegir entre sus hombres al ejecutor más adecuado.

—Y tiene hombres —dijo Chateaubriand—. Diez en la región.

Adamsberg lo miró sorprendido.

—¿Cómo lo sabe?

—Olvida usted, comisario —dijo Josselin, sonriendo—, que me llevo de maravilla con el fantasma de Combourg, que puede colarse por cualquier sitio, incluso a través de las paredes. En realidad, desde que estoy aquí, en ningún momento le he quitado el ojo de encima.

—Pero ¿por qué?

—¿Les apetece cenar ahora? —preguntó Johan—. Van a ser las ocho y media.

Todos se mostraron de acuerdo, y Johan se puso manos a la obra.

XXVIII

—¿Por qué? —reanudó Josselin—. Robic y su amigo Pierre eran una pesadilla para los alumnos de su clase: acoso, intimidación, extorsión, etcétera. Tuve la desgracia de coincidir con ellos todos los años, primero en el colegio y luego en el instituto de Rennes. Un día, nos enteramos de que habían intentado extorsionar sus escasos ahorros a la pobre portera, que estaba angustiada y lloraba. La dirección los expulsó durante una semana y volvieron las amenazas. Esta vez eran diferentes: si no entregaba el dinero, podía despedirse de su perro. Un perro viejo, cariñoso y baboso al que decidimos proteger, para lo cual formamos una pandilla de dieciocho chicos. Una mañana, Robic y Le Guillou consiguieron que los echaran de clase, a ellos y a otros miembros de su horda, y nosotros, como tontos, no sospechamos nada. Pero cuando salimos, la cosa cambió: nuestro viejo perro babeante yacía en el patio, horriblemente mutilado, con los miembros despedazados, la cabeza cortada, el vientre abierto y las vísceras arrancadas. El horror.

La voz de Josselin tembló ligeramente y Johan, que había oído la historia desde la cocina, se apresuró a servirle un trago.

—Y el colmo de la crueldad —continuó Chateaubriand—: obligaron a la vieja portera a asistir al espectáculo. Tenía el corazón débil y no sobrevivió ni tres meses. Y nosotros no pudimos evitarlo. No solo estábamos conmocionados y desconsolados (muchos llorábamos y los demás vomitaban), sino que también nos sentíamos avergonzados de que a nuestra edad no hubiéramos sido capaces, siendo dieciocho chavales, de impedir esa carnicería inimaginable, llevada a cabo

263

ante los propios ojos de la anciana. Fue un trauma duro, una humillación terrible, alimentada por el sentimiento (verdadero, por desgracia) de ser incapaces, inútiles, impotentes, casi culpables. Aquel día me di cuenta de que Robic no era el típico líder de una banda de tocapelotas (perdón por el término) como las que se ven en muchos colegios. No, comprendí, comisario, que Robic era y sería un criminal salvaje y me juré a mí mismo que algún día me lo cargaría.

Se hizo el silencio cuando Johan, que había puesto la mesa, trajo el entrante, una espumosa tortilla con finas hierbas y setas —recogidas por Josselin— que por sí sola habría bastado para constituir el plato principal.

—Y no he estado ocioso, comisario —añadió Josselin, tras recuperar el aliento—. Mantengamos todo esto entre nosotros —dijo, echando una mirada circular a la sala aún vacía—. Mucha gente aquí se sorprende de que salga tan a menudo en coche, aparentemente sin ningún propósito. En realidad, los vigilo a todos, y en cuanto Robic sale de casa o de la oficina, lo sigo. No es una obsesión, es un objetivo inquebrantable que me he marcado. Así es como, en catorce años, he tenido tiempo de averiguar un poco: el número de miembros de la horda, sus nombres (o más bien los apodos que utilizan) y, por último, sus escondites. Seguro que no todos. En cuanto a los lugares donde se encuentra con ellos, Robic los va cambiando. Porque son listos, muy desconfiados, lo que significa que Robic (que era un auténtico cero en clase) es un cerebro cuando se trata de crímenes y robos de todo tipo. Y no me interesa que caiga por robo de joyas o tráfico de drogas. Quiero que caiga por asesinato premeditado, no por un crimen cometido durante un robo.

—Pero cuando se reúne con uno de sus hombres en tal o cual café de la región —dijo Berrond, que ya había terminado su abundante ración de tortilla—, ¿por qué no sigue después al tipo para averiguar dónde vive?

Josselin sonrió con fatalismo.

—Porque estoy bastante impedido. Suele convocarlos durante el día, ¿y cómo quiere que siga a un hombre con la cara que tengo? Me descubrirían enseguida.

—Pero Robic, en cambio, no lo reconoce.

—Eso es porque lleva gafas de ver de lejos cuando conduce. Las llevaba cuando era joven y conducía el Citroën de su madre. Con ellas, es incapaz de verme bien la cara cuando lo sigo en el coche.

—Y desde hace tanto tiempo, incluso con este tipo de gafas, ¿cómo se las arreglaba para seguir a Robic sin que reconozca al menos el coche? —preguntó Verdun.

—Alquilo uno. Cambio todo el tiempo. Es la forma más segura.

—Y la más cara.

—El alcalde de Combourg conocía mi actividad y la aprobaba. Se las arregla para reembolsarme el alquiler. Nunca son viajes muy largos, los miembros de la banda están bastante agrupados, entre Combourg y Dol-de-Bretagne más o menos.

Adamsberg asintió con aprobación.

—¿Cómo llegó a conocer sus apodos?

—Hace dos años tuve un gran golpe de suerte, porque es muy raro que el jefe se ponga en contacto con todos sus socios. Seguía a Robic (el único cuyo domicilio conozco), que había salido de su casa al anochecer. Me llevó directamente a un viejo cobertizo en la carretera de Fougères, donde se celebraba una reunión del grupo. Las chapas estaban sueltas y pude oír fácilmente las conversaciones. Se trataba de un ataque a una joyería, pero me fue imposible saber cuál. Debía de ser importante, o Robic no habría reunido a todos sus hombres. Repartió los papeles, explicando a cada uno la tarea precisa que tenía que realizar. Los llamó por sus apodos.

—¿Y por qué nunca nos ha hablado de todo esto? —preguntó Adamsberg.

—Porque entonces no tenía nada que ver con su investigación sobre el asesino de Louviec. No les habría hecho avanzar ni un ápice. Pero ahora es muy distinto. Si quiere, le copiaré la lista de los apodos de los asociados, así como las direcciones de los escondites que he podido localizar.

—Por favor, Josselin, puede sernos útil.

Johan se afanaba en recoger y sacó una bandeja de quesos, mientras Matthieu veía alargarse la lista de nombres: el Castigador, el Lanzador, Jeff, el Prestidigitador, el Jugador, el Poeta, el Barrigudo, Dominó, Gilles y el Mudo, su chófer.

—Diez —resumió Josselin—, sin contar a Robic. Once en total. He puesto cruces junto a los nombres de los que creo que conocí en la escuela, pero no estoy seguro. Después de tantos años, es difícil ser rotundo.

—Es una pena que no sepamos quién es zurdo y quién diestro —dijo Matthieu.

—¿Buscan a un zurdo? —preguntó Josselin.

—Sí.

—Entonces es él —dijo señalando un apodo con el lápiz—. Lo he visto varias veces abrir la puerta del coche con la mano izquierda.

—Gilles —dijo Adamsberg en voz baja—. El zurdo..., el asesino del médico. Y es imposible detenerlo: no sabemos su verdadero nombre ni dónde vive.

Josselin se quedó pensativo, con la cabeza inclinada y los dedos en los labios.

—¿Está de acuerdo conmigo en que Robic ha conservado o encontrado a algunos de sus antiguos amigos del colegio? —preguntó lentamente.

—Es muy posible —dijo Adamsberg—. Igual que es posible que se llevara consigo a Sète a muchos de sus amigos más sumisos (sus seguidores de entonces, por así decirlo), para disponer de una red nada más llegar.

—Tanto más probable —dijo Josselin— cuanto que esos cabrones no sabían ni respirar sin él. Resulta que hace casi un año estuve en la puerta de un bistró donde Robic se había reunido con Gilles, hará unos ocho meses, y pude ver y oír a ese

Gilles hablar. Era un día caluroso de septiembre y yo había bajado la ventanilla, y el café tenía las ventanas abiertas. Yo estaba aparcado a cinco metros, pero su voz es muy potente. No necesitaba gafas para verlo de lejos, lo distinguía perfectamente. —Josselin se tomó otro momento para meditar sobre su recuerdo—. Es un hombre alto, muy feo, deformado por una nariz de boxeador. Y su voz es pedregosa, como si hablara con gravilla en la garganta. No quisiera llevarlos por una falsa pista, pero...

—No tenemos ninguna pista —dijo Adamsberg—, así que podemos intentar una falsa. Mercadet, ¿puede encontrar una foto del último curso de secundaria en Rennes?

—¿En qué año fue?

—1986.

—Pues sí —dijo Josselin—, había un alumno así en el último curso. Que tenía esa voz y esa nariz rota. Un tipo alto.

Mercadet consiguió sacar la foto de clase de Internet y se la enseñó a Josselin, que se concentró en los rostros.

—Él —dijo—, en la última fila de arriba, por su altura.

—Hervé Pouliquen —dijo Mercadet, que seguía la vieja lista de nombres de los archivos del instituto correspondientes a la foto.

—Eso es, Pouliquen —confirmó Josselin—, uno de los secuaces de Robic.

En pocos minutos, Mercadet localizó el domicilio de Hervé Pouliquen en el número 33 de la calle de la Vidriería, en La Barrière.

XXIX

Pierre Robic odiaba las fiestas, esas frivolidades, esas mascaradas, ese guirigay vocinglero. Pero no contenta con la fiesta del día anterior, su mujer había organizado otra consecutiva. Lo hacía todos los domingos, así lucía sus joyas en colgantes, pulseras y anillos, cuyo brillo atraía las miradas y eclipsaba su figura abotargada y su rostro sin encanto. Robic se había casado con ella en Sète, en un momento en que buscaba urgentemente una esposa rica, ya que necesitaba fondos para montar su red de juego. Se había casado en régimen de gananciales para beneficiarse cuanto antes de la fortuna de su esposa. Porque ella era rica, mucho en aquella época, tanto como pagada de sí misma, desprovista de tacto y, a decir verdad, más bien tonta y altanera con todos los criados, a los que, por otra parte, Robic trataba con consideración y pagaba bien, con lo que se ganaba su lealtad.

Robic quería deshacerse de ella desde hacía mucho tiempo, se estaba volviendo agresiva y peligrosa, y bebía en exceso, y eso le soltaba la lengua: había llegado a saber demasiado a lo largo de los años, gracias a sus numerosas indiscreciones y a los muchos detectives que ella había contratado. La mujer usaba eso de palanca con objeto de impedir el divorcio y preservar su fortuna conjunta. La cosa acabaría mal, él lo sabía. Cuando organizaba las cenas, se emborrachaba hasta que Robic terminaba por levantarse de la mesa. Él tenía una baza: a ella la apasionaban los caballos. Excelente amazona, montaba sin casco. Robic meditaba sobre la mejor manera de provocar una caída que la matara. El extremo de su propiedad lindaba con un pequeño valle rocoso, un lugar ideal para que montura y jinete cayeran. Ella lo estaba poniendo en peligro, y su ejecución no debía demorarse ya mucho más.

Mientras tanto, saboreaba la satisfacción de haberse deshecho tan perfectamente del doctor Jaffré, sin siquiera haberlo decidido en primer lugar. Era evidente que el doctor sospechaba que había falsificado el testamento para eliminar a Jameson lo antes posible. Gilles había hecho un trabajo impecable y la policía no conseguía nada con este nuevo asesinato. Aunque por algún acto inconcebible atraparan a Gilles, este podría, como mucho, dar el nombre de Robic. Eso no lo preocupaba, no sería la primera vez. Le bastaría con negar todas las acusaciones de Gilles, y solo tendrían su palabra —la palabra de un asesino— para implicarlo. Sus hombres sabían poco de él, ya que Robic nunca había citado a ninguno de ellos en su domicilio. Cuando tenía que ver a alguien, quedaban en un bar desconocido donde ninguno de los dos había estado nunca, o, por el contrario, en casinos abarrotados, zoológicos, colas donde era fácil pasarse dinero o instrucciones sin decirse una palabra. Y, cuando se citaban, en un café o en un escondite, Robic siempre esperaba a que su socio se marchara antes de subir a su propio coche, para que nadie lo siguiera. Al día siguiente por la tarde, él y Gilles iban a visitar el acuario de Saint-Malo. En plena temporada turística, el lugar estaría abarrotado. Le pasaría la cartera con el pago; a Gilles no le gustaban los retrasos en este tipo de asunto.

Pero Robic oía crujir un granito de arena en su impecable engranaje. Adamsberg. Ese policía que parecía de todo y de nada más que un policía, ese hombre menudo, moreno, de mirada tan imprecisa que parecía mirar sin ver, con una apatía que le hacía a uno dudar de que se interesara siquiera por sus propios asuntos; ese policía, instintivamente, le preocupaba. Tanto él como el comisario de Combourg, más abiertamente, habían hecho repetidas alusiones a la discrepancia entre sus negocios y su fortuna. Pensó que había salido de apuros con la carta, salvo por el fuego que la había destruido, detalle que no se le había escapado a Adamsberg. Por lo demás, se sentía inquieto. Aquel comisario se estaba acercando demasiado a él, aunque los dos policías hubieran acordado que todos aquellos asuntos financieros no eran de su incumbencia. Quizá fuera mejor que suspendiera sus actividades durante un tiempo. Pero estaba la operación planeada para el camión del dinero, y todo estaba ya organizado paso a paso. Y tenía que matar a su mujer. Había, por supuesto, otra opción: el ataque disuasorio. Matar a un policía no era moco de pavo, pero estaba convencido de que, si privaba a la brigada de su líder, Adamsberg, descabezaría a sus adversarios. Por supuesto, seguía habiendo muchos policías, pero siempre había habido muchos policías. Que nunca habían conseguido nada contra él. Por el momento, a Adamsberg no le iba mejor que a los demás, pero temía que la cosa no durara. Por alguna oscura razón, desconfiaba de él y estaba terriblemente tentado de deshacerse de él. A no ser, pensó, que simplemente estuviera influido por todo lo que había leído y oído sobre aquel hombre. Pensó en ello de camino a Saint-Malo. Se dijo a sí mismo que el mejor día para lanzar el ataque contra el comisario, para sembrar el pánico y desarticular el edificio policial, sería un lunes, es decir, al día siguiente. La gente no sale los lunes y había un partido en la televisión, lo que garantizaba calles vacías. Y que el mejor hombre para el trabajo sería el Prestidigitador, llamado así porque manejaba las armas prodigiosamente, como si formaran parte de su propia mano. En esta ocasión, el cuchillo estaba descartado. El ataque podía atribuirse lógicamente al asesino de Louviec, decidido a acabar con la obstinación de Adamsberg y destruir la eficacia de su banda. Aplastar un óvulo fecundado en el lugar del atentado confirmaría la conexión.

Se dio cuenta de que ya había elegido el día, el ejecutor y el chivo expiatorio antes incluso de tomar la decisión. La suerte estaba echada, la necesidad lo imponía. Sacó de su baúl el teléfono reservado al Prestidigitador y le dio todas las instrucciones necesarias, sin omitir el menor detalle.

—Se entretienen en la posada. No despegues antes del anochecer, y si hay algún cambio en el programa, te lo haré saber.

Dentro de dos días, pensó Robic con satisfacción, el equipo de Adamsberg no sería más que un montón de cenizas humeantes y el del comisario Matthieu una piltrafa desamparada e impotente.

XXX

La velada duró mucho en la abarrotada posada de Johan, como todos los domingos. Josselin se marchó pronto y Adamsberg estuvo un buen rato elogiándolo. Los ocho policías sabían ahora que existía un vínculo seguro entre el asesino de Louviec y la banda de Robic. Y que, a partir del día siguiente, tendrían que atrapar a ese tal Hervé Pouliquen en el número 33 de la calle de la Vidriería, si es que era él. Matthieu ya había previsto llevar cascos y chalecos antibalas en cuanto Adamsberg diera la orden de apresar al hombre vivo y en condiciones de hablar. Solo se permitía una bala en una de las extremidades en caso de defensa legal, y todos sabían disparar sin dar en una arteria. Volvieron a mirar el mapa catastral y la foto, facilitada por Mercadet, de la casa que había que rodear. Una granja tradicional en perfecto estado, situada en medio de una gran extensión de prados. Salidas por delante y por detrás, y una lateral a través del antiguo granero convertido en garaje. Según Josselin, el hombre no tenía profesión oficial y vivía —aparentemente— de los rendimientos de sus tierras y como conductor autónomo.

—Mañana por la mañana —dijo Adamsberg—, iré solo en coche camuflado a inspeccionar la zona, para asegurarme de que el hombre está en casa, y luego consideraré la mejor forma de operar. Si me necesitan, estaré tumbado en el gran dolmen.

—Pensando —dijo Noël en tono ligeramente burlón.

—¿Por qué no? Tenemos suerte, hay un partido en la tele a las ocho de la noche, y otro antes, a las dos. No hay nada como eso para mantener a un tipo tirado en el sofá, por muy asesino que sea. Atentos todos: no perdáis de vista ni por un segundo que dispara con la mano izquierda. Eso es traicionero cuando uno no se lo espera. Nos reunimos aquí a mediodía, nadie bebe, y salimos a la una y media.

—¿Y por qué no van y lo enchironan ahora mismo? —preguntó Johan.

—Porque necesitaríamos una orden de detención —explicó Adamsberg—, y los simples hechos de que sea zurdo, de que su cara se parezca a la de una foto de instituto muy antigua y de que se le haya visto hablando con Robic no son incriminatorios. No va a ser detenido, Johan, va a ser amablemente llevado por la fuerza para ser interrogado con motivo de sospecha en relación con un caso criminal. Eso es todo.

—Qué cosa más alambicada. Si solo fuera por mí, iría directo a partirle la cara y lo metería en el calabozo sin más miramientos. ¿Y qué me lo impide?

—La ley, Johan.

—La ley, la ley —gruñó Johan—. ¿Qué hace tu ley, aparte de dejar a esta banda de asesinos libres como los pájaros?

—Necesitas pruebas, Johan. O motivos de sospecha que tengan peso.

—Pues de eso tenemos.

—No. Por eso necesito pensar. Ya se lo he dicho al divisionario, ya verá él si lo somete al juez.

—Si tú lo dices —refunfuñó Johan, que, en el fondo, estaba de acuerdo con los argumentos de Adamsberg.

Matthieu tomó un trozo del pastel que aún quedaba sobre la mesa y levantó la mano para poner fin a la discusión.

—Sorprendente, ese Chateaubriand, ¿verdad?

—Su recolección de setas es tan fecunda como la de hombres de Robic —dijo Adamsberg, poniéndose en pie.

—A la par que extravagante —dijo Matthieu.

—Pero ¿quién no se ha dado cuenta de que Josselin, bajo su exterior educado, cabal y pacífico, es un extravagante?

—Es evidente —dijo Adamsberg—, extravaga.

—Verbo muy poco usual, Jean-Baptiste. Inexistente, incluso.

—Lo adopto y rehago la frase: mañana por la mañana, después del reconocimiento de los alrededores de la casa de Pouliquen, voy a extravagar en mi dolmen.

—¿Qué le pasa a Johan? —preguntó de repente Retancourt.

Nadie se había dado cuenta durante la conversación de que el tabernero, de pie junto a la mesa, se había quedado paralizado, petrificado como una gran estatua de mármol, de lo blanco que estaba, con un plato agarrado en cada mano, los ojos fijos. Matthieu se levantó inmediatamente.

—No te preocupes, yo me encargo. Berrond, abre la puerta.

Y sin prestar más atención al gigante inmóvil, Matthieu se puso a dar vueltas lentamente alrededor de la mesa, cerrando de vez en cuando las manos en el aire, hasta que todos comprendieron que intentaba atrapar una gruesa y pesada polilla de color pardo rojizo y cuerpo velludo, que revoloteaba torpemente, chocando contra una lámpara. Johan lo seguía apasionadamente con la mirada, mordiéndose el labio.

—La tengo —dijo Matthieu, cerrando las manos huecas en torno al animal para no dañar sus alas.

El comisario lo soltó fuera y cerró la puerta.

—Una simple bombyx —dijo—, una polilla tan inofensiva como todos sus congéneres. Pero Johan —explicó en un susurro—, pese a su metro noventa de estatura, tiene tanto pánico a las mariposas nocturnas que estas pobres criaturas tienen el poder de petrificarlo en el acto. Su mayor terror es la gran esfinge calavera, tan inofensiva como su colega, y cada vez más escasa. Solo vio una, una vez, y fue Josselin quien la espantó. Tranquilo, Johan —dijo, sacudiéndole afectuosamente el hombro—, ya se ha ido.

—Lo siento —dijo Johan dejándose caer pesadamente en una silla—, y gracias, Matthieu. Vamos, todos, sé que tenéis que dormir.

—Johan extravaga —dijo Retancourt, una vez que el equipo estuvo en la calle, incapaz de entender cómo alguien podía tener tanto miedo de una bombyx—. ¿Le pasa eso con todas las mariposas nocturnas?

—No con los noctuidos —explicó Matthieu—, que son más pequeñas.

—Algún día, Retancourt, intentaré enseñarle todos los vericuetos de la extravagancia —dijo Adamsberg con una sonrisa—. Pero será una tarea difícil.

XXXI

—El tipo está en casa y aquí están los datos del local —dijo Adamsberg, garabateando en una hoja de papel mientras Johan les servía la comida, al saber que tenían prisa.

Los chalecos antibalas y los cascos se habían quedado en los vehículos camuflados, para no incomodar a los clientes.

—¿Te ha gustado tu dolmen? —preguntó el posadero sin ironía.

—Mucho. Esta mañana estaba realmente perfecto.

—Porque ¿el dolmen cambia? —preguntó Noël.

—Por supuesto, teniente. Tiene sus días malos, como todos nosotros. Pero esta mañana estaba de un humor de ensueño.

—Nos alegramos de oírlo —dijo Noël.

—Ríase, teniente, ríase —dijo Adamsberg, sonriendo—. Pero tiene tres mil años de historia y ha tenido tiempo de ver muchas cosas. Y eso rezuma de la piedra.

—Cómo no —replicó Noël, socarrón, antes de que una mirada reprobatoria de Retancourt lo detuviera en seco.

—Además, ha sido cuando estaba en mi dolmen donde el divisionario ha tenido la amabilidad de enviarme la autorización del juez: «Detención y registro por sospecha de delito».

—Excelente —dijo Matthieu—. Eso nos...

—¿Porque ahora es suyo? —interrumpió Noël—. ¿El dolmen?

—Por supuesto —respondió Adamsberg con cierta firmeza que hizo bajar la mirada al teniente—. Pero puedo prestarlo, por supuesto, si hay algún voluntario. En cuanto a usted, Noël, abandone esos impulsos provocadores que se apoderan de usted cuando está bajo tensión. Todos lo estamos, después de nueve días estancados sin más resultado que cinco asesinatos. Pero es precisamente el momento de permanecer tranquilos, muy tranquilos.

Noël, cuya juventud tumultuosa y agresiva le había dejado huella, asintió.

—¿Qué decías, Matthieu? —continuó Adamsberg.

—Que la orden del juez nos facilitará mucho la tarea. «Detención», nada menos.

—Pero saber cómo detener a ese hombre dispuesto a dispararnos es harina de otro costal. Esto es lo que propongo —dijo Adamsberg, sacando del bolsillo una hoja arrugada con un plano muy preciso de la casa de Pouliquen, alias Gilles—. Delante de la casa, frente a la puerta, hay un manzano muy añoso con un tronco ancho más que suficiente para esconderme detrás. No se espera buen tiempo, el ambiente estará nublado. Un poco a la izquierda y más atrás, aquí —explicó, señalando con un lápiz—, el antiguo retrete reconvertido en trastero para herramientas. Se ocupa Matthieu. A la derecha, el garaje. Dos hombres en la fachada norte, Verdun y Veyrenc. Detrás de la casa, un cobertizo. Es para Noel. En el prado, a poca distancia, un montón grande de residuos de poda y un poco más allá, otro de estiércol. El primero para Mercadet, el segundo para Berrond.

—Apestará —dijo Berrond.

—No tanto.

—Solo son siete emplazamientos —dijo Veyrenc.

—Eso es lo malo —dijo Adamsberg—, pero no tenemos elección. No vamos a presentarnos los ocho en su casa con nuestras cazadoras de policía o incluso de paisano, nos dispararía inmediatamente. No es seguro, pero creo que Gilles, si es que es él realmente, tendrá su pistola cerca, pero probablemente no de forma permanente. Tenemos que hacer que se confíe. No hay nada como una mujer para eso. Los tíos no temen a las mujeres y están muy equivocados en eso. Aparcaremos a unos treinta metros y Retancourt irá delante de nosotros, con un maletín y unos impresos del censo municipal que he recogido esta mañana. Llamará al timbre a las dos menos cuarto, antes del partido. Porque usted entrará sola, Retancourt, ¿entendido?

—Captado, comisario.

—Entrará sola y sin chaleco antibalas. Incluso oculto bajo una gran cazadora, lo notaría enseguida. El tipo abre la puerta y la estatura de Retancourt bloquea su vista, de modo que no puede vernos escondiéndonos en el prado y tomando posiciones. Retancourt es quien corre mayor peligro, la envío a la primera línea de fuego y, además, indefensa. El hombre la recibe mal, pero como Retancourt ha convertido sus extraordinarias habilidades en timidez y cortesía, se disculpa y le explica que ha venido por el censo y que solo le llevará dos o tres minutos, prometido. Nuestro hombre refunfuña, pero acepta. Retancourt pide entrar para sentarse y rellenar su formulario. Cruza la puerta y comienza con sus preguntas. ¿Le parece posible, Violette?

—Sí. Claro que puede tratar de echarme a patadas, en cuyo caso le meto un derechazo en la barbilla.

—Si es indispensable, teniente, pero la consigna es: nada de violencia. Tan pronto como Retancourt esté en el lugar, Matthieu y yo entramos y rodeamos al tipo. Le apunto con la pistola y Matthieu le pone las esposas. Protesta y le enseño la autorización del juez. Vuelvo a nuestra operación, Noël, y hará bien en escuchar con atención. Podría haber circunstancias imprevistas. Una reacción inesperada del tipo. Los que vigilan las salidas norte y trasera no se mueven. Una vez que Gilles esté neutralizado, procedemos al registro. Matthieu, trae a cinco de tus policías y a un fotógrafo que esperarán fuera al abrigo del seto. Pitaremos dos veces en cuanto los necesitemos. ¿Tienes un especialista en cajas fuertes en tu equipo de Rennes?

—No allí, pero puedo hacer venir a uno.

—Hazlo. Lo necesitaremos.

Era la una y el grupo salió de la posada.

—Cuídese, Violette —suplicó Johan en la puerta de la posada.

Y en cuanto quedó vacía, se escabulló hacia el camino del viejo puente —a las golondrinas les gustaba anidar bajo el arco— en busca del pájaro blanco que trajera suerte a Violette, a quien el comisario enviaba a una operación tan peligrosa.

XXXII

Al vislumbrar la granja de Gilles, los tres coches camuflados aminoraron la marcha para reducir el ruido de los motores y se detuvieron a treinta metros de la verja de entrada, detrás del seto. A las dos menos cuarto, Retancourt se apeó, con su camisa de manga corta azul claro de funcionaria y los papeles bajo el brazo, y entró en la propiedad.

A través de los huecos del seto, los hombres la vieron cruzar el prado con la cansina parsimonia de una empleada del ayuntamiento que va a hacer su trabajo, incluso tomándose el tiempo de detenerse bajo el gran manzano para observar a una pareja de herrerillos. Veía al hombre observándola por uno de los cristales de la puerta.

Abrió antes de que ella llamara al timbre. Era alto, fornido, feo, con el pelo corto, con la nariz rota y algunos dientes de menos. Costaba imaginar mejor rostro para un matón.

—¿Qué quiere? —preguntó sin saludar.

—Buenos días, caballero —dijo Retancourt con su voz más inocente—, y siento molestarlo. Es para el censo —dijo mostrando sus formularios con encabezamiento del ayuntamiento de Combourg.

—¿Censo para qué?

—Para contar el número de habitantes de la comunidad de comunas, caballero. No le llevará más de un minuto o dos, se lo prometo.

—Vale. Desembuche sus preguntas, pero ya.

Inclinándose sobre sus papeles, Retancourt vio la pistola metida en el cinturón del hombre.

—¿Le importa si entro para apoyar los papeles?

—Vale —repitió el hombre—. Siéntese y haga sus preguntas. Menudo coñazo, los del ayuntamiento.

—No es culpa mía, caballero. Es obligatorio.

—Ya he dicho que vale. Suelte el rollo.

—¿Cuántas personas viven en esta casa?

—Yo.

—¿No hay empleados de hogar? ¿Parientes?

—No.

—Entonces, una persona —dijo Retancourt, rellenando la ficha—. ¿Lo ve?, ya está.

Matthieu y Adamsberg irrumpieron en ese instante y tomaron posiciones a ambos lados del hombre. Pero en un segundo, Gilles había desenfundado la pistola y estaba apretando el cañón contra la frente de Retancourt, con el martillo levantado.

—Moveos un milímetro y la mato. ¿Entendido? ¡Maderos! Tendría que haberlo pensado.

Los dos comisarios quedaron quietos, evaluando sus opciones, que eran nulas.

—Levántate, gorda —dijo Gilles, rodeándole el cuello con el brazo derecho y apretando hasta ahogarla—. Tirad las armas, los dos, rápido. Vaya trucos de mierda, los de la pasma.

Las armas cayeron al suelo mientras el hombre aferraba con más fuerza a la teniente. Matthieu y Adamsberg veían impotentes su rostro enrojecer. Retancourt agarró la muñeca izquierda del hombre y se la retorció tan violentamente que este dejó caer la pistola. Aflojó un poco la presión por el dolor y Retancourt cerró inmediatamente los dedos como tenazas alrededor del antebrazo. Con un poderoso movimiento de la espalda, agachando la cabeza, lo izó y lo impulsó por encima de los hombros, soltándolo antes de que se desplomara pesadamente sobre las baldosas de piedra. Adamsberg lo esposó mientras Matthieu lo sujetaba a punta de pistola.

—Caray, teniente —dijo Matthieu atónito—, ¿cómo lo ha hecho?

—Pues como ha visto. Lo he impulsado por encima de mis hombros. Basta con darle un buen tirón y volcarlo, eso es todo.

—¿Pero con la envergadura del tío?

—Peso medio —dijo Retancourt con un mohín—. Tampoco es tan difícil de manejar.

—Todo bien —dijo Adamsberg poniéndose en pie—, no le ha hecho mucho daño. Solo un gran chichón en la parte trasera de la cabeza.

—Oiga, no iba a depositarlo delicadamente en el sofá, ¿o sí? Un poco más y no lo contamos.

—Hice bien en enviarla de embajada —dijo Adamsberg—, pero la he puesto en peligro. No pensábamos que iría armado.

—Con un tipo así, no he estado en peligro en ningún momento. Créame y no se preocupe, comisario.

Matthieu reunió a sus cinco hombres y al especialista en cajas fuertes y dio orden de proceder al registro. Las habitaciones no eran grandes, y la búsqueda comenzó rápidamente. La caja fuerte fue descubierta al fondo del desván, enterrada bajo telas viejas cubiertas de telarañas y camuflada tras una caja de mimbre y todo un revoltijo de viejos muebles rotos. El especialista examinó la doble rueda de la cerradura y lanzó un silbido.

—Bastante sofisticada —dijo—. Probablemente tardaré una hora.

Gilles gritaba y maldecía tan fuerte, con la cara enrojecida y los dientes dispuestos a morder, que Retancourt acabó amordazándolo para mantener la paz. Estaba no solo rabioso por haber sido detenido, sino muerto de vergüenza porque lo había hecho una mujer.

Con las llaves del coche, Adamsberg se fue con Veyrenc, Noël y Verdun al garaje. Matthieu se había quedado con el especialista, y Retancourt vigilaba a Gilles junto con Berrond. En cuanto a Mercadet, dormía sobre la mesa con la cabeza apoyada en los brazos.

Una vez abiertas las puertas, la luz inundó el garaje, que no reveló nada más que el coche.

—Nada —dijo Noël.

—Sí que hay algo —dijo Adamsberg, encendiendo la luz del techo—. Y de primera: el coche.

—Ni rastro de sangre, el tipo lo ha limpiado todo.

—Demasiado —dijo Adamsberg, arrodillándose delante de uno de los neumáticos—. ¿Ha visto alguna vez neumáticos sucios y polvorientos, pero con la banda de rodadura perfectamente limpia? El tipo se ha esmerado en limpiar todos los surcos. Pero llama la atención. ¿Qué estaba buscando? Corcho.

—Sí —dijo Veyrenc—. Los fragmentos que encontramos en la carretera. Robic debió de decirle que su empresa había entregado corcho recientemente. Habrá que comprobarlo con Estelle Braz.

—Yo me encargo —dijo Adamsberg—, y miramos bien por si se le ha escapado algún fragmento. Llevó a cabo el trabajo en plena noche y con luz eléctrica, no es fácil ver en la oscuridad de las ranuras.

Cada hombre se encargó de un neumático e inició su examen. El coche fue desplazado treinta centímetros hacia atrás para poder explorar la totalidad de los dibujos. Veyrenc metió un total de veintidós fragmentos de corcho en una bolsa.

—Muy pequeños, pero concluyentes —dijo—. El tipo no los habrá visto al trabajar de noche, son demasiado finos.

—Eso demuestra que su coche entró efectivamente en la calzada junto a la casa del médico —dijo Adamsberg—. Ahora solo tenemos que enviarlo al laboratorio de Rennes. Luego comprobamos el maletero.

El especialista en cajas fuertes estaba terminando su trabajo bajo la atenta mirada de Matthieu. Dio una última vuelta a la rueda y abrió la gruesa puerta metálica. Dinero, mucho dinero, joyas, armas de varios calibres y documentos. El fotógrafo tomó una instantánea de la caja fuerte abierta.

—Matthieu, sacamos todo el contenido, lo fotografiamos pieza por pieza y lo examinamos más detenidamente.

Sobre un viejo baúl, extendieron gruesos fajos de billetes, dos pulseras y un colgante resplandeciente, cuatro armas, tres pasaportes, cinco documentos de identidad y cinco permisos de conducir.

—El más antiguo será el que vale —dijo Adamsberg mientras los revisaba—. Aquí, hace cincuenta y cuatro años, tenemos a un Hervé Pouliquen, nacido en Combourg. La foto es de un niño de entre dos y tres años. Nuevo carnet a los diecinueve años, mismo nombre, residente en Rennes. Tal como nos lo contó Josselin. O sea, que fue en el colegio de Combourg y en el instituto de Rennes donde se hizo amigo de Pierre Robic y Pierre Le Guillou. ¿Qué más, Matthieu?

—Cartas de amor de su juventud y fotos familiares, al parecer.

—Dejamos las cartas de amor y los recuerdos familiares, y nos llevamos el resto a Rennes, con nuestro hombre, para interrogarlo. Nos llevamos a Retancourt, ella es testigo del ataque. Tenemos que contar el dinero antes de interrogarlo.

Los dos comisarios se reunieron con Berrond y Retancourt, que estaban charlando tranquilamente como si no hubiera pasado nada, mientras Hervé Pouliquen seguía berreando en el suelo bajo la mordaza, forcejeando en todas direcciones. Las proezas deportivas de Retancourt, según le contó Adamsberg a Berrond, aumentaron su admiración por la teniente. Lamentaba habérselo perdido.

—Pero —insistió Berrond preguntando a Retancourt— ¿cómo se puede derribar a un tío que te está apuntando con una pistola?

—Si ya se lo he dicho, teniente, jugaba sobre seguro. El tipo tenía la mano sobre mi hombro, solo tuve que torcerle la muñeca. Creo que le di un buen meneo, por cierto. Entonces, todo lo que tuve que hacer fue voltearlo hacia delante agarrándole el brazo como si fuera el asa de una maleta. Francamente, no fue nada del otro mundo.

—Aun así —murmuró Berrond—, caramba.

—Tú —dijo Retancourt, sacudiendo a Hervé Pouliquen del brazo—, deja de berrear, eres un coñazo. Porque me contengo, que si no, te metería un buen culatazo en la cabeza, así dormirías un rato.

El equipo se repartió entre los tres coches, solo uno se dirigió a la comisaría de Rennes con el detenido y los dos comisarios, que se preparaban para el interrogatorio.

—Me temo —dijo Adamsberg— que un hombre de Robic no vaya a soltar nada interesante. El jefe es capaz de mandarlo matar, incluso en su celda. Y eso lo saben todos.

Antes de dejar entrar a Hervé Pouliquen, Adamsberg había tenido cuidado de guardar en el armario todas las pruebas, para que no estuvieran a la vista. El hombre se sentó, pues, delante de una mesa ordenada, frente a los dos comisarios. Por un momento esperó que la policía no se hubiera hecho con la caja fuerte.

—Hervé Pouliquen, o Gilles Lambert según su último carnet de identidad —comenzó Matthieu—, se le interroga como sospechoso del asesinato del doctor Loig Jaffré, perpetrado en la noche del viernes 5 de mayo, y como culpable de numerosos robos, tenencia ilícita de joyas y dinero robados, posesión de documentación falsa y varios delitos más que examinaremos más adelante.

—No conozco a ese Jaffré —dijo Lambert con su voz ronca, encogiéndose de hombros.

—Es cierto, no lo conocía. Pero actuó siguiendo órdenes y con todas las instrucciones.

Adamsberg escuchó por primera vez a Matthieu expresarse en lenguaje oficial, que no era su punto fuerte, y le dejó comenzar el interrogatorio en debida forma.

—¿Sí? ¿Y desde cuándo se mata a un extraño por encargo?

—Desde que da dinero.

—Pues dinero, no tengo. Puede comprobar en mi cuenta bancaria.

—Ya lo he hecho. Actuó bajo las órdenes de su jefe, Pierre Robic, con domicilio en Combourg.

—Ni idea.

—Lo conoce tan bien que fueron juntos al colegio en Combourg y al instituto en Rennes. Así lo atestiguan los directores de los mencionados establecimientos, basándose en sus registros y fotos de clase.

—¿Pasó siete años en las mismas clases que Pierre Robic y su nombre no le suena de nada? —intervino Adamsberg—. ¿Cuando nunca se separaba de él ni de su banda de sinvergüenzas? Eso no es tener una laguna, es tener un océano.

—Si tienen a un Gilles Lambert en sus registros, que me ahorquen.

—Te lo concedo, puesto que Gilles Lambert no es tu verdadero nombre, ¿verdad? Pero volveremos a eso más tarde. De momento, se trata del asesinato del doctor Jaffré.

Gilles se revolvió en la silla, frotándose la muñeca dolorida que el médico le había vendado. No le gustaba ser interrogado por Adamsberg, algo en ese policía perturbaba sus defensas naturales.

—Usted aparcó el coche al final de una calzada adoquinada que bordea la propiedad del doctor —dijo Matthieu—. Hay un rastro de sangre desde la escena del crimen hasta la calzada, y otro donde aparcó el coche. Sangre (acaban de analizarla en el laboratorio) que coincide con la del médico.

—¡Mi coche no se ha movido del garaje! —exclamó Lambert.

—Por supuesto que sí.

Adamsberg se levantó, abrió el armario y colocó con cuidado una bolsa de plástico sobre la mesa.

—¿Reconoce esto? Cójalo y mire el contenido con atención.

—No hace falta. No lo había visto nunca.

—Sí que lo ha visto —continuó Matthieu—. Hace una semana, el doctor Jaffré había encargado planchas aislantes de corcho a la empresa Su casa de la A a la Z, con sede en Combourg. Confirmado por la secretaria Estelle Braz. No debían de ser de muy buena calidad, porque las esquinas se desmoronaban y caían fragmentos al suelo cuando el camión rebotaba contra los adoquines. Usted era consciente de ello y, cuando llegó con el coche a casa, limpió pacientemente las bandas de rodadura de los neumáticos, probablemente con bastoncillos de algodón húmedos. Debo admitir que nunca he visto a un asesino más concienzudo que usted.

—¡Nunca he limpiado mis neumáticos! ¿Me toman por un tarado o qué?

—Por un tipo muy prudente —prosiguió Matthieu—. Y sabemos que usted limpió, sin lugar a duda, esos neumáticos. Porque, por desgracia para usted, las bandas de rodadura estaban grises de polvo, pero no los dibujos, que estaban muy negros. Así que fuimos a su garaje y reanudamos la búsqueda. El resultado: estos fragmentos de corcho. —Gilles se mordió el interior del labio—. No se lo reproche, nosotros trabajábamos a plena luz del día y usted de noche bajo la luz cenital del garaje. Es normal que no los viera.

—Los neumáticos podrían haber cogido esos fragmentos en cualquier carretera.

—Ya. Pero no todo el mundo se dedica a limpiar las bandas de rodadura. Ha conducido por esa calzada y no puede negarlo. La comparación de las muestras tomadas del adoquinado con las de sus neumáticos lo demostrará.

Matthieu dejó pasar un largo silencio. Gilles buscaba en vano una salida.

—No tiene sentido —dijo rabioso—. Y fui al túnel de lavado el lunes pasado.

—Sí que coge polvo su coche. ¿A qué se dedica, Sr. Lambert?

—Soy chófer autónomo. Cualquiera que necesite un coche puede llamarme de día o de noche. Esa es mi gran ventaja sobre los taxis. De noche, tarifa doble.

—¿Y con eso financió la reforma de su casa?

—Se me da bastante bien el bricolaje. Hice casi todos los arreglos yo mismo, poco a poco, me ha llevado años.

—Se fue de Combourg cuando era joven. ¿Adónde fue? ¿A Sète?

—No es asunto suyo.

—¿No ha estado nunca en los Estados Unidos?

—Ni de coña. Odio ese país.

—¿Cómo puede odiarlo si nunca ha estado allí?

—No hace falta. Gente que vive en la miseria y hombres de negocios forrados, eso es todo lo que saben hacer. Y luego está la televisión. Solo echan películas americanas.

«Vamos a ello», pensó Adamsberg, poniéndose guantes y yendo al armario para sacar dos pasaportes.

—Pues resulta curioso —dijo hojeando uno de ellos—. Tengo aquí un sello del aeropuerto de Los Ángeles, de hace unos veintiséis años.

—Imposible —gruñó Gilles—. Nunca he puesto los pies allí.

—Claro que sí —dijo Matthieu, mostrándole el pasaporte—. No es el mismo nombre, lo reconozco, René Genêt, pero está claro que es tu foto, no hay duda.

—¡Lo han falsificado ustedes! —gritó Gilles—. Los policías lo tienen fácil para reunir todos los papeles que quieran. Una auténtica panda de gánsteres que se apoyan unos a otros.

—Los gánsteres de verdad también —comentó Adamsberg.

—Y luego tenemos un regreso a Francia —prosiguió Matthieu—, hace unos catorce años, también con otro nombre, Paul Merlin, pero es tu careto y tu nariz torcida. Y si comparáramos las firmas, aunque fueran modificadas cada vez, ¿a quién encontraríamos? A ti. Solo hay dos pasaportes auténticos, y son los de Hervé Pouliquen.

—Tu verdadero nombre —dijo Adamsberg—. Te sonará, ¿no? ¿Y sabes lo que es todavía más curioso? Que volviste de Estados Unidos diecisiete días después que Pierre Robic. Tiene gracia, ¿no? Parece que a ninguno de los dos os gustó el país.

—¡Está todo falsificado! —gritó Pouliquen levantándose y tirando la silla al suelo.

—¿Y esto, y esto, y esto, y esto…? —dijo Matthieu, echando uno a uno los carnets de identidad y de conducir falsos sobre la mesa—. Algunos están un poco trasnochados, ¿no crees? ¿Crees que nos habríamos dedicado a hacer pasaportes con papeles viejos?

—Sois unos falsificadores —dijo Gilles con rabia, sin poder apartar los ojos del montón de documentos falsos diseminados sobre la mesa.

—¿Y cuánto dices que tienes en la cuenta? —preguntó Matthieu.

—Ocho mil setecientos veintidós.

—En tu cuenta a nombre de Gilles Lambert. Pero ¿y en las demás? Aunque no importa mucho, al fin y al cabo, esas cuentas son una cutrez. Porque tienes una pequeña reserva: esto —dijo, colocando cuatro grandes bolsas selladas llenas de billetes de doscientos euros—. Un millón trescientos mil euros. ¿Hemos fabricado también estos billetes para complacerte? Aparte de estas bagatelas —añadió, colocando el colgante rutilante y las pulseras encima del montón.

—No son mías —dijo Pouliquen acorralado, hablando muy deprisa—. Alguien me ha llenado la caja fuerte para hacerme caer.

—Sí, claro. Un regalo. Con cuatro pistolas de suplemento, sin contar la que llevabas encima. ¿De verdad las necesitas tanto? ¿Y quién tendría interés en «hacerte caer»? ¿Por qué hacer que caiga un taxista? ¿Puedes explicármelo?

Pouliquen había vuelto a sentarse pesadamente.

—¿Puedo fumar?

La primera señal de una fisura, la necesidad de apoyo en momentos de angustia. Adamsberg sacó su cajetilla y dio a cada uno un cigarrillo y fuego, y despejó un cenicero del montón de objetos apilados sobre la mesa.

—Asqueroso, este pitillo.

—Sí —confirmó Adamsberg.

—Te diré lo que pienso —dijo Matthieu, expulsando el humo—. A los diecinueve o veinte años, tú, Pierre Le Guillou y Pierre Robic, y tal vez otros que aún no conocemos, dejáis este «poblacho de fracasados», como decía Robic, y os vais a Sète, donde, a base de robos de joyas, atracos y contrabando de droga por mar, amasáis el dinero suficiente para montar vuestra pequeña «casa de apuestas». Que os da dinero, y a la vez os sirve de tapadera. Con los atracos y las agresiones, os vais curtiendo, os metéis en el hampa y os traéis a algunos de vuestros antiguos compañeros de instituto de Rennes. Probablemente elegidos entre los criminales en ciernes que tan innoblemente destrozaron al perro de la portera ante sus propios ojos. Bajo la dirección de Robic, que ya es vuestro jefe y al que admiráis. Él, el chantajista, el sádico, el ya sanguinario. Pero la policía de Sète empieza a olerse el chanchullo: un tren de vida demasiado lujoso para los ingresos de una empresa bastante modesta. Robic (que se hace llamar Bordeaux) vende el club, untáis a los tipos del hampa para conseguir documentos falsos y pasaportes y, después de esos nueve fructíferos años en Sète, la banda se marcha rumbo a Los Ángeles. Donde pensaréis a lo grande, mucho más grande. Y de eso es de lo que siempre se peca: cuanto más dinero ganas, más quieres, hasta que te rompes la crisma.

»Culmináis vuestra carrera americana por todo lo alto, quedándoos con la herencia de un rico americano a quien asesináis tras haber echado al correo el falso testamento, haciendo que el crimen parezca un atraco callejero cualquiera. Armez, probablemente porque ha sido el ejecutor, exige una parte mayor del botín, a lo que Robic se niega. Robic solo esperaría unos días después de su regreso a Louviec para matar a tiros a su antiguo socio, que se ha convertido en una amenaza. ¿Qué te parece esta historia, aparte de los detalles?

—Han construido una montaña a base de trozos de corcho.

—Y todo esto —dijo Matthieu, señalando con el dedo el montón de documentos falsificados, dinero, joyas y armas—, ¿no es una montaña?

—Es una trampa de lo más vil. Lo niego todo. Y váyanse a tomar por saco.

Matthieu señaló a los dos gendarmes inmóviles que custodiaban la sala.

—Llévenlo a la celda —dijo.

—No se preocupen por mí —dijo Pouliquen, mirando a los dos comisarios—. No estaré allí mucho tiempo. ¿Puedo fumar el último antes de irme?

Adamsberg le tendió un cigarrillo y un mechero.

—Son definitivamente asquerosos.

—Sí —repitió Adamsberg.

—Entonces, ¿por qué los fuma?

—Es algo sentimental. Algo que no puedes entender.

—Me la suda. No tardaré en fumar los míos, pueden estar seguros.

XXXIII

Robic había llegado puntual al acuario de Saint-Malo. Se quedó allí un buen rato, simulando observar a los peces, con la esperanza de ver aparecer a Gilles. Pero su teléfono no respondía. No era normal. Algo había salido mal y, a esas alturas, Gilles estaba en manos de la policía, no le cabía duda. Acusado del asesinato del doctor Jaffré, por encargo. Robic estaba convencido de que Gilles no había revelado su nombre, pero su pertenencia a la banda de su escuela quizá ya era conocida, razón de más para sacar a su socio de las garras de la policía.

El atentado contra Adamsberg, previsto para esa misma noche, se había hecho aún más necesario. No era un trabajo fácil porque, según sus informadores, el comisario siempre salía de la posada en grupo, charlaba un rato, y cargaba a sus cuatro ayudantes en un coche. Sin duda estaría oscuro, pero aún no sería de noche, por lo que el Prestidigitador podría reconocerlo fácilmente desde su escondite; conocía su rostro. Un escondite fácil bajo los soportales que había casi delante de la posada. Pero habría que aislar al comisario, aunque solo fuera unos segundos, para que su hombre alcanzara su objetivo.

Robic iba pensando durante el camino de vuelta de Saint-Malo. La idea de exigir la liberación de Gilles con inmunidad so pena de represalias mortales le parecía tan audaz como excelente. Con una simple bala en el brazo a modo de primer aviso esa misma noche. Dos primeros ataques con heridas, y luego la muerte si no era obedecido. Eso para dar tiempo, tanto a la opinión pública como a los medios, a movilizarse. ¿Podría el ministro del Interior permitirse perder a un hombre tan renombrado y casi universalmente apreciado como Adamsberg? ¿Ser acusado de sacrificar al comisario por la gloria de haber detenido a un solo asesino? No le parecía probable. Después de las dos primeras heridas, sin duda cedería y negociaría. Conseguir la inmunidad de Gilles era una cosa, pero él, Robic, había decidido la muerte de Adamsberg. Ese tipo estaba tras su pista y no se detendría ahí, de eso estaba convencido. Y no había nada que le impidiera acabar con él, incluso después de que Gilles hubiera sido liberado.

Así que su decisión estaba tomada. Llamaría al comisario cuando el grupo se hubiera reunido frente a la posada. Adamsberg se apartaría un poco para oír mejor y, una vez aislado el policía, su hombre dispararía. Tendría que informar al Prestidigitador del cambio de plan: disparar cuando Adamsberg se alejara de los demás e infligirle nada más que una herida en el brazo, lo bastante leve como para que saliera del hospital al día siguiente. Le quedaba preparar su mensaje al comisario. Pero no lo enviaría esa misma noche, porque lo protegerían con un cerco de guardaespaldas. Lo enviaría al día siguiente. Al día siguiente, porque el mensaje solo sería creíble después de la herida del brazo. Por supuesto, colocarían un dispositivo de seguridad alrededor del comisario, pero él ya estaba pensando en un plan para sortear ese importante obstáculo. Para ese disparo, cambiaría de hombre y elegiría al Jugador, que había empezado su carrera en el circo como gimnasta, contorsionista, volatinero, equilibrista, disciplinas todas para las que su esbelto cuerpo estaba espectacularmente dotado.

Se detuvo en el arcén y preparó su mensaje de antemano: «Adamsberg, haga que liberen inmediatamente a Gilles con inmunidad o pagará con su vida. El ataque de ayer fue solo una primera advertencia, habrá una segunda. Si Gilles no está libre en tres días, usted morirá».

«Muy bien —pensó Robic—. Clásico, pero tremendamente efectivo».

Después de su copiosa cena en casa de Johan, los ocho policías seguían discutiendo los acontecimientos del día en la calle, delante de la posada. Adamsberg se alejó un par de metros para atender una llamada de un número desconocido. Sonó un disparo y el comisario se dobló llevándose la mano al brazo. La sangre brotaba en abundancia, y hubo un momento de pánico entre la tropa. Tan solo Veyrenc y Matthieu habían conservado suficiente presencia de ánimo como para tratar de descubrir al pistolero. Un hombre huía a gran velocidad. Ya estaba a más de treinta metros de ellos cuando los dos policías empezaron a perseguirlo.

—¡Corra, Retancourt, corra! —gritó Adamsberg, como quien azuza a un sabueso contra un jabalí.

Retancourt no había esperado la orden de su jefe, y ya estaba llegando a la altura de Matthieu y Veyrenc.

—Hemos salido tarde —dijo Veyrenc jadeante—, no lo alcanzaremos, es más rápido que nosotros.

—Sí que lo alcanzaremos —dijo Retancourt—, pero démosle tiempo. Seguro que tiene un cómplice esperándolo en alguna parte. Más vale atrapar a dos que a uno.

La teniente adelantó a los dos policías y acortó la distancia que la separaba del pistolero, claramente visible en los claroscuros. De pasaje en callejón, el hombre llegó a un camino de tierra donde había un coche aparcado con las luces apagadas. Retancourt hizo una seña a sus dos colegas y aumentó la velocidad. Ni Matthieu ni Veyrenc lograban alcanzarla. El pistolero giró sin detenerse y disparó sin llegar a dar a su perseguidora, que le cayó encima y lo aplastó contra el suelo bajo su peso, arrebatándole el arma. Apuntó a los neumáticos del coche y reventó tres. Tumbada en el suelo, bien afianzada sobre el cuerpo del pistolero, que forcejeaba en vano, reventó el parabrisas trasero y luego el retrovisor delantero. La bala pasó lo bastante cerca del conductor como para hacerle abandonar el coche y rodar por el suelo, con el brazo extendido. Retancourt esperaba este movimiento y le disparó en la mano antes de que tuviera tiempo de levantar el seguro. Por dos segundos. Mientras tanto, Matthieu y Veyrenc se habían acercado a su colega, que estaba esposando al pistolero.

—¡Ocupaos del otro! —gritó ella—. Está herido en la mano, pero ojo, que su pistola está justo al lado. Un segundo, veo brillar la culata. Un cretino de esos que no pueden dejar de presumir con pistolas con cachas de nácar.

Retancourt disparó dos balas a la pistola, haciéndola volar a dos metros en el camino.

—Ya podéis ir, tenéis vía libre.

Nada más ponerse en pie, llamó para preguntar por Adamsberg.

—Todo bien —dijo colgando con alivio en la voz—. La herida no es profunda, pero necesita puntos. Noël ya está de camino hacia el hospital de Rennes.

Había agarrado a su prisionero por el cuello y empezó a arrastrarlo tras ella. Pero el hombre forcejeaba en todas direcciones, y ella lo calmó con un puñetazo.

—Se siente —dijo a los otros dos—, pero de alguna manera tendremos que llevarnos a estos tipos. Se echará una siestita de nada.

Retancourt tiraba del hombre como si de una bala de algodón se tratara, mientras que Veyrenc y Matthieu, a pesar de trabajar en equipo, tenían un poco más de dificultad con el gordo conductor. Alertado, el grupo los esperaba esperaba ante la puerta de Johan.

—Hemos hecho tiempo —explicó Retancourt, soltando sin miramientos su fardo aún aturdido junto a las escaleras de la posada—. No quería atrapar al pistolero antes de que se reuniera con su cómplice.

—Mercadet —dijo Veyrenc, depositando al conductor junto al pistolero y esposando a los dos hombres—, tienen el coche en la esquina de la callejuela del Roble Muerto con un camino de tierra.

—El camino de la Guillotina —dijo Johan.

—Muy bien. Matthieu, que vengan los gendarmes a remolcar el vehículo y se lleven al pistolero a un calabozo en Rennes, y al conductor al hospital de Combourg bajo vigilancia, para que le curen la mano.

—¿Y Josselin? —sugirió Johan tímidamente—. Podría venir a ver si reconoce a estos tipos, sus caras o sus voces. Puesto que al parecer sus papeles son falsos.

—Excelente idea —dijo Retancourt—, dígale que venga.

Josselin llegó al cabo de unos minutos, se bajó de la bicicleta y miró a los dos hombres. Se llevó a Matthieu a un lado.

—No puedo ponerles nombre por sus caras. No estoy lo bastante seguro, ha pasado demasiado tiempo y no tengo buena memoria. Habría que conseguir que dijeran algo.

—Yo me ocupo de eso. Quédese a mi lado.

Matthieu se agachó primero junto al pistolero.

—Fallaste, ¿no es así? —dijo Matthieu.

—No he fallado para nada.

—¿Cuál era tu objetivo?

—Herirle en el brazo. Y es lo que he hecho.

—¿Cuál es tu verdadero nombre?

—Ya puedes esperar sentado.

—¿Quieres que te siente en las escaleras?

—Me importa una mierda. Lo que quiero es que te largues.

Matthieu se levantó y se alejó con Josselin.

—No le haremos hablar mucho más. ¿Te suena de algo?

—Creo que se trata del Prestidigitador. Y su cara me suena vagamente. ¿Tendría esa foto del último curso del instituto de Rennes?

—Mercadet debe de tenerla archivada.

Un minuto después, Mercadet llamó a Matthieu y Josselin al interior de la posada iluminada. En pantalla grande aparecía la foto de clase de Chateaubriand. Todos sonreían, según la costumbre. La imagen era nítida y Josselin la examinó, rostro por rostro.

—Ese es Robic —dijo señalando a un adolescente de pelo rapado, barbilla prognática y mala dentadura—. Pero ya lo conocen. El que buscamos tiene la nariz fina, la frente baja, el pelo rizado y castaño...

Josselin dio un paso atrás para volver a mirar la cara del pistolero.

—¿Qué pasa, por qué me miras?

—Soy Chateaubriand, ¿te suena?

—¡Ah, Chateau! —rió el hombre—. ¡El gran hombre de la clase!

El tipo se dio cuenta de que tal vez había hablado demasiado y su rostro se endureció. Josselin volvió a la foto.

—Se ha delatado a sí mismo. Era de mi clase. O sea, cuello corto, lóbulos de las orejas alargados, ojos marrones y pequeños, muy pegados a la nariz, frente baja... Es este —dijo, señalando con el dedo a un adolescente que más que una sonrisa, hacía una mueca—. Era uno de los cabrones, pero todavía disimulaba. Ha perdido mucho pelo desde entonces.

Mercadet consultó su expediente.

—Segunda fila, tercero por la izquierda, es Yvon Le Bras. Gracias, Josselin. ¿Puede intentarlo con el conductor?

—Hagan que hable mientras yo escucho y lo observo.

Matthieu y Chateaubriand se arrodillaron junto al conductor, que se agarraba la mano. Johan lo había desinfectado y vendado como buenamente podía. Los gendarmes acababan de llegar, pero Matthieu les pidió que esperaran.

—Y tú —dijo Matthieu— estabas esperando como un gilipollas al volante del coche, lo único que tenías que hacer era arrancar, y todo se fue al carajo.

—Todo por esa tía de los cojones —gruñó el hombre en voz baja, ronca—. ¿Qué clase de engendro es ese? ¿Una mujer o una bala de cañón? Me ha destrozado la mano, la muy zorra.

—Le estabas apuntando con tu arma.

—Con eso me basta —dijo Josselin, y volvió a la foto—.

Una voz baja y ronca, una nariz redonda como una canica, las cejas juntas, la nuez muy prominente en un cuello flaco, es este, alias Dominó —dijo señalando un nuevo rostro.

—O sea, que es Jean Gildas —dijo Mercadet tras unos instantes de búsqueda.

Matthieu indicó a los gendarmes que podían llevarse al herido. Dos de ellos custodiarían su puerta en el hospital de Combourg. Otro vehículo llevó al pistolero a la comisaría de Rennes, con Verdun al volante y Berrond junto a Yvon Le Bras, conocido como el Prestidigitador.

—Así que ya van cinco en la misma clase —dijo Matthieu, apuntando: Pierre Robic, Yvon Le Bras, Jean Gildas, Hervé Pouliquen y Pierre Le Guillou.

—Tengo las direcciones de los dos nuevos —dijo Mercadet, alzando la vista de su ordenador—. El pistolero vive en Louvigné y el conductor en Bois-sur-Combourg. ¿Preparamos dos nuevos registros, comisario Matthieu?

—Con el acuerdo de Adamsberg y del divisionario, sí.

—Le dejo a usted organizarlo —dijo Mercadet, que apenas podía tenerse en pie.

Noël entró con Retancourt. Acababan de regresar del hospital de Rennes. Todos los rostros se volvieron hacia ellos.

—Por lo que nos ha dicho la enfermera, tiene el bíceps perforado, se lo van a suturar con anestesia local y nos lo van a devolver mañana, con antibióticos, antiséptico y un apósito que tendrá que cambiarse todos los días. Obviamente, no podrá mover el brazo con facilidad hasta que se haya curado. Así que una férula.

—Gracias a Dios, qué alivio —dijo Johan, sirviendo el *chouchenn*—. ¿A qué hora es la operación?

—Esta tarde.

Matthieu resumió las identificaciones de Josselin para Noël y Retancourt.

—Ha hecho un muy buen trabajo —dijo Noël—, estamos recogiendo a los hombres de Robic como si fueran manzanas, y eso seguro que no le gusta. Pero este caso nos aleja de nuestro objetivo inicial: el asesino de Louviec.

—No —dijo Retancourt—, estamos siguiendo su tangente, como dijo el comisario. Robic mandó matar al médico a petición de un tipo de Louviec. Atrapando a su banda, atrapamos a nuestro asesino. Todo lo que tenemos que hacer es conseguir que uno de ellos hable.

—Cierto —dijo Veyrenc—. Comisario, propongo que nos pongamos mañana con los dos registros lo antes posible. Las dos casas en el mismo día.

—De acuerdo —dijo Matthieu—. No empezaremos los interrogatorios hasta que hayamos terminado los registros. Solo seremos siete. No es suficiente para visitar dos casas en un día. Traeré a cinco hombres más y a nuestro especialista en cajas fuertes.

XXXIV

La autorización del divisionario para registrar los domicilios de Yvon Le Bras en Louvigné y de Jean Gildas en Bois-sur-Combourg llegó a Matthieu a las nueve menos diez de la mañana siguiente, antes incluso de que hubiera tenido tiempo de solicitarla. Lo cual demostraba que, en cuanto terminó la operación de su brazo, Adamsberg había vuelto a ponerse en marcha y había contactado a su superior. Desde el hospital, por supuesto, pero en marcha. En otro mensaje, dijo que todo iba bien y que esperaba estar en el albergue esa misma tarde a las siete.

Los dos equipos se dieron cita inmediatamente delante de la casa de Yvon Le Bras, en Louvigné, en el número 6 de la calle del Cerezal. De nuevo, se trataba de una granja, pero no tan grande como la de Hervé Pouliquen.

—Recoge todo lo que encuentres de interés, pero en mi opinión, no dejó nada por ahí tirado —dijo Matthieu—. Excepto en su caja fuerte. Sondead todas las paredes y suelos, y comprobad las baldosas del suelo. Registrad a fondo el sótano y el desván, sin olvidar el garaje. Necesitamos esa caja fuerte.

Los doce agentes se pusieron guantes y se repartieron por la casa, sobrecargada de muebles y objetos de todo tipo. Para trabajar más cómodamente, los policías sacaron todos los muebles posibles al césped.

Matthieu se encargó de abrir y revisar todos los cajones, aparadores, cómodas, armarios y baúles. Bajó con Noël y Veyrenc a la bodega, que vaciaron de todos los desechos, limpiaron el contenido de las estanterías y sacaron los botelleros y las cajas de vino en espera. El suelo de la bodega tenía un revestimiento de tierra batida arcillosa, lo que limitaba su humedad. Veyrenc levantó un par de botas, cuyas suelas estaban llenas de pegotes de una tierra blanda y más oscura.

—Hay otra bodega ahí abajo, seguro —dijo.

Una vez despejado el suelo, lo pisaron despacio, por secciones de treinta centímetros, para ver si se oía un sonido diferente. Sucedió donde los botelleros, que abarcaban una superficie aproximada de un metro veinte por un metro.

—Vamos por las herramientas y a retirar la tierra —dijo Veyrenc.

A solo diez centímetros por debajo de la arcilla aparecieron unos tablones de madera, que terminaron de retirar. La trampilla, provista de un gran anillo, se levantó sin hacer ruido.

—Tenía cuidado de engrasar las bisagras —comentó Matthieu, sujetando la portezuela abierta con una barra de hierro—. Ten cuidado al bajar, la escalera es empinada.

El segundo sótano, excavado en la roca, estaba mucho más húmedo y su suelo oscuro y ligeramente embarrado se pegaba a las suelas.

—Para eso eran las botas —dijo Matthieu, reuniéndose con su colega y encendiendo la luz del techo—. Por muy cuidadoso que sea uno, siempre hay alguna nimiedad que se le pasa por alto. Sin ese barro en las botas, no tengo claro si habríamos buscado la segunda bodega.

Ambos miraron la caja fuerte apoyada en la pared del fondo.

—Podemos dar dos silbidos —dijo Veyrenc.

Unos minutos después, el especialista examinaba la pesada caja con una gran linterna, girando las ruedas con el oído pegado al mecanismo.

—Resistente —dijo—, pero la cerradura es menos sofisticada que la anterior. Cuenten media hora larga.

Tal como había hecho la primera vez, Matthieu se quedó a su lado para observar la habilidad del especialista. Veyrenc anunció a los agentes que podían dejar de sondear y volver a colocar todos los muebles y objetos en su sitio, dejando solo una mesa fuera.

—¿Dónde estaba? —preguntó Retancourt.

—En otra pequeña bodega excavada debajo del sótano. El tipo tenía que esforzarse mucho para llegar a su caja fuerte.

Era mediodía y Berrond sacó una gran cesta preparada por Johan, repartiendo bocadillos, creps rellenas, raciones de queso, fruta, botellas de vino, vasos y platos de cartón, servilletas de papel.

—Dejen algo para Matthieu y el perforador —dijo—. Y ya me dirán qué les parece el vino —añadió, dirigiéndose a los cinco gendarmes de Matthieu.

Estaban terminando el queso cuando volvieron el comisario y el especialista en cajas fuertes.

—¿No nos ha esperado? — dijo Matthieu con una sonrisa, mirando a Berrond.

—No he podido —admitió Berrond, con la boca llena—. Pero sus raciones han sido cuidadosamente reservadas.

—Las necesitamos —dijo Matthieu, tomando asiento junto al especialista, que no estaba acostumbrado a pícnics tan elaborados—. No beban demasiado, tenemos que visitar la otra casa, la de Jean Gildas en Bois-sur-Combourg. ¿Alguien conoce Bois-sur-Combourg?

—Yo —dijo uno de los gendarmes—. Mi hermana vive allí. Una pequeña aldea de doscientas personas, no hay otro lugar más tranquilo. Si su casa está en un extremo del pueblo, el tipo podría ir y venir sin que nadie se diera cuenta. ¿Cuál es la dirección?

—Calle de la Estación, número 7.

—Ya les digo que demolieron la estación hace mucho tiempo. Pero, efectivamente, está al final del pueblo. Debe de ser la vieja casa de ladrillo con el tejado de pizarra.

—¿Es grande?

—Planta y piso, pero creo que tiene tres habitaciones por planta.

Matthieu hizo circular varias fotos de la caja fuerte que acababan de abrir, cuyo contenido era más o menos el mismo que el de la de Hervé Pouliquen: fajos de billetes, armas, joyas, papeles.

—Robic se llevaba la mejor tajada, probablemente más de la mitad, pero parecía equitativo entre sus socios —dijo Matthieu—. Pónganse guantes, vamos a sacar todo el contenido de la caja fuerte que hay sobre la mesa, fotografiarlo y sellarlo. Después de tomar una muestra de la tierra, cerramos la segunda bodega, la enterramos como estaba y volvemos a colocar todo lo que hemos sacado. ¿No he olvidado nada?

—Las botas —dijo Veyrenc.

—Sí, las botas en una bolsa de plástico. Y terminaremos de poner las cosas en su sitio.

Matthieu observó más detalladamente el contenido de la caja fuerte a la luz del día, a medida que el fotógrafo iba tomando fotos. Tres pistolas, grandes fajos de billetes, dos collares de perlas, seis anillos, tres pasaportes, el último de los cuales había servido para viajar a Los Ángeles. Otro estaba todavía virgen de sellos, sin duda reservado para una repentina necesidad de huida. Cuatro documentos de coche y carnets de identidad, todos falsos, a nombre de Jérôme Verteuil, Georges Charron, Roger Fresnes y Martin Serpentin. Matthieu se lo quedó y fue a ver a Mercadet.

—Teniente, ¿Serpentin es el verdadero apellido de la Víbora?

—Sí —dijo Mercadet tras unos instantes de búsqueda.

—Entonces, ¿cómo es que se dice que es la hermana de Joumot?

—Un momento... Ya lo tengo. Su padre, Serpentin, se divorció y se volvió a casar con una mujer que ya tenía un hijo: Germain Joumot. En realidad, Joumot es el hermano adoptivo de la Serpentin. Supongo que en Louviec dicen «hermano» porque viven juntos y se llevan como uña y carne. ¿En qué está pensando?

—En el hecho de que resulta difícil para algunas personas no dejar algún rastro de su pasado en sus nombres falsos. Uno de los documentos falsos de Yvon Le Bras está a nombre de Martin Serpentin.

—¿Está buscando un vínculo entre Louviec y Robic?

—¿Por qué no? En todo caso, puede que haya uno entre Yvon Le Bras y la Serpentin, y por lo tanto con Joumot.

—¿Cree que Joumot tiene algo que ver en todo esto?

—Digamos que como mínimo puede transmitir información. Él o su hermana adoptiva. Vamos, voy a terminar y cerramos —dijo Matthieu poniéndose en pie.

—La casa está casi en orden, solo hay que acabar el precintado de pruebas y estamos listos —dijo Berrond.

—Voy a volver a Rennes con Verdun para interrogar a Yvon Le Bras, ahora que tenemos el contenido de su caja fuerte. Pero no espero gran cosa más que del de Hervé Pouliquen. Esos tipos han ido todos a la misma escuela y no se rinden. Esperan que su jefe los saque de apuros.

—¡Eh, Matthieu! —dijo Mercadet mientras el comisario se alejaba.

—¿Qué?

—¡Las botas!

Las operaciones de la mañana se repitieron en la casa de ladrillo de Jean Gildas, en Bois-sur-Combourg. Exploración de todos los muebles y sondeo de las paredes y los suelos. Solo después de vaciar la leñera de un montón de leños y tablones, encontraron una vieja trampilla, sucia de tierra. Ocultaba dos pequeñas cajas fuertes, que sacaron a la luz del día. El especialista se sentó en la hierba para ponerse manos a la obra, mientras el fotógrafo sacaba su cámara y Veyrenc se preparaba para el precintado de las pruebas.

—Son más clásicas que las otras dos —dijo el especialista—. Creo que habré terminado para cuando hayan puesto la casa en orden. Menos de treinta minutos.

Al mismo tiempo, Robic ya había sido informado del arresto del Prestidigitador y de Dominó. También ellos habían sido atrapados. Era la desventaja del arma de fuego frente al arma blanca. Una detonación hacía reaccionar a los policías inmediatamente y perseguir a los fugitivos. Pero deberían haberse salido con la suya, joder. Uno de los policías debía de correr más rápido que ellos. Aun así, no era cuestión de abandonar su plan, aunque le costara hombres. Ya iba siendo hora de enviar su mensaje ligeramente modificado al secretario. Antes de hacerlo, llamó al Jugador para dar sus instrucciones.

—Esta noche, apunta a Adamsberg —dijo—, seguramente rodeado de guardaespaldas. Es probable que salga cuando oscurezca. ¿Sabes qué careto tiene?

—Sí —dijo el Jugador a regañadientes.

—Por muy juntos que estén los guardias, siempre habrá un hueco entre sus piernas. Apunta a ese espacio y hiere a Adamsberg en el muslo, sin tocar la arteria.

—Conozco el lugar. Ya tengo mi plan en mente.

—¿Y cómo podrás apuntar?

—Gracias a la luz del porche de la posada.

—Y luego corre. Sospecho que tienen un agente muy rápido.

—Gané la medalla de oro en los campeonatos nacionales y nunca he dejado de entrenar.

—Teniendo en cuenta la dificultad añadida, bonificación en caso de éxito.

Adamsberg, un poco aturdido por los analgésicos, se estaba recuperando de su lesión cuando recibió el mensaje: «Adamsberg, haga que liberen de inmediato a Gilles, al Prestidigitador y a Dominó con inmunidad o lo pagará con su vida. El ataque de ayer fue solo un primer aviso. Recibirá un segundo aviso. Si estos hombres no están libres mañana, usted morirá».

«¿Por qué no haberlo matado anoche? ¿Por qué estas advertencias, aun a costa de perder hombres?», se preguntó

Adamsberg mientras la enfermera le volvía a poner la venda. Primera respuesta: porque Robic estaba seguro de que sus socios no serían atrapados. En su ignorancia, había omitido el factor Retancourt y es cierto que, sin ella, los hombres habrían tenido tiempo de esfumarse. Por otra parte, ese primer ataque por sorpresa, pero no letal, daba ahora plena credibilidad a su amenaza, pero dejaba también el tiempo necesario para que el ministerio tomara una decisión sobre la liberación de los tres compañeros. El ultimátum no llegaba, por tanto, hasta ese día, el martes, y Adamsberg lo envió inmediatamente a Matthieu, al agregado ministerial y al divisionario de París.

Matthieu, que acababa de terminar el interrogatorio —infructuoso— de Yvon Le Bras, sintió que le fallaban las piernas al leer el mensaje de su colega. Con el rostro crispado de ansiedad, mostró en silencio el texto a Verdun y se marchó, dejándole terminar el trabajo antes de pasar al interrogatorio de Jean Gildas, alias Dominó, de quien acababa de llegar a Rennes el contenido de la caja fuerte.

El comisario se dirigió al hospital de Rennes y entró en la habitación de Adamsberg, tan blanco como una sábana.

—Joder —exclamó retorciéndose las manos—. ¿Qué hacemos ahora?

—Ya he informado al divisionario y al ministerio —dijo Adamsberg con calma—. La decisión está en sus manos: Gilles, el Prestidigitador y Dominó, o yo. Ah, mira, aquí está la respuesta del divisionario de París. Vale su peso en cobardía: «Es un farol. Vaya rodeado de guardaespaldas», leyó. «No es farol —escribió en respuesta—. Primer ataque anoche, estoy en el hospital con el brazo inmovilizado».

—Cómo se ve que no se trata de su pellejo —exclamó Matthieu, a quien le temblaban las manos mientras encendía un cigarrillo y al pasarle uno a su colega—. Sí, ya lo sé, no se puede fumar en las habitaciones —dijo abriendo la ventana—, y me da igual. En cuanto salgas, vuelves a ponerte el chaleco antibalas y el casco, y no te los quites cuando estés tumbado en tu menhir...

—Mi dolmen —corrigió Adamsberg.

—Sí, de acuerdo. Y que te rodeen ocho guardaespaldas totalmente equipados. Día y noche. En otras palabras, tengo que conseguir veinticuatro hombres para que puedan alternarse.

—Será muy práctico para ir a mear.

—Y para dormir, asearse, etcétera, siempre habrá dos tíos en la puerta de tu habitación y dos en la sala y en la ducha. Para mear, apáñatelas con el brazo libre, pero dos tipos te acompañarán y vigilarán el acceso.

—Bien —dijo Adamsberg con un suspiro—. Saldré dentro de dos horas. Prepara la escolta y tráeme mi equipo.

Los ocho agentes se reunieron a las siete delante de la posada, y Johan abrazó a Adamsberg. Todos estaban tensos, conscientes de la amenaza de muerte que se cernía sobre su jefe. Un camión azul estaba aparcado no lejos de la puerta y un cerco de ocho guardaespaldas rodeaba al comisario.

Adamsberg examinó los alrededores con más detenimiento que hasta entonces.

—Ese árbol enorme que hay frente a tu casa, al otro lado de la calle, ¿es un haya? —preguntó a Johan.

—Sí, y tiene ciento sesenta y nueve años, imagina.

Adamsberg lo observó un momento y concluyó:

—Un tronco enorme, largo, ancho y liso, imposible de escalar. En cambio, esta bóveda y sus columnas constituyen un buen escondite.

—Que será inspeccionado —dijo Matthieu—. Entremos. No hace falta exponerse en la calle.

—¿No te han puesto una férula, al final? —preguntó Veyrenc, sentándose a su mesa.

—Solo un cabestrillo. En la posada —dijo Adamsberg, quitándose el casco y el chaleco—, puedo liberarme de toda esta parafernalia, ¿no?

—Sí —dijo Matthieu—. Hay dos hombres delante de la puerta y uno delante de cada ventana. Y otros dos delante de la salida trasera, junto a la antigua capilla. Esta noche no saldrás hasta que oscurezca. No antes de las diez y media.

—Me parece razonable —dijo Adamsberg—. En cuanto a los guardias, deben de estar muertos de calor, ha sido otro día de bochorno. Dicen que mañana va a llover.

—Voy a servirles un trago —dijo Johan.

—No se les permite —dijo Adamsberg, tomando asiento a su vez—. Están condenados al agua.

—Muy bien. El agua con medio vaso de *chouchenn* no les hará ningún daño, ¿verdad?

—No —dijo Adamsberg—, concedido.

—¿Y una ronda para todos ustedes?

Seguro de la respuesta, Johan ya llegaba con la botella y los vasitos. Sus manos temblaban ligeramente. Estaba seguro de que, aunque no la hubiera visto, la golondrina blanca había protegido a Violette. Intentaría hacer lo mismo con el comisario.

—No te preocupes, Johan —dijo Adamsberg con voz suave—. No voy a morir esta noche. Moriré mañana. Ah, la respuesta del agregado del Ministerio. Una obra maestra de pusilanimidad. Os la leo. «El Estado no cede ante las amenazas. Pura provocación, pero asegúrese, rodéese de protección».

—Menudos capullos —dijo Johan llenando los vasos—. ¿Quién encargará estos atentados?

—Robic, sin duda —dijo Berrond—. ¿Pero quién más?

—O Robic protegiendo al asesino de Louviec y apuntando al jefe de la brigada para desmantelar la investigación —dijo Verdun.

—O el asesino de Louviec protegiéndose a sí mismo —sugirió Johan.

—No —dijo Mercadet—. He examinado el origen de la advertencia, no es rastreable, el dispositivo está encriptado. No creo que el asesino de Louviec posea un aparato así. Solo puede haber venido de Robic, que está sobreequipado.

—En cualquier caso —dijo Berrond— existe un vínculo entre la banda de Robic y Louviec. Por un lado, el médico fue asesinado a la manera del asesino. Por otro, uno de los documentos falsos de Yvon Le Bras lleva el apellido de Serpentin. Y Serpentin es la medio hermana de Joumot. Y no hay nada que nos diga que Joumot no tiene poder sobre Robic. Debe de saber bastantes cosas.

—Y ¿qué resultados han dado los registros del día? —preguntó Adamsberg.

—Las cajas fuertes contenían el mismo follón que en casa de Hervé Pouliquen —dijo Matthieu—. Toneladas de dinero, joyas, armas, documentos falsos. Yvon Le Bras lo siguió hasta Los Ángeles, pero no Jean Gildas. Su padre estaba enfermo.

—¿Y los interrogatorios?

Verdun suspiró.

—La misma historia —dijo—. Al principio, negaciones indignadas; luego, ante la evidencia de su botín y los documentos falsos, mutismo absoluto o teoría de un complot. Parecen tener una fe ciega en su jefe.

—*Están* ciegos, Verdun —dijo Adamsberg—. Lo siguen como perros. Son un tirano y sus esclavos, y así ha sido durante años.

—Puede que haya otros esclavos insospechados en Louviec.

—Tal vez —dijo Adamsberg, atacando su plato sin que pareciera importarle el hecho de que fuera a morir al día siguiente.

Terminada la cena, esperaron hasta las doce y media para organizar la salida de Adamsberg. Por orden de Matthieu, Johan apagó la luz del porche y la del comedor, que estaba vacío de clientes. La puerta doble de la posada era lo bastante ancha para que pasaran a la vez tres hombres de frente. Noël aparcó el coche del comisario justo delante de la posada, y luego los ocho hombres lo escoltaron, dos delante, dos a cada lado y dos detrás. El Jugador, vestido de negro, se desplazó rodeando el haya, agachado. La oscuridad no era total y la luna, casi llena, aún le permitía escrutar la escena.

Todas las miradas estaban puestas en el comisario. Cuando uno de los guardias abrió la puerta y Adamsberg retrocedió ligeramente para entrar en el coche, los dos hombres que lo protegían a los lados, ensanchados por sus chalecos antibalas, dejaban un espacio de casi treinta centímetros entre sus piernas y las de Adamsberg. Ese era el momento. El hombre apuntó a la pierna y disparó al muslo izquierdo. Por reflejo, Adamsberg se llevó el brazo al muslo, reabriendo la herida, y se le doblaron las rodillas, mientras dejaba escapar un grito de rabia. Hubo un revuelo, exclamaciones, órdenes. Al mismo tiempo, el Jugador, que había vuelto inmediatamente a la parte trasera del haya, lograba un salto a un metro y medio de altura en la oscuridad sin ningún impulso y se ponía a trepar sin esfuerzo por el tronco liso del gran árbol. Las primeras ramas estaban a una altura de unos doce metros; las alcanzó rápidamente, tras lo cual trepó con facilidad de rama en rama y se encaramó a veinte metros del suelo. ¿A quién se le ocurriría buscar al fugitivo en el aire?

Cuatro guardaespaldas seguían vigilando la puerta frente a Adamsberg en el suelo, mientras los otros cuatro y los siete policías miraban a su alrededor, con las linternas encendidas, para localizar al fugitivo. No se veía ninguna silueta, el pistolero no estaba en la calle.

—Hemos fracasado —dijo Retancourt.

La ambulancia, que habían hecho venir con antelación, se llevó al comisario de vuelta al hospital de Rennes con Veyrenc, mientras todos regresaban a sus casas, cabizbajos. El Jugador contemplaba su decepción felicitándose por haber impactado en Adamsberg como se esperaba, sin daños graves. Aun así, esperó en su árbol más de media hora, hasta que la posada hubo cerrado sus persianas y la calle quedó desierta, antes de bajar a toda prisa y escapar por los callejones hasta el coche que lo esperaba.

—Esta vez no ha habido problema —dijo mientras se abrochaba el cinturón—. Salté al haya que había enfrente del albergue y los vi agitarse desde mi puesto a veinte metros del suelo. Fue divertido. Para mañana, para el verdadero asesinato, la cosa se complica. Pero los hombres asignados al comisario no están excesivamente equipados. Son policías protectores, por supuesto, pero solo están equipados con chalecos antibalas y cascos. Queda un punto débil alrededor del cuello. Se puede disparar a dos policías y alcanzar a Adamsberg.

Durante el viaje, el Jugador iba reflexionando sobre los detalles de la táctica del día siguiente. Al mismo tiempo, deseaba fervientemente no haber sido elegido para ese encargo asesino. Pero estaba obligado a preparar su estrategia; sabía muy bien lo que pasaría si desobedecía.

Como habían hecho esa tarde, los guardias llevarían a Adamsberg directamente de la posada al coche al anochecer. Esta vez, tendría que disparar a los policías en el cuello, al sesgo, a la base de la nuca para evitar la carótida, y luego al comisario. El tiempo sería muy escaso, tanto para disparar como para volver a subir al árbol. Sacudió la cabeza con tristeza, con cierta náusea ante la idea de esa masacre.

Matthieu acababa de enviar un mensaje a Rennes solicitando urgentemente ocho escudos balísticos largos para cubrir a Adamsberg. Todavía estaba demasiado expuesto, sobre todo en el cuello. Una bala en la tráquea o en la arteria y se acabó. Además de una ambulancia que ya estaba en el lugar, pidió un médico inmediatamente disponible para intervenir y material específico para tratar las heridas de bala.

Por segunda vez, los policías se despidieron con la sombría y furiosa impresión de haber fracasado en su misión, agravada por la huida del pistolero, que no habían podido impedir. Retancourt echaba humo, dejando escapar de sus labios un gruñido sordo que no auguraba nada bueno.

XXXV

El día anunciado para el asesinato de Adamsberg al llegar la noche transcurrió en constante alternancia de tensión extrema con un trabajo que, supuestamente, debía disiparla. Todos los medios de comunicación, tanto regionales como locales, informaban de las dos agresiones sufridas por el comisario de policía y, salvo unos pocos, se asombraban de la falta de gravedad de las primeras heridas y especulaban con la posibilidad de que se tratara de presiones para obtener la liberación de los detenidos. Y, por tanto, de la muerte de Adamsberg si el ministerio no accedía. Era una posibilidad que la mayoría de los periodistas denunciaban con firmeza.

Adamsberg había estado mirando su teléfono móvil en la cama y el Gobierno no solo no había cumplido, sino que ni siquiera le había enviado un mensaje de ánimo. «Los de arriba» se agazapaban como cobardes, no le sorprendía en absoluto. Todo el equipo de Matthieu estaba en Rennes, ocupado en poner orden en los interrogatorios y ordenar las pruebas incautadas en cajas, que a su vez se guardaban en la caja fuerte de la oficina. Solo Adamsberg parecía permanecer imperturbable, y Matthieu releía a menudo su mensaje matutino: «Corte profundo en el muslo, cosido, fiebre anoche, dolorido, con calmantes, aturdido, muleta, esta tarde a las siete donde Johan». Matthieu sonrió por un momento, pensando que Adamsberg debía preferir utilizar el término *calmantes* en lugar de *analgésicos*, del que no debía de estar del todo seguro.

Los guardaespaldas, armados con sus nuevos escudos, partieron hacia Rennes para recoger a Adamsberg en el hospital a última hora de la tarde y llevarlo a la posada, que les parecía un lugar seguro. Los dos equipos de Matthieu y Adamsberg ya estaban esperando en la calle, intentando charlar para calmar la creciente ansiedad. Retancourt ni siquiera trataba de hablar. Emitía el mismo gruñido gutural, como un león que se preparara para atacar. Antes de dejar entrar al comisario en casa de Johan, se había llevado a cabo un largo y minucioso registro del local para asegurarse de que nadie se había quedado camuflado allí después de comer. Johan había cerrado sus pesadas contraventanas de roble y había echado el cerrojo a la puerta trasera de la bodega, puerta que había mandado reforzar con el fin de proteger sus preciadas botellas y que satisfizo plenamente a los guardaespaldas. Una vez declarada la zona «libre de riesgo», la ambulancia se estacionó frente a la puerta y los guardias utilizaron sus escudos para formar una especie de túnel corto y estrecho por el que tenía que pasar el comisario para entrar en el establecimiento.

Johan, que había sacado tiempo para ir a rezar a su golondrina invisible, le había preparado una silla cómoda y colocado debajo de la mesa un taburete con un cojín para que pudiera apoyar la pierna en él.

—Si no lo he entendido mal —dijo Adamsberg antes de salir del coche—, ¿cambiamos de técnica?

—Sí —dijo Matthieu—, y créeme, me costó mucho conseguir estos escudos balísticos. Son anchos y largos, y menos mal que los chicos son fuertes porque pesan unos diez kilos. Con ellos podremos trabajar a la antigua usanza, a la romana.

—Explícate —dijo Adamsberg.

—Los galos inventaron una inteligente táctica defensiva para mantener a sus hombres avanzando a pesar de la lluvia de flechas del enemigo. Agrupados en cuadrados compactos, los guerreros sostenían cada uno un gran escudo sobre la cabeza, mientras mantenían los otros escudos en los flancos, delante y detrás. Esta técnica fue ampliamente adoptada por los romanos y se dio en llamar la «formación testudo» o la «formación tortuga».

—¿Así que entraré en la posada directamente al amparo de los escudos en formación tortuga? Bastante *extragavante*, ¿no crees?

—Extravagante, Adamsberg, extravagante. No «extragavante».

—Como tú digas. No viene de aquí.

—La técnica tiene dos mil años, pero el pasillo es inviolable. El mismo pasillo a la salida. Y esta vez he conseguido dos vehículos con cristales a prueba de balas. Cuatro guardias te acompañarán en el primer coche, los otros cuatro en el segundo. El mismo principio se aplica a la llegada al antiguo asilo.

—Es casi perfecto, pero hay una laguna en el sistema, Matthieu —dijo Adamsberg mientras se adentraba con su muleta en el túnel formado por los escudos.

La serenidad natural de Adamsberg, inalterada, calmó en parte la ansiedad del grupo, y la ronda de *chouchenn* fue el primer momento de relajación de los equipos. Johan no olvidó a los ocho defensores apostados alrededor de la posada y salió a llevarles medios vasos de *chouchenn* y agua, así como a Retancourt, que estaba sentada en la escalinata, examinando cuidadosamente el haya. Adamsberg aplaudió mentalmente la consideración de Johan, pues los guardias, bajo la gruesa coraza negra que los cubría, parecían más robots que tipos aptos para beberse un vaso de *chouchenn*. Ya habían cenado, para que la comida no los distrajera de su misión.

—¿Qué le pasa al sistema? —preguntó Matthieu, una vez que Adamsberg se hubo acomodado en su asiento, con la pierna apoyada en la silla.

—En el camino hacia el centro de acogida, los guardias que me rodean podrán proteger las puertas con sus escudos. Pero no la del conductor. Ahora que saben que estoy protegido, podrán usar artillería más pesada. El asesino no puede alcanzarme bajo la tortuga, así que alertará a su compañero, que nos seguirá por el camino hacia el centro. A la primera oportunidad, su conductor adelanta, el asesino envía una salva de proyectiles a los neumáticos, hiere o mata a nuestro conductor y ahí tenemos un accidente. Habrá daños. Entonces será fácil matarme en medio del follón.

Matthieu hizo una mueca.

—Lo he pensado —dijo—. Porque, además, el antiguo centro no me gusta nada desde el punto de vista de la seguridad. Amplios balcones en cada planta, ventanas anchas sin contraventanas, ventanales y galerías acristaladas por toda la planta baja; el lugar es un auténtico coladero. Hay que decir que se diseñó con fines terapéuticos, para que los residentes nunca se sintieran confinados y disfrutaran plenamente de las vistas y la luz. Todo lo contrario de lo que necesitamos.

—O bien —añadió Adamsberg—, si esta noche nos libramos, repetirán el asalto de otra forma al día siguiente, y la cosa puede seguir así días y días hasta que me liquiden. Robic es orgulloso; nunca se rendirá hasta completar su plan. No podemos escondernos en Louviec bajo los escudos hasta la eternidad.

—Así estamos, gracias al ministerio —dijo Matthieu, con voz rabiosa y golpeando el puño—. Si los de arriba hubieran aceptado liberar a los tres tipos, no estaríamos metidos en este atolladero. Y estos tipos, tenemos sus fotos y sus huellas. Con un llamamiento a la colaboración ciudadana, habríamos vuelto a capturarlos en tres días. Pero no, el Estado se jacta: «El Estado no cede ante las amenazas». Resultado: estamos jodidos.

—A menos que hagamos una incursión en casa de Robic —sugirió Noël.

—Imposible porque es ilegal, Noël, no tenemos ni una sola prueba contra él.

Johan, muy preocupado, había puesto la mesa y llevado algo para levantar el ánimo de los comensales.

—Tomémonos nuestro tiempo para cenar —dijo Retancourt—. No tiene sentido salir antes del anochecer.

—Y ¿por qué? —preguntó Veyrenc.

—Porque el asesino ya está en su puesto, agazapado en su escondite. Debe de llevar allí un buen rato, habrá llegado a plena luz del día, en mi opinión, cuando los guardias salieron a buscar al comisario al hospital. No quedaba nadie vigilando fuera de la posada. Habrá esperado el momento propicio, un tramo de calle vacío, para apostarse en su escondite. Habrá presenciado la entrada de Adamsberg bajo la formación tortuga y habrá comprendido que no tiene ninguna posibilidad de alcanzarlo. Ante este callejón sin salida, nuestro asesino espera a que oscurezca para emprender la huida. Y en cambio nosotros esperamos el momento de echarle el guante.

—Ayer fracasamos —replicó Veyrenc—, no sabemos cuál es su guarida.

—No es una guarida —dijo Retancourt con una leve sonrisa—. Está por encima de nosotros.

—Hemos comprobado los tejados —objetó Matthieu—, no hay nadie.

—Porque no está en un tejado. Está en lo alto del haya. Y ayer, todo el tiempo que estuvimos intentando encontrarlo en la calle, estuvo esperando tranquilamente en el árbol a que terminara la búsqueda.

—Pero la primera rama está por lo menos a doce metros, y el tronco es liso, no hay agarres —dijo Veyrenc.

—Si te fijas bien, puedes ver finas estrías en la corteza de la parte posterior del tronco. Son marcas de crampones. Las primeras están a un metro y medio del suelo. Este tipo es capaz de saltar sin tomar carrerilla hasta esa altura, casi un récord, y luego trepar rápidamente hasta las ramas. Debe de ser tan ligero como atlético.

Adamsberg asintió con aprobación.

—Muy bien, teniente, no sé si se me había ocurrido.

—¿Y a qué esperamos para atraparlo? —preguntó Berrond.

—A que esté casi oscuro. Eso evitará que nos dispare como en un tiro al plato. Hacia las diez y cuarto, rodeamos el árbol con los reflectores. ¿Tenemos cinco, Matthieu?

—Sí, los tenemos. Dos en nuestros coches, tres en el camión de los guardaespaldas. Johan, ¿podemos ponerlos a cargar en tu cocina?

—Sí, claro.

—Ve a buscarlos tú mismo, Matthieu. Así usas la tortuga —dijo Adamsberg.

—Cuando el haya esté iluminada por los reflectores, será fácil descubrir a nuestro hombre —concluyó Retancourt—. Solo estamos en mayo, así que el follaje no es demasiado denso.

—Pero esté encaramado a quince metros, a veinte o más; en cualquier caso, no podremos echarle el guante —dijo Berrond.

—Los coches de bomberos tienen escalera telescópica —sugirió Verdun.

—A la que solo puede subir un hombre —objetó Adamsberg—. Y disparará en cuanto se acerque.

—También puede apartar la escalera con los pies en cuanto esté subida.

—Una escalera de bomberos no se puede empujar.

—Entonces el bombero será abatido, igual que el siguiente bombero y que cualquier otro que lo intente —dijo Veyrenc.

—La idea —resumió Adamsberg— es esperar a que el hombre, rodeado por todas partes, abandone la lucha y baje por su propio pie.

—No hay otra opción —aprobó Matthieu, que estaba descargando el quinto reflector—. Los guardias con escudo instalarán los reflectores y luego se apostarán alrededor del árbol.

—Y nuestros equipos, que son más vulnerables, se situarán atrás, protegidos por el porche y las columnas —explicó Adamsberg.

—Tú no —dijo Matthieu—. Tú no pones los pies fuera.

—En cuanto a los desplazamientos del comisario —intervino Johan en tono cohibido—, han dicho ustedes que no estaban exentos de riesgo, al igual que su protección en el centro de acogida. Sé que no es asunto mío, pero hay una forma de mantenerlo con vida.

—¿Cuál? —preguntó Veyrenc.

—Que no salga —dijo Johan.

—¿Qué quiere decir?

—Tengo una habitación abajo, es la más segura. La ventana da a la calle, pero tiene barrotes y las contraventanas de metal son sólidas. Y la posada está vigilada por los guardias.

—Buena idea —dijo Retancourt.

—Sí —asintió Adamsberg—. Pero, maldita sea, Johan, ¿cuántas noches y días tendré que permanecer encerrado?

—Cuando se den cuenta de que no pueden pegarte un tiro —dijo Veyrenc—, cambiarán de plan. Eso es seguro. Robic no va a esperar, va a cambiar de táctica, y rápido, muy rápido, así es él.

—Gracias, Johan —dijo Adamsberg—. Espero no ser una carga.

—¿Tú? ¿Una carga? Eres ligero como una pluma. Voy a preparar tu habitación. Luego me ocuparé de vuestra comida.

—Tómese su tiempo, Johan —dijo Retancourt—. Cenemos tranquilamente, aún no son las ocho.

—¿Hay algún sitio desde donde pueda ver lo que pasa fuera esta noche? —preguntó Adamsberg.

—Podríamos abrir un poco las contraventanas —dijo Johan—, tres centímetros, en cuanto se enciendan los focos. El asesino tendrá otras cosas en que pensar que colar una bala a través de un hueco tan estrecho.

—Porque además estará en las alturas.

—Pero en cuanto esté más abajo, comisario, volveremos a cerrarlo.

A las diez y cuarto, los siete policías del equipo, protegidos por los escudos de los guardias, estaban instalando los reflectores con trípode. Incluso antes de que estuvieran instalados, el Jugador se dio cuenta de que esos proyectores no estaban destinados a iluminar la calle. Así que habían comprendido que estaba en el árbol. Y nadie había previsto el uso de la tortuga bajo los escudos balísticos. Por lo tanto, asesinar al comisario se había vuelto imposible y, ante este obstáculo, sintió un gran alivio. Pero los policías no tenían que echarle el guante bajo ningún concepto, y rápidamente pensó en la mejor manera de salir de aquel aprieto, examinando la disposición de las ramas. El pesado equipo de los guardias especiales les impediría moverse, y los chalecos antibalas de los demás los ralentizarían. En cualquier caso, ninguno de ellos, ni siquiera en mangas de camisa, podía correr tan rápido como él. Se movió sigilosamente de rama en rama —estaba a unos veinticinco metros— para elegir su trayectoria de descenso y su punto de aterrizaje. Los reflectores estaban en su sitio, con los focos alzados, y enviaban una luz cegadora a lo largo de toda la haya. Los guardias habían hecho un círculo, dejando un espacio de aproximadamente un metro entre ellos y el tronco para estar lo más cerca posible de él cuando tocara tierra.

—Está ahí arriba —dijo Adamsberg—, echa un vistazo.

Johan miró por la rendija de la persiana.

—Unos veinticinco metros —dijo—. Ese tipo no le tiene miedo a nada.

El Jugador volvió a mirar la posición de los ocho guardias con los escudos muy juntos, y a los demás policías repartidos en buen orden a lo largo de la pared de la posada. No dispararían. Tenían órdenes, igual que para el Prestidigitador y Dominó: no dispararle y atraparlo cuando llegara al coche. Atraparlo, y un cuerno.

—Está bien, está bien —dijo con su voz ligera—. No disparen, ya bajo.

—Se entrega enseguida, antes de lo que pensaba —dijo Adamsberg, frunciendo el entrecejo—. Esto no augura nada bueno, Johan.

—¿Qué creías que haría?

—Que esperaría a que pusiéramos una escalera. Que pensaría en un tiro al plato, como dijo Retancourt. Pero no, realmente está bajando.

Fingiendo cierto temor y torpeza, el Jugador fue progresando hacia la rama que había localizado, a unos doce metros del suelo, no orientada hacia la posada donde estaban los policías, sino torcida hacia la izquierda. Tenía un extremo delgado y, por lo tanto, era bastante flexible, lo que le permitiría utilizarla como trampolín. Una vez de pie sobre la rama, los guardias lo vieron avanzar sin comprender.

—Se está alejando del tronco, camina sin apoyo hacia el extremo de la rama, aunque todavía está a doce metros —dijo Matthieu—. Por el amor de Dios, ¡no me digas que va a hacerlo! Doce metros es más o menos la altura de cuatro pisos, es una locura.

—¿Hacer qué? —preguntó Berrond.

—Saltar.

—¿Saltar? ¿Quiere suicidarse?

Adamsberg, atónito, vio cómo el Jugador se ponía en cuclillas en el extremo de la larga rama, haciéndola cimbrearse suavemente bajo sus pies, ante la mirada desconcertada de los policías. El hombre inspiró hondo y saltó, pasando muy por encima del cerco de guardias con escudos y aterrizando suavemente con las piernas dobladas a sus espaldas. Salió corriendo, y Retancourt, tan aturdida como los demás por aquella sorprendente maniobra, se quitó el chaleco antibalas y se precipitó tras él, seguida por Matthieu y Veyrenc a más de quince metros de distancia. De calle en callejuela, llegaron a un prado al final del cual esperaba un coche. El hombre corría tan deprisa que Retancourt no pudo cerrarle el paso. Al verlo acercarse al coche, tomó aire y pasó a la velocidad máxima, un ritmo que sabía que no podría mantener más de quince metros. Pero fue suficiente y se abalanzó sobre el corredor con todo su peso, jadeando, con el corazón acelerado, aún con fuerzas para desenfundar su arma. A esa hora, una farola iluminaba la carretera y pudo ver claramente el coche, cuyo conductor había bajado la ventanilla. Tal como había hecho la antevíspera, apuntó a los neumáticos con una mano aún temblorosa por el esfuerzo. Alumbró con su linterna y volvió a disparar, quizá un segundo antes de que el conductor tuviera tiempo de hacerlo. Su pistola cayó al suelo y el hombre se agachó para salir a recogerla. Retancourt vio el arma, que también tenía las cachas de nácar —debía de ser una moda fardona en la banda—, y la alejó un metro de un balazo. Debajo de ella, sentía cómo el hombre delgado se contorsionaba para escapar a su gravedad, y tuvo que cruzar los pies para inmovilizarle las piernas.

Contorsionista, escalador, saltador, equilibrista, corredor; este tipo debió de empezar a ejercitar sus notables talentos en un circo. El conductor se arrastraba hacia su pistola, y ella disparó un segundo tiro a la culata para alejarla aún más. ¿Qué demonios estarían haciendo los otros? Se giró y vio que la luz de las antorchas se acercaba rápidamente. Ya iba siendo hora.

—El conductor primero —gritó—, tiene el arma a dos metros de él.

Envió una última bala a la culata para dar tiempo a sus compañeros y, finalmente, suspiró de alivio cuando vio que agarraban al tipo. Se puso de rodillas encima de la espalda del contorsionista y le esposó las manos detrás, luego se sentó sobre sus piernas para atarle los tobillos con su propio cinturón. Por último, se dejó rodar por la hierba, cerrando los ojos y relajando el cuerpo. Veyrenc vino corriendo hacia ella.

—¿Está herida, teniente?

—No —dijo Retancourt, recobrando el aliento—. Nunca había visto a un hombre correr tan rápido. Dos minutos de descanso.

Matthieu y Veyrenc se llevaron a los dos prisioneros y los depositaron delante de la posada.

—Oigan, ¿van a traerme muchos así? —preguntó Johan, radiante.

—Johan —dijo Retancourt—, ¿puede darme un poco de coñac? Nunca lo he probado, pero creo que esta noche es exactamente lo que necesito. Ese tipo corría como una cebra, creí que iba a reventar.

Matthieu relató la aventura —haciendo las delicias del posadero y de Berrond— mientras Johan servía un coñac a Retancourt y una ronda de *chouchenn* a los demás. Adamsberg llamó a Josselin.

—Creo que ya podemos ofrecer una copa a los guardias —dijo Adamsberg—. El peligro ha terminado por esta noche.

Chateaubriand no tardó en llegar, preguntó por los últimos acontecimientos, se tomó el vaso de *chouchenn* y salió, seguido del comisario, a examinar a los dos prisioneros sentados en la escalera. Mercadet ya había puesto en marcha su ordenador.

—Él —dijo Josselin, señalando con el dedo al contorsionista— creo que ya sé quién es. Ha perdido algo de pelo, pero no ha cambiado mucho. Ese, en cambio —añadió pasando al conductor—, no me suena en absoluto. Interróguenlo para que pueda oírlo.

—Esta noche os ha salido el tiro por la culata —dijo Adamsberg al conductor, apoyándose en la muleta—. A Robic no le va a hacer gracia, y de la pasta ya os podéis olvidar.

—No sé quién es —respondió el hombre con voz bien modulada.

—¿Ni siquiera su nombre? ¿Nunca has oído su nombre?

—Nunca.

—No, claro. Trabajas para la mayor banda criminal de la región, todo el mundo ha oído hablar de ella menos tú.

—¿Y qué? ¿Por qué me va a interesar?

—Un momento —dijo Josselin mientras Adamsberg, descorazonado, subía torpemente las escaleras—. ¿Podría alumbrar su mano izquierda?

Josselin observó tres grandes cicatrices blancas e irregulares.

—Parece una mordedura de perro —dijo Adamsberg.

—Y eso es lo que es. Le agarró la mano un mastín al que estaba atormentando sin más razón que la de impresionarnos. Recuerdo que se le infectó y estuvo a punto de perder dos dedos. Ahora, ¿puede iluminarme el lado derecho de su frente? Debería haber una cicatriz. Aquí está. Se la hizo durante un partido de fútbol, al golpearse la frente de lleno contra un poste de la portería. No lo recordaba porque estaba pensando en los de nuestra clase. Pero había competiciones deportivas entre clases. Estaba en otro grupo de bachillerato y era el mejor portero. Pelo negro muy tieso y abundante, ahora medio gris, y ojos almendrados. Lo llamábamos «el Indio». Hay fotos de eventos deportivos. Por la voz diría que es el que ahora llaman «Jeff».

Los dos hombres volvieron a la habitación para estudiar la foto del equipo deportivo del instituto de Rennes que Mercadet había conseguido extraer de los archivos. Los nombres de los jugadores estaban escritos a mano en la parte inferior de la foto.

—Aquí está —dijo Josselin, señalando el rostro de uno de los jugadores.

—Nombre verdadero: Karl Grossman —leyó Adamsberg.

Mercadet registró el dato y volvió a la foto de la clase de último año de bachillerato.

—Y ese es el saltador —dijo Josselin, señalando a un hombre rubio, largo y delgado, más alto que cualquiera de sus compañeros—. Lo llamábamos «el Acróbata». En la pandilla de Robic, debe de ser el que llaman «el Jugador». En atletismo, nada le parecía imposible: la cuerda, los saltos mortales sobre potro, las acrobacias y, por supuesto, correr. No era un hombre fornido, pero tenía el don de utilizar su cuerpo como una goma elástica. Veo que no lo ha perdido. Era un tipo muy simpático, de hecho, y nos imaginábamos que de mayor se convertiría en artista de circo. No entiendo cómo se ha dejado meter en este embolado con una banda de delincuentes. Se llama Laurent Verdurin.

—¿Eres tú, Josselin? —llamó el Jugador desde el porche.

—¿Tú también me has reconocido? —preguntó Josselin al reunirse con él.

—Con tu careto, sería difícil no hacerlo. Tú también me caías bien. Tienes razón, estuve mucho tiempo en el circo: acrobacias, contorsionismo, trapecio, funambulismo, malabares, saltos... Esa era mi vocación. Tenía muy malos recuerdos de la manada de matones que saboteaban la clase. ¿Recuerdas lo que le hicieron al perro?

—Ya te puedes imaginar que sí.

—Abominable. Y me quedé atrapado con ellos. Porque una vez que estás dentro, estás atrapado. Si te vas, estás muerto.

—¿Pero por qué, la primera vez?

—¿Por qué? Fue una noche después de una tercera función en Montpellier. Un tipo me estaba esperando fuera y me preguntó si estaría interesado en conseguir una buena cantidad de dinero. ¿Cómo lo haría? Solo tenía que subir tres pisos por una fachada, entrar en una habitación, volver a bajar y abrir la puerta de abajo. Y eso era todo. Un robo, por supuesto. Me negué en redondo. Sacó una pistola y me dijo: «Lo haces y punto, ¿entendido?», y me llevó a su coche. A partir de entonces, estuve jodido. Me llevaron a Sète —a un tiro de piedra de Montpellier, así me habían localizado— y me obligaron a trabajar allí. Cuando se fueron a Los Ángeles, por fin tuve la esperanza de no volver a verlos. Pero Robic debió de meterse en un lío y hace catorce años volvieron todos a la zona. Robic me encontró enseguida. Fue fácil, nunca cambié de nombre. Estaba dando clases de circo en Le Mans. Y allí, de nuevo, no me dejó otra opción. Tenía que reanudar.

—¿Mataste? —preguntó Adamsberg, que había seguido la conversación desde la posada.

—Nunca. Siempre había conseguido evitar este tipo de misiones, excepto ayer y esta noche. Sabía realizar proezas de las que los demás no eran capaces, y por eso Robic me necesitaba. En lo que a usted respecta, comisario, eligieron al Prestidigitador para el primer atentado porque es uno de los mejores en armas. Y usted lo arrestó. Luego, con la llegada de los guardaespaldas, no hubo más solución que trepar al haya para llegar hasta usted. Y para mi desgracia, solo yo podía hacerlo. Cuando esta tarde vi que, gracias a la tortuga, el ataque mortal sería imposible, me sentí aliviado de un inmenso peso. La suerte estaba conmigo. Hasta que su memorable teniente logró alcanzarme no sé cómo. Pero eso también es suerte. Porque yo ya estoy perdido. Y prefiero estar en la cárcel que ser rehén de Robic.

—Sin asesinato, y con participación bajo presión, saldrás de esta en no mucho tiempo —dijo Adamsberg—. Testificaré a tu favor. Perdona mi indiscreción, pero cuando he entendido de qué estabais hablando, te he grabado. Será una prueba importante en tu defensa. Confesión natural y espontánea, libertad condicional.

El Jugador le dirigió una mirada esperanzada.

—Es verdad —dijo Adamsberg—. No se miente con estas cosas.

XXXVI

Por la mañana, aparte de los guardias con escudo, relevados a las ocho y dejados en la posada para la protección de Adamsberg, otros diez hombres se habían unido a los equipos de comisarios para registrar los domicilios de Karl Grossman, conocido como Jeff, y Laurent Verdurin, conocido como el Jugador. Con diecisiete agentes divididos en dos equipos, deberían terminar mucho antes de la hora de comer. Según las fotos que encontró Mercadet, las casas no eran muy grandes, de, máximo, cinco habitaciones, más una dependencia utilizada como garaje. La de Grossman era nueva y bastante fea, mientras que la de Verdurin era antigua y poco reformada. Johan y Adamsberg estaban terminando de desayunar.

—¿Estás seguro de lo que dices? —repetía Johan en voz baja y preocupado.

—Te lo prometo. No le importa y ni siquiera me ha dicho una palabra.

—Porque, ¿entiendes? —explicó el posadero mordiéndose los pellejos del dedo—, haberme visto aterrorizado ante una polilla es hacer el ridículo delante de Violette. Debe de pensar que soy un don nadie, una larva, un desecho.

—Cuántas veces te lo tengo que decir: no. Violette no juzga así a los hombres. Métetelo en la cabeza y no lo pienses más.

Adamsberg estaba terminando de disipar los temores de Johan cuando llamaron a la pesada puerta.

—Es Josselin, Johan, puedes abrir la puerta.

—Es su forma de llamar —dijo a los guardias—, y es su voz. Podemos dejarle entrar.

Los guardias cerraron inmediatamente la puerta tras él.

—Parece muy alterado —dijo Johan, sirviéndole una taza de café.

—Hay una cosa importante que olvidé decirle ayer, comisario, con la agitación de la noche. En cuanto tengo tiempo, sigo más que nunca vigilando a estos tipos y recorriendo las carreteras. Hasta el punto de que descuido las setas. Ayer, hacia las doce y media, iba yo conduciendo al azar hacia Montfort-la-Tour, en dirección a Rennes, cuando me crucé con un tipo en moto. Como hacía calor, se había subido la visera. No iba rápido, lo habría reconocido entre un millón. No hacía falta oírlo ni ver una foto suya, era él: Pierre Le Guillou, de vuelta en la zona. Recorrí quinientos metros más y di media vuelta para alcanzarlo. Justo a tiempo para verlo entrar en la alameda de una hermosa mansión completamente reformada. A veinte metros de la salida de Montfort, en el número 7 de la calle del Serbal, muy aislada. Las obras duraron meses.

—Antes —dijo Johan—, no era más que un montón de ruinas y maleza. Debió de costar un dineral.

Adamsberg envió un mensaje a Mercadet para averiguar el nombre del propietario de la casa de la calle del Serbal.

—¿Cuándo terminaron las obras?

—Hace unos cinco años —dijo Johan.

—Y desde entonces, Josselin, ¿la casa ha estado ocupada?

—No, estaba cerrada. Me parece que solo he visto las contraventanas abiertas tres o cuatro veces.

—¿Durante periodos largos?

—Muy cortos. Dos o tres días máximo.

—Así que podría tratarse de la base de Le Guillou cuando Robic tiene entre manos un asunto importante.

—Eso es que están preparando algo —dijo Josselin—. Sé que no sirve de gran cosa, pero siempre es un dato más.

—¿Hay alguna forma de vigilar discretamente la casa?

—Está rodeada de setos altos. Y bordeada a la derecha por un camino de rocalla.

—El propietario —dijo Adamsberg, leyendo la respuesta de Mercadet— es Yannick Plennec. Le Guillou también ha cambiado de nombre. ¿Era guapo?

—Mucho —dijo Josselin—. ¿Por qué?

—Podría ser él al que llaman «el Castigador».

—Es muy probable. Bien vestido, rizos rubios, ojos azules claros, todas las chicas iban detrás de él. Me voy, comisario. Pero tenga cuidado. Robic con Le Guillou es dinamita.

Los guardaespaldas y los policías regresaron a la posada al mediodía.

—Johan, vamos a comer algo rápido —dijo Adamsberg, una vez reunido todo el equipo—. Todo está demasiado tranquilo desde el atentado fracasado de anoche. Va a haber follón.

—Habrá abandonado ese plan y estará preparando otra operación, eso es todo —dijo Johan.

—No —dijo Adamsberg, con semblante concentrado—. Robic no es de los que cambian un asesinato fallido por un atraco a una joyería. Estoy fuera de su alcance, así que va a cambiar de víctima y será una putada. Ahora mismo tiene a cinco hombres en la cárcel.

—Es muy posible —dijo Veyrenc—, no tardarás en recibir algún mensaje.

—Johan, aunque te ofenda, limítate a prepararnos bocadillos —dijo Adamsberg—, con eso basta ampliamente. ¿Resultados de los registros, Matthieu?

—La caja fuerte de Karl Grossman (Jeff) estaba debajo del estiércol de caballo en el establo. Fue fácil de encontrar, pero le dio mucho trabajo al especialista. Dentro, la misma parafernalia que en las otras. En cambio, Laurent Verdurin, el Jugador, tenía mucho menos dinero que los demás, una sola pulsera, un solo sobre de billetes y una sola arma, virgen. Eso corrobora sus declaraciones: solo participaba en los lindes, trepando por los tejados, abriendo puertas, centinela, chófer, escalador, ¿qué sé yo? En cualquier caso, no cobraba mucho. Y probablemente esté diciendo la verdad sobre su ausencia en Los Ángeles.

A las doce y media, cuando los guardias y la policía estaban terminando de comer, Adamsberg recibió un mensaje desesperante: «Como Adamsberg se esconde como un cobarde y una rata, el trato cambia: tenemos a la niña de Johan, Rose. Su vida a cambio de los cinco prisioneros, sin condiciones. Si no obtenemos resultados, la niña morirá mañana a las trece horas».

Petrificado y angustiado, Adamsberg no supo qué hacer por un momento. ¿Debía decírselo a Johan o no? De todos modos, en media hora los vigilantes se darían cuenta de la ausencia de la niña en el comedor, y la escuela llamaría a Johan. Tomó la decisión antes de que tuviera tiempo de pensar. Se entregaría a cambio de la niña.

—Johan —dijo con voz alterada—, siéntate.

—Es que estoy cortando el queso. Para la segunda tanda de bocadillos.

—Olvida el queso. Ven y siéntate.

La mirada de Adamsberg recorrió a los agentes que lo rodeaban, dejando tan claro que les había sobrevenido una calamidad que todos dejaron de comer.

—Johan —dijo Adamsberg con dolor—, han secuestrado a tu hija, Rose.

—¡No, no! ¡Te equivocas!

Adamsberg le mostró el mensaje y Johan soltó el largo aullido de un animal herido antes de desplomarse sobre la mesa entre los platos, con la cabeza entre los brazos, gritando, sollozando, sacudiendo espasmódicamente los hombros.

—Todo irá bien, Johan —dijo Adamsberg—. Lo que quieren es mi pellejo. Me entregaré y recuperarás a tu hija.

—De ninguna manera —gritó Matthieu poniéndose en pie, cubriendo apenas los sollozos del padre—. No me lo creo ni por un segundo. No la soltarán después de lo que habrá visto y oído. Y os matarán a los dos.

—Hay que intentarlo —replicó Adamsberg con firmeza.

—No —dijo a su vez Retancourt—. Debemos encontrarla, y rápido. Johan, por favor, ayúdenos. Se la traeremos, pero necesitamos información.

Johan alzó su rostro descompuesto hacia aquella mujer a la que creía capaz de todos los milagros y, por eso, Adamsberg le pasó el relevo y pidió a Josselin que volviera urgentemente.

—¿Los niños salen de la escuela a la hora de comer? —preguntó Retancourt.

—Sí, van a la cantina —dijo Johan entre hipidos.

—¿A pie? ¿Cuántos metros son?

Johan se limpió la nariz con la manga y Veyrenc ordenó que le pasaran un pañuelo limpio, mientras Matthieu le servía una copa de coñac.

—Bebe —dijo Matthieu.

—No bebo coñac.

—Bebe.

—¿A qué distancia está la cantina de la escuela? —repitió Retancourt posando la mano en el gran hombro del posadero.

—No sé... Treinta metros...

—¿Salen a la calle en orden disciplinado, vigilados por los profesores?

—Qué va —dijo Johan, sorbiendo violentamente por la nariz—, ya están lejos los tiempos en que nos poníamos en fila, de dos en dos. He estado allí varias veces a esta hora, es un auténtico caos.

—¿A qué hora salen?

—A mediodía o a las doce y diez, según el día.

—A esa hora se la llevaron —dijo Adamsberg—. ¿Pero cómo pudieron reconocer su cara?

—Su foto —hipó Johan—, su foto, ¡fue publicada en primera plana en *Sept jours à Louviec* la semana pasada! Porque había ganado el premio de dibujo del colegio.

—¿La foto era clara?

—Muy clara.

—¿Era reconocible?

—Sí, sí —dijo Johan, dejando caer la cabeza sobre los brazos—. Incluso había gente que la felicitaba por la calle.

Josselin llamó a la puerta y se anunció para que los guardias le dejaran pasar. Sin mediar palabra, Adamsberg le mostró el mensaje que había recibido y Josselin se dejó caer en una silla.

—Josselin —dijo Adamsberg—, ¿ha traído el mapa?

Chateaubriand lo sacó de su chaqueta y, apartando los platos, lo desplegó sobre la mesa.

—Matthieu, por favor, consigue veinte gendarmes más de Rennes, Combourg y alrededores, en coches camuflados. Seremos treinta y siete, o treinta y ocho, más mis ocho guardias, igual a cuarenta y seis. No será demasiado. Josselin, en sus peregrinaciones, ¿cuántos escondites ha localizado?

Chateaubriand miró al techo para pensar mientras contaba con los dedos.

—Catorce.

—¿Qué aspecto tienen esos escondites?

—Seis son granjas abandonadas, cuatro son cobertizos desiertos, dos de obra y dos de chapa, tres son antiguos talleres mecánicos y el último es una vieja torre en ruinas.

—¿Podría señalar su ubicación en el mapa con cruces a lápiz?

Josselin obedeció y luego se levantó para abrazar los hombros de Johan. El tabernero había puesto el teléfono a su lado, intentando no oír los gritos e insultos de su mujer, que vociferaba que todo era culpa suya, si no se le hubiera ocurrido meterse en los asuntos de aquella banda de policías, si no…

—¿Madame Kerbrat? Comisario Adamsberg, a cargo del caso. Su marido no es…

—Exmarido.

—A quien quieren asesinar es a mí, no a Rose. ¿Me entiende? Es enteramente culpa mía y nos vamos de inmediato, con cuarenta y seis policías, a rastrear todos los lugares donde podrían haber…

—Han estado ustedes en la posada todo el tiempo —gritó la mujer desesperada—. Por eso han elegido a mi hija y Johan nunca, nunca debió…

Nada que hacer. Lo peor era que la mujer no se equivocaba. Adamsberg volvió a dejar el teléfono sobre la mesa. Había pensado en pedirle que viniera a apoyar a Johan, pero estaba claro que había que descartar la idea. Johan bajó el volumen del móvil.

En ese momento, los diez policías de Combourg se detuvieron frente a la puerta y entraron en la posada, todavía rodeada por los ocho guardias con escudo, seguidos poco después por veinte hombres de Dol-de-Bretagne y Rennes.

—Hay catorce posibles escondites que visitar, más las cinco casas cuyos ocupantes han sido detenidos —explicó Matthieu—. Diecinueve. Y nosotros somos treinta y seis. No cuarenta y seis: perdona que no te cuente a ti, Adamsberg, ni a tus guardias especiales, ni a Mercadet. Pero estás herido y sigues amenazado. Y Mercadet no está en condiciones.

—Lo está, tiene que estarlo. En cuanto a mí, ya no estoy amenazado.

—¿Cómo lo sabes? Los planes de Robic son diabólicos.

—Voy con vosotros, y también mis ocho guardias. Solo tenemos veinticuatro horas.

—Pero si no puedes correr, ni puedes disparar.

—Cuarenta y cinco o nada, Matthieu —dijo claramente Adamsberg—. Y no te opongas. Y dejemos descansar a Mercadet.

—Muy bien —dijo Matthieu con un breve suspiro—. Es probable que Robic ya solo tenga cuatro hombres y a su chófer mudo pero armado. Un solo hombre, o incluso dos, pueden estar vigilando a Rose, pero también es posible que se reúnan todos en el escondite para elaborar la estrategia a seguir. Estaremos en minoría frente a seis hombres armados.

—Y nos matarán —dijo Adamsberg—. Vamos a dividirnos en siete equipos de seis o siete hombres para peinar todos los lugares. Lugares que hay que visitar de arriba abajo. Si alguna de las granjas abandonadas tiene dependencias, registrad todos los rincones, especialmente los sótanos. Matthieu, forma los grupos. Así que siete colores en el mapa: equipo verde, equipo rojo, equipo azul, naranja, amarillo, marrón y negro. ¿Quién tiene rotuladores?

—En el estuche de la niña —dijo Johan con voz opaca.

—¿Dónde está? —preguntó Adamsberg con suavidad.

—En su habitación, arriba. Es rosa con estrellas.

Matthieu tuvo el tacto de bajar solo los siete rotuladores que necesitaba y no el estuche entero, demasiado sugerente. Rodeó las cruces con siete colores, que cada policía fotografió para localizar sus objetivos. Adamsberg envió sin esperanza un mensaje al ministerio para informarlos de que una niña moriría si no liberaban a los culpables. Si no recibía respuesta antes de las seis, transmitiría la información a los medios de comunicación. Tal vez el hecho de que se tratara de una niña haría que el ministerio cediera ante la opinión pública. A la una y veinticinco minutos, los efectivos policiales abandonaron el hostal, dejando a Mercadet, atontado de sueño, y a Johan en un incómodo cara a cara.

—¿Quiere descansar? —preguntó Mercadet con voz blanda.

—No puedo —dijo Johan, sacudiendo la cabeza—. Quiero quedarme junto a mi teléfono.

—¿Quiere tomar algo?

Johan negó con la cabeza.

—¿Quiere ver la televisión?

—Ni hablar. Mañana saldrá en todas partes, en primera plana de los periódicos, en la televisión, en Internet, en todas partes. Es una pesadilla. Mi hija.

—No escucharemos nada, no leeremos nada. ¿Quiere jugar una partida de ajedrez?

—Quiero a Rose, teniente.

De llamada en llamada, todos iban informando del fracaso de la visita a uno de los diecinueve escondites. Cabizbajo, con los ojos vidriosos, Mercadet apartó asqueado su teléfono en la mesa.

A las cinco de la tarde, todos los hombres habían regresado con las manos vacías.

—O sea, que la tienen en el domicilio de uno de ellos, y no en un piso franco —dijo Veyrenc.

—Ya lo había pensado —dijo Adamsberg—. Pero no conocemos sus direcciones, aparte de la de Le Guillou. Y, maldita sea, tenemos que irnos.

—No tenemos derecho legal a entrar en su propiedad —objetó Matthieu, negando con la cabeza—. No tenemos nada contra él.

—Y, sin embargo —insistió Adamsberg—, Le Guillou no habrá vuelto para nada.

Transcurrió un largo y pesado silencio, interrumpido de cuando en cuando por el chasquido de los mecheros y el tintineo de unas copas. Todos rumiaban pensamientos sombríos, buscaban nuevos caminos que tomar, se proyectaban al viernes a la una de la tarde, momento en que matarían a la niña. Adamsberg había recibido la respuesta del Ministerio del Interior, pero ni siquiera se la había mostrado a los demás, tan lamentable era. «El Estado no cederá a las amenazas. Tomen todas las medidas necesarias y encuentren a la niña».

A las seis llamaron a la puerta. Unos golpes en la viga de madera.

—No quiero ver a nadie —susurró Johan.

—¡Soy yo, Maël! Por el amor de Dios, ¡abre, Johan!

La premura hacía temblar la voz de Maël. Los guardias lo dejaron entrar y el exjorobado se quedó de pie, sin aliento.

—¿Has corrido? —preguntó Matthieu.

—No, son los nervios. Ayer por la mañana vine a la posada a tomarme un café y a través de las ventanas oí la voz tensa del vizconde. Algo había pasado, no acostumbra a hablar tan rápido y tan fuerte. Los guardias de la puerta no me dejaron entrar, me registraron y me puse de pie contra una ventana, explicándoles que estaba esperando a mi amigo Josselin. Sí, ya sé, no hay que escuchar detrás de las puertas, pero yo quería saber qué pasaba. Así me enteré de que Josselin había visto volver a Le Guillou, y dónde. Me interesó porque pensaba partir la cara a ese tipo cuando volviera a aparecer. Y hoy, hacia las dos, me he enterado de que la niña ha desaparecido.

—¿Cómo te has enterado? —preguntó Matthieu—. Nadie lo sabía.

—Por mi jefe, el contable, que es amigo de la maestra.

—Continúa.

—Estaba conmocionado. Y entonces se me ocurrió una idea: si Le Guillou había reabierto su casa, algo debía de estar pasando. Habían secuestrado a la niña.

—Estamos de acuerdo —dijo Adamsberg, tenso.

—Así que expliqué al jefe que había tenido otra idea sobre la pequeña Rose y le pedí la tarde libre. Fui a casa de Le Guillou y me escondí detrás del seto, no se me veía desde la carretera. A través de los huecos entre las ramas, podía verlo todo. Esperé casi dos horas. Entonces, a eso de las cuatro y media, apareció un tipo, con barrigón y, sobre todo, con un paquete. Y el paquete iba en una bolsa de plástico. ¿Ese tipo es gilipollas o qué? Era de la juguetería de Combourg. Y pensar que había estado a punto de rendirme. Pero no, de eso nada, no después de eso. Permanecí al acecho y, una hora más tarde, apareció otro tipo con otra bolsa que rezaba «La Ropa de los Peques». Conozco la tienda, también está en Combourg. Luego llegó el turno de una furgoneta. Llegó hasta la puerta, y corrí por detrás del seto para ver qué descargaba. Un rollo envuelto en plástico, pero no totalmente, y lo que sobresalía era un colchón pequeño y delgado. Ya sabe, de los que se pueden enrollar. —Maël hizo una pausa—. Para niños —dijo en un resuello—. Así que pensé: juguetes (una muñeca, probablemente), ropa infantil y un colchoncito. Y me dije a mí mismo: «Maël, ahí es donde está la pequeña Rose. En casa del cabronazo de Le Guillou. Lejos de todo, ya puede gritar y llorar todo lo que quiera, que nadie la oirá».

Johan parecía haberse inflado como un globo mientras los policías estaban pendientes de su reacción.

—Esto bien vale un vaso de *chouchenn*, ¿no, Johan?

—¡Y diez! Tú, cuando se te mete algo en la cabeza, no te rindes.

—Y lo mejor es que esos tres tipos no han vuelto a salir de la casa. Con Le Guillou, eran cuatro. Y era posible que el rey de los hijos de puta apareciera también. Robic, con su chófer. Estuve esperando un poco más, pero luego cerraron el portón. Y se puede decir que los tipos que quedan del equipo de Robic no son muy avispados. Porque para traer las compras sin cambiar las bolsas no hay que tener mucha mollera.

—Maël, un poco más y te contrataría en mi equipo —dijo Adamsberg—. ¿Qué hora es? —preguntó, mirando una vez más sus inútiles relojes.

—Las seis y diez —dijo Berrond, encantado.

—Vamos a tomar una crep al Café de las Arcadas y empecemos la operación.

—¿Al Café de las Arcadas? —exclamó Johan—. ¿Se come mal aquí?

—Es que no creía que tuvieras fuerzas para cocinar —dijo Adamsberg.

—Las tengo. Ya tengo los pollos hechos de esta mañana y la salsa está lista. Solo tengo que calentarla con el gratén casero; sirvo la comida en diez minutos.

—De acuerdo —dijo Adamsberg sentándose.

—Pero —dijo Maël— hace falta un motivo que justifique el asalto a una casa.

—Precisamente, no teníamos. Pero tu testimonio será más que suficiente: sospecha de secuestro de niño. Estoy solicitando el visto bueno del divisionario. Somos cuarenta y seis, y ellos seis u ocho. No pueden escapar. Lo mejor sería pillarlos a todos juntos a la hora de comer.

—No, quédate con tus ocho guardias —dijo Matthieu con sequedad—. Puede que sea precisamente lo que están esperando: que nos expongamos y nos lancemos de cabeza a buscar a la niña y así poder acribillarte. O sea, treinta y siete, menos Mercadet, que ya no puede más, treinta y seis. Es más que suficiente.

—Haré lo que dices —admitió Adamsberg tras un breve silencio—, pero estaré allí, y con Mercadet. ¿A qué hora creen que se sentarán a la mesa?

—Yo diría que a las siete y media —dijo Johan.

—O a las ocho, si esperan al jefe.

—No tenemos mucho tiempo —dijo Adamsberg—. Tráenos la cena lo antes posible, Johan.

—Está casi lista —dijo el posadero mientras ponía la mesa.

—Matthieu, ¿tienen tus hombres lo necesario para cenar?

—Sí. Lo tenía previsto.

Johan estaba trémulo de esperanza y ansiedad. Adamsberg, muy atento a los signos emocionales, se levantó con la muleta, seguido muy rápidamente por Retancourt, y le ayudó a poner la mesa y a traer las fuentes con una sola mano.

—Josselin conoce la casa —dijo Adamsberg, volviendo a tomar asiento—. Necesitamos una descripción precisa. Volveré a llamarlo. Mercadet, busque todas las fotos que pueda.

—Primero la localizo. Ya la tengo: Montfort está a medio camino entre Combourg y Rennes. Probablemente una casa aislada, como las otras. Y también en este caso es probable que sea una antigua granja, pero tan renovada que una gata no encontraría allí a sus gatitos.

—Ah, Josselin, aquí está, gracias —dijo Adamsberg—. Maël ha estado vigilando esta tarde la casa de Le Guillou. Han entrado tres tipos sucesivamente con bolsas de juguetes, ropa de niños y un colchón pequeño. Y no han vuelto a salir.

—Muy listo, Maël —dijo Josselin—, debería haberlo pensado.

Adamsberg miró su móvil, que acababa de sonar.

—Tenemos autorización del divisionario para entrar en casa de Le Guillou —dijo—. Josselin, muéstrenos dónde está exactamente en la carretera de Montfort.

Josselin dibujó una cruz roja en el mapa.

—Ojo —dijo Maël—. Tiene dos perros, bestias feroces a las que probablemente deja vagar hambrientas por las noches. Sin duda habrá que matarlos. Y, sobre todo, ladrarán en cuanto perciban su presencia. Entonces uno o dos de los tipos saldrán a ver qué pasa.

—Lleven carne —dijo Josselin—, muchos trozos, quince, y tírenlos por encima del seto. Eso mantendrá a los perros ocupados durante un rato y estarán callados. Una vez que vuelva el silencio, podrán neutralizarlos. No me gusta sugerir que disparen a los perros, pero estos han sido criados para matar.

—¿Cómo lo sabe?

—Los he visto. Son pitbulls negros, altos, con mandíbulas poderosas, más bien aterradores. ¿No es así, Maël?

—Horribles. El tipo de bestia que te salta a la garganta sin más. Le Guillou debe llevarlos con él cada vez que viene a Montfort.

—Antes de llegar a la casa, habrá que entrar —dijo Adamsberg.

—La verja es alta, erizada de pinchos, y con una gruesa cadena que sujeta los barrotes —dijo Josselin.

—Aquí se ve muy bien —dijo Mercadet, ampliando la foto.

—Infranqueable —dijo Adamsberg—. La única solución es atravesar el seto haciendo un agujero con una sierra de mano o a la fuerza. ¿Dónde cree que sería el mejor lugar para hacerlo, Josselin?

—La verdad es que no inspeccioné la zona, no quería que me reconocieran. Pero en el seto del lado este vi dos arbustos muertos. Debería ser fácil podarlos.

—¿Qué bordea el seto?

—Un buen trecho de pista de tierra. Tendrán ustedes espacio de sobra para esconder todos los vehículos.

—Perfecto. Presten atención al gesto reflejo al salir de los coches: no cierren de golpe las puertas, no den portazos. Empiezan inmediatamente a abrir el agujero y lanzan la carne desde allí. Hay que atraer a los dos perrazos al mismo punto lo más rápido posible. Desde allí dispararán. Completaremos el avance mientras los perros estén ocupados con la carne. ¿Tienes carne de sobra, Johan?

—Sí, pero es carne buena. Es una pena echársela a los perros.

—¡Se trata de salvar a tu hija, Johan! —exclamó Adamsberg—. Así que, buena o no buena, ¿a quién le importa?

—Lo siento —dijo Johan, frotándose el pelo—, lo siento. He perdido la cabeza. Preparo la carne enseguida.

—Lo ideal sería tener silenciadores para disparar a los perros —dijo Veyrenc—. Yo tengo uno.

—Entonces, dispare usted —dijo Matthieu.

—Una vez que los perros estén fuera de combate —continuó Adamsberg—, diez de los nuestros van más atrás para abrir una segunda vía en el seto y entrar por ese lado. Luego rodeamos la casa. ¿Cuántas puertas hay en el frente, Josselin?

—Veo una en la fachada y cinco ventanas, dos de ellas un poco más grandes —dijo Mercadet.

—Así es —confirmó Josselin—. Pero no conocemos el lado norte.

—Tiene que haber otras aberturas —dijo Mercadet.

—Las dos ventanas más grandes deben corresponder al comedor, las otras a los dormitorios y al estudio.

—A las ocho —dijo Adamsberg— aún habrá luz, pero las ventanas no son grandes y estas granjas están oscuras. Pienso que a esa hora encenderán las luces, como hace Johan aquí. Esa será la señal de que están listos para sentarse a cenar, y será el momento de ir a por ellos.

—¿Y cómo procedemos? —preguntó Matthieu.

—No habrá más remedio que arrastrarse por la hierba, eso les protegerá el cuello, hasta llegar a las puertas delantera y trasera. No lo olviden: será de día. Así que quédense en el suelo, con el arma desenfundada y lista para disparar. Lo único que podré hacer es observarlos desde el agujero en el seto.

—Tengo una foto de la parte trasera de la casa —exclamó Mercadet—. Debe de ser de cuando estaba en venta. Por este lado, la pared es de ladrillo.

—Suele ocurrir con las granjas antiguas —dijo Josselin—. Y ahí —añadió examinando la foto— hay una puerta norte y tres ventanas.

—Y un detalle esencial —dijo Retancourt, examinando la foto—, un tragaluz. O sea, que hay un sótano. Mercadet, ¿puede hacer un primer plano? Así es —dijo volviendo a coger el aparato—, y está provisto de barrotes. Se puede pasar el antebrazo, pero no todo el brazo. El mío no. Es suficiente para tender una pistola.

—Creo que la niña debe de estar ahí dentro —dijo Adamsberg—. De ahí la ropa. Hace frío en un sótano.

—Eso depende de lo que haya visto Maël —dijo Matthieu—. ¿Estaban todas las persianas abiertas cuando estabas espiando?

—Me parece que sí.

—Entonces es probable que esté allí —dijo Adamsberg—. No se habrían arriesgado a encerrarla en una habitación. Tiene ocho años, así que es muy capaz de reventar una ventana con una silla.

—Porque además es fuerte, mi pequeña Rose —dijo Johan mientras atendía a la tropa de agentes—. Hay que verla cargando leña.

—Cuando empiece el ataque, deberemos tener hombres preparados delante del tragaluz. Sin embargo, la niña también podría estar en el desván.

—Una vez que nos hayamos arrastrado hasta las puertas, ¿cómo maniobramos? —preguntó Verdún.

—Lo destrozamos todo y entramos —propuso Retancourt.

—Traduzco —dijo Adamsberg—: las puertas estarán cerradas, por supuesto. Disparamos a las cerraduras y los acorralamos. Los guardias con escudo deben entrar primero. Nosotros iremos detrás.

—Tú no —dijo Matthieu con suavidad—. Tú te quedas con los escudos.

—Ustedes, inmediatamente detrás —corrigió Adamsberg—. Matthieu y doce hombres en la sala delantera, diez en la de atrás. Y luego la policía de Combourg. Con tantos policías contra seis, no veo qué pueden hacer. Los desarmamos y les metemos una pistola bajo el cuello a cada uno. Cinco de nosotros, de ustedes, bajarán al sótano para tranquilizar a la niña, y otros cinco subirán al desván.

—¿Y si la puerta del sótano está blindada, comisario? —preguntó Retancourt—. ¿Si su caja fuerte está allí?

—No es muy probable —opinó Matthieu—. O no habrían dejado un muro de ladrillos en la parte de atrás.

—Exactamente. Un muro de ladrillos se puede romper con un mazo —dijo Retancourt—. Me llevaré uno.

—Mercadet —preguntó Adamsberg—, ¿cree que podrá aguantar toda la operación?

—No —respondió el teniente, negando con la cabeza—. Pero quiero estar allí. Voy a pedir a Johan un termo entero de café.

—Tengo algo mejor —dijo Johan—. Como la pócima que te di para dormir, pero al revés. Es un cordial de mi propia cosecha, es inofensivo y te ayudará a mantenerte despierto. Obviamente, no hay que tomarla todos los días. Es para situaciones excepcionales.

—La quiero —dijo Mercadet enérgicamente.

—Es la hora —dijo Adamsberg, incorporándose sobre la muleta mientras su ayudante se tomaba el cordial casero—. Metan todos los coches en silencio por el camino de tierra. Josselin, ¿es lo bastante ancho para el camión?

—Sin problema.

—Olvidan la carne —dijo Johan, entregando a Matthieu dos latas.

—¿Por qué dos? —preguntó Matthieu.

—Para ir más rápido. Os olerán en cuanto pongáis un pie en el suelo. Hay veinte buenas piezas. Diez por perro. Suficiente para mantenerlos ocupados un buen rato.

XXXVII

A las siete y cuarto, la fila de coches partió hacia Montfort-la-Tour, escoltada por una ambulancia en la que había insistido Adamsberg.

Veinte minutos más tarde, la casa de Le Guillou estaba a la vista. Todos los vehículos giraron hacia el camino de tierra. Como Josselin había predicho, los perros empezaron a gruñir en cuanto los primeros policías pusieron el pie en el suelo. Cinco hombres y Retancourt atacaron inmediatamente el seto de madera muerta, que abrieron con facilidad. Mientras, los perros habían empezado a ladrar furiosamente. Adamsberg había bajado del coche y se dirigía penosamente hacia ellos.

—La carne, rápido, enseguida —dijo.

—Los chuchos están viniendo a paso ligero —dijo Veyrenc, ajustando su arma.

La puerta principal se abrió y un hombre apuesto apareció en el umbral.

—Debe de ser Le Guillou, que sale a ver qué pasa —dijo Adamsberg—. Es el único que no teme a los pitbulls.

Veyrenc y Noël habían terminado de arrojar los trozos de carne lo bastante cerca del seto como para poder disparar, y los perros se habían abalanzado sobre ellos. Dejaron de ladrar. El teniente estiró el brazo a través del seto y apuntó a la garganta. Los dos molosos se desplomaron uno tras otro sin un suspiro.

En el silencio, vieron a Le Guillou, que estaba demasiado lejos para ver a sus animales en el suelo, encogerse de hombros y cerrar la puerta. Retancourt terminó el pasadizo en el seto y se preparó para reunirse con el equipo norte, seguida por Veyrenc. Eran las ocho.

Las luces se encendieron en la sala principal, iluminando las dos ventanas más grandes.

—Todo el mundo avanza, a ras de suelo, hacia su posición asignada —dijo Adamsberg—. La hierba está cortada, pero vuestro equipo os ralentizará. No os mováis demasiado deprisa, tenemos tiempo. Los de la retaguardia, liderados por Veyrenc, esperen a oír el ruido de la puerta principal antes de tirar abajo la de atrás.

Adamsberg, que se había quedado solo con cuatro guardias especiales y una pistola en la mano, siguió con la mirada a los agentes mientras se arrastraban hacia sus posiciones. Cuando los doce hombres de Matthieu llegaron a la puerta, el comisario alzó el brazo hacia Adamsberg. Era señal de que la cerradura de la puerta estaba a punto de ser reventada. Estaba tan reforzada que los policías necesitaron seis balas para romperla. Uno de ellos dio una patada a la puerta descuajeringada y los trece policías entraron en la sala, y fueron a colocarse dos detrás de cada uno de los cinco comensales sentados, encañonándoles el cuello y sujetándoles fuertemente la barbilla con el otro brazo. Matthieu reconoció a Le Guillou, el hombre apuesto de la foto de la clase, pero no conocía a los otros cuatro. Se abalanzó sobre Robic, que permanecía inmóvil en medio de la habitación, con una botella en una mano y echando la otra a la pistola. Lo desarmó de un golpe seco, estrangulándolo con un brazo, apuntando con el arma a la carótida.

—¿Dónde está la niña? —gritó—. Cuarenta y seis policías, ¡no tenéis ninguna posibilidad! ¿Dónde está la niña? —vociferó de nuevo.

—No entiendo —dijo Robic con voz ahogada por la presión del brazo, pero aún altivo—. He venido a cenar con unos amigos y no sé a qué niña se refiere.

—Guardias, quitadles las armas y esposadlos —ordenó Matthieu mientras obligaba a Robic a sentarse.

—¡La niña! —gritó Berrond, zarandeando a Le Guillou—. ¿Dónde habéis metido a la niña? ¿En el sótano? ¿De ahí venía tu jefe?

—¿La niña? Aquí no hay ninguna niña —respondió Le Guillou con dureza.

—¿Y los juguetes? ¿La ropa? ¿El colchón infantil? ¿Acaso vas a dormir tú en él?

Mientras tanto, el equipo norte había entrado en la parte trasera —una cocina— y, tras un breve momento, Veyrenc hizo una señal a Retancourt.

—Quedaos todos aquí —dijo a los policías—. Retancourt, vamos al tragaluz.

A Retancourt le asaltó una duda inquietante ante la calma imperturbable de aquellos hombres. ¿Y si Rose no estaba allí? ¿Y si los juguetes y la ropa no eran más que regalos preparados por Le Guillou para una niña de su familia? Sí, pero el colchón. El colchón demostraba que la niña estaba allí.

Ella y Veyrenc se tumbaron en la hierba con las linternas iluminando el tragaluz.

—¿La ve? —preguntó Veyrenc.

—Sí. Un bulto pequeño encima de un colchón. Ilumina más a la derecha. Y eso es una muñeca, una masa de pelo rubio. Está ahí, Veyrenc, menos mal, está ahí.

—¿Temió que no estuviera?

—Sí.

—Yo también. Aviso a Matthieu.

—¿Dónde está tu bodega? —preguntó Matthieu a Le Guillou en cuanto recibió el mensaje.

El hombre se encogió de hombros y sonrió.

—Escalera a la izquierda. Buena suerte.

Nada más bajar las escaleras, Matthieu y Berrond comprendieron el irónico «Buena suerte» pronunciado por un Le Guillou seguro de sí mismo. La puerta del sótano estaba blindada.

—¡Rose! ¡Rose! ¡Rose! Es la policía —gritó Berrond.

Al no obtener respuesta, Berrond golpeó con los puños el acero de la puerta, gritando en vano.

—Tal vez ya la hayan matado —dijo presa del pánico—. O la han herido para que se calle.

—De ahí venía Robic —dijo Matthieu con los dientes apretados—. Subía del sótano.

Loco de rabia, subió corriendo las escaleras y se abalanzó sobre Le Guillou.

—Puerta blindada. Te divierte, ¿verdad? Vamos a atravesar tu muro de ladrillos y a coger a la niña. Está abajo, y lo sabemos.

—¿Me toman por un imbécil? —respondió Le Guillou—. La pared de ladrillo está blindada por dentro.

—¡Entrega las llaves! Rápido, me voy a cabrear, me tiembla la mano y tengo la pistola amartillada.

—Yo no tengo las llaves.

—¿Quién las tiene? ¿Dónde están escondidas? —preguntó enfadado Matthieu—. Se retirará el cargo de rapto de menores y habrá atenuantes para todo lo demás para el que me las entregue.

—¿Con qué garantías? —preguntó Robic.

—Porque tú sabes dónde están, ¿no? Claro, el gran jefe no se las habría confiado a nadie más. El gran jefe lo decide todo porque no se fía de ninguno de sus hombres. Ni siquiera de Le Guillou.

—¿Con qué garantías? —repitió Robic con calma.

—Lo pido al ministerio —dijo Matthieu, cogiendo el móvil.

Se oyeron murmullos en la mesa.

—¡Cobarde! —gritó Le Guillou a Robic—. No eres más que un traidor despreciable. Nunca has pensado más que en ti, y todos nosotros te importamos un bledo, mientras tú, tú puedas salirte con la tuya. Pagarás por esto, Robic, créeme.

Berrond miró a su jefe, estupefacto. Una casi amnistía para Robic, ¿era eso lo que se atrevía a pedir? Matthieu lo miró fríamente mientras tecleaba su mensaje pidiendo la opinión de Adamsberg sobre su estrategia.

«Envíame a Mercadet a toda velocidad», respondió inmediatamente Adamsberg.

«¿Qué vas a hacer?».

«Voy a falsificar un mensaje del ministerio y hacer que Mercadet te lo transmita».

«Dios, ¿es capaz de hacerlo?».

«Lo conseguirá. Envíamelo urgentemente».

—Berrond y Mercadet —dijo Matthieu—, vayan a ver a Adamsberg lo antes posible. Su herida se ha reabierto e infectado, y la fiebre sube rápidamente. ¿Tienen aspirina? Eso, al menos, ¿nos lo podéis dar?

—Vete a la mierda —dijo Robic—, y que nadie le dé. Me alegraría que Adamsberg muriera.

—Pandilla de cabronazos —dijo Matthieu—. Pandilla de cabronazos inmundos.

Matthieu corrió al primer dormitorio, abrió los armarios, cogió una sábana limpia y se la pasó a Berrond.

—Corra, Berrond, y usted también, Mercadet. Adamsberg los necesita. Paren la hemorragia y llamen a una ambulancia.

Los dos hombres, presa del pánico, corrieron lo más rápido que pudieron hacia el agujero del seto donde los esperaba Adamsberg, sentado con el teléfono en el regazo.

—Pero ¿no se encuentra mal?

—Es un truco de Matthieu para enviarlo aquí. Mercadet, es urgente. ¿Ha oído lo que ha dicho Matthieu?

—Sí, ha hecho a Robic una oferta increíble: si le daba las llaves de la bodega, que está blindada por delante y por detrás, se retiraría la acusación de secuestro y para todo lo demás habría atenuantes. ¡No se puede aceptar eso, es imposible, comisario!

—Es posible, Mercadet, porque lo va a hacer usted. Escriba un mensaje falso del ministerio que yo le dictaré y que

347

usted remitirá inmediatamente a Matthieu. ¿Puede entrar en la mensajería del ministerio?

—Desde hace tiempo —dijo Mercadet.

Adamsberg le hizo un gesto con la cabeza a modo de cumplido.

—Así que escriba con el membrete del Ministerio del Interior.

—Lo mejor sería que luego yo reenviara a Matthieu los mensajes auténticos que recibió usted desde su móvil, por si Robic quiere compararlos.

—Me parece bien. ¿Está en la página web ahora?

—Un momento. OK, ya estoy.

—¿Podrá borrar sus huellas?

—Pensaba hacerlo, comisario.

—Entonces escriba: «Con el único objetivo de salvar la vida de una niña, solicitamos acceso al sótano del señor Pierre Robic. A cambio, anulación del cargo de secuestro y atenuantes para los demás cargos. Acuerdo exprés: si el señor Robic comete un delito o intenta fugarse, las indulgencias excepcionales expuestas anteriormente caducarán de forma inmediata».

—Hecho. Relea atentamente, Berrond, un error ortográfico daría mala impresión.

Berrond hizo cambiar «exprés» por «expreso», y Mercadet mostró su trabajo a Adamsberg. El comisario no encontró la menor diferencia con los mensajes auténticos que ya había recibido del ministerio.

—Es usted un as, teniente. ¿Y cómo ha conseguido reproducir la firma?

—Está automatizada en su sitio. Es fácil de capturar.

—Adelante, transfiéralo todo directamente a Matthieu, incluidos mis mensajes —dijo Adamsberg, entregándole su aparato.

Se hizo un silencio sepulcral en la sala, roto por los rezongos de los socios de Robic. La cohesión se rompía. Pierre Le

Guillou pensaba intensamente en la manera de vengarse por la traición de Robic. Iba a ser conducido a una celda como los demás, pero desde una celda se pueden hacer bastantes cosas. Robic pagaría.

Matthieu, en el colmo del nerviosismo, seguía mostrando un rostro apacible. Berrond volvió con la sábana rota.

—Lo hemos vendado —dijo—, pero está ardiendo. Necesita ayuda.

El teléfono de Matthieu sonó varias veces y el comisario lo sacó sin prisa del bolsillo.

—Ya está hecho —dijo con calma, mostrando a Robic el mensaje del «Ministerio del Interior»—. ¿Satisfecho?

Robic examinó el texto, miró el encabezamiento, lo leyó una y otra vez. Un atisbo de sospecha flotaba en sus labios fruncidos.

—Y estos son los mensajes que Adamsberg recibió del Ministerio del Interior a raíz de sus amenazas —dijo Matthieu—. Me los acaba de reenviar. Compárelos si lo desea.

—Es perfecto —dijo finalmente Robic, poniéndose en pie con la sonrisa de un hombre que siempre triunfa.

Porque, con policía o sin ella, una vez libre en casa y a la espera de juicio, estaba convencido de que podría fugarse.

—La llave —ordenó Matthieu, recuperando su teléfono.

—Vamos —dijo Robic, sin una mirada a sus socios, cuya rabia y desprecio iban en aumento, pero que no le importaban en absoluto—. No te preocupes, Pierre —añadió—. He cambiado el escondite de la llave, no podrías habérsela dado.

Con el cañón de la pistola de Matthieu pegado a la espalda y en compañía de Berrond y Retancourt, Robic bajó las escaleras del sótano y se detuvo a mitad de camino. Levantando las manos esposadas hacia la pared, agarró un ladrillo y tiró suavemente de él. Matthieu hundió los dedos en la cavidad y sacó una llave larga y brillante.

—Llévelo de vuelta, Berrond —dijo—. Quédese, Retancourt, necesito una mujer para tranquilizar a la niña.

El comisario bajó los últimos escalones, abrió la puerta blindada y se arrodilló junto al pequeño colchón donde yacía Rose. Apoyó la oreja en el pecho, levantó la fina manta, dio la vuelta a la niña desde todos los ángulos como si fuera un saco de harina, la pellizcó, le habló y luego volvió a taparla, apoyándole bien la cabeza sobre la almohada.

—No está muerta —dijo sin aliento—, ni herida. Pero totalmente drogada, no cabe la menor duda. Hasta qué punto, fatal o no, no lo sabemos. Pero tengo esperanzas porque reacciona cuando se la pellizca, oye lo que se le dice. Y sobre todo, es muy reciente. Drogarla es lo que Robic acababa de hacer cuando llegamos. Demos gracias a Adamsberg por hacer que viniera una ambulancia. En veinte minutos la llevarán al hospital de Rennes. Y es en la primera hora cuando tenemos que actuar.

Retancourt cogió a la niña en brazos, envuelta en la manta, y se apresuró hacia la ambulancia, que tomó el camino de Rennes, con las sirenas ululando. Matthieu llamó a Johan para darle la noticia. Oyó al hombre llorar, esta vez de alivio.

—Rose va camino del hospital —dijo Matthieu—. No, no te preocupes. Espéranos en la posada.

Los gendarmes de Matthieu llevaron a Le Guillou y a los otros cuatro a la comisaría de Rennes. A Robic se lo llevaron con los demás para no despertar inmediatamente las sospechas de la prensa. Matthieu, Berrond, Verdun y el equipo de Adamsberg regresaron a Louviec, acompañados por los guardias del escudo que, sin nueva orden, continuaban protegiendo al comisario. Los guardias insistieron en reanudar su formación de tortuga para que entrara Adamsberg en la posada de Johan.

XXXVIII

El posadero, de pie ante su puerta, abrazó a Adamsberg nada más llegar.

—Puedes dar las gracias a Mercadet —dijo Adamsberg—. Sin él, estábamos jodidos.

Johan se acercó al teniente y lo abrazó efusivamente.

—Gracias por su poción, Johan —dijo Mercadet—. Fue muy oportuna. Y ya que hablamos de agradecimientos, dé las gracias al comisario por haber previsto la ambulancia. Porque, por lo que me dijo Matthieu, Robic administró un barbitúrico a su hija.

El nuevo médico de Louviec, que había venido a petición de Johan, asintió con la cabeza.

—Han llamado del hospital —dijo—. La niña llegó a tiempo de ser tratada con carbón vegetal activado. Justo a tiempo.

—Doctor —dijo Johan con voz preocupada—, ¿qué habría pasado sin esa cosa activada?

—Habría muerto esta noche —dijo el médico con su voz más suave—. Pero —añadió poniendo su fina mano sobre el gran hombro de Johan— no se preocupe en absoluto. Ya está fuera de peligro, se lo aseguro. Había que actuar muy rápidamente, y estos hombres cumplieron los plazos.

—Sin vosotros —dijo Johan, sentándose pesadamente, con las facciones descompuestas por la angustia y la emoción—, habría perdido a mi hija.

—Olvidas a Maël —añadió Adamsberg—. A él le debemos haber encontrado el escondite. Y a Josselin, que localizó la casa de Le Guillou.

—Y a ti, que pediste una ambulancia. No sé cómo se dice un agradecimiento así, no sé cómo se hace.

—Dándome una aspirina y sirviéndonos café —dijo Adamsberg con una sonrisa.

—Y un trozo de pastel, un pastel reconstituyente. Ya me dirás qué te parece —dijo Johan, recuperando el aliento y la sonrisa—. Pero ¿se te han reabierto las heridas?

—He tenido que agitarme y moverme, me duele.

—Llamo a mi cocinero, te va a desinfectar y te va a volver a poner las vendas enseguida. ¿Recuerdas que estudió enfermería durante un año antes de cambiar de rumbo?

—Gracias, lo espero en la cama de «mi» habitación.

Adamsberg se apresuró a enviar mensajes a Maël y Josselin para tranquilizarlos sobre la suerte de Rose y darles las gracias, mientras el enfermero-cocinero desinfectaba las heridas del brazo y la pierna y volvía a vendarlas, con aire descontento.

—Pero ¿qué demonios ha estado haciendo? ¿Un recorrido militar?

—Moverme, arrastrarme, agitarme…

—¿No podía quedarse quieto aquí?

—No. Podían necesitarme.

—¿Y lo han atrapado?

—Sí —dijo Adamsberg con una sonrisa, pensando en el falso mensaje y en la rapidez con que Robic, el imbatible, había caído en la trampa.

—Entiendo —dijo—, pero ahora a descansar. ¿Dónde está su muleta?

—La perdí con el follón. Iré a buscarla al camino.

El cocinero movió la cabeza en señal de desaprobación, como habría hecho con un niño rebelde, y administró un calmante al comisario.

Adamsberg escuchaba el ruido de la vajilla procedente del gran salón y oía cómo los guardaespaldas cerraban las persianas, impertérritos. ¿Qué iba a hacer ahora con esos guardias? Al día siguiente soltarían a Robic, para confirmar el falso mensaje. Porque si lo mantenían en la cárcel después de eso, se daría cuenta de que había sido engañado, de que los policías habían pirateado el sistema de mensajería oficial y le habían mostrado un mensaje que no era más que una imitación. Era grave, muy grave, y Robic alertaría sin duda alguna al ministerio. Toda la brigada de París estallaría junto con la de Matthieu, con penas de prisión ejemplarizantes. Sí, a pesar de los riesgos, Robic tendría que volver a casa mañana. No se arrepentía en absoluto de la peligrosa decisión ilegal que había tomado. Sin embargo, había dudado brevemente antes de encargar a Mercadet la falsificación. Por supuesto, podrían haber esperado a que los especialistas en puertas blindadas llegaran de Rennes, y la difícil operación aún habría llevado más tiempo. Pero el médico acababa de anunciar que la niña no habría pasado de esa noche, y eso era lo que él había temido. Robic no la habría dejado sobrevivir y ya había iniciado su asesinato. No, ni el menor remordimiento. Sin embargo, tendrían que explicar al ministerio, que sería informado mañana por la tarde, por qué Robic andaba suelto de nuevo, cuando en su interrogatorio Le Guillou denunciaría sin duda el papel de líder.

Tendría que mentir y decir que mantenía a Robic a mano —bajo vigilancia— como cebo para el resto de sus cómplices. Si lo decía bien, lo planteaba bien y lo explicaba con firmeza, colaría.

Él se consideraba fuera de peligro, ahora que la banda había sido desmantelada. Pero nada era seguro con Robic. Podía muy bien atacarlo él mismo, por la noche, a la manera del asesino de Louviec, o simplemente pegándole un tiro, y vengarse así de haberse visto privado de toda su organización por su propia culpa. Así que era mejor mantener a los guardias durante un tiempo, al menos hasta que estuviera en forma y pudiera defenderse.

Estaba dormitando, esperando a que el analgésico hiciera efecto, cuando sintió que una inesperada burbuja ascendía con lentitud y dificultad hacia su conciencia, desde el fondo de su lago opaco. Inmóvil, alerta, la dejó hacer su camino, con las manos ahuecadas sobre el pecho, como para atraparla cuando emergiera. Era pesada, confusa, transportaba fragmentos mezclados de su erizo allá en la arboleda, las últimas palabras de Gaël, imágenes de Joumot, del médico, del huevo, de la *cordialidad*... La atrapó con delicadeza cuando asomó su nariz turbia; luego, con las manos cerradas sobre ella como una concha, como las de Matthieu sobre la polilla, recitó para sí una docena de veces, para memorizarlas, las palabras enmarañadas, heterogéneas, que la habían empujado hacia él.

El cocinero tuvo la amabilidad de traerle otra muleta. Se apresuró a anotar todos esos términos dispares ofrecidos con parsimonia por la burbuja y se reunió con los demás mientras se apresuraban hacia la mesa.

Adamsberg se acercó a Mercadet.

—¿No va a dormir, teniente?

—Debe de ser el efecto del cordial de Johan, me siento bastante en forma. Y quiero más pastel —añadió, como lo habría hecho un niño.

—Mercadet —le susurró Adamsberg al oído—, en la historia que inevitablemente se contará de esta noche, ni una palabra sobre nuestro asunto. En cuanto a la escena para conseguir las llaves, tomaré la iniciativa de contarla, pero a mi manera. Robic cedió a nuestras falsas promesas y eso fue todo.

El comisario susurró la misma instrucción a Matthieu, que la aprobó, mientras Mercadet borraba el falso mensaje de su portátil. Josselin se había unido a ellos y esperaron a que los hombres hubieran devorado literalmente el pastel, que en efecto resultaba reconstituyente, antes de ponerlos a él y a Mercadet a trabajar. Johan colgó el teléfono, radiante.

—Ha abierto los ojos y ha sonreído a Violette. Pronto tendremos los resultados de las dosis de barbitúricos que le administraron.

—Estupendo, Johan, ¿se sabe cuándo podrá hablar? —preguntó Adamsberg—. La descripción que haga de sus secuestradores será decisiva.

—Mañana a primera hora, me han dicho.

—Allí estaré —dijo Adamsberg.

XXXIX

—Aún nos quedan cuatro hombres por identificar —dijo Mercadet una vez terminado el postre—, para poder localizar sus domicilios. Según sus seudónimos, se trata del Lanzador, el Poeta, el Barrigudo y el chófer mudo. Esta tarde he podido filmarlos y grabarlos a retazos. Y he clasificado las imágenes según cada uno de los cuatro hombres.

—Excelente, teniente —dijo Adamsberg.

—Empecemos por el conductor —dijo Josselin—, porque había en el instituto un alumno que era mudo. Esta discapacidad no lo hacía simpático y, cómo lo entiendo, gruñía en lugar de hablar. Además, tenía la cabeza demasiado grande para su cuerpo y los brazos muy cortos. Pelo castaño, ojos azules de mirada triste. Enséñeme la foto de clase y cómo es ahora.

Mercadet recorrió un fragmento de película que mostraba al niño mudo expresándose mediante signos y expresiones.

—Es este chico —dijo Josselin tras un breve examen, señalando con el dedo la foto de la clase—. Recuerdo que se llamaba Claude, pero no recuerdo su apellido.

—Claude Berthou —dijo Mercadet.

—Eso es.

—Busco su dirección.

—Decididamente, los ha reclutado a todos en la escuela.

—El poder del pasado, la confianza de la juventud —dijo Adamsberg.

—¿De dónde has sacado esta nueva cita? —preguntó Veyrenc.

—Louis, sabes muy bien que no soy capaz de citar a un autor. Es mía.

—Pues es buena. Me la quedo también.

—El Lanzador —dijo Josselin en voz baja—. Había un chico al que ya llamaban así en el colegio. No estaba en mi clase, sino en el equipo de fútbol entre clases, como portero, Karl Grossman. Era el mejor goleador de todos nosotros. Espere que me acuerde. Muy moreno, piel marcada por el acné, pelo erizado, nariz aplastada. Muéstreme la película, teniente.

—¿Simpático?

—En absoluto. Eso sí, muy parlanchín, muy fanfarrón.

Josselin se tomó más tiempo para mirar la película, yendo y viniendo entre la foto del equipo deportivo y las imágenes de la película, y finalmente señaló a un chico alto, moreno y con la cara cubierta de acné.

En el fondo, no ha cambiado tanto —dijo señalando al joven—, dejando aparte la papada. Y sus granos han dejado cicatrices muy visibles en la edad adulta.

—O sea, que se trataría de Germain Cléach —dijo Mercadet.

—Es él —dijo Josselin.

—¿Seguimos? —preguntó Mercadet.

—Desde luego. En el fondo, es un juego bastante entretenido.

—Este es sin duda el Barrigudo —dijo Mercadet, mientras recorría las imágenes de la noche.

—Por suerte, teniente, la película lo muestra ligeramente sonriente, o más bien socarrón. Y tiene diastema. ¿Lo ve? ¿El espacio entre los dos incisivos superiores? Y grandes orejas de soplillo. Es él —dijo Josselin, volviendo a la foto de la clase—. Ya entonces gordito, como se puede ver. Pero no recuerdo su nombre.

—Félix Hénaff —dijo Mercadet.

—Sí, ahora me acuerdo.

—Creo que es el único a quien tenemos alguna posibilidad de hacer hablar —dijo Adamsberg—. Tras los justificados insultos de Le Guillou contra Robic, algo vaciló en sus ojos. Ya no estaba metido en eso, ya no quería.

—No me sorprendería —dijo Josselin—. Seguía a Robic como los demás, pero era decidido y tímido al mismo tiempo. Matizado, diría yo.

—Solo queda uno —dijo Mercadet—. El Poeta.

—¿El Poeta? —repitió Josselin—. ¿Podría mostrármelo, pero también dejarme oír su voz?

—Dura muy poco. Está hablando, pero en voz muy baja, con el Lanzador, que estaba a su lado durante el arresto de la banda.

Josselin miró la película de un hombre pelirrojo con el pelo medio gris, y redobló su atención para captar unas palabras en la voz ligera y pausada del Poeta: «... yo había dicho que... una idea de bombero... no necesariamente al tanto...». Josselin sonrió y dio un golpecito a la foto de la clase.

—Nadie lo diría por su voz (era el tenor de nuestra pequeña banda), pero era un tipo duro de roer. Pelirrojo, bastante fornido, guapo, pero, sobre todo, con el que valía más no meterse. Robin... ¿Robin qué?

—Robin Corcuff.

—Ya estamos. Ya los tenemos a todos, ¿no?

—Tenemos a los diez socios —dijo Mercadet con la expresión aliviada de un hombre victorioso—. Serán cuatro registros más, sin contar los de Robic y Le Guillou. Seis.

—Tenemos hombres suficientes —dijo Matthieu.

«Mañana —escribió Adamsberg para Matthieu—, durante el interrogatorio de Robic, se alude al secuestro, pero sin interrogatorio insistente, ya que se le han "retirado" los cargos. Tiene que creerlo».

Matthieu asintió con la cabeza al leer el mensaje.

—Propongo —dijo en voz baja— empezar a interrogar a los más susceptibles de flaquear, antes de abordar a los líderes, Robic y Le Guillou, que no dirán ni una palabra.

—Sí que dirán —dijo Adamsberg—, es muy probable que Le Guillou, en su furia contra Robic, suelte una buena parte. Hay que interrogarlos. A los dos.

—O sea, seis en la jornada de mañana. Pero antes haremos los registros, con todo el equipo y los guardias al completo, y luego los iremos interrogando a medida que se vayan encontrando las cajas fuertes. Berrond y Verdun se vendrán conmigo para los registros y asignaré hombres experimentados para los interrogatorios. Buscaremos un intérprete especial para el Mudo.

—Le enviaré las direcciones de los cuatro hombres —dijo Mercadet, que de repente se caía de sueño y preguntó a Johan si le podría dar otro cordial al día siguiente.

—No —respondió Johan con firmeza—. No todos los días. Participe solo en la mitad de las búsquedas y punto.

Adamsberg se quedaba otra noche en casa de Johan antes de que hubieran tomado una decisión al respecto, y sujetó a Matthieu por la manga en el umbral de la puerta.

—Dos cosas, Matthieu. Después del interrogatorio de mañana, vamos a soltar rienda a Robic, sin vigilancia policial aparente durante dos días, el tiempo suficiente para que se imagine que está libre de verdad. Creo que tiene la intención de mantener un perfil bajo durante unos días, pero que está decidido a abandonar el país lo antes posible. Pasando por Sète, por ejemplo, donde todavía conoce gente. También en Combourg. Necesitará algo de tiempo para hacer los preparativos. Cuando nos pregunten en el ministerio por qué Robic ya no está encerrado, explicaremos que lo estamos utilizando como cebo para atrapar a los últimos de la banda. ¿Te parece plausible?

—Sí.

—Yo me encargo de alertar a todos los puestos fronterizos. Te llamo mañana en cuanto haya entrevistado a la niña.

—¿Y lo segundo?

—¿Qué segundo?

—Querías hablarme de dos cosas.

—Ah, se me había olvidado. ¿Qué es exactamente el «carbón vegetal activado»?

—Básicamente, carbón vegetal purificado, que absorbe las toxinas. ¿Crees que es el momento de ocuparte de asuntos médicos?

—Me gusta entender las cosas.

Matthieu sacudió la cabeza con una sonrisa, y Adamsberg volvió a entrar en la posada, con los postigos cerrados y todavía protegido por los guardias con escudos, a pesar de que Robic seguía temporalmente entre rejas. Escribió un mensaje de alerta, acompañado de una foto de Pierre Robic, a todas las comisarías, gendarmerías y puestos fronterizos del país, insistiendo en particular en la capitanía del puerto de Sète, donde debía reforzarse la vigilancia de todo el que tomara cualquier tipo de embarcación, ya fuera comercial, pesquera o de recreo. Luego fue a tumbarse sin cerrar los ojos, atento al menor movimiento de su burbuja, que se había mostrado conciliadora pero poco clara.

XL

A las ocho de la mañana, el comisario se dirigió al hospital de Rennes llevando consigo las dos muñecas favoritas de la niña, que le había confiado Johan. Se encontró con un médico apresurado que le permitió ver a Rose.

—Ha tomado un desayuno ligero —le dijo—. Podrá salir mañana. Pero no la presione, aún está débil, la hemos salvado por muy poco.

Adamsberg entró sin hacer ruido en la habitación donde yacía la niña, con los ojos entornados.

—¿Es usted médico? —preguntó la pequeña con voz tenue.

—No, soy policía.

—¿Un policía de verdad? —preguntó con interés, incrédula.

—Uno de verdad.

—¿Fue usted quien me salvó?

—Con mis compañeros, sí. Toma —dijo él, colocando las muñecas sobre la cama—. Tu padre pensó que te gustaría.

Rose cogió una de las muñecas con una sonrisa y la acunó contra sí.

—¿Por qué no está papá? ¿Y mamá?

—Están esperando a que termine de hablar contigo antes de entrar.

—¿Hablar de qué?

—Sobre los malos que te llevaron a esa casa. Necesito que me ayudes, Rose.

—¿Irán a la cárcel?

—Sí, pero tienes que ayudarme. En el camino a la cantina del cole, ¿qué pasó?

—Se paró un coche.

—¿Y luego qué pasó?

—Entonces el señor que iba dentro se bajó y me dijo que papá se había puesto muy malito y que quería verme. Parecía amable y estaba comiendo caramelos. Me dio miedo lo de papá, así que subí enseguida con él. Me dio caramelos. El de la barriga gorda. El otro conducía.

—¿Los viste bien a los dos?

—Sobre todo al que se bajó. Y entonces les dije que para ir a casa de papá no se iba por allí, y el hombre que conducía paró en un semáforo y me dijo que a papá lo estaban cuidando en Combourg. ¿Está mejor, papá?

—Está muy bien. Mira —dijo Adamsberg, mostrándole las seis fotos de Robic, Le Guillou y los otros cuatro hombres, extraídas de la película de Mercadet—. ¿Puedes enseñarme a los dos señores que te secuestraron?

—Este —dijo sin vacilar, señalando la foto del Lanzador, Germain Cléach—. Tenía el pelo tieso y muchos agujeros en las mejillas.

—¿Era él quien conducía?

—Sí.

—Y el otro, el señor de los caramelos, ¿lo reconoces?

Rose volvió a repasar las fotos, como una alumna aplicada a la que se le han puesto unos deberes.

—Es él —dijo, señalando la foto del hombre barrigudo. Tenía un agujero entre los dientes.

Félix Hénaff —conocido como el Barrigudo—, sin duda elegido por su aire bondadoso.

—Eres formidable —dijo Adamsberg—, debes de ser buena alumna, ¿no?

—No muy buena en aritmética, pero en lo demás tengo notable.

—¿Te importa si te hago trabajar un poco más?

—No, usted es simpático, y además me aburro aquí.

—Saldrás muy pronto. ¿Adónde llegó el coche que te llevó?

—A una casa muy bonita con flores, y creí que era allí donde cuidaban a papá. Pero, en realidad, el hombre me llevó hasta la puerta, me hizo entrar en la habitación y luego volvió a salir. Y entonces… —La niña se echó a llorar.

—Es normal que llores —dijo Adamsberg, acariciándole el pelo—. Yo también lloraría. Has pasado mucho miedo, y nosotros también, ¿sabes? ¿Había gente en la habitación?

—Dos. Y eran malos.

—¿Cómo te diste cuenta?

—Tenían ojos y boca de malos, como los de las películas —dijo la niña, sorbiendo los mocos.

—¿Puedes intentar enseñármelos?

Sin la menor vacilación, Rose señaló las fotos de Robic y Le Guillou.

—Me agarraron por los brazos y las piernas —continuó, enjugándose las lágrimas—, y me bajaron por una escalera. Al final había un sótano y me pusieron en el suelo. Me dijeron que me calmara, que volvería a ver a papá y a mamá, y cerraron la puerta de hierro. Pero yo no conseguía estarme quieta, lloraba, gritaba, llamaba a mamá y a papá. Entonces, el que era rubio con los ojos azules —añadió señalando la foto de Pierre Le Guillou— volvió y me dio dos bofetadas fuertes en las mejillas. Y me dijo que me daría bofetadas mientras siguiera llorando. Y que además era inútil porque nadie me oiría. Entonces trajo una muñeca, un colchón y un jersey gordo, y yo lloré con la cara en la ropa de la muñeca para que nadie me oyera. Y mucho después, el otro malo, este —dijo señalando a Robic—, entró con una bandeja, pan y queso, pero antes quería que me tomara dos caramelos con agua. Sé que los caramelos que se toman con agua no son caramelos. Son medicamentos y yo no quería tomarlos. Él me sacudió muy fuerte y me dijo que me tomara los caramelos, que eran para dormir, y que mañana vendría papá.

—¿Viste a alguien más entrar en el sótano?

—No. Y después, no me acuerdo.

Adamsberg le acarició la mejilla húmeda y recogió las fotos de la cama.

—Eres estupenda, Rose, acabas de ayudar mucho a la policía.

—¿De verdad? —dijo sonriendo de nuevo.

—Mucho, muchísimo. Gracias a ti, todos esos malos irán a la cárcel y no volverás a verlos nunca más.

Adamsberg abrió la puerta y dejó entrar a Johan. La niña corrió a sus brazos.

—Este señor me ha dicho que le había ayudado mucho.

Adamsberg los dejó discretamente y llamó a Matthieu nada más salir del hospital.

—El conductor era el Lanzador, Germain Cléach, y el que se bajó del coche para llevarse a la niña sin escándalo era el Barrigudo. Una vez encerrada en el sótano, solo vio entrar a dos personas. ¿Adivina quiénes?

—Le Guillou y Robic.

—Así es. Le Guillou le propinó unas tortas para que dejara de llorar y gritar, y fue Robic, bastante más tarde, quien entró con pan, queso y dos pastillas que la obligó a tomarse.

—¿No vio ni al Mudo ni al Poeta?

—No. Y podemos estar seguros de su testimonio. De modo que aún no podemos pronunciarnos sobre si esos dos fueron cómplices. Pero, en cualquier caso, cuando preguntamos dónde estaba la niña, no parecieron sorprendidos, ni siquiera pestañearon. Para mí que están todos implicados. Pero solo Robic tenía intención de matar a la niña.

—¿Y por qué, en tu opinión?

—Porque no lograba liquidarme. Así que me tendió una trampa mortal, eligiendo secuestrar a alguien cercano a mí: la hija de Johan. Porque estaba seguro de que me entregaría en su lugar, cosa que hice. Pero teníais razón, nos habría asesinado a los dos sin más.

—De momento, Adamsberg, y en cuanto Robic quede libre esta tarde, mantendremos los guardaespaldas y los refuerzos de gendarmes. Y protegeremos a la niña. No más escuela hasta nueva orden.

—De acuerdo. Pero creo que ahora que está aislado, y habiendo traicionado a sus cómplices, Robic prefiere organizar su huida antes que pegarme un tiro.

—Igual que puede planear tu muerte, incluso desde su celda. No se puede estar seguro de nada con él. ¿Imaginabas que secuestraría a Rose?

—No necesariamente a Rose, pero a alguien de mi equipo, sí.

—Voy a poner en marcha los interrogatorios del Barrigudo y del Lanzador a medida que avancen los registros. Ahora que hay un testigo del secuestro, que su jefe está en la cárcel, y una vez que hayamos abierto sus cajas fuertes, es muy posible que delaten a los demás. A nadie le gusta ser el único en pagar el pato. Luego atacaremos los registros en las casas de Robic, Le Guillou, El Poeta y El Mudo. ¿Son las nueve? Nos vemos en casa del Barrigudo dentro de un rato. Pero en el caso de Robic, con nuestro falso mensaje, su caso es delicado. ¿Qué motivos hay para un registro?

Adamsberg pareció meditar un momento.

—Sospecha de complicidad en delitos —dijo lentamente—. De hecho, no hay nada que nos lo impida, según el «mensaje del ministerio», sean cuales sean las «circunstancias atenuantes». La expresión es vaga y puede darnos juego. Sí, puede incluso ser prioritario. Además, su interrogatorio será puramente formal, ya que se siente protegido por esas «circunstancias». O sea, registro e incautación del contenido de la caja fuerte, contenido tan condenatorio que justificaría la «sospecha de delito». Y prever que será puesto en libertad inmediatamente después.

Tres cuartos de hora más tarde, los equipos de Adamsberg y Matthieu se reunieron en el vetusto chalé del Barrigudo, acompañados por los veinte gendarmes de Combourg y por Adamsberg, todavía bajo la protección de los guardaespaldas.

Se dividieron en dos equipos y catorce hombres salieron hacia el domicilio del Lanzador.

A mediodía, las dos casas habían entregado sus secretos, es decir, el contenido de las cajas fuertes al que ya estaban acostumbrados: armas, teléfonos móviles, papeles falsos, joyas y fajos de billetes. Todo había sido fotografiado y precintado. Tanto el Barrigudo como el Lanzador habían ganado menos que los demás. Sus papeles falsos demostraban que no habían seguido al equipo hasta Los Ángeles, por lo que no habían recibido su parte de la herencia.

Adamsberg y Matthieu informaron a los ayudantes del comisario en Rennes de los resultados de los dos registros para que pudieran llevar a cabo sus interrogatorios. Los dos hombres empezaron negando su implicación en los asuntos criminales de Robic y en el secuestro de Rose, pero la lista y las fotos del contenido de sus cajas fuertes, junto con el testimonio preciso de la niña, los desconcertaron. Su estupor cuando supieron que Robic había administrado a la niña una dosis letal de barbitúrico —fenobarbital, según revelaron las pruebas— era auténtico. Conmocionados, profundamente indignados, consciente por fin de la crueldad sin límites del tan apreciado líder, denunciaron sus veintidós actos más graves y criminales, cometidos en Sète y en la región de Combourg —asaltos a bancos a mano armada, atracos a joyerías y furgones blindados, robos con allanamiento de morada—, minimizando su implicación. Ambos juraron que nunca habían matado a nadie.

—Entonces, ¿quién mataba cuando era necesario? —preguntó el policía a cargo, Lenôtre.

El Barrigudo y el Lanzador, reunidos para el final del interrogatorio, bajaron la cabeza, vacilando en delatar a sus cómplices.

—Le diré lo que pienso —dijo Matthieu a su ayudante—. Los tres verdaderos asesinos del equipo son, sin lugar a duda, Le Guillou, el gélido hombre de confianza de Robic; Hervé

Pouliquen, el asesino a sangre fría del doctor; e Yvon Le Bras, conocido como el Prestidigitador, de quien el Jugador dijo que manejaba la pistola como un as. En cuanto a Robic, siempre preocupado por protegerse exponiendo a los demás, no mataba. Prefería que mataran otros. Excepto en el caso de la niña y el Trotamundos. Lo que sugiere que Le Guillou puede no haber estado al corriente de lo de la eliminación de la niña.

Fue en el prado que se extendía ante la casa de Robic donde se sentaron todos, rodeados de guardaespaldas. Adamsberg, con la pierna estirada, estaba abriendo las numerosas cestas de pícnic que Johan le había confiado al marcharse; por supuesto, un pícnic de gran calidad acompañado de un vino elegido por su ligereza. Los guardias con escudo, que devoraban los elaborados bocadillos del posadero, formaban un grupo menos apartado y menos silencioso que antes. Empezaban a mezclarse con los demás y a salir de su mutismo. Mercadet se comió su ración antes de irse a dormir unas horas.

—En lugar de perder tiempo volviendo a Louviec —dijo Adamsberg—, podría dormir aquí, en el prado, la hierba es tan blanda como una alfombra de lujo y se está bien.

—¿Cómo te las arreglas con tu divisionario respecto a Mercadet? —preguntó Matthieu.

—Muy sencillo: el divisionario no está al corriente.

Matthieu asintió pensativo.

—Esta tarde nos tocan los dos registros más difíciles —dijo—. Robic y Le Guillou. Los mismos equipos, pero he traído un especialista más en cajas fuerte. Me temo que las de estos dos serán particularmente difíciles. Tanto de encontrar como de forzar. Luego tendremos tiempo para efectuar registros en casa del Poeta y del Mudo e interrogarlos.

Tras dos horas de búsquedas, no se había descubierto la ubicación de las cajas fuertes ni en casa de Robic ni en la de Le Guillou. De pie, pensativo, apoyado en la muleta en la cocina de Robic, rodeado de guardias, Adamsberg observó las dos voluminosas cocinas blancas dispuestas frente a frente.

—Louis, ¿sabes si los Robic tenían muchos invitados?

—Según Johan, la mujer de Robic daba una suntuosa fiesta como mínimo cada domingo, lo que exasperaba a su marido.

—En ese caso, por supuesto, tendría su justificación.

—¿Qué cosa?

—Que haya dos cocinas. ¿Las han abierto?

—Sí, y son eso, cocinas.

—¿Y cómo son los hornos?

—Son hornos, Jean-Baptiste. Normales.

—¿De verdad?

—Digamos que el horno de esta es poco profundo —concedió Veyrenc.

—Entonces, está aquí —dijo Adamsberg—. Llama al especialista.

Veyrenc abrió los mandos del gas.

—Mira, los dos funcionan muy bien —dijo.

—Los quemadores, sí, pero seguro que no el horno de la más grande.

—De acuerdo —dijo Veyrenc tras un intento—, no funciona.

Detrás del doble fondo de la cocina con el horno inservible, el especialista sacó a la luz la caja fuerte, un rectángulo grueso y alto que encajaba en la pared posterior, y la atacó sin perder el tiempo. Adamsberg llamó a Matthieu, que dirigía las excavaciones en casa de Le Guillou.

—Robic había ideado un truco inédito. Dos cocinas, el fondo de una de las cuales ocultaba la caja fuerte. Es muy posible que los dos hombres compartieran la artimaña. ¿No notas algo raro en la cocina?

—Una nevera grande y un congelador bastante colosal. Hemos vaciado ambos.

—Toma las medidas entre el fondo interior del congelador y el fondo total.

—Treinta y dos centímetros de diferencia —dijo Matthieu.

—Ahí estará. Desmonta las placas traseras.

Cada cual por su lado, los especialistas trabajaron durante una hora larga en desbloquear las puertas de las cajas fuertes. El contenido de ambas era impresionante: los dos cabecillas del grupo se habían arrogado varias decenas de millones y una gran cantidad de joyas, prueba de la flagrante desigualdad en el modo de repartirse el dinero entre los distintos socios. Robic tenía un pasaporte todavía virgen, al igual que Yvon Le Bras, señal de precaución en caso de huida urgente. Evidentemente, no podía llevarse consigo aquella inmensa fortuna, pero sin duda había pensado en confiar su gestión a algún financiero corrupto de los que él conocía. Probablemente, sin imaginar que antes de su «puesta en libertad», la policía se llevaría sin dilación el contenido de su caja fuerte. Además de las armas, los teléfonos, los millones, los papeles y las joyas, una carpeta contenía todos los documentos relativos a la herencia «legal» de Robic. Un asunto que trataría con la policía de Los Ángeles en cuanto regresara a París, escrutando con lupa las diferencias más sutiles entre ese texto y la verdadera letra de Donald Jameson.

XLI

Desde el asesinato de Gaël Leuven, *Sept Jours à Louviec* publicaba ediciones especiales de una página a cada nuevo suceso, informando del asesinato de Anaëlle Briand, luego del alcalde, después de la psiquiatra y finalmente del médico, y estableciendo la existencia de un intermediario entre un residente de Louviec y uno o varios cómplices de fuera de la ciudad. Los periodistas no tardaron en suponer la existencia de una relación entre los dos atentados contra Adamsberg y una banda bien organizada que se había atrevido a desafiar a las fuerzas policiales que habían acudido a proteger al comisario. Como habían dicho Johan y Maël, hacía tiempo que los habitantes sospechaban que Robic había cometido delitos con el apoyo de una banda competente, sin prueba alguna que lo corroborara. Y las sucesivas detenciones del asesino del médico y de cuatro hombres culpables de atentados contra el comisario habían desatado el frenesí en el pequeño periódico. El «asunto Louviec» había saltado a las portadas de la prensa nacional y se intentaba contener como buenamente se podía a las hordas de periodistas que invadían la ciudad. Pero iban de casa en casa y el nombre de Pierre Robic, mencionado muchas veces, también se ganó un lugar en sus artículos.

Por el momento, y para que la dejaran en paz, ninguno de ellos había sabido nada del secuestro de la pequeña Rose, pero la policía había aceptado informarlos de la detención de los seis últimos hombres de la banda, algunos de cuyos nombres habían sido revelados. Pero, se quejaba la prensa —al tiempo que saludaba esta «notable redada»—, no había todavía pruebas que implicaran a ninguno de esos hombres en los asesinatos de Louviec. Las sospechas se centraron en Hervé Pouliquen, dado que había cometido un asesinato similar contra el médico, sin que se pudiera establecer relación alguna con los otros cuatro asesinatos.

Mientras cruzaban el cerco de periodistas frente a la comisaría de Rennes, Matthieu y Adamsberg decidieron dejar que los ayudantes del comisario se hicieran cargo del Poeta y el Mudo para interrogar juntos a Robic y Le Guillou, con la esperanza de avivar el conflicto que había surgido entre los dos hombres.

Al afrontar a los dos jefes de banda, se toparon con la dureza de los antiguos capos que ya aterrorizaban al instituto de Rennes, pero esta vez por motivos diferentes: el primero se sabía absuelto del secuestro de la niña y, por lo demás, se creía a salvo de ser procesado por delitos graves; el segundo estaba furioso, a sabiendas de que no se libraría de la cadena perpetua a menos que negara cualquier participación en un asesinato.

Los dos antiguos amigos indisociables se habían convertido en enemigos acérrimos. Robic, como creía que el ministerio le había dado derecho para ello, se desvinculó espontáneamente de cualquier implicación en el secuestro y admitió, al igual que Le Guillou, los veintidós delitos enumerados por el Barrigudo y el Lanzador. Faltaban los perpetrados en la zona de Los Ángeles, sobre los que guardaron un acérrimo silencio. Sin dejar en ningún momento de jurar que nunca habían cometido un homicidio.

—¡Eso es falso! —gritó Le Guillou—. ¡Fue él y solo él quien, pocos días después de su llegada a Louviec, mató al Trotamundos!

Robic movió la cabeza, indiferente, negando la evidencia y desechando la acusación de un manotazo.

—Suponiendo que eso fuera cierto, ¿quiénes eran los asesinos habituales del equipo? —dijo Adamsberg.

—Hervé Pouliquen y el Prestidigitador —soltó Le Guillou—. Y era Robic quien los dirigía como marionetas y quien distribuía los papeles.

—Olvidas al Castigador —observó Adamsberg—. Me refiero a ti, Le Guillou. No, no añadas nada, ya te defenderás luego. ¿Y cuál de vosotros asesinó a Donald Jack Jameson?

—El Trotamundos, pero fue Robic quien maquinó todo el asunto, Robic quien redactó el testamento.

—¿Y cuál de vosotros intentó matar a la pequeña Rose haciéndole ingerir dos pastillas de barbitúricos con la cena? Porque, según los médicos, de no haber sido por nosotros, la dosis era tan fuerte que la niña habría muerto durante la noche.

—¿Qué? —gritó Le Guillou, que se había levantado, esposado, volviéndose hacia su antiguo jefe—. ¿Qué? ¿Te has atrevido a hacer eso?

—Solo era para ayudarla a dormir.

—¿Me estás tomando el pelo? ¿Has oído lo que dijeron los médicos? ¡Habías planeado asesinarla, sin que nos enteráramos! ¡Porque ella te había visto! ¡Y nos hiciste creer que la soltarías el sábado! ¡Hijo de puta! ¡Matar niños! ¡Por eso quisiste llevarle tú mismo la cena!

—No tengo por qué responder por este caso, que el ministerio ha borrado de mi expediente. Y con razón.

—Efectivamente —continuó Adamsberg—. Y volveremos a hablar de ello. En cuanto a los cuatro hombres que estaban con ustedes, ¿estaban todos al corriente del secuestro? El Barrigudo y el Lanzador está claro que sí. Pero ¿y el Poeta y el Mudo? Un momento.

Adamsberg envió las fotos del Poeta y el Mudo a Maël, preguntándole si reconocía a alguno de los hombres que había sorprendido en casa de Le Guillou.

—Los vi de frente cuando volvían a su coche. El primero trajo los juguetes, el segundo el colchón. Garantizado.

—Y el tercero, el que llevaba la ropa, ¿te resulta familiar? Te enviaré una foto.

—Es el tipo de la ropa. No hay duda, comisario.

Adamsberg mostró los mensajes a Matthieu, que asintió y envió la información a sus ayudantes.

—Todos implicados —dijo—. Pero probablemente solo uno con intención de matar. Tienes suerte, Robic, mucha suerte.

—Porque esta escoria aceptó negociar con ustedes. Dejó que todos cayéramos en manos de la policía, y se salió con la suya —dijo Le Guillou.

En otra habitación, el interrogatorio del Poeta y el Mudo estaba tocando a su fin, llevado a cabo por los ayudantes de Matthieu en presencia de un intérprete de lenguaje de signos.

—Así que, según vosotros, ninguno de los dos sabía que se había producido un secuestro y que había una niña en el sótano. Entonces, ¿qué hacíais allí?

—Nos había invitado Le Guillou —dijo el Poeta.

—¿Eran habituales estas pequeñas cenas entre amigos?

—Eran muy raras —respondió por signos el Mudo—, y normalmente se hacían para hablarnos de un nuevo plan. Casi siempre nos reuníamos en lugares abandonados.

—Así que nada que ver con la niña. Entonces, ¿por qué tú, Poeta, llevaste esa tarde una bolsa de juguetes a casa de Le Guillou? Sin molestarte en cambiar el embalaje. Y tú, Mudo, ¿por qué llevaste el colchón para niños un poco más tarde? ¿Sin siquiera cubrirlo completamente? Realmente no tenéis gran cosa en la mollera, porque alguien os vio y os reconoció. Estabais todos en el ajo.

—¿Un cigarrillo? —sugirió el otro policía—. Os espera una pregunta difícil.

Los dos presos y los dos policías se dieron una pausa de unos minutos, con el cenicero colocado entre los cuatro.

—¿Bajó Robic al sótano con una bandeja?

—Sí —dijo el Poeta—, le llevó pan, toallas frías y un vaso de agua. No me pareció mucho, un solo vaso de agua para una cría.

—¿Y qué más?

—Nada —dijo el Mudo.

—Sí que había. Dos pastillas de barbitúricos, tan fuertes para una niña de ocho años que la habríais encontrado muerta por la mañana si la policía no la hubiera sacado a tiempo y llevado urgentemente al hospital.

Lenôtre observó el rostro demudado del Poeta y el del Mudo. La conmoción era real.

—Debíamos soltarla el sábado, si los colegas no habían sido liberados —dijo el Poeta—. Si fallábamos el golpe.

El Mudo apoyó la afirmación del Poeta con grandes ademanes de cabeza.

—Eso es lo que era vuestro jefe. No solo un criminal que os confiaba todo el trabajo sucio sobre el terreno, sino un asesino de niños.

—Tenía hombres que mataban por él en los asuntos difíciles, eso sí —dijo el Poeta.

—El Castigador, Gilles, el Prestidigitador, ¿es eso cierto? —dijo Lenôtre, que iba recibiendo información de los comisarios.

—Sí. Pero hacer daño a una niña, no puedo creerlo.

—Pues ya puedes creerlo, y piensa si tienes que proteger a esa escoria. Vuestras casas están siendo registradas. Todas las cajas fuertes de los otros nueve han sido encontradas. Decidnos dónde están las vuestras, ahorraréis tiempo. Cuanto más cooperéis, más ganaréis.

—En una trampilla bajo la lavadora —dijo el Poeta.

—En el compost —explicó el Mudo.

—¡Qué peste! —dijo Lenôtre.

—Es verdad —dijo el Mudo—, no se puede negar, apesta.

—Ahora que hemos hablado de los zulos —preguntó el Poeta—, ¿nos podrían dar otro cigarrillo?

—Una cría —rezongó el Mudo por signos—. Una cría. Él nos metió en esto. Las pagará, juro que las pagará.

—Pero ese cabrón va a ser liberado —dijo el Poeta con

su hermosa voz timbrada—. Y aún tiene a otros tipos que lo ayudan. Lejanos, discretos.

—¿Cómo se llaman?

—Desconocidos. Robic compartimenta la información, incluso con sus socios más antiguos, como yo. De todas maneras, serían nombres falsos.

Todos los acusados habían sido llevados de nuevo a sus celdas, a excepción de Robic. Una campana sonó a las seis de la tarde, anunciando la distribución de la cena. Adamsberg se acercó a uno de los hombres que empujaba un carrito con bandejas, chuletas de cerdo que ya no estaban del todo frescas y puerros.

—¿Los guardias comen lo mismo?

—No, solo faltaría, lo nuestro es de una calidad un poco mejor. Pero aun así hay que echarle buena voluntad.

—Nunca he entendido por qué, sin llegar a los menús de Johan, a los prisioneros se les sirve una comida incalificable.

—Para quebrarlos —dijo Matthieu, mientras leía un mensaje.

—Y se consigue lo contrario.

—Cuando era crío, en el comedor del colegio, ninguno de nosotros podía terminar la comida. Noticias de Verdun: están registrando las dos últimas casas y no tardarán mucho, ya que tenemos los zulos. ¿Por qué estás tan callado? ¿Tienes algún pensamiento paseándose por tu lago?

—No, estoy pensando en cómo sacar a Robic de aquí sin que se entere toda la prensa. Eso no nos conviene nada.

—Atravesaremos los calabozos donde metemos a los más duros de roer. El pasillo desemboca al otro lado de la plaza. Lo encapucharemos, irá con la cabeza gacha, y nadie le verá la cara. Cogeremos un coche camuflado y cuatro policías para llevar a Robic el Inmundo a casa. ¿Te has enterado de lo que ha dicho el Poeta?

—Que todavía hay tipos que andan con él.

—Que pueden hacer que Robic «pague por ello».

—O ayudarlo.

—O vengar su detención antes que nada. Matarte. Completar su obra. Mantente oculto, no sabemos lo que pasa por la cabeza de ese cabrón.

—No puedo quedarme escondido, Matthieu. Tengo que extravagar. Tengo que ir a mi dolmen.

—¿*Tienes que*?

—Eso es. Son las burbujas, las ideas vagas. Se desprenden del cieno. Se mueven, oscilan, se entrechocan. No puedo permitirme descuidarlas demasiado tiempo o volverán al fondo del lago, enfadadas.

—¿Es realmente indispensable?

—Sí. Tengo tiempo, esta noche cenamos tarde.

—De acuerdo —suspiró Matthieu—. Los vigilarás desde *tu* dolmen mientras tus ocho guardaespaldas te vigilarán a ti, a ti, que vagabundeas.

XLII

Un cuarto de hora más tarde, Matthieu, respaldado por sus hombres armados, se puso en marcha para sacar a Robic de la sala donde estaba encerrado y evacuarlo según su plan.

—¿Por dónde vamos? —preguntó Robic.

—Por una salida que le evitará a los periodistas. Ya ve lo amables que somos. Su puesta en libertad no debe ser conocida por la prensa. Ni por nadie.

—¿Porque mi vida está en riesgo?

—Eso es. Sea lo más discreto posible, quédese en casa y no aparezca por la oficina. Es una orden.

La salida transcurrió sin contratiempos, solo que Robic bajó la cabeza y el pasamontañas, demasiado grande, cayó al suelo. Matthieu se apresuró a ponérselo de nuevo.

Un hombre, uno de Louviec, que había estado de compras en Rennes, observaba la escena. Había tenido dos segundos para entrever el rostro desnudo del prisionero, pero habían sido más que suficientes. Así que Robic quedaba libre. No había habido suficientes testimonios, sin duda, ni pruebas; probablemente había culpado de todo a sus socios. Sonrió. Si Robic recibiera la paliza de su vida, él se alegraría.

Maël leía y releía los periódicos, los había comprado todos, aunque se copiaran unos a otros, y dejaba la televisión encendida, escuchando sin descanso las noticias, que se repetían una y otra vez. Saber que por fin habían atrapado a todos esos cabrones lo llenaba de intensa alegría. Recortó sus fotos y las clavó con chinchetas en la pared. Lo mismo hacía Chateaubriand. Tantas décadas después del asesinato del perro,

Robic y Le Guillou pagaban por fin por sus estragos, ellos y su banda de sinvergüenzas.

Robic, por su parte, había hecho caso omiso de todos esos papelotes y disfrutaba de su libertad, más aún al estar su mujer momentáneamente ausente. Supresión del secuestro y las circunstancias atenuantes, no le iría mal en el juicio, con la ayuda de un excelente abogado. De todos modos, qué importaba. Para cuando llegara el juicio, se dijo a sí mismo con una sonrisa, él ya estaría muy lejos. No dedicó el menor pensamiento a los diez hombres de su banda encarcelados. Ni se le pasaron por la cabeza. Salvo por el hecho de que haberse quedado solo no le facilitaba las cosas. Sin embargo, aún tenía suficientes contactos para largarse a Sète en un coche que no fuera el suyo, paradero que había elegido naturalmente porque allí había establecido contactos lo bastante fuertes como para que un barco se lo llevara hacia la costa africana. Tendría que pagar a la tripulación, y mucho, así como a los que lo llevaran hasta el puerto. La policía había saqueado el valioso contenido de su caja fuerte, dejándole solo unos cientos de euros, completamente insuficientes. E ir al banco a sacar una gran suma de dinero resultaba demasiado arriesgado. Solo le quedaba entrar por la noche en su almacén y arramblar con el efectivo de su empresa.

Con las piernas estiradas sobre el escritorio, estaba pasando revista a sus más antiguos conocidos, determinando cuáles serían los más susceptibles de ser adecuados. Iría disfrazado, por supuesto, y muy bien caracterizado; tenía allí mismo todo lo necesario a mano. Lo tenía comprobado: la policía no lo había retenido creyendo sin duda que el botín de su caja fuerte era más que suficiente para acabar con él sin necesidad de añadir nada.

A las siete de la tarde, Adamsberg había pedido ser conducido a su dolmen por sus guardaespaldas.

—¿Por qué el dolmen? —preguntó uno de ellos.

—Ayuda a que suban las ideas.

—¿Ah, sí? Un día, lo probaré. Estas cosas son antiguas, ¿no?

—Algo así como dos o tres mil años.

Dos guardaespaldas ayudaron al comisario a subir a la plataforma del dolmen, donde se tumbó sobre la cálida piedra. Otros cuatro lo rodearon, sentados sobre la losa, los demás se apostaron en las cuatro esquinas. Ninguno de ellos hizo pregunta alguna sobre lo extraño de la situación. Adamsberg cerró los ojos para evitar ser deslumbrado por el sol y reanudó sus deambulaciones. Temió haber perdido una burbuja por el camino, pero se tranquilizó cuando volvió a encontrarla al cabo de diez minutos. Lo que demostraba que no había que dejarlas solas demasiado tiempo.

Desde luego, no era la primera vez que tenía que tratar con burbujas de pensamiento, y siempre había sido difícil acceder a ellas. Pero esas eran numerosas, escindidas, a veces casi hostiles entre sí o, por el contrario, demasiado juntas para ver con claridad su contenido, y le estaba costando. Volvió a recorrerlas, una por una, alcanzando a las que trataban de sumergirse, excluyendo a las que intentaban infiltrarse sin motivo válido. Así pasaron casi dos horas, tras las cuales se sentó y escribió rápidamente en su cuaderno. Y pensar que había estado tan lejos de comprender. Y pensar que había tenido los primeros atisbos a mano desde el principio. Pero no se reprochó nada. Los hechos, los cientos de pequeños hechos de cada día, las miles de palabras oídas, la cantidad de acciones a las que había tenido que enfrentarse; todo ello cubría, como un caparazón, a lo testudo, los únicos elementos pertinentes anegados en la masa. Tan escasos que se podían contar con los dedos de una mano.

Bajó del dolmen con la ayuda de los guardias, que lo agarraron por la cintura y le ofrecieron las manos a modo de calapié. Reconoció al hombre que le había hablado por sus sorprendentes ojos azules. Pero eso no era todo. Muy vivos, inteligentes, atentos, en una mirada que combinaba benevolencia y delicadeza.

—¿Ha funcionado? —preguntó.

—Bastante bien, sí.

—¿Es obligatorio ponerse encima de este dolmen para que salgan las ideas?

—Vale cualquier sitio.

—¿Y hay que tumbarse?

—No, se puede caminar despacio, por ejemplo, pero deteniéndose por completo cuando se sienta que una intenta abrirse camino.

—Pero ¿por qué no siento ninguna?

—Porque no está investigando. No está buscando una solución.

—No, estoy buscando ideas para mi vida.

—¿No le gusta ser guardaespaldas?

—No. Porque precisamente es un trabajo en el que le piden a uno que no piense en nada, que no busque.

Adamsberg se detuvo en medio del prado que atravesaban, meditabundo, apoyado en la muleta.

—¿En qué prefiere pensar?

—En mi familia, por supuesto, pero también en una prioridad. Que le parecerá absurda.

—Dígamela, a ver.

—Pues... —vaciló el guardaespaldas, bajando la voz como si confesara un pecado—, pienso en burros.

—¿En idiotas o en burros de verdad?

—En los de verdad. Todo el mundo dice que son animales imbéciles, un poco como nosotros, los guardaespaldas, pero no lo son.

—Entonces, ¿por qué no cría una manada?

Cual rayo de sol espejeando en una ola bretona, el azul de los ojos del guardaespaldas destelló.

—¿No le parece ridículo?

—Bien que me he encaprichado yo con un erizo. Y antes con una paloma.

—Entonces, ¿cree que es posible?

—Pues mire, para empezar, tengo entendido que un pollino vale unos trescientos euros.

—Tengo los trescientos —se animó el guardaespaldas—, pero ¿dónde voy a poner al pollino? No tengo terreno.

—Habrá que pensarlo. Aquí, sé que Josselin de Chateaubriand tiene un caballo. Y un caballo no soporta la soledad, necesita un compañero. Por eso hay quien pone un burro en su prado. Es posible que Chateaubriand esté de acuerdo.

—Chateaubriand es un escritor famoso, ¿no? ¿De Combourg?

—Sí, pero es un antepasado muy antiguo del Chateaubriand de Louviec.

—¿Y cómo encontrar a ese Chateaubriand?

—Lléveme al pueblo, iremos a hablar con él. Si acepta, ¿estará de acuerdo? ¿No se echará atrás?

—¡De eso nada! Empezaré con una hembra, luego un macho y así tendré crías.

—Y pensamientos. Porque sí es verdad que mirarlos da que pensar. Y luego uno puede montarlo para salir a pasear. Pero hay que ir a verlo a menudo para que te conozca bien.

—A menos que haya una emergencia, tengo un día y medio libre a la semana, y vacaciones. Entonces, salimos de Rennes y venimos a Saint-Gildas.

—Saint-Gildas está muy cerca. ¿Está casado?

—Sí.

—¿Ha hablado con su mujer sobre los burros?

—Temía que me desanimara. Usted es la primera persona a la que se lo comento. Pero ella sabe que mi abuelo me crio con su burro. Y que yo lo adoraba.

—Hay que decírselo. ¿Tiene hijos?

—Un niño de tres años.

—Que dentro de dos años podrá montar en burro, para su felicidad. Es un buen argumento para su mujer. Venga, vayamos a ver a Chateaubriand.

Poco después, Adamsberg y su guardaespaldas eran recibidos por Josselin. La casa era demasiado pequeña, y los otros siete guardas se quedaron apostados fuera.

—¿Pasa algo grave? —preguntó Josselin, un poco preocupado.

—No, pero sí importante para él —dijo Adamsberg, señalando a su nuevo amigo de ojos azules.

El comisario expuso el problema a Josselin, que le prestó mucha atención.

—Sí, tengo un caballo en un prado a las afueras de Louviec. Lo monto a menudo para pasear con él por el bosque. Pero está solo y es cierto que lo veo languidecer de aburrimiento, y eso me preocupa. La compañía de un pollino le vendría muy bien. ¿Cuándo vendrá? —preguntó Josselin con cierta impaciencia.

—Es que no sé dónde se compra un pollino ni cómo se elige —dijo el guardaespaldas.

—Yo sí. Si le parece bien, iré a la próxima feria de ganado, el martes que viene, y le traeré uno. Uno manso, puesto que tiene un niño.

—Sería formidable —dijo el guardaespaldas, que se había abierto la cazadora y cuyo claro rostro se había sonrosado de ilusión—. ¿Cuánto le debo? El comisario me dijo que unos trescientos.

—O trescientos cincuenta. Pero ya me pagará cuando lo haya comprado.

—Una cosa —intervino Adamsberg—, convenza primero a su mujer.

—Si ella está de acuerdo, pase por aquí aquí el martes sobre las once. Ah, imposible, estará usted de guardia.

—No, estoy de guardia el domingo y el lunes, así que el martes lo tengo libre.

—Perfecto entonces. Venga y verá cómo se conocen los animales. Mi caballo se llama Armónica porque le encanta, toco para él.

El guardia se cerró la chaqueta, se levantó muy erguido y estrechó la mano de Josselin con los ojos rebosantes de reconocimiento.

— Hay que ver lo que da de sí un dolmen —dijo.

XLIII

El equipo no volvió a reunirse hasta las nueve y media de la
noche en la posada, donde Johan ya había preparado la mesa.
Antes de sentarse, Adamsberg llamó a Mercadet aparte.

—Teniente, es imperativo borrar el falso mensaje que sigue
en el móvil de Matthieu.

—Ya lo he hecho esta mañana, comisario. No iba a dejarle
una bomba así en el teléfono.

Adamsberg puso la mano en el hombro de Mercadet en
señal de agradecimiento y se unió al grupo, que ya iniciaba
el entrante que había llevado Johan. Matthieu balanceaba un
sobre con la punta de los dedos.

—¿Recuerdas que enviamos a analizar las pociones de la
Serpentin? Estos son los resultados —dijo Matthieu, entregándole el sobre—. Nada más que agua. Bueno, con alguna
grosella negra machacada por aquí, unas ramitas de tomillo
por allá, clavo pulverizado, canela, anís, vinagre, granos de
pimienta, etcétera, dependiendo de la «utilidad» de las póci-
mas de marras. En resumen, una completa estafa. En la famosa poción para supuestamente adormecer a los sombristas y
debilitarles el alma, hay simplemente una pequeña dosis de
somnífero mezclado con agua de azahar y unas gotas de bran-
di. ¿Recuerdas por cuánto vendía su basura?

—Por un ojo de la cara.

—¿Y qué hacemos? ¿Arrestarla por fraude?

—¿Por qué no? Pagará una pequeña multa (no le costa-
rá, con su tráfico) y sobre todo se le prohibirá «ejercer». Eso
ahorrará muchos gastos a los crédulos y sin duda pondrá fin a

la lucha entre los umbrosos y los sombristas, que ella alentaba para su propio beneficio.

—Yo me encargo. Me la llevaré, y que se vea, en un coche de la gendarmería, y la información se publicará en la prensa local. Esa mujer es una harpía y una traficante de remedios falsos, eso la calmará. Le quedarán lo chismes que propagar por todo Louviec, que ya será suficiente capacidad de perjuicio. ¿Fue buena la cosecha en tu dolmen?

—No ha estado mal.

Johan traía un pato a la naranja y Adamsberg dejó tiempo a todo el equipo para comer y relajarse antes de abordar el punto crucial de su estrategia.

—Volvamos a Robic —dijo apartando su plato vacío—. Matthieu lo dejó en su casa hacia las nueve. Libre.

—No tan libre —corrigió Matthieu—. Dejé allí a seis hombres en vigilancia furtiva, encargados de controlar la salida de su propiedad.

—Sabia precaución —dijo Adamsberg—, aunque probablemente prematura. Pero di a tus hombres que hay dos salidas, no una.

—¿Dos? —preguntó Mercadet, que había dormido durante el registro.

—Dos. El portón, por supuesto, pero también en el extremo opuesto del prado, en el lado norte, un portillo bien escondido detrás de los álamos y unas zarzas. Noël, que tiene las piernas más largas, pudo deslizarse entre los troncos y pasar por encima de las zarzas sin que se notara. Y abrir la puerta con mi llave maestra sin dejar el menor rastro.

—De tal modo que —dijo Veyrenc—, si Robic comprueba esa salida, concluirá que la pasamos por alto.

—¿Y por qué iba a comprobarla? —preguntó Berrond, volviendo a servirse.

—Pues porque piensa largarse —dijo Matthieu—. «Libertad», por supuesto, pero provisional, muy provisional. No es tan estúpido como para no saberlo.

—Lo único —dijo Adamsberg— es que ha perdido a todos sus secuaces y necesita tiempo para organizarse. Así que no podrá desaparecer esta noche, ni tampoco a plena luz del día. Pero podéis estar seguros de que ya está planeando su operación. Reuniendo a antiguos esbirros que no harán ascos a ganar un dinero. Tal como yo lo veo, el trayecto se hará en diferentes coches y, una vez en Sète, embarcará hacia África.

—En Sète, todas las embarcaciones han sido advertidas de no aceptarlo a bordo.

—Si les paga una buena mordida, Matthieu, se pasarán por el forro la advertencia. Aparte de que Robic estará disfrazado, eso seguro. Así que propongo mantener la vigilancia discretamente, en bici, a pie, y de paisano, por supuesto. Y por exceso de precaución, de día y de noche. Por los hombres de Matthieu, porque a nosotros nos conoce.

—Sigue siendo arriesgado —dijo Matthieu torciendo el gesto—. Llegados a este punto, ¿por qué no acabar de una vez y lanzar otro falso mensaje anunciando el fin de las indulgencias y autorizando su detención? ¿El motivo? El descubrimiento, según el testimonio de los médicos y de la niña, de que intentó asesinarla.

—Es factible, pero no.

—¿Por qué?

—Porque, verás, ni siquiera informé al ministerio de que ayer habíamos conseguido localizar a la niña y rescatarla. Fue un error por mi parte, y deliberado.

—¿Por qué callaste? —repitió Matthieu, bastante estupefacto.

—Porque —dijo Adamsberg, endureciendo el tono— nos han mandado a tomar por saco, una y otra vez. Se negaron a liberar a los prisioneros cuando me amenazaron de muerte, se negaron de nuevo cuando el secuestro de Rose. Y no he podido soportar esa indiferencia. Y ya que nos habían mandado al diablo y a la muerte, los voy a mandar al diablo a ellos también.

—Me parece bien —dijo Matthieu con firmeza.

—De modo que no saben nada de lo de Rose y van a explotar cuando se enteren. Se preguntarán cómo fue liberada, mediante qué trato, con qué artimaña tal vez. Y, por qué no, enviarán una comisión de investigación, descubrirán la puerta blindada, interrogarán a Robic, descubrirán la existencia de un falso mensaje. Y entonces estaremos hundidos. No vamos a darles ese gusto, Matthieu.

—Desde luego que no. Así que tendremos que arreglárnoslas con Robic por nuestra cuenta.

—Exactamente. Mañana envío un mensaje seco en dos palabras informándolos de que la niña ha sido rescatada, y eso nos cubrirá. Luego, como dices, nos las arreglamos por nuestra cuenta. ¿Todo el mundo de acuerdo?

Hubo un murmullo de voces afirmativas, y Johan juzgó que era el momento oportuno para llevar el postre.

A lo largo del día siguiente, Matthieu se dedicó a las tareas administrativas relacionadas con sus nuevos detenidos, mientras Adamsberg, tras una nueva estancia en su dolmen, vagaba lentamente por las calles protegido por sus guardaespaldas, con la mirada perdida. Se detenía regularmente para descansar la pierna, luego reanudaba su errancia. Matthieu lo había llamado a mediodía para decirle que los agentes apostados en vigilancia habían sorprendido a Robic llamando por teléfono en la parte trasera de su prado cuatro veces. Adamsberg volvió a la posada a las tres para descansar la pierna, un poco resentida. A las seis, fruncido el ceño, volvió a llamar a su colega de la comisaría de Rennes.

—Matthieu —le dijo—. ¿Cuántas llevamos?

—¿Cuántas qué?

—Llamadas.

—Once. Son muchas, ¿no?

—Demasiadas. Reúne al equipo y nos vemos en la posada a las siete.

Sonaba el ángelus de la tarde cuando los siete hombres y Retancourt volvieron a sentarse donde Johan a tomar un vaso de *chouchenn*.

—Robic ya ha hecho once llamadas hoy —resumió Matthieu—, y es probable que incluso más, ya que los gendarmes solo han podido vigilar la parte trasera de la casa, rodeada de álamos y alambre de espino. Pero no la parte delantera, protegida por un alto seto espinoso. Está preparando su huida, de eso no hay duda.

—Y si ya ha contactado con al menos once tipos —añadió Adamsberg—, su plan puede darle resultado y cogernos por sorpresa. Tengo la impresión de que se mueve mucho más rápido de lo esperado.

—Huir, volar... —reflexionó Veyrenc—. Puede que haya encontrado hombres y vehículos, pero se ha quedado sin dinero.

—No, Louis. En la caja fuerte de su empresa. Recogerá el dinero al iniciar la huida. Por la noche. Tal vez esta noche. Matthieu, tenemos que intensificar la vigilancia. Duplica el número de hombres y planifica la rotación. Serán doce. Más los guardias con escudo y nuestro equipo, serán veintisiete.

—Puedo ir —dijo Mercadet—. He dormido mucho.

—Veintiocho —corrigió Adamsberg—. Tendremos que aguantar hasta el amanecer.

—De noche... —repitió el comisario—. Y de noche oscura, por supuesto, o sea, a las once y media. Así que estaremos apostados a las diez cuarenta y cinco.

—Antes, Matthieu. El tipo es rápido e imaginativo, no correremos riesgos. Asegúrate de que estemos listos para arrestarlo a las diez. Hay que rodear todos los accesos a la casa. Reunión y salida de la posada a las nueve y media.

El hombre pensaba. Si los policías habían puesto sigilosamente en libertad a Robic, como los había visto hacer el día anterior, solo se le ocurrían dos explicaciones. O bien las pruebas no eran suficientemente concluyentes —y lo dudaba mucho— o se trataba de un truco de policías para atrapar a los últimos miembros de la banda, si es que quedaba alguno. Y los había seguro, teniendo en cuenta la red de contactos que se había ido creando a lo largo de los años. Que Robic hubiera caído en la trampa entraba dentro de lo posible. Pero que se quedara tranquilamente en su jardín, no. No era en absoluto su estilo. Debía de sospechar que tarde o temprano, y más temprano que tarde, la pequeña Rose lo acusaría y la policía se le echaría encima. Porque viendo la expresión de felicidad de Johan, estaba claro que la niña no había fallecido. Robic ya debía de estar tejiendo su telaraña para salir de allí lo antes posible.

El hombre intentaba ponerse en el lugar de Robic: programar una serie de coches que lo llevaran lejos de aquí. ¿Hacia dónde? A Sète, dónde si no. Desde allí, un capitán de barco generosamente pagado le haría cruzar el Mediterráneo. El dinero era el motor de todo, la garantía del éxito, y necesitaba mucho. La única solución era sacarlo de la caja fuerte de su propia empresa. Reactivo como era Robic, podría desaparecer esa misma noche o al amanecer. La policía se quedaría con un palmo de narices. Se frotó las manos con una sonrisa. La cosa iba a ser divertida.

Robic colgó tras su última llamada. Todo estaba dispuesto, y un coche le estaría esperando no lejos de la antigua puerta norte, en el camino de la Malcroix, a las tres y media de la madrugada. Entraría en su empresa por la puerta lateral blindada y, una vez su bolsa cargada a rebosar de dinero, se dirigirían al sur. Su mujer había vuelto y había invitado a un montón de gente, pero, por una vez, le venía bien. Podía ir y venir, completar sus preparativos, reunir lo necesario para el disfraz y recibir las últimas confirmaciones sin que nadie le prestara atención. Y a las tres de la mañana, todos esos cretinos de invitados estarían lejos y su mujer neutralizada.

Todo iba incluso mejor de lo que esperaba. Sin embargo, el mensaje que había recibido a las siete y media de la tarde, desde un móvil probablemente robado, alteraba su satisfacción: «Probable anulación libertad mañana. Noticias. Urgente. Nos vemos esta noche junto a tu bodega, muro norte, a las 21 horas. Repito: Urgente».

¿Mañana? ¿Así que los capitostes del ministerio habían cambiado de opinión? Probable, si se habían enterado de la tentativa de asesinato de la niña. Sin duda había hablado de los «caramelos» que había tenido que tomarse a la fuerza. Pero qué más daría mañana, para entonces ya se habría ido. Sin embargo, era esencial conocer esas nuevas noticias.

La comida en casa de Johan fue a la vez tensa y animada. Todos trataban de averiguar, ahora que se conocían mejor las personalidades de los detenidos, cuál de los once podría haber perpetrado los asesinatos de Louviec por su cuenta. Y por qué.

—Al fin y al cabo —dijo Matthieu—, el que sean hombres de Robic no significa que no tengan sus propios asuntos personales que resolver. Por ejemplo, Robic. Nada más volver a Louviec, Jean Armez fue asesinado.

—Creo más bien que todo viene del asunto de la herencia —dijo Berrond.

—Y todo habrá empezado con el doctor Jaffré —dijo Retancourt—. Él sabía que el testamento era falso. Pudo decírselo a su colega, la psiquiatra. Y al alcalde. Bien que habló con Johan.

—¿Y a Gaël? —preguntó Noël, dubitativo.

—Gaël estaba en condiciones de chantajear a Robic —dijo Retancourt—. Ya fuera por la herencia, o por Jean Armez.

—¿Y los huevos, entonces? —preguntó Mercadet mientras volvía a servirse—. ¿Qué pintan los huevos en esta historia?

—Para distraer la atención —dijo Verdun—. Para mandarnos por la pista del aborto y alejarnos del verdadero motivo. Cosa que hicimos como buenos soldaditos.

—El asesinato de Anaëlle no encaja con esta hipótesis.

—Salvo para hacer que la maniobra de distracción fuera más creíble.

—Pero no fue Robic quien se encargó de estos asesinatos —dijo Matthieu—. Ese no es en absoluto su *modus operandi*. Puede haber utilizado a Le Guillou, Yvon Le Bras, Hervé Pouliquen. O a los tres sucesivamente. Vamos a tener que enfrentarlos entre sí.

Maël empujó la puerta de la posada poco antes de las ocho.

—¿Se puede? —preguntó saludando a todo el mundo—. He estado trabajando como un buey para terminar las cuentas de la semana, así que como algo rápido y vuelvo al trabajo.

—Siéntate —dijo Johan—, he preparado un asado. Salsa de setas y tocino.

—He oído que has dejado libre a Robic —dijo Maël—. Y yo que me las prometía tan felices de verlo entre rejas —dijo con un suspiro.

—¿Quién te lo ha dicho? —preguntó Adamsberg.

—Un tipo, el herrero, que se enteró por otro, que se enteró por otro, y así sucesivamente. Entiendo que tengan ustedes su idea en la cabeza, como, no sé, usar a Robic para atrapar a los últimos de la banda. Lo que quería decirles es que un hombre así es muy capaz de escapárseles de las manos.

—Lo sabemos —dijo Matthieu.

—No es asunto tuyo, Maël —dijo Johan—. Deja que hagan las cosas a su manera.

—No tengo nada en contra —dijo Maël con tristeza—. ¿Pero has olvidado que fui yo quien los informó justo a tiempo sobre el lugar donde escondían a tu hija?

—No —dijo Johan con vehemencia—, y por eso te estoy eternamente agradecido. Perdona, Maël, perdona.

—Es que, quisiera hacerles un favor, si se da el caso —dijo Maël—. Quisiera advertirles: ya les he dicho que trabajé en negro como albañil para Robic, en la época en que estaba construyendo su casa, hace catorce años. Pues bien, en el extremo de su propiedad, al norte, entre la maleza, hay una antigua puerta de bodega que da a un túnel que desemboca en el camino de la Malcroix y que va a parar a la carretera de Montfort-la-Tour. Y es muy posible que, aunque sea de hace tiempo, el túnel siga en uso.

—¿Cómo lo sabes? —preguntó Matthieu.

Maël había terminado rápidamente su plato y bebió unos sorbos de vino.

—Los colegas me dijeron que estaba prohibido acercarse allí porque era un nido de víboras.

—¿Y fuiste a echar una ojeada de todos modos? —dijo Matthieu.

—Pues bien, me pareció extraño que se dejara abandonada esa maleza y que no se ahuyentara a las víboras, así que me puse botas altas y, una tarde, fui a echar un vistazo. Así fue como descubrí el túnel. Las viejas cerraduras se podían abrir con un destornillador.

—Lo encontramos —dijo Adamsberg—. Habían cambiado las puertas y las cerraduras, pero las forzamos para ver si la caja fuerte estaba escondida allí. El túnel sigue intacto, y la salida estará vigilada.

—Ah, me tranquiliza —dijo Maël con un suspiro, vaciando su vaso—. Me preocupaba tanto lo del pasadizo que por eso me retrasé en las cuentas. Pero, si ya lo saben, todo va bien, puedo cerrar el balance y dormir tranquilo.

No hacía ni cinco minutos que Maël había salido cuando Chateaubriand abrió la puerta.

—Perdona, Johan, ¿no te queda algo de carne fría?

—Y caliente incluso, tome asiento.

—Dicen que Robic sigue libre.

—Decididamente —comentó Adamsberg, sonriendo—, todo el mundo viene a enterarse. ¿Cómo lo sabe?

—Lo sabe todo Louviec —contestó Josselin—, pero me preguntaba si el rumor era cierto.

—Lo es —dijo Matthieu.

—Tengan cuidado con él, entonces —dijo Josselin, dando las gracias con una seña a Johan, que le llevaba la comida—. Se puede fugar en menos que canta un gallo.

A las nueve y media, el grupo de policías del turno de noche salió de la posada en dirección a la casa de Robic. Aparcaron a trescientos metros y se distribuyeron en silencio por todo el perímetro de la propiedad, preparándose para vigilar, listos para contrarrestar cualquier intento de fuga. Adamsberg, sentado en la hierba con sus guardias cerca de la salida del viejo túnel, hizo una seña con la cabeza. El sistema estaba en marcha, Robic no escaparía.

XLIV

Dado que a la mujer de Robic le importaba un bledo lo que hiciera su marido, fue el jardinero quien descubrió, hacia las ocho menos cuarto de la mañana, el cuerpo de su jefe cubierto de sangre, detrás de la bodega. Lo odiaba, de modo que verlo muerto no lo alteró en absoluto. Se alejó unos metros para llamar a la comisaría de Combourg, donde lo pusieron en contacto con el comisario Adamsberg, cuyos efectivos frescos del turno de día ya estaban en camino para hacerse cargo de la guardia que había durado en vano toda la noche.

Adamsberg llamó inmediatamente a Matthieu, y luego al forense, que no se mostró muy contento de que lo sacaran de la cama a esas horas un domingo. Matthieu partió inmediatamente hacia Combourg con sus ayudantes.

—Qué gilipollas hemos sido —rezongó por teléfono.

—Porque estábamos *omnubilados* —confirmó Adamsberg—. Solo teníamos una cosa en la cabeza: impedir que Robic huyera.

—Obnubilados —corrigió Matthieu.

—Como quieras.

—Resultado: estuvimos vigilando toda la noche las entradas para atraparlo a su salida. Sin imaginar que, desde la traición del gran jefe, un asesino estaría ya *in situ* para hacérsela pagar. ¿Pero cómo podíamos suponer que el tipo actuaría tan rápido? ¿Estando Robic todavía en libertad condicional?

—Porque todo Louviec sabía que la pequeña Rose estaba fuera de peligro. Y eso significaba que había un riesgo de detención inminente.

—Pues eso —gritó Matthieu, adelantando peligrosamente a un camión—, ¡tendríamos que haberlo previsto! ¿Qué coño ha pasado?

—La puñetera *omnubilación*, Matthieu. Le pasa a todo el mundo, incluso a los mejores policías. En cualquier caso, lo vuelve a uno gilipollas, como has dicho.

—Ob-nubilación, Adamsberg.

A veinte metros del cuerpo, la visión del cadáver de Robic, como una masa sanguinolenta, se anunciaba difícil, y se acercaron a él a paso lento. Había un cuchillo plantado en el pulmón, pero el cuerpo estaba cubierto de heridas, mucho más numerosas que las que había recibido la psiquiatra. Ni siquiera las piernas parecían haber escapado a la escabechina, al igual que los brazos y los ojos, reventados ambos.

—En cualquier caso —dijo Matthieu con voz soñolienta—, esto no es obra del asesino de Louviec. Un gran cuchillo de cocina, pero no un Ferrand, no hay huevo en el puño, múltiples heridas.

—He visto muchos cuerpos mutilados —dijo el forense— por asesinos en el paroxismo de su furia, pero siempre impresiona. No se puede saber nada mientras no se haya limpiado la sangre, pero lo han apuñalado unas cuarenta veces. Las heridas no letales en las piernas, los brazos y la cara fueron infligidas antes de la puñalada final en el corazón. Para hacerlo sufrir, sin lugar a duda.

—¿A qué hora piensa que murió?

—Ayer tarde, probablemente antes del crepúsculo, pero ¿cuándo? Deme la hora de su última comida lo antes posible. Llamaré a una ambulancia.

—El asesino debía de estar cubierto de sangre —dijo Matthieu.

—Seguramente. Pero no fue muy lejos para cambiarse. Aproximadamente aquí —dijo Adamsberg, señalando un círculo pisoteado a un metro de la cabeza, sembrado de gotas de sangre, mucho más abundantes de lo habitual—. Esta vez habrá tenido la precaución de cubrirse la ropa y llevarse una bolsa.

—No se premedita un ataque de ira —dijo Matthieu.

—Pero puede estallar en una hora, una vez tomada la decisión. ¿Hubo invitados anoche? —preguntó al jardinero, que, sin instrucciones, había permanecido en su puesto.

—Un montón — respondió el jardinero—. Cuando me fui a las siete, ya había por lo menos treinta y cinco.

Matthieu iba y venía a lo largo de los muros que rodeaban la parte trasera de la mansión. Desde el muro norte, llamó por señas a Adamsberg.

—Entró y salió por el túnel. Mira, la cerradura ha sido forzada y las zarzas están pisoteadas delante de la puerta.

Matthieu y Adamsberg regresaron rápidamente junto al médico, dispuesto a cargar el cadáver en una ambulancia.

—Denos tiempo para registrarlo antes —pidió Adamsberg.

Los dos comisarios, ayudados por Retancourt y Berrond, iniciaron la nauseabunda tarea y dispusieron sobre la hierba unas llaves, dinero de bolsillo y un móvil ensangrentado. El resto de su equipo se encontraba en una bolsa, listo para viajar.

—¿Alguien tiene pañuelos de papel? —preguntó Adamsberg.

—Yo —dijo el médico.

—Gracias —dijo el comisario, cambiándose los guantes para limpiar el teléfono como buenamente pudo, encenderlo y probarlo—. Sigue funcionando —dijo, pasándoselo a Mercadet, que estaba de pie un poco alejado de la escena—. En cambio, no encuentro sus mensajes de ayer, enviados o recibidos. Han sido borrado todos. ¿Puede recuperarlos?

Mercadet asintió y se puso manos a la obra.

—¿Ha sido el asesino de Louviec? —preguntó el jardinero.

—¿Qué le hace pensar eso?

—Pues el estilo. El cuchillo clavado en el corazón y dejado en la herida. Si ahora empieza a atacar en Combourg, vamos listos.

—¿Qué pensaba usted de su jefe? —prosiguió Adamsberg.

—Nada bueno, aunque no se debe hablar mal de los muertos. Eso sí, no me sorprende lo que le ha pasado.

—Y ¿por qué?

—No era apreciado, eso es todo, y había gente que lo odiaba.

—¿Usted, por ejemplo?

—Apenas se molestaba en saludarme. A sus ojos, yo era una cosa. Pero pagaba bien, o a veces daba alguna muestra de cortesía. Para garantizar nuestra docilidad.

—¿Y con su esposa? ¿Qué tal?

—Con ella, estaba en guerra. Un día, estaba yo trabajando en las rosas amarillas, y los oí en plena bronca. La ventana estaba abierta, no iba a taparme los oídos.

—¿Qué se decían?

—El señor Robic quería separarse y, por lo que ya había oído, no era la primera vez. Ella soltó una risita y dijo, lo recuerdo muy bien porque me dio que pensar, muy tranquila: «No puedes, sé demasiadas cosas de ti. ¿Cuántas veces tengo que decírtelo?». A él se lo notaba furioso, y gritó: «Estás jugando con fuego y te vas a arrepentir». Tal como lo oye. Que me aspen si eso no es una amenaza. No era difícil de entender: él no quería dejarle la mitad del dinero y punto. Y ella, que no tiene dos dedos de frente, se rio. Y ese «sé demasiado» me confirmó la idea de que el jefe no era un tipo muy legal. Y por aquí hay mucha gente que dice que en sus asuntos hay gato encerrado y que su tienda no era suficiente para explicar todo su dinero. Y la prueba de que no andan desencaminados es que tenía una banda y todos han acabado en la cárcel.

—¿Le hacen trabajar los domingos?

—Sí, para que las flores de Madame estén siempre perfectas. Pero es doble paga, así que no digo que no. En cualquier caso, aquí cualquiera dice que no.

Berrond y Retancourt salieron de la casa donde habían ido a interrogar a los criados. Habían servido a Robic hacia las siete y cuarenta y cinco; había comido muy deprisa y terminado de cenar en un cuarto de hora.

—¿Con su mujer y sus invitados?

Las dos mujeres se miraron, incómodas.

—Vamos —las animó Berrond—, que es una investigación policial.

—Es que no hemos servido la cena a la señora. Hay que decir que la fiesta había empezado temprano, hacia las seis y media, y que, bueno, una buena hora después, la señora ha necesitado ir a descansar un poco.

—¿Quiere decir que ya estaba ebria?

—Así es, señor comisario.

—Teniente —corrigió Berrond.

—Pero a menudo se levantaba de repente de la mesa. Y casi siempre volvía a bajar al cabo de un cuarto de hora, ya más en forma. Nosotras pensábamos que había subido a... a...

—... a vomitar, ¿no?

—Pues sí. Solo que ayer no volvió a la mesa. El señor fue a ver qué pasaba y regresó diciendo que la señora estaba durmiendo como un tronco, que la dejáramos descansar y que prescindiría de ella. Parecía muy contento. ¿Verdad, Coralie? Luego salió de la sala, no le gustaban estas recepciones.

—Disculpen —dijo Mercadet, acercándose a los comisarios—, he podido encontrar retazos de mensajes en su móvil: un coche debía recogerlo a las tres y media de la madrugada, camino de no sé qué Croix.

—De la Malcroix —dijo Adamsberg—. Para ir a la caja fuerte, sin duda, y luego seguir su camino. Y ¿por qué no vimos ese coche? Porque la presencia de la policía lo habrá disuadido.

—Pero el último mensaje que recibió lo tengo completo. Y fija la hora de la muerte. Alguien lo citó con urgencia detrás de la bodega a las nueve. Su asesino, sin duda.

Adamsberg leyó el mensaje y asintió.

—Enviado a las siete y media —dijo—. Una trampa, pero dadas las circunstancias complejas de su partida, Robic no pudo resistirse. Quería conocer esas famosas «noticias». ¿Tiene remitente?

—Muy sencillo. Una tal Louise Méchin.

—¿Conoces ese nombre, Matthieu?

—¡Pero si lo conoce todo el mundo! —exclamó Matthieu—. Es la mujer más vieja de Combourg, ¡tiene noventa y nueve años! Es amabilísima y más buena que el pan. Lleva los bolsillos llenos de caramelos para los niños. Hace la compra ella misma, andando a pasitos cortos, con la cesta de la compra abierta de par en par, no hay nada más fácil que robarle el teléfono. El tipo incluso podría haber tenido tiempo de teclear su mensaje allí mismo, alcanzarla en tres zancadas y volver a meterle el teléfono en la cesta sin que ella se diera cuenta.

—Berrond, Retancourt —llamó Adamsberg—, vayan a despertar a la viuda Robic. Según tenemos entendido, no va a deplorar la muerte de su marido.

—¿A estas horas? No lo dirá en serio —dijo Coralie, atónita.

—A estas horas, ya lo creo. ¿Dónde está su dormitorio?

—Entrando por el pasillo, la primera a la derecha. Es la más bonita, la que da al parque.

Berrond llamó a la puerta, pero la señora Robic no respondió. Retancourt llamó con más fuerza, sin éxito.

—Vamos a entrar —dijo.

—Está sobando a tope —dijo Berrond.

—Está, sobre todo, estrangulada —dijo Retancourt, mirando el rostro azulado sobre la almohada—. Y lleva así un buen rato. No es bonito de ver. O sea, que era efectivamente esta noche cuando Robic tenía planeado huir. Condenadamente rápido, el tío. Huir, pero no dejando el dinero a su mujer. Ni todo lo que ella sabía de él. Abrió la ventana del dormitorio (es de fácil acceso) para perder a los investigadores en la multitud de invitados. Llamo al comisario.

Retancourt marcó el número de Adamsberg, que, cojeando por el camino de la Malcroix y la carretera de Montfortle-Vieux, intentaba en vano divisar el rastro de un vehículo, agarrado al brazo de su guardaespaldas.

—Está todo adoquinado —dijo Matthieu—, no encontraremos nada.

—Matthieu —dijo Adamsberg, colgando—. Ha estrangulado a su mujer.

—¿Con todo ese gentío en la casa?

—Precisamente, le convenía mucho. Sin duda tenía planeado matarla por la noche, antes de subir al coche. Pero la casualidad lo ayudó. Ella se había retirado a su habitación para despejarse un poco de la borrachera, y él fue a verla muy poco después. La estranguló y explicó a los huéspedes que estaba durmiendo como un tronco y que la dejaran en paz. Todo el mundo la había visto beber como un cosaco, así que nadie se sorprendió. Para Retancourt, esto demuestra que Robic planeaba marcharse anoche mismo. Su mujer sabía demasiado, tenía morir. El jardinero lo oyó. Y ni hablar de dejarle el dinero. Doble móvil.

—Así que tenía que huir precipitadamente. Eso, al menos, lo habíamos previsto. ¿Te das cuenta de que solo ha tenido una tarde y un día para organizar la operación? Contactó con los cómplices, hizo más de once llamadas telefónicas y puso en marcha la cadena de coches. Rápido como un rayo, dijo Josselin. Él y Maël tenían razón con sus temores. Sucesión de transportes hasta Sète y embarque. Nunca debimos dejarle un teléfono móvil.

—Habría usado el de su esposa. O el del conserje. O el de un criado. Y cambiando el número. Habría dado igual.

Adamsberg volvió a llamar al forense para decirle que lo esperaba un nuevo cadáver.

—¿Quién, por el amor de Dios?

—La mujer. Robic la ha estrangulado. Lo tenía planeado

para antes de huir esta noche. Por cierto, terminó su comida alrededor de las ocho.

—¿Las ocho? Entonces, según mi autopsia, murió una hora después, o un poco más.

—Y, sobre todo, doctor, no lo olvide: busque picaduras frescas de pulgas en Robic. Las tendrá. Y las puñaladas profundas se habrán desviado.

—Maldita sea, Adamsberg —exclamó Matthieu—, dijimos que no era obra del asesino de Louviec.

—*Tú* lo dijiste —replicó Adamsberg con suavidad—. Entonces, doctor, busque esas picaduras. Y llame otra ambulancia para la mujer.

Matthieu sacudió la cabeza, un poco confuso.

—¿Un cigarrillo? —propuso.

—Me apetecería sobre todo un café triple —dijo Adamsberg, encendiendo su cigarrillo en la llama de Matthieu—. Pondría en forma a Verdun, se ha alejado para vomitar a más no poder. Pero antes buscamos el equipaje de Robic.

Equipaje que se encontraba simplemente en el armario de su habitación: en una mochila —más discreta que una maleta— mudas para cinco días, artículos de aseo, sus gafas, una cartera con unos trescientos euros, un carnet de identidad y un pasaporte ya viejos pero válidos, a nombre de Jacques Bontemps, nada de armas, ni de joyas. Adamsberg frunció el ceño: ¿cómo se les habían escapado esos documentos? Probablemente porque habían estado *omnubilados* —¿obnubilados?— con la caja fuerte, y habían inspeccionado demasiado superficialmente el mobiliario de la casa. Mientras tanto, después de la detención de Gilles, y luego de Dominó y del Prestidigitador, a pesar de sentirse seguro de sí mismo, Robic había tomado la precaución de poner a buen recaudo esos documentos en caso de necesidad. Por lo demás, la bolsa no contenía nada sospechoso, solo lo habitualmente necesario para un turista, en caso de registro, a excepción de un estuche que contenía una peluca castaña y un bigote a juego, gafas postizas —elemento clásico pero eficaz—, polvo negro para oscurecerse los dientes, accesorios que Robic utilizaría a medida que avanzara el viaje. Así caracterizado, su parecido con el Jacques Bontemps de los documentos falsos habría sido bastante convincente.

—Nos llevaremos la bolsa y lo que llevaba encima —concluyó Adamsberg—. Y vamos a tomar ese café triple. Donde Johan.

El fotógrafo bajaba de la habitación de la señora Robic, donde había hecho todas las instantáneas.

—Caray, no se anduvo con chiquitas, por decirlo de alguna manera.

Llegó la segunda ambulancia y las enfermeras cargaron en ella el cuerpo de la mujer. El jardinero, las asistentas y el guarda de la finca se reunieron en la escalinata sin mostrar la menor emoción.

—Hasta nunca —rezongó el jardinero sin que nadie se escandalizara, y ese fue el único elogio que recibieron los Robic.

Johan quedó estupefacto al enterarse del doble asesinato y, antes de hacer la menor pregunta, preparó café para todos. Matthieu envió a los guardaespaldas de vuelta a sus cuarteles y a los gendarmes de Combourg y de Dol a sus puestos, con el agradecimiento de los dos comisarios. El guardaespaldas de profundos ojos azules se acercó a Adamsberg y le susurró:

—Si se olvida, ¿se lo recordará?

—¿El qué?

—A Chateaubriand. Lo del burro. Mi mujer está de acuerdo y la feria es pasado mañana.

—No se preocupe. Deme un número donde pueda localizarlo —dijo Adamsberg, entregándole una tarjeta de visita arrugada que encontró en el bolsillo.

XLV

Los ocho últimos policías se sentaron alrededor de la mesa, donde Johan había servido café en abundancia, una copita de coñac para Verdun y bandejas de sus galletas caseras.

—¿Por qué tengo coñac? —preguntó Verdun.

—Porque encuentro que está usted verde, teniente. ¿Tan duro ha sido?

—Peor de lo que se imagina —dijo Adamsberg—. El asesino se ensañó con Robic.

—Si he entendido bien, pero no hace falta que me responda, ¿fue el asesino de Louviec quien mató a Robic?

—No es lo que piensa Matthieu —dijo Adamsberg.

—Pero si Robic había matado a su mujer antes, ¿es porque tenía planeado huir anoche?

—Exactamente.

—Rápido como una liebre —dijo Johan—. En el fondo, eso es lo que temían ayer Maël y Josselin. Que desapareciera en un periquete.

—Si hubiéramos ido a detenerlo esa misma noche, pero antes de las ocho, seguiría vivo —dijo Adamsberg—, y su mujer también.

—Ya —dijo Johan—. Estaría vivo, pero encerrado. Y ya sabe cómo las gastan en la cárcel con los asesinos de niños. Porque esas cosas acaban saliendo a la luz.

—Haz que eso ocurra lo más tarde posible.

—¿Por qué?

—Para dar tiempo a tu niña a recuperarse.

El forense llamó y Adamsberg puso el altavoz.

—El arma es diferente —dijo el médico—. Los golpes se dieron con la mano derecha, sin desviarse.

Matthieu sonrió ligeramente, detalle que no escapó a Adamsberg. El comisario de Rennes triunfaba.

—Por lo demás, comisario —continuó el forense—, aparte de los ojos, he contado treinta y nueve heridas. Ensañamiento. Pero fue el segundo golpe en el corazón lo que acabó con él, probablemente entre las nueve y las nueve treinta. En cuanto a la mujer, un estrangulamiento clásico, con manos vigorosas, probablemente hacia las ocho, sin certeza. Sin embargo, y para complacerlo a usted, examiné a Robic desde todos los ángulos después de lavarlo. Y tenía tres picaduras de pulgas, todas recientes. Ni rastro de otras más antiguas. Lo cual, debo admitir, me desconcierta. Y ninguna en su esposa.

—Gracias, doctor.

La sonrisa de Matthieu se había desvanecido, pero volvió a sacudir la cabeza.

—Imposible —dijo mirando fijamente a Adamsberg—. Las pulgas deben de ser de sus perros.

—¿Y no tendría marcas de picaduras anteriores? ¿Solo esas tres?

—Son sus perros —repitió Matthieu con firmeza.

—Compruébenlo ahora mismo —dijo Adamsberg—. Llamen a los criados.

El mayordomo encargado de los perros se mostró escandalizado ante la pregunta de Matthieu, como si el comisario atentara gravemente contra su honor.

—¿Mis perros? —dijo indignado—. ¿Pulgas? ¿Y por qué no garrapatas y lombrices intestinales, ya que estamos? Sepa usted, para su información, comisario, que los perros reciben aquí mejor trato y aseo que en ningún otro sitio, y que sus casetas están desinfectadas. Y nadie aquí ha sufrido picaduras nunca. Es mi trabajo y lo llevo a cabo mejor que nadie. Sin delegar jamás en nadie.

Matthieu tardó un buen rato en calmar la ira del mayordomo antes de colgar.

—De acuerdo —concedió—, se trata del asesino de Louviec. Pero, en ese caso, ¿cómo es que no ha dejado un huevo?

—Quizá porque no tenía ninguno, sencillamente —dijo Verdun—. No olvidemos que en el caso de Robic tuvo que actuar rápido, extremadamente rápido. Fue casi un asesinato imprevisto, porque desde que salió en libertad condicional, parecía seguro que Robic huiría y quedaría fuera de su alcance.

—Pongamos que sí —dijo Matthieu—. Pero ¿por qué no utilizó el cuarto cuchillo?

—¿Qué quiere decir? —preguntó Berrond.

—Para matar a Gaël —resumió Matthieu—, utilizó el cuchillo robado a Josselin. Luego compró cuatro en Rennes. Estaban destinados a Anaëlle, el alcalde, la psiquiatra y el médico. Ese iba a ser el final de su recorrido criminal. ¿No es así?

—Podría ser —dijo Adamsberg sin convicción—. También puede que solo encontrara cuatro cuchillos en Rennes, y además con remaches de plata. Pero dado que recorrer las ferreterías de la ciudad podía levantar sospechas, se habría limitado a sus cuatro armas, dejando cualquier otra acción para más tarde.

—Eso si iba a haber una continuación —observó Matthieu—. En cualquier caso, el cordón de seguridad que rodeaba el centro de la ciudad le impidió llegar hasta el médico y delegó la tarea en la banda de Robic.

—Así que todavía le quedaba un cuchillo Ferrand —añadió Adamsberg—. Un cuchillo destinado a matar, pero sin usar. Se podría decir que estaba esperando su momento. Para el asesino, ya no era en absoluto un cuchillo cualquiera. ¿Qué vio en él? ¿Un significado? ¿Una señal? ¿Cuál? ¿De que su misión no estaba terminada? ¿De que faltaba una víctima en su cuadro de honor? ¿De que la purificación no estaba completa? Sí, lo sabía.

—¿Qué quieres decir con «purificación»? —preguntó Matthieu.

—Una purga, una limpieza, una eliminación de todo lo que había causado su desgracia. Por eso había elegido las figuras emblemáticas de sus verdugos. Era consciente de que le faltaba la pieza central, pero no se había planteado atacarla. Demasiado difícil, demasiado arriesgada y, sobre todo, demasiado reveladora. Pero la inesperada existencia de este último y preciado cuchillo le planteaba un desafío, y lo guardó para el día en que la menor fisura le diera la oportunidad de completar su recorrido. Por eso habría utilizado un cuchillo corriente para asesinar a Robic, que no era sino un golpe de suerte más que le ofrecían las circunstancias, un trofeo más que añadir a su lista.

—Lista de la que queda excluida Anaëlle —dijo Matthieu—, liquidada para conducirnos por una pista falsa.

—Puede ser, Matthieu, pero no del todo. La desaparición de Anaëlle tiene algo que ver en todo esto. Pero tomemos, por ejemplo, a Josselin, de quien sabemos que es un hombre desgraciado, privado en cierto modo de su verdadera identidad. Y, por tanto, un hombre que podría hacer pagar a los participantes activos en la maldición que pesa sobre su nombre y su rostro, un hombre que podría matarlos para aliviar el peso de esa calamidad. Es solo una película, Johan. La última frase de Gaël lo acusa. También el cuchillo y el fular en el cuerpo de Anaëlle. Hemos rechazado estas pistas porque eran demasiado numerosas y obvias. Supongamos que estamos equivocados. El alcalde, que creía hacer lo correcto pensando solo en la prosperidad de Louviec, era un ejemplo típico de lo que oprime a Josselin: lo protegía y alojaba, pero a cambio tenía que representar el papel de vizconde ante los turistas y dejarse fotografiar junto a ellos. Son muy pocos los que lo tratan con normalidad, sin pensar en su ascendencia ni en su increíble parecido con su antepasado. Johan es uno de ellos. Pero no Gaël, que se divertía metiendo el dedo en una de sus llagas, llamándolo constantemente «vizconde». Y no es el único, ni mucho menos, que le daba ese título. Pero no puede matar a todo Louviec, ¿verdad? Es posible que percibiera en Anaëlle, la psiquiatra y el médico una consideración respetuosa que no podía soportar. Y que haya matado a esas personas para romper la impostura en que lo hacían vivir. En cuanto a Robic, tenía una cuenta pendiente personal con él desde su infancia, sus años de escuela y de instituto. La infancia es un factor determinante, y se basta para explicar el encarnizamiento del que ha sido víctima Robic.

Johan se agitaba, dispuesto a acudir en ayuda de Josselin.

—Es solo una película, Johan —repitió Adamsberg.

—Y ¿qué pinta el huevo en todo esto?

—Si seguimos con la película, el huevo podría representar toda la carga que su ascendencia le ha hecho llevar, y que él rechaza. Con los asesinatos, ha aplastado esa ascendencia que sus víctimas habían honrado, o explotado.

La posada se llenó a las doce y media del mediodía. Todos los clientes habituales tenían en sus manos una breve hoja especial publicada a toda prisa por *Sept Jours à Louviec*, en la que se informaba sobre los asesinatos de Robic y su esposa la noche anterior. El redactor atribuía el primer asesinato al asesino de Louviec y el segundo al propio Robic.

—Sí que han ido rápido —dijo Matthieu—. Y eso que es domingo. ¿Cómo se habrán enterado?

—Los coches de policía alrededor de la propiedad esta mañana —dijo Adamsberg—. Alguien habrá avisado a *Sept Jours à Louviec*. Los periodistas habrán acudido en masa al lugar de los hechos una vez retirados los cadáveres y la policía. Habrán pagado a los criados y al jardinero a cambio de la información. De todos modos, ahora ya no hay razón para mantenerlo todo en secreto. La historia llega a su fin.

—¿Desde qué punto de vista?

—Desde el punto de vista del asesino de Louviec. Y eso está bien, porque me llamó el ministro del Interior, furioso al enterarse de que habíamos dejado libre a Robic. Mentí y dije que, efectivamente, le teníamos bajo *estrecha y continua* vigilancia, pero que el asesino había entrado por un pasadizo desconocido, el túnel de Maël, y que no habíamos podido hacer nada. Tendrás que mentir a tu vez y decir a tus gendarmes que eran muchos más de seis hasta que llegamos el sábado por la noche. ¿Hay algún peligro de que te desmientan?

—No. Escogí a hombres que conocía, cuidadosamente seleccionados. Me seguirán. ¿Por qué dices que la historia llega a su fin?

—Digamos que es lo que pienso.

Adamsberg paró a Johan, que corría entre las mesas.

—Johan, ¿puedes reservarnos la sala de arriba, lejos de los clientes? Reunión especial. Por cierto, cuando aparezca Maël, tráelo, pero espera a que hayamos terminado de comer.

—¿Por qué crees que va a aparecer Maël? —preguntó Matthieu.

—Porque es domingo y vendrá en busca de noticias. Así es él.

Adamsberg recibió una llamada de Danglard. Creía que ya estaba al corriente de los últimos acontecimientos, pero Danglard telefoneaba por algo completamente distinto: el mal retrato del joven atracador con pasamontañas había sido reconocido por siete de sus amigos y cuatro miembros de su familia, el joven había confesado y estaba detenido.

—Por una vez, un caso se resuelve rápidamente —dijo, y felicitó a Froissy y Mercadet por su innovadora idea de rastrear un rostro a través de una malla demasiado floja.

Antes de sentarse, Adamsberg leyó el informe especial sobre la masacre del día anterior y se lo entregó a su colega con gesto asqueado.

Matthieu lo hojeó rápidamente antes de colocarlo con rabia sobre la mesa.

—Se alegran de la muerte de Robic, pero a los policías nos ponen a parir.

—Estamos acostumbrados —dijo Berrond, atacando la comida en cuanto Johan la puso sobre la mesa—. ¿Qué se nos reprocha? ¿Que hemos sido incapaces de echar el guante al asesino de Louviec?

—Claro —dijo Matthieu—. Pero también el haber soltado las riendas a Robic, haber sido negligentes y permitir así que lo asesinaran, por no hablar de lo de su mujer. Es grave.

—¿Y cómo se responde a eso?

La fuente circuló en silencio.

—Lo mismo —dijo Matthieu—. Que estaba fuertemente vigilado alrededor de toda la propiedad.

—Lo cual no es cierto —observó Retancourt.

—Pero lo será, teniente, siempre será verdad para todos nosotros. Y eso explicará por qué el hombre que montaba guardia a ambos lados del viejo portón no vio por poco al asesino entrando en el túnel.

—Perdón por haberlo oído —dijo Johan, trayendo el vino—. Pero se preocupa usted y se equivoca. He tomado una decisión. La niña está bien. No muestra ningún síntoma de *shock*, como se suele decir, aunque no soy ningún especialista. La niña irá a un terapeuta, lo prometo, comisario, pero voy a decir la verdad a los periodistas. Sobre los medicamentos. Sabían que la niña fue llevada al hospital para una revisión, pero no que había ingerido una dosis masiva de barbi...

—... túricos —completó Adamsberg, siempre reconfortado al encontrar en Johan un compañero tan dubitativo como él mismo ante ciertos términos difíciles—. En cuanto a tu proyecto, Johan...

—No, Adamsberg —interrumpió Johan—, y no vas a hacerme cambiar de opinión. Porque en cuanto se sepa que Robic había intentado matar a mi niña, verás cómo toda la prensa, e incluso el ministerio, cambiarán completamente de opinión. Y se acabó la «negligencia por parte de la policía». Salvaron a una niña, se merecen todos los laureles.

—Johan —insistió Adamsberg—, ¿no crees que sería mejor esperar un poco?

—Ni hablar. Ya está bien de verlos a ustedes arrastrados por el fango. No puedo soportarlo más. Así que voy a hablar. En cuanto al asesinato de la esposa, no se podía prever.

Johan se retiró con dignidad y los policías se miraron a los ojos.

—Puede que tenga razón —dijo Matthieu.

La opinión de Matthieu ganó la adhesión de sus colegas y la comida prosiguió en un ambiente más distendido. Maël abrió la puerta cuando iban por el tercer café y Adamsberg salió a hacer una seña al posadero.

—Si tienes tiempo —dijo—, ven con nosotros. Así no tendré que hacerte un largo resumen.

—Suena a serio.

—Lo es. Ven.

Johan siguió a Adamsberg y se sentó al final de la mesa.

—Por lo que se puede deducir —dijo Maël, periódico en mano—, Robic tenía planeado huir durante la noche, puesto que antes mató a su mujer.

—Eso es lo que hemos deducido —confirmó Adamsberg, señalando una silla aislada.

—¿Es ahí donde debo sentarme? —preguntó Maël—. Pero ¿por qué?

—Porque desde que murió tu perro estás infestado de pulgas —dijo Adamsberg—. Se contagian fácilmente. Así que es mejor mantener las distancias.

—Como quiera —dijo Maël sin ofenderse—. ¿El asesino entró por el túnel? No hablan de eso.

—Por el túnel, efectivamente. Y volvió a salir muy poco antes de que rodeáramos la propiedad.

—Qué raro —dijo Maël—, porque ayer, después de irme, yo seguía sin estar tranquilo y sin poder concentrarme en mis números. Tenía que ver qué tramaba Robic. En su casa, había otra de sus jodidas fiestas, la verja estaba abierta de par en par y entré haciéndome el longuis, con mi mejor traje. Me escondí detrás de la gran hortensia, que ya está muy frondosa, en la esquina de la casa. Así podía vigilar a Robic por el sur y por el norte. No pensaba en el asesino, sino en los chanchullos de Robic. Llegué allí, digamos, alrededor de las nueve menos cuarto. Y no vi a nadie llegar por el túnel. Pero puede que el asesino ya estuviera allí. Un tipo pasó por delante de mí, podría haber sido un invitado cualquiera, pero mantenía la cabeza gacha y no dejaba de mirar hacia atrás. Salí de mi escondite y lo seguí y, una vez más, salimos por la puerta como Pedro por su casa. Como dos Pedros por su casa. Ya no miraba hacia atrás; metió una bolsa en el maletero y subió al coche. «Te has equivocado, Maël —me dije—, es un invitado que no tenía ganas de despedirse de todo el mundo».

Durante la narración de Maël, Adamsberg hacía rodar bajo la palma de la mano un corcho que se había embolsado porque llevaba un mal retrato de Chateaubriand en tinta grasa. Del auténtico. Un recuerdo, en cierto modo. Cogía el corcho, lo ponía en pie por un lado, luego por el otro, y reanudaba la operación, deslizándolo lentamente bajo la mano. El comisario solo parecía prestar atención a ese jueguecito, indiferente a lo que decía Maël, hasta el punto de que las miradas de todos acabaron clavadas en su mano y el corcho, y el silencio se instaló poco a poco, como adaptándose al de Adamsberg. Matthieu ya lo había visto alguna vez realizar esta maniobra mecánica, y percibía en ella una señal de preocupación invisible y grave.

—Pero, por si acaso —dijo finalmente Maël—, pude distinguir las tres primeras letras de su matrícula. RSC. Pensé que podría interesarles porque…

—Déjate de cuentos, Maël —dijo tranquilamente Adamsberg, deteniendo su mano en seco, recogiendo el corcho y metiéndoselo de cualquier manera en el bolsillo.

—¿Cómo? —dijo Maël, tan sorprendido como los demás miembros del equipo—. ¿No le interesa tener el número de matrícula?

—He dicho déjate de cuentos, Maël.

—¿Qué cuentos? —dijo Maël, posando su vaso.

—Todo eso, tu hortensia, el hombre que pasó por allí, el coche, la matrícula. O sea, todo.

—Bueno —dijo Maël, enfurruñado, cruzándose de brazos—. Si no quiere saber nada, es asunto tuyo. Ahora que, según las horas que dicen en el periódico, el tipo que vi salir bien podría ser el asesino.

—Eso es imposible —dijo Adamsberg.

—Y ¿por qué?

—Porque conocemos al asesino.

—¿Lo conocen? —exclamó Maël.

—Sí.

—¿Seguro?

—Sí.

—Pues ¿quién es? —se irritó Maël—. ¿Quién es?

Adamsberg permaneció callado, esta vez girando el culo de su vaso sobre la mesa en un silencio de plomo.

—Pero ¿quién es? —insistió Maël—. ¿Por qué no quieren decirme el nombre?

Adamsberg bebió un sorbo de agua y volvió a dejar el vaso en silencio.

—Porque eres tú, Maël —dijo con suavidad.

XLVI

Todos miraron fijamente a Adamsberg, atónitos, incrédulos. Maël estaba tan estupefacto que se quedó con la boca abierta. Volvió a tomar la palabra tras unos minutos de plúmbea incomodidad.

—O está usted de broma, comisario, o ha perdido el juicio. ¿Yo? ¿El asesino de Louviec?

—Tú.

—Siempre lo he encontrado extraño, comisario, a veces incluso alelado. Pero esta vez voy a presentar una denuncia —dijo Maël, poniéndose en pie y plantando sus dos puños en la mesa.

—Siéntate —dijo tranquilamente Adamsberg—. Ya presentarás una denuncia más tarde, cuando haya terminado de explicarme.

La mirada de Adamsberg recorrió a sus colegas y solo encontró rostros escépticos, confusos, inquietos, a excepción de Veyrenc. Los comprendía. Él mismo había tardado mucho tiempo antes de que sus pensamientos se centraran en Maël.

—A decir verdad —dijo, poniéndose de pie, ya sin muleta, no para dar una clase magistral, sino porque soportaba mal el permanecer demasiado tiempo sentado—, no puedo exponer punto por punto cómo he llegado a esta conclusión, porque ha sido todo un enjambre de puntos, ni lógicos ni coherentes, y no puntos ordenados en línea, formalitos. Los elementos estaban dispersos, a veces esquivos, a veces incomprensibles.

—Ideas vagas —murmuró Matthieu.

Adamsberg asintió.

—Pero al menos puedo decir lo que me molestaba o incomodaba sin que yo entendiera por qué. Todo, o casi todo, estaba ya en las últimas palabras de Gaël, con las que nos extraviamos y nos alejamos del tema. Teníamos la clave, pero estaba demasiado oculta para que pudiéramos utilizarla. Pero he debido de captarla sin darme cuenta. Y luego hubo dos palabras que, desde el principio, me inquietaban y me incomodaban de repente. Todo lo que incluía la palabra *espalda*, como por ejemplo «de espaldas», «echarse en la espalda», «llevar a la espalda». Pero también, curiosamente, la palabra *cordial*. A nuestra llegada aquí, a medida que nos iban presentando a los habitantes, la oímos muy a menudo. «Es alguien muy cordial, muy cálido». Cordial, cordial, una palabra simpática, ¿qué tenía ese adjetivo que pudiera molestarme? Y luego estaba lo del huevo, que se malinterpretó, estaba el «brion» pronunciado por el alcalde moribundo. Oímos «embrión», y no andábamos desencaminados, pero eso no explicaba por qué no utilizó la palabra *feto*, que es la que todo el mundo utiliza. Y el alcalde había hablado de «impostor», una pista que tampoco se siguió, yo tampoco, porque no fuimos capaces de interpretarla. Impostor: alguien que hace creer que es algo que no es. Y de nuevo, las palabras de Gaël, «ha dado una colleja». Ya lo dije en su momento, colleja está fuera de lugar. Entre adultos se dice golpear, hostiar o lo que quieran, pero no dar una colleja. También me costaba un poco entender la repulsión que sentía Maël cada vez que alguien le daba en la joroba, cuando en realidad el gesto era amistoso, *cordial* precisamente.

Adamsberg hizo una pausa y se frotó las mejillas.

—Lo siento, no solo no sé cómo contar las cosas en orden, sino que nada nos sucedió en orden, tampoco mis pensamientos, mis «ideas vagas», Matthieu. He estado pensando en las palabras de Gaël, en ese «colleja» que utilizó. ¿A qué se puede «dar una colleja» tratándose de un adulto? Podría ser en el sentido de dar una palmada en la nuca, por supuesto, o en el hombro. Entonces sí podría usarse la palabra, pero no funciona en absoluto para el caso de Germain Joumot. Una colleja puede ser una reprimenda, pero también, entre jóvenes, un gesto simpático. «Colleja» y «cordialidad» podrían ir bien bien juntas. Y si había alguien a quien siempre daban palmaditas cordiales en la espalda, o collejas, según la intensidad, ese es Maël, a pesar de que lo exasperaban. Era fácil comprender que esa costumbre de que los demás le dieran palmadas en la joroba, y desde niño, pudiera volverlo loco, recordándole constantemente que era jorobado. De hecho, así lo llamaban: el Jorobado. Como si fuera imposible olvidar esa joroba ni por un instante. De eso, se sabe que sufrió terriblemente. En su juventud, objeto de burlas, apartado y señalado con el dedo, y en su edad adulta, un hombre llamado el Jorobado y nunca Maël. Sí, una vida de tormento incesante, Maël —dijo mirándolo—, de dolor y de pena. Por razones distintas, podría decirse que la vida de Josselin también ha sido pisoteada: fue privado de su personalidad a favor de Chateaubriand el antepasado, como Maël a favor del Jorobado.

Adamsberg volvió a pedir a Johan un poco de café caliente, y no reanudó hasta su regreso.

—Pero vidas lesionadas —continuó mientras se servía—, todos las hemos conocido. Y no por ello las víctimas se han convertido en asesinos. No, había algo más. Para que Maël se negara hasta tal punto a que le tocaran la joroba —y normalmente se sentaba de espaldas a la pared cuando estaba en la posada de Johan—, tenía que haber una razón poderosa. Se nos pasó por alto porque se trata de un hecho muy raro. Pero estaba escrito en los huevos fecundados que encontramos aplastados en los puños de las víctimas, estaba dicho en las palabras del alcalde, así como en las de Gaël. Tardé mucho en reconstruir el comienzo de la verdadera frase de Gaël. «Vihc» y «joh» no se referían a Josselin, sino a Yvig, que es el apellido de Maël (*ig* se pronuncia «ic» en bretón) y a «joroba». Yvig, joroba. «Yvig joroba he dado una colleja». ¿A qué?

¿A «Gemeh»? Es lo que oyó el médico y lo que interpretó Matthieu, y nosotros como ellos, porque conocíamos a Germain Joumot. Busqué una palabra muy próxima que hiciera que la frase tuviera sentido. El resultado fue: «Yvig joroba he dado una palmada al *gemelo*». Me incorporé sobre mi dolmen. El huevo, el embrión destruido, el gemelo, la joroba. Y no veía por qué descabellado misterio *tenía* esa joroba que ser un gemelo, y no una joroba de verdad. Pero no había otra vía. Así que busqué.

—Y encontró —dijo Mercadet—, que ocurre, muy rara vez, que un embrión se adhiera a otro embrión y se desarrolle parcialmente allí. Esto puede ocurrir en cualquier parte del futuro niño, en la frente, en el abdomen, en la espalda. Y, efectivamente, se trata de un gemelo. Una vez nacido el niño, el feto inacabado que lleva dentro, que pasó desapercibido al nacer, puede crecer durante años, dejando aparecer fragmentos de cráneo, pelo, partes de torso y fracciones de extremidades. Este feto incompleto, no viable, puede adoptar el aspecto de un bulto en el lugar en que se adhirió, y dar una impresión bastante sólida al tacto.

—¿Era eso, Maël? —dijo Adamsberg—. Y tú estabas febrilmente apegado a este gemelo inacabado. ¿A qué edad supiste que llevabas un hermano, y no un bulto? ¿A los once años? ¿A los trece? Y por eso no podías tolerar que nadie golpeara tu «joroba». Porque para ti, cada palmada dañaba a tu gemelo y podía matarlo. De eso hablaba el alcalde: de una impostura. Hacer creer a todo el mundo que eras jorobado cuando se trataba de algo totalmente distinto. ¿Por qué nunca dijiste la verdad? Debieron de explicarte muchas veces en tu juventud que ese gemelo podía empezar a deteriorarse, causarte entonces una infección y matarte. Y tus padres, que te querían, querían operarte a toda costa. Pero siempre te negaste con la mayor energía. Te quedarías con ese gemelo, contra viento y marea. Y lo conservaste. Y estaba completamente descartado que alguien se enterara de la verdad: primero, porque te mirarían como a un bicho curioso, mucho más que a un jorobado, y segundo, porque nadie te dejaría en paz hasta que te deshicieras de ese gemelo amenazador, o mejor dicho, perdona, de ese fragmento de gemelo. Y eso sí que no. Era mucho más que tu compañero, era tu doble. Su conservación se había vuelto tan obsesiva que el terror a perderlo por las palmadas que recibía de los demás te volvía loco. Las repetidas y fuertes palmadas de Gaël en particular, que, por su naturaleza provocadora, podía darte diez en una misma noche. Era el rey de las palmadas. También Anaëlle, con su carácter vivo, impulsivo y muy *cordial*, te daba palmadas sin freno cada vez que se encontraba contigo. Muy a menudo, de hecho, ya que os cruzabais casi todos los días de camino al trabajo. También el alcalde, con sus gestos siempre enérgicos, quería mostrarte con este gesto su simpatía. Los demás, en general, por lo que pude observar, actuaban con mucha más suavidad, con un toque, una caricia, y tú no los temías. Obtuve esta información de Josselin, que respondió sin comprender el sentido de mis preguntas. Por lo que a mí respecta, solo te había visto jorobado una tarde. Luego estaba el médico, que había palpado la joroba y no se había equivocado. Habló de ello con su colega, la psiquiatra, y ambos estaban decididos a convencerte de que te operaras. Así que ella estaba en el campo enemigo, igual que el doctor Jaffré. No porque te estuvieran pegando, sino porque lo sabían.

Y entonces pasó lo que tenía que pasar: el embrión murió y provocó una septicemia que podría haberte matado en un día o dos. El médico te llevó a la fuerza en una ambulancia. Con la fiebre, no estabas en condiciones de resistirte. En el hospital de Rennes te quitaron el gemelo, lo cual te salvó la vida.

Doblado sobre sí mismo, prostrado, con los brazos apretados, Maël no decía una palabra, pero se veía que escuchaba su propia historia con intensidad.

—Y fue esta pérdida el elemento que desencadenó los asesinatos. Pero ya antes de eso, tu ira iba en aumento, y te hacías pasar por el Cojo por las calles del pueblo, para «joder al personal», como decías, es decir, para asustarlo.

Maël bajó aún más la cabeza.

—Enloquecido de pena tras la operación, ideaste tu plan de venganza. Asesinaste a los que considerabas más responsables de la muerte de tu hermano, a los que te daban palmadas en la «joroba» y que, en tu opinión, habían acelerado de este modo la muerte de tu gemelo, y a los que querían quitártela. Es decir, Gaël, Anaëlle, el alcalde, la psiquiatra y, por supuesto, el médico que te llevó al hospital. Para el médico, te encontraste bloqueado por el cordón de seguridad policial. Barrera eficaz, pero que incluía alguna fisura: la oficina de Correos. No teníamos derecho alguno a abrir el correo de los habitantes de Louviec. Fue a través de esa fisura por donde te colaste, y delegaste el asesinato en Robic y su banda. En tu carta, debiste hacer algunas vagas amenazas, como si supieras más de lo que realmente sabías. Pero no creas que fueron esas amenazas las que hicieron decidirse a Robic. Fue que él también tenía una cuenta pendiente con el doctor, que tenía serias dudas sobre la autenticidad de su fabulosa herencia americana. Y a Robic le convenía muchísimo «cargar el muerto» al asesino de Louviec. Le diste todo el método a seguir, sin traicionarte: el cuchillo Ferrand, la localización de las heridas, la obligación de golpear con el brazo izquierdo y lo del huevo. Bueno, ya está bien, voy a tomar un *chouchenn*. ¿Quién se apunta?

Nueve brazos se levantaron, incluido el de Maël, y Johan salió a buscar la botella. Esperaron a que volviera y a que estuvieran llenos los vasos antes de reanudar. Johan escuchaba atónito al comisario y no quería perderse ni un ápice. Todos dieron un par de sorbos antes de volver a centrar su atención en el comisario.

—Mostraste un ingenio formidable, digno de tu gran inteligencia —prosiguió Adamsberg—. Si la puñalada la asestaba una persona zurda, sabías que la trayectoria del cuchillo no sería la misma que si viniera de un diestro. Y así es. Con tu yeso en el brazo izquierdo, quedabas fuera de toda sospecha. Desafortunadamente para ti, una persona diestra que acuchilla con el brazo izquierdo no tiene la misma fuerza que un verdadero zurdo, y la hoja se desvía ligeramente. Esa ligera desviación, que indica que la herida no se infligió de un solo golpe, fue detectada por el médico forense. Así pues, sabíamos desde hacía tiempo que el asesino era en realidad diestro, pero que mataba con el brazo izquierdo para despistarnos. Y que, además, estaba infestado de pulgas, porque todas las víctimas tenían picaduras. En cambio, el médico no. Y, de nuevo, mala suerte para ti: el hombre elegido por Robic para matar al médico era un zurdo de verdad, y la diferencia fue detectada al examinar las heridas. Así es como fue identificado, con la ayuda de Josselin. Por lo tanto, atribuir este crimen al asesino de Louvicc, tal como deseabas, era imposible.

—Pero si Maël es diestro —exclamó Johan—. Y no pudo golpear con su brazo izquierdo, está inmovilizado.

—¿Inmovilizado? —dijo Adamsberg con suavidad mientras se acercaba a Maël y le agarraba la muñeca.

—¡No lo toque! —exclamó Maël—. Tiene que volver a pegarse, ¡tengo el omóplato roto!

—¿El omóplato roto? —repitió Adamsberg, poniéndose a desenrollar la venda que rodeaba la parte superior de la escayola. Luego levantó el brazo de Maël a la altura de las miradas: se había practicado en toda la parte alta del yeso, en su parte interior, una amplia hendidura en forma de uve.

—Hazlo tú —dijo Adamsberg—, tienes más experiencia que yo. Quítate esa escayola.

—¡Pero si no puedo!

—Herido de pega, escayola de pacotilla —dijo Adamsberg dando un tirón brusco desde la parte superior del codo que dejó al descubierto todo el brazo de Maël.

Adamsberg colocó el falso yeso sobre la mesa.

—Una escayola extraíble, brillante idea —dijo—. Y debido a esta escayola, todos llegamos a una conclusión: Maël, a pesar de estar plagado de pulgas, quedaba automáticamente descartado de la lista de sospechosos porque las puñaladas del asesino habían sido asestadas con el brazo izquierdo y tú estabas escayolado. Escayola, y un cuerno. Fractura, y un cuerno. Tu brazo está tan sano como el mío. Para un albañil, hacerla habrá sido coser y cantar. Además de excluirte como sospechoso, esta escayola, que habías ideado con la apertura suficientemente amplia, te servía para ocultar el cuchillo antes del asesinato, así como la bolsa en la que metías los plásticos que protegían tus zapatos. Idea genial, trabajo de profesional. No me sorprende que nos hayas dado tanta guerra.

—¿Y el asesinato de Robic? —preguntó Retancourt.

—Ah, el estallido. No estaba planeado de inmediato. Tenías que pensar en el modo de alcanzarlo. Porque Robic no vivía en Louviec y no andaba en la calle por la noche. No, se encerraba en su mansión, donde no estaba solo. Un caso difícil, por lo tanto, que requería reflexión. Pero cuando te enteraste de que Robic había sido puesto en libertad, entendiste que desaparecería como una exhalación y se te escaparía. ¡De eso ni hablar! ¡Robic tenía que pagar! Robic, que te había atormentado, explotado, pero sobre todo Robic, que te daba constantemente palmadas en el hombro, en tu hermano, desde tu juventud y más que todos los demás: te las daba todos los días y veinte veces al día, para burlarse de tu joroba, pero aplastando a tu gemelo, según creías tú, cien veces más que todos los golpeadores juntos. Era un culpable de cuenta.

—¿Su «asesinato definitivo»? —preguntó Berrond.

—No creo —corrigió Adamsberg—. Pero sí una piedra indispensable en su camino. Tú sabías, Maël, que cada hora contaba, que Robic, una vez liberado, podría haberse largado al día siguiente. Tenía que ser el sábado noche, o nunca, cuando debías organizarte y atacar. Pero no con el cuarto cuchillo. No, para ese, la evidencia se había reafirmado: estaba destinado al «asesinato definitivo». Pero, maldita sea, ¿por qué no compraste cinco cuchillos de entrada? Pues simplemente porque solo encontraste cuatro. Porque un Ferrand no es, desde luego, un artículo muy común. Tenías la intención de hacerte con uno más adelante, y en otra ciudad. Pero la urgencia estaba allí, pillándote desprevenido. Merodeaste en coche alrededor de su casa y viste que estaban preparando otra fiesta. Eso te venía bien. Por la noche, le enviaste un mensaje anónimo, desde el teléfono de la buena de Louise Méchin. ¿Y cómo conseguiste su número? De la manera más simple: por Estelle Braz, con quien te llevas muy bien. Está por comprobar, pero estoy seguro de no estar equivocado. ¿El pretexto? Tú te encargabas de la contabilidad de la empresa de Robic, necesitabas una información confidencial de suma importancia. Y todo listo.

—Claro —asintió Matthieu—. Estelle no tenía ninguna razón para dudar.

—Y entonces, Maël —continuó Adamsberg—, en ese mensaje, citaste a Robic detrás de su bodega, cuando la fiesta atrajera toda la atención hacia otro lado. Sentías crecer la furia y, como desconfiabas de ti mismo desde tu crisis incontrolada con la psiquiatra, te pusiste un chubasquero y preparaste una bolsa para meterlo por si acaso. Y este asesinato ya no tenías la intención de asumirlo. Porque entretanto, Robic se había convertido en un objetivo primordial para la policía. Demasiados policías se pondrían en marcha por una víctima así y elegiste la prudencia. Una vez allí, y al ver acercarse a tu antiguo torturador, no te quitaste el yeso como hiciste las demás veces, sino que asestaste la primera cuchillada con la diestra, usando un cuchillo de cocina corriente y sin dejar un huevo. Eso te fastidió, por supuesto, pero tu libertad era más importante. Entonces, al verlo retorciéndose en el suelo te entró un arrebato. Todos tus padecimientos de juventud volvieron a aflorar y, enajenado por la ira, te pusiste a apuñalarlo sin poder detenerte. Hasta que te diste cuenta de que había allí treinta o cuarenta personas y que ya iba siendo hora de largarte. Entonces, le asestaste el último golpe mortal en el corazón, te quitaste los guantes, el chubasquero, las bolsas plásticas que protegían tus zapatos y te largaste a través del túnel cuyas puertas habías forzado. Habías cumplido con tu misión, o casi, sin que nadie pudiera atraparte. Excepto por un detalle que fue tu perdición: habías dejado una pulga en Robic. Fin de la historia. Habías venido antes a vernos a la posada, ¿para qué? Para describirnos el túnel que desemboca en el camino de la Malcroix. Eso también fue muy hábil, porque ¿qué asesino revelaría su vía de acceso?

—¿Y los huevos? —dijo Berrond—. ¿Por qué empezó a añadir huevos?

—La idea solo le vino después del segundo asesinato. A su obra le faltaba algo: su significado. Por un lado, cada asesinato aliviaba su ira, pero por otro, se sentía frustrado de que nadie pudiera comprender el motivo: el huevo aplastado, fecundado, significaba que la víctima había provocado la muerte de un embrión, de un feto. A este respecto, les recuerdo que me sorprendió bastante que el alcalde hubiera hablado de embrión en lugar de feto. Sin duda se había enterado, a través de su amigo el médico, de lo que era realmente la joroba de Maël. Por eso añadió «avisen al doctor». En otras palabras, «Avisen al doctor sobre el peligro que corre». Volviendo al huevo, fecundado, triturado, fue su forma de exponer su razón de actuar.

Adamsberg se volvió a sentar y, con una servilleta para evitar las pulgas, levantó lentamente el mentón de Maël para cruzar con él la mirada.

—Deberías haber hablado, Maël. No te habrían considerado como un bicho raro, sino como un hombre con una particularidad de gran excepcionalidad. Eso solo ocurre en una de cada quinientas mil personas. Y nadie se habría atrevido a golpear tu joroba.

Adamsberg dejó pasar un momento de silencio y observó nuevamente los rostros de sus colegas. Esta vez, no encontró escepticismo, sino un ardiente interés, miradas concentradas. Johan, todavía boquiabierto y cuya mirada iba constantemente de Maël a Adamsberg, parecía un hombre alucinado y fascinado.

—Ahora debes seguirme, Maël —prosiguó Adamsberg con suavidad.

—A la policía de Rennes, ¿no es así?

— Sí.

—Yo me encargo —dijo Matthieu, leyendo la turbación en el rostro de Adamsberg.

—Prefiero que me acompañe Adamsberg —murmuró Maël—, me sentiré menos solo.

—Entonces voy. No creo que te metan en la cárcel. Nadie olvida que salvaste a una niña.

—Me enviarán a un manicomio, ¿no?

—A un manicomio, no. A un centro de detención para personas con trastornos mentales. Te das cuenta de que no se mata así y por este móvil sin presentar trastornos mentales serios, ¿no?

—Sí —susurró Maël.

—En cuanto al maletín que dejaste a tu hermana, que no contiene ni un céntimo, contrariamente a lo que le hiciste creer, sino los restos de tu hermano, te lo traeré si lo deseas.

—Tendré que pensarlo. Mi hermana podría hacer enterrar el maletín.

—Es una idea, y es buena. Háblalo con ella.

—Aún hay algo que no entiendo —dijo Berrond—. ¿Por qué Maël hizo todo lo posible para incriminar a Josselin, si le cae bien? Robar su cuchillo, imitar el paso del Cojo, apuñalar con la zurda, dejar su fular sobre el cuerpo de Anaëlle; son muchas cosas, la verdad.

—Precisamente demasiadas —dijo Adamsberg—. No sembró esas pistas para inculpar a Josselin, a quien aprecia efectivamente, sino todo lo contrario, para protegerlo, puesto que sabía muy bien, listo como es, que ese exceso anormal de pruebas nos desviaría de Josselin. No estaba al corriente de las últimas palabras de Gaël. Como tampoco sabía que buscaríamos a un asesino diestro y falso zurdo, pero desde su punto de vista, el cuchillo, el brazo izquierdo, el fular e incluso el Cojo serían suficientes para mantenernos alejados de Josselin. Demasiadas pruebas matan la prueba.

—No lo entiendo todo —insistió Berrond—. ¿Por qué temía que acusaran a Josselin?

—Porque Maël sabía que Josselin sufría, lo mismo que él, por no ser tratado como los demás. Que era considerado, como él, una figura de excepción en el pueblo, lo cual lo sacaba de quicio, al igual que a él. Que de la exasperación a la rabia y de la rabia al asesinato no había más que dos pasos, puesto que él mismo lo sentía así. Maël había creado un paralelo excesivo entre él y Josselin, y temió, una vez preparados los asesinatos, que la policía dirigiera sus miradas hacia Chateaubriand. Así que la desvió.

Berrond asintió con la cabeza, meditabundo.

—¿Y el «asesinato definitivo»? —preguntó Noël—. ¿Con el último cuchillo? ¿Quién era?

—Pienso, y creo que no estoy muy equivocado, que se trataba del cirujano que le extrajo el embrión mortal.

—Por supuesto —dijo Matthieu, asintiendo con la cabeza, con una mirada ambigua, tocado por su derrota y, al mismo tiempo, encantado por la victoria de su colega—. No te equivocas, tienes razón en todo. Al menos, una vida que hemos salvado.

Adamsberg se levantó, hizo una seña al comisario, y fue Matthieu quien colocó las esposas a Maël, algo por lo que Adamsberg se sintió agradecido.

XLVII

Todos los medios de comunicación de la tarde fueron informados, a petición expresa de Adamsberg, acerca de la conclusión de la investigación, para que desapareciera la densa niebla de miedo y desconfianza que empañaba las mentes, envolviendo a Louviec en una bruma de suspicacia, de la cual Josselin era víctima.

El final de la tarde estuvo mitigado con melancolía y alivio. A la vuelta de Rennes con Matthieu, Adamsberg respondía como buenamente podía a las múltiples preguntas de sus colegas. Cuando echó el guante al asesino de las cinco jóvenes, sintió un placer intenso. Pero se trataba de una bestia feroz. En cambio, Maël había sido un pozo de sufrimiento. Aun así, había arrasado seis vidas y sembrado la desolación. Si había alguien a quien no echaba de menos era a Robic.

Durante todo el tiempo que duró la investigación, Adamsberg mantuvo diariamente al corriente a su equipo en París sobre los hechos, y cada tres o cuatro días informaba a su amigo Lucio, un español muy viejo con quien solía ir a beber una cerveza bajo el árbol en su pequeño jardín por las noches. Lo extrañaba. Aunque fuera tosco y sumamente parco en palabras, Lucio era uno de esos a los que se considera impregnados de sabiduría natural. Se preguntaba qué le habría dicho, con la menor cantidad de palabras posible.

Sintió a Johan sacudir su hombro.

—Te preocupa, ¿eh?

—Sí, Johan. No lo conocía desde hacía tiempo ni lo conocía mucho, pero Maël me caía bien.

—Y a mí. Pero estaba perturbado, y lo sabes. Por eso te digo que, ahora que estaba lanzado, ya nunca se habría detenido. Hay hombres así, con feto o sin feto, con joroba o sin joroba. Habría seguido matando una y otra vez. Estaba desequilibrado. ¿Me crees?

—Sí, Johan —dijo Adamsberg, sirviéndose un vaso de *chouchenn* y sonriendo por fin.

—Entonces métete esto en la cabeza: te las arreglaste como un campeón. Palabra de Johan.

El posadero se alejó y Adamsberg leyó una nota que acababa de recibir de su viejo amigo Lucio: «Hola, hombre, sí que has llegado lejos, ¡por la verdad!». Seguían todos los mensajes de felicitación enviados por los miembros de la brigada que se habían quedado en París, algunos de los cuales habían estado a punto de perder la esperanza de que Adamsberg tuviera éxito.

—Lo que dice Johan es totalmente cierto —dijo Matthieu, sentado a su lado—. Maël había caído en la demencia. Si no le hubieras echado el guante a tiempo, no creas que se habría detenido. Para nada. Una vez descubierto el placer de apuñalar (cuarenta puñaladas en Robic), habría continuado, en nombre de una locura u otra. Víctima a víctima.

—Es verdad —dijo Adamsberg, con el semblante de nuevo apacible.

—Pero no me explico cómo lo lograste —añadió el comisario con una amplia sonrisa.

—No sé, Matthieu. Minúsculos fragmentos de algas se desprenden, se enredan, ascienden. Los espero, los acecho.

—Y entre esos fragmentos había uno que identificaste muy pronto, pero que no quisiste ver: a Maël se le iba la olla, y tus ideas lo habían detectado desde el principio.

—¿Eso crees?

—Estoy convencido. Lo demuestra el hecho de que intuiste que era él el Cojo, sin la menor prueba. Algo más que quería decirte.

—¿Qué?

—Pues que, joder, Adamsberg, fue una abominación y un follón tremendo que estuvo a punto de resultarte mortal, y que saliste de apuros increíblemente bien.

—Es que aquí, Matthieu, nos ayuda el dolmen.

—Por *tu* dolmen.

Al día siguiente, la prensa, la radio, Internet y todos los habitantes de Louviec, Combourg y sus alrededores se agitaban febrilmente en torno a las últimas noticias. Johan tenía razón: horrorizados al enterarse de que Pierre Robic había intentado asesinar a la pequeña Rose, salvada por los pelos gracias la intervención policial, ya no se criticaba la acción de los comisarios Adamsberg y Matthieu. La opinión dio instantáneamente un giro de ciento ochenta grados y pasó a elogiarlos, de tal manera que los dos hombres no tuvieron ni un momento de respiro ante la avalancha de preguntas de los periodistas, salvo durante las pausas para comer, en las cuales, Johan solo permitía la entrada de los ocho policías y cerraba la puerta con llave para que los dejaran en paz, demorándose el servicio para prolongar la tregua.

El equipo de París tomaría el tren de vuelta al día siguiente. Al caer la noche, las despedidas fueron *cordiales*, y más que nada, *cálidas*, dándose todos palmadas en la espalda y en los hombros. Johan pidió permiso a Retancourt para besarla en las mejillas y Berrond, ganando confianza, hizo lo propio.

XLVIII

El martes, alrededor de las once de la mañana, por fin lejos del tumulto, Adamsberg esperaba tranquilamente con Josselin la llegada del guardaespaldas de ojos azules. El pollino —una hembra— estaba con ellos, comiendo heno a su ritmo, a veces frotando su cabeza contra la del comisario. Tenía el lomo de un gris pálido, blancos el vientre y las patas.

—Es bonita, es tierna —dijo Josselin.

—Es perfecta.

El guardaespaldas, vestido de civil, puesto que estaba de descanso, se acercó a ellos, no andando sino corriendo, propulsado por su impaciencia de ver por fin en marcha su «idea de vida». Rodeó el cuello del asno, le acarició con fuerza la crin, admirativo y ya cariñoso. Si bien la inteligencia de los ojos puros del guardaespaldas no se había comunicado a la mirada del joven animal, su afecto se había propagado indiscutiblemente.

—Gracias, señor de Chateaubriand, gracias, señor comisario.

Febril, transportado de alegría, pagó a Josselin los trescientos veinte euros que había costado la pollina.

—He negociado el precio —dijo Josselin—, el dueño pedía trescientos sesenta porque la pequeña es robusta, ya lo verá. ¿La llevamos al prado? ¿Le presentamos a Armónica?

Los ojos del guardaespaldas se iluminaron a su manera tan singular, y los tres hombres se pusieron en marcha, seguidos por la pollina, que se detenía aquí y allá para pastar por el camino, al buen tuntún.

—Sé cómo la voy a llamar —dijo el guardaespaldas—: «Vizconde». Es un nombre masculino, ya lo sé, pero es lo que quiero. ¿Le parece bien? A usted lo llaman así, al parecer.

—Pero yo no soy vizconde —dijo Josselin con su leve sonrisa.

—Ella tampoco —dijo el guardaespaldas acariciando a su pollina—. Precisamente, de eso se trata.

Y en el sendero boscoso que seguían, Adamsberg escuchaba al feliz guardaespaldas repetir en voz baja:

—Hay que ver lo que da de sí un dolmen.

Doris Stevanović & Lejla Kuralić-Ćišić, Ph.D.

Creativity Development and Disorder Prevention in Behaviour

(pre-school children)

novum 🔖 pocket

© 2024 novum publishing

ISBN 978-3-903382-21-3
Cover photo:
Volodymyr Melnyk I Dreamstime.com
Cover design, layout & typesetting:
novum publishing

www.novum-publishing.co.uk

Climate neutral
Print product
ClimatePartner.com/16547-2201-1002

Doris Stevanović
Ph.D. Lejla Kuralić-Dišić

English translation Alma Omeragić
English proofreading Emir Omeragić

Referees Dr. S.C. Meliha Bijedić, assistant professor
Ph.D. Ranko Kovačević, van prof. Professor
Proofreading Amir Hodžić
Graphic design and DTP INDA doo
Cover design Branislav Lukić Luka
Photos by Branislav Lukić Luka
Emilia Lukić
Print INDA doo
For the printing house Denis Dugonjić
Published by the Public Institution
Public Library Lukavac
For publisher Nihad Fajić
Circulation 300 pieces

Photos taken at the Private Preschool
Institution "Aladdin"
Tuzla and UG "Happy Child and Family" Lukavac

CONTENTS

TUZLA UNIVERSITY
FACULTY OF EDUCATION AND REHABILITATION
Ph.D. Meliha Bijedić, assistant professor

Ph.D. Ranko Kovaćević, van.prof. Assistant Professor

13

BOOK REVIEW
CREATIVITY DEVELOPMENT AND PREVENTION BEHAVIOURAL DISORDERS

The manuscript entitled 'CREATIVITY DEVELOPMENT AND PREVENTION OF BEHAVIOURAL DISORDER' by Doris Stevanović and Ph.D. Lejle Kuralić-Čišić, deals with the issue of creativity in children as a protective factor in the prevention of behavioural disorders. Given that in the territory of Bosnia and Herzegovina and surrounding regions, there is little research and writing about this topic therefore this manuscript is a valuable educational read about theoretical considerations, it illuminates the roles of creative opinions and processes for the development of children's socialisation in modern Bosnian society.

The chapters are logically arranged and sequenced in three parts. First, it explains and defines children's creativity in detail. Second, it analyzes the lack of developed skills for creative action as a risk factor, by describing certain behavioural disorders in children which educators need to react to. Third it emphasises methods and techniques for encouraging children's creativity.

The book clearly highlights the topic of the issue, by satisfying all the criteria of professional and scientific writing, while giving the reader an insight into the new, very simple and picturesque way with scientific facts about approaches to education. Children growing up in new social trends assist with understanding an altered perspective of learning, norms of behaviour and the value of others.

The content in the book indicates its value because it will certainly contribute to the development of theory and practice in the fields of educational sciences and child protection. The authors also give recommendations that can be significant for parents, teachers, and other actors in the wider community; to improve approaches towards children as a category that requires special attention.

I would like to point out one of the mentioned topics, which is significant and illustrates the point that the authors wanted to put across. 'Education is not the adoption of facts, but the encouragement of the child's natural need to learn by relying on their inner self-motivation. The goal is to nurture a child's natural desire for learning, a child's individuality, and interest in different areas, including turning learning into a game.'

The special value is reflected in the section for readers in English, which will significantly expand on the use of areas outside the Bosnian Herzegovinian speaking area.

Manuscript entitled "CREATIVITY DEVELOPMENT AND PREVENTION BEHAVIOURAL DISORDER" by Doris Stevanović and Ph.D. Lejla Kuralić-Čišić, rate it as a valuable work that will certainly serve as an educational read for advancing knowledge for theorists and practitioners in the education system and education of children. Bearing in mind how interesting and topical the subject is I recommend printing this book.

Tuzla, March 22, 201 Meliha Bijedić, Ph.D, Assistant Professor, Ph. D. Assistant professor Ranko Kovačević, van prof. Reviewer

FOREWORD

In the contents of the study, the forms, and methods of work for development of children's creativity from pre-school to school age is a special aspect of the methods of detection, prevention, and treatment of behavioural disorders in preschool children.

Programmes whose effectiveness has been scientifically confirmed are also offered, and are intended for working with preschool children. Parts of the research and texts of the late prof. Dr. Marko Stevanović, taken from his many years of work for creativity, are included, so that educators can easily direct learning towards creativity in one place, and also compare their own work with that of colleagues and jointly develop strategies using creative models through the use of theoretical and workshop procedures.

The content of the book is structured from several sub-modules, each of which provides a specific way of creative discovery and expression and strategies in education for timely prevention of disorders in the behaviour of children. The models are openly expressed, so the educator/teacher may amend them to the needs of the children and the outcome of their application. The contents can be an incentive to develop inspiration by expressing new ideas, to revive the educational process in all its aspects for the preschool curriculum and thus achieve individual maximum benefit. Child, creativity, and prevention of behavioural disorders should be viewed as part of the combined efforts of the education work of parents, teachers, kindergartens and schools as well as institutions. Content for all participants in partnerships enables the discovery of implicit ideas, by means of collaborative relationships forming different and new relationships, education anticipating new ideas, common principles, and relationships (family, child, kindergarten and school).

Educators/teachers will play a specific role in building creative attitudes which will elevate the contents and models to the level of learning creativity for creativity's sake, which will also enable the educators to recognise externalised and internalised problems, so that children and young people can be prepared to use futurology classes. That type of preparation will lead to original and pluralistic ideas and solutions, as well as fostering openness to their transparent application and will mark the main paradigms required for the formation of mentally healthy and creative personalities. Recent conclusions reached in national education at preschool level are also supporting efforts being made to include children from more vulnerable social groups. The goal is the integration of children of lower socio-economic status into institutional frameworks and culture.

INTRODUCTION

The integration of world upbringing and education takes place under the influence of two basic groups of assumptions: the first is the group integrative character (internationalisation of the world economy, globalisation for means of communication, and strengthening the role world communities play in regulating all spheres of life). Another group emerging directly in the field of education (new methodologies and pedagogical technologies, which is based on the use of computer networks, convergence of educational content and their standards, etc.). In doing so, the first group provides stimulation integration processes 'from above', and the third group activates them from the 'Bottom up'. Although each of the two levels requires making your own approach in their implementation, the strategy must be on uniting their potentials.

Particular importance is given to research that deals with problems of general and special features of educational institutions, the evaluation of the efficiency of educational processes and the requirements for different levels of education. One of the central talking points in such research is the issue of the mission of kindergartens and schools in societies of the future. The mission concept of a modern kindergarten is that it should be created 'from above' and be the result of everyone's cooperation; including stakeholders, (i.e., not only regarding the administration and teaching and educational collectives), students, parents, social organisations and the business world. To become the centre of a community (micro-area), the kindergarten and the school must become creative communities wherein the contribution of each participant in the common task is recognised. The relationship between children and parents, according to the educational process, will not be based on consumer principles, but rather on the principles of constructiveness and cooperation. Elaboration of the kindergarten and schools concepts reflected by their general mission, should foster children's success and development, as elaboration of curricula, and requirements regarding teaching hours and the evaluation of results is a long-term and continuous process.

New demands of life and considering the new generation of educators and teachers being brought into play, specific intellectual, creative incentives need a variety of approaches and solutions. Individuals should participate an enormous impact and school programmes, but they also need to anticipate and suggest new content, so that more up to date preschool and school systems can be instituted by means of a large number of educational programmes. Students and parents will have a big impact on education policy, but will also have to institute programme which they will have to finance themselves. Kindergartens and schools will no longer be closed off from the rest of society, but will have to become better organised, programmatic and informational, with a personnel essence that connects with other institutions in their environment.

Whatever creative potential children had in kindergarten or school, where they were closed off from the world the need for newer, more creative methods will cause the depletion of an institutions own resources. That is exactly why, there are currently scientific-teaching centres that run pilot experimental programmes in kindergartens whereby the contents, forms and methods of creative work are formed. Cooperation of theorists-researchers and teacher-practitioners, cooperation between educators and teachers and their cooperation with colleagues from other countries, can give additional impetus to the development of the educational system which will contribute further integration into the world educational space.

Numerous conferences and seminars at domestic and international levels consider a wide range of education issues with an eye on the future. Access to education is gradually becoming a dynamic model of education aimed at the future. Multicultural aspects of contemporary education will be discussed, and concrete educational standards need to be set as a basis for curriculum development, programmes and strategies of modern education by highlighting issues which are relevant for the areas of preschool, school and higher education. It is an educational policy focused on the development of creative quality kindergartens, schools, educational and content enrichment 'from school' to 'schools of active learning'. Contemporary views on quality learning are aimed at exploring learning and researching such issues, and most researchers are focusing on improvement, as shown below:

21

- managing the process of reforming kindergartens, schools, and faculties,
- models of education for the future,
- ways to humanise education,
- inclusion in the international educational space,
- kindergarten and school mission, creative kindergartens and school criteria,
- national policy and modern legislative processes,
- preventive methods and ways of solving ethnic, religious, language and other problems,
- the specificity of the approach to creative global education and comparison with approaches in other countries,
- general character of the student as a planned result,
- alternative approaches to creating creative teaching plans,
- basics of building a creative, globally oriented curriculum by subjects,
- principles of creating a methodology of a creative global clock,
- application of methods and development of critical thinking in children and students,
- methodical knowledge about a pleasant psychological climate for effective cooperation between children, educators, students, and teachers,
- characteristics of teachers in the global school, and
- work of experimental schools, etc.

There is significant concern about the growing presence of emotional problems and behavioural disorders in children. Focusing and planning adequate individual and individualised programmes for all children is crucial. The study of undesirable forms of behaviour in early childhood is very important because of the prevalence of aggressive behaviour, by breaking the rules and interfering with the overall functioning of children. Individual children have to make a system for themselves; assisted by the educator/teacher. Teachers/educators have to deal with all the peculiarities and individual needs of children. Problems of behaviour in early childhood can accumulate and cause numerous problems later on in childhood, as well as in adulthood (Yodeler, 2014).

Yodeler spoke about externalised problems, such as various forms of aggression, which tend to gradually decrease during early childhood, but there are many cases where children retain problematic behaviours. He spoke about the fact that it has become increasingly common in recent decades to see an increase in behavioural disorders in children and young people, in our country and around the world. Behavioural disorders have negative consequences and are harmful to children as well as in the wider environment, which deviates from the norms of the usual behaviours for that age, gender, situation, and environment. They can be present on a personal level and in a social environment where they do require professional help. Understanding of disorders in the behaviour of children and young people have made great strides in the last hundred and fifty years.

Behavioural disorders have acquired the status of the problem that deserves special attention from scientists and practitioners, and various forms of behavioural disorders have been identified. A clear distinction is made between behavioural disorders and other phenomena; unlike previously, when they were classified in the same group. A wide network of different institutions and professionals has been developed to investigate orientations that are working on the prevention and treatment of children and youth with behavioural disorders, etc. (Žunić-Pavlović, Popović-Ditić, Pavlović, 2010). A four-year longitudinal study examined children's problematic behaviours and emotional problems from preschool to fourth year primary school grade. Beyer, Poster, Muller and Furnish (2012) found that children's problematic behaviours not only appeared individually but also tended to combine with other problems. That is why it is important that educators and teams in kindergartens and schools receive a significant boost in their creative work; particularly when it is involved with access, development and encouragement of children's creativity, and continued all the way to diagnosis, prevention and treatment of behavioural disorders.

THE CONCEPT OF CREATIVITY

Creativity is the ability to connect two or more separate things, which at first glance appear to be unrelated and then combine them in a new combination. Creativity means solving problems in your own way, and then discovering what was hitherto unknown (Ozimec, 1987). The term creativity, according to many authors implies novelty, originality, motivation, process, ability, innateness, critical thinking, and interaction with the environment (Mail, 1986; Runco, 2002; Kaufman, Bear, 2002; Lumbart, 2002; Plucker, Beghieto, 2002; Beck-Dvorak, 1987).

Man is a complex being. Man's openness towards the world and to himself is determined by his reaction to conditions he finds himself in; followed by their modification, opening-up or resolving of problems, and in turn, noticing and initiating new directions. Man is creative and is the basic starting point of youth education. Creativity is the premise on which the modern conception of education is based. Self-activity, self-initiative, self-affirmation in a variety of environments, areas, and life forms, learning and work, provide the path to a creative personality. Creativity is a very complex issue and as such, requires an intensive study of many scientific disciplines. Therefore, it must be examined and researched, particularly because it involves studying the use of the power and the presence of creative personalities in today's increasingly complex and changing flows of life and social development.

Rogers 1954 (according to Stevanović, 1999) emphasised social needs in the creativity domain. This makes it possible to break away from conformism and stereotypes. It is necessary to create free, creative, and original thinkers. The age we live in today is looking for creative personalities. Miel (1986) considered creativity to be a process whereby previously unrelated things are connected. It is a process of creating new combinations, movements, words, symbols, and ideas, thus enabling creativity to be available to others, visually or otherwise. Torrance (1964) considered creativity to be a process of discovering problems or incomplete information, ideas, and forming hypotheses and communication of these results. It is a necessary step into the unknown. Tjeplov (2000) considered creativity to be an activity that gives new original products a high social value. Guiford (1968) differentiated originality and creativity. Creativity is a more general trait that implies originality, as well as other properties such as flexibility, fluency, and motivation. Fromm (1959) talked about the two meanings of creativity: creativity as first, the process of creating something new, and second, about creativity as a character trait or point of view.

Creatology is a specially founded science of creativity (Stevanović, 1999), which revealed the triad dimensions of creation, comprising creative personality, the creative process and creative product (result, work, act, activity).

BASIC CHARACTERISTICS AND CREATIVITY-DIVERGENT OPINION

Guilford (1968) described the distinction between convergent and divergent opinions. Convergent opinions are arrived at while observing certain limits, within already established schemes and with limited norms, according to a set goal, and opinion usually leads to a single correct result.

Convergence is often used in intelligence tests, where only one answer is correct. Alternatives and surprises are excluded from the answers. Divergent opinion operates within a broadly defined framework, without norms, and features a variety of response options. The imagination and originality of the individual then comes to the fore. Divergent opinion is usually seen among artists, scientists, innovators and in the language of a preschool child. Russ (2004) identified two independent processes that he assumed were related to creativity, namely, cognitive processes and affective processes. Both cognitive and affective processes are needed for divergent thinking. They are the key components needed for creativity and problem solving. Cognitive processes include higher order thinking skills like imagination or organisation within storytelling.

Affective processes involve emotional expression in a story. In facilitating creativity, cognitive processes can be important for stimulating novelty and fluid ideas, while being affective processes that are related to the expression and modulation of content. Cognitive and affective processes relate to creativity, albeit through different mechanisms. Divergent thinking is the ability to generate various ideas or themes (Guilford, 1968). Divergent thinking is practised during role-playing (D. Singer, J. Singer, 1990). Positive relationships between the game of conversion (role-playing) and divergent thinking are supported, independently of intelligence (Hoffmann-Russ, 2012; Kaugars and Russ, 2009; Pepler and Ross, 1981, Russ and Grossman-McKee, 1990; Singer and Rummo, 1973). Dansky (1980) found that the relationship between role-playing and divergent thinking was mediated by specific imaginative games and emphasised the importance of imaginative aspects of the game. The results of a longitudinal study revealed the importance of playing games that were in direct connection with divergent thinking at preschool age and three years thereafter (Clark, Griffing and Johnson, 1989). Cognitive and affective processes, particularly imagination and affective expression in play are directly related to divergent opinion (Kaugars and Russ, 2009; Hoffmann and Russ, 2012; Fehr, Christian, and Russ, 2013; Russ and Grossman-McKee, 1990; Russ and Peterson, 1990; Russ and Schafer, 2006).

Divergent thinking consists of originality, flexibility, and fluency.

- Originality is the ability to produce rare, unusual, distant, and witty responses. The trait predetermines that the person does not behave in the usual, established way, but opts rather to express his own unique style.

- Flexibility is where we distinguish between spontaneous and adaptive flexibility. Spontaneous flexibility means having the ability to produce various ideas in unforeseen situations, high level of abstraction, to discover opposite elements, while adaptive flexibility is characterised by having the ability to change opinions in changed situations, and for discovering new solutions and strategies in a changed situation.
- Fluency is the ability to produce new ideas for a specific time.

Convergent thinking serves to enrich memory and the learning of new things, as opposed to divergent thinking which enables the individual to fully express 'himself/herself' and his/her own way of thinking. It is important that both ways of thinking should complement each other.

Authors Guilford and Lowenfeld (1985) set eight criteria whereby creativity is recognised. Dalton, (2004) also identified eight processes that contribute towards the function of development creativity. Special variables are given for cognitive functions; especially for affective processes, but their integration into teaching time is important for the successful development of creative learning.

These are:

1. Sensitivity to problems, which is manifested in one's ability or in the sensitivity we perceive in things and in people; who exhibit special features and characteristics, whereby, in a good and in a bad sense, they

move away from others like them. We notice unusual situations and relationships, and then we ask ourselves about things and people and their relationships, even when, seemingly, others do not see relationship and connections.

2. The ability to maintain a state of susceptibility (receptivity) is to easily receive impressions and ideas that come to us from the outside, and to respond to them and maintain numerous contacts with them. We possess numerous associations, preconceptions and possibilities of answers.

3. Mobility reactions to external impressions and experiences; meaning the ability to adapt to them quickly, to make them easy to follow, and to change the way we think and behave when the external situation also changes.

4. Originality that is considered the most precious feature of creativity is the ability to express a purely personal response or expression to external stimuli.

5. The ability to reshape and use objects of behaviour differently and the ability to familiarise ourselves with materials and then find alternative uses for them.

6. The ability to analyse and abstract information. It's about parsing one syncretic perception or experiences in its parts and make observations of fine and finished imperceptible details. That ability goes from intuitive to strictly rational reactions, especially when it is about knowing people and their behaviour.

7. Synthesis, being the ability to connect parts that will metamorphose into a new whole, a new meaning, or give a new form to objects or thoughts.

8. Providing a coherent organisation, with the help of which man can harmonise his thoughts, his sensitivity and prime these elements with one's own personality. In artistic creating it is often economical to use unusual materials to express an idea (Supek, 1987).

Torrance (1972) stated that male and female children are equally creative. He stated what behaviour should be like to not stifle a child's creativity. That is why it is important to:

- Respect the child's questions and lead them to find the answer, to their questions,
- Respect the child's unusual and original ideas as well as strive for the child to discover their value,
- Show the child that his ideas have some value,
- Give children the freedom to work,
- Do not criticise them, and
- Not make judgements about the child's behaviour without an explanation/cause-and-effect relationships.

CREATIVE PERCEPTION

Creative perception is a necessary component of creativity. Educators and teachers will train their students in careful and prolonged critical observation and collection of data. Also, a wealth of ideas is important for creativity. People who create many ideas also have greater opportunities to succeed in certain creative activities. The research begins with the question of the problem. A search for an answer may produce ideas that have a good foundation, but they don't always do so. It is important that there should be a larger number of ideas to make it easier to find the right one which will allow for further research that could then lead to the right goal. Educators and teachers are often used to convey information that they can then convey to students without ambition for a freer approach to the topic, without giving complete freedom to student invention, imagination and openness toward creative communication in the relationship between self and student (Stevanović, 2006). The phenomenon of creativity should be embedded into the system. This is parallel education within extracurricular activities; hence it was named parallel education. There are numerous centres, clubs, societies, groups, alliances, and other social, scientific, technical, artistic organisations that include education in their scope of work and youth education.

Emotions are important in creative work. Emotions are psychic experiences that express a relationship with someone or to something, which in the creative process means a subjective relationship, according to the object of creation. With such a subjective relationship man expresses an appreciation of what he creates. It is usually said that creative works are the fruits of the heart and mind, because, according to widespread belief, the heart is the seat of emotion.

All progress, achievements and discoveries have been achieved through creativity. Everything is based on creativity. What would we do without it then? Creativity is an elementary starting point in the education of young people. It is in line with the needs of all children. Therefore, it has been proven that through planning and professional work, teachers, and educators can successfully develop the creative abilities of children and students, they just need to be noticed in good time and then further developed and perfected by the use of selective strategies.

Parents' attitudes toward child labour can be affected positively, which they find to be stimulating for the child and vice versa. If parents pay enough attention daily to their children and control them, the children will encourage creativity and freedom and make it satisfying and important to themselves. If parents suggest hobbies and make good choices of curricular and extracurricular activities, and the child chooses for itself, it will help the child in his creative development. If the parent has an aesthetic culture of living, and owns galleries, attends theatrical performances, and sports performances, this will help the child as he or she develops better informed tastes and initiates children's propensity to pursue such activities. The space in which the child lives is also important; such as how tastefully and creatively it is arranged (paintings, books, musical instruments) how it is lit and decorated and that it is not overcrowded with unnecessary things, and painted with beautiful pastel colours.

The modern family has an extremely large role to play in training and preparing students for continuing education. Family dynamics are complex social phesnomena in which everyone has his or her own special place.

Today, it is believed that school educates more successfully if the family plays its part. Although education and upbringing are necessary integral processes it is important that the family provides the child with guidance. Parents should inculcate good values and take their parental responsibilities seriously regarding discipline, knowledge of how work should be done. They should teach their children the value of having a good work ethic despite the fact that work does not usually provide rewards immediately. Later on that knowledge and responsibility can be applied at school and later at university, as well as in the professional world.

A child's family can introduce the child to the world of culture and provide him or her with exposure to art exhibitions, concerts, theatres, museums, bookstores, reading rooms, and enrol their children into a variety clubs, and societies. This will encourage children's curiosity and lay the foundations for building young creative individuals eager to explore and experiment. It is necessary to provide a positive example to children. It is also important to get children used to making plans. It is important for children, especially students, to have their own space, especially for learning. They need to have a constant regulated time of study, homework, rest, nutrition, recreation, and sleep; as well as for cultural, sports and entertainment activities. A child's family provides the child with its first knowledge about the world. That knowledge, unlike what is taught at school by means of books, computers etc. is created as a work in progress through the family's daily life activities. Family upbringing is more successful if family relationships are harmonious and where a proper division of responsibilities is carried out.

Parents are often unaware of how much a proper upbringing influences their children's future family. That is why the responsibility for bringing up children is often passed on to the child's kindergarten and school, or alternatively, the parents expect the child to grow up themselves, by using their own initiative. Modern families are not sufficiently educated on how to raise a child in the face of new opportunities in the world that is characterised by rapid socio-economic changes, and a continuous media onslaught. Increasingly I see children who have been seduced by addiction, violence, and the like. Therefore, families should provide guidance and assistance to their children in respect of such behaviours. Children who have developed good working habits often achieve greater results than those who have no work habit. A child can only become a creative person, characterised by originality, flexibility and with divergent thinking if given guidance and support from their elders.

Creativity is deeply motivated and is always focused towards a goal. That is why it is so important to teach children to eat properly, wash themselves and dress well. Parents most important job is not to feed, wash, or clothe their children. It is more important is to educate them, and not just to act as a servant to them.

A HISTORICAL OVERVIEW OF DEVELOPMENT AND CREATIVITY AND THEIR INFLUENCE ON RAISING A CHILD

It is interesting to investigate who, or what influences the development and shaping of the character of a small child. When we refer to character we do not mean temperament because temperament is considered as an innate trait, and character is built from one's earliest childhood onwards by gathering different experiences.

The literature related to this topic, shows clearly that character building and general child to human development are affected by several factors. It was once thought that those factors were the main and decisive agent influencing the development of individuals and families, but today's modern world, with all its advances in technology, as well as a number of other educational factors, especially mass media, comprising the internet, television, newspapers, computers play a huge role.

Today, educators and children have a huge influence on contemporary creativity, as well as in the process of development. Under the heading of contemporary creation, computerisation has the greatest influence. With the advent and enormous growth of computers, educators and parents are no longer regarded as having the greatest impact on the development and education of young people. 'The modern world is exposed to great contrasts between local, regional and global, individual and general, positive and negative, traditional and modern, thus accelerating the development of knowledge, while having limited human potential, to understand, accept and creatively apply it'. Therefore, the educators themselves are forced to submit to the greater impact of educational technology. Scientific and technological breakthroughs are constantly contributing to the globalisation of science, technology, social relations and building multi-ethnic and different cultural communities.

CONTEMPORARY CREATIVE
LEARNING FOR CREATIVITY

We are faced with increasingly poor alternatives in the expression of a full and joyful life. We are increasingly susceptible to the unexpected action of extra-human and inhuman forces of individuals. Regarding having a macroplan and a microplan has increased individuals to doubt their own future. Destructive and self-destructive complexes are increasingly threatening modern man. We are witnesses to the fact that technical progress progresses much faster than the enrichment of the human being and constantly accelerates in creating and perfecting software that can be used to destroy people in many ways; thus threatening man's existential and creative activities. Technology has brought humans to the point where they have to face the fact that life has now become a struggle for self-preservation.

Man has the quality of "openness" which contains two dimensions: horizontal, meaning man's relationship with the external world, and vertical, meaning one's relationship with one's own situation. However, man's "openness" towards living in modern conditions is constrained, limited, and reduced. His 'openness' to the outside world is no longer feasible because of his preoccupation with merely trying to fight for his own survival. He cannot shelter behind his power of the 'great', nor can he have psychic peace in the sense of rationally and emotionally self-organising himself because there are external destructive elements that are stronger than his inner processes of mindfulness. Consequently, he is forced to exist in a state of convulsions, restraint (and sometimes 'explosions') disbelief in his own strength and disappointment in the environment and outside world.

This is why man remain homo sapiens (reasonable man), and sometimes acts as a homo faber (a human bidet that serves as a tool, and is least likely to be a homo creator). Creative life is a sign of mental health, and how can it develop if health is compromised? German pedagogue T.W. Schultz (according to Stevanović, 2003) said: 'The future of humanity is not predicted by space, energy, and arable land. It will be determined by intelligent develop-ment of human capabilities.' That's fine, but intelligent development of human capabilities should be achieved. The "Hamlet question" now reads: 'how to improve life by knowledge and creativity when the belly commands: bread, bread master...' Where is the signpost to the future? You should recall a Latin saying: 'Post nubila Phoebus.' After the clouds comes the sun. In this sense, perhaps a positivist negativistic education of present meaning is needed to transform into a futurological education based on intercultural education, the right to express di-versity, multi-confessional views, universal values, tol-erance, respect for others and values of moral and cul-tural dimensions of education and on learning to learn. Education has the current function of helping in the birth of the new humanism based on ethics, knowledge and respect for the cultures and spiritual values of dif-ferent civilisations.

CHILDREN'S CREATION

Children will show creativity not only through games but also by making various toys on their own. Children's creativity implies active involvement of children in independent and collective (joint) artistic activities. Children don't want to become educated so they are only able to admire other people's achievements. They would rather create something by their own efforts and according to their individual abilities and dispositions. In doing so, the children will draw, model, perform plays, play an instrument, edit wall panels with pictures of their own production, compose albums and collections, participate in their own programmes at ceremonies and events, set up exhibitions, dance and edit and decorate the performance space. Music in preschool education has an exceptional value. Educators should stimulate the spontaneous musical expression of each child.

At the same time, the educator identifies specific musical goals for each child, in accordance with his dispositions and achievements, his level of general musical development, with the help of music, to express their needs, ideas and feelings in their own way. Early shaping of the habit of listening to music, nurturing their aesthetic voice perceptions and their abilities of aesthetic assessment and expression, will increase the child's general sensitivity to the aesthetic value of everything that surrounds him or her. Even a person who has never tried to play or sing can completely understand music and find diverse value in it. (Jean Jacques Rousseau asked his Emil to invent songs and sing staying in nature and in the fresh air). Children in nature, but also in the studies, can play a variety of musical games, such as exploring sounds, distinguishing them, playing with rhyme, free dance improvisations, musical games with a song, musical dramatisations, ballet improvisations, etc. Such activities shape children's creativity and are diverse in both content and form.

Therefore, we have:

- creative games,
- body games,
- word games,
- material games,
- mobile games,
- mathematical games,
- music games,
- puppet games,
- drama/stage plays,
- art games,
- dating and liberation games, and
- counters.

DETERMINANTS IN EDUCATION PRESCHOOL CHILD-CREATIVE PERSONALITY-PROCESS – THE RESULT

A Creative personality

A creative personality denotes a unique organisation of psychosocial traits which characterise the individual. It is expressed objectively in behaviour and other manifestations, and in subjective awareness of self, or individuality. Personality development is a complex phenomenon, it develops gradually during a complex and lengthy process. Personality development is influenced by factors such as heritage, environmental factors, and self-employment.

The goal of education is to cultivate an independent creative personality. To build a creative personality, the child should build an attitude of independence, freedom of choice and autonomy. A creative personality constantly builds opinions that lead to the resolution of problem situations. She manifests her creativity in all areas of human life and works in the form of cultural, educational, scientific, technical, and other spiritual and material products. That implies experimentation, research, problem solving, discovering new and unknown phenomena, finding new solutions and answers, painting, drawing, modelling, and dramatisation. One can only talk about creative work when solutions are found that are not simply copies of one's own previous solutions or someone else's solutions, so, therefore, creative work needs to have

43

some general social value. Individuals must endeavour to solving problems by bringing something new to the process, and solve problems in a new way.

Creativity is a specific cognitive activity that results in new, thoughtful activity that is directed towards what could happen, not what already is. There is a need to find as as many and diverse workable solutions. Creativity in education can be understood as the creative process and the result of that process is training young generations for independent creative work. Thereby, the abilities of young people can develop, including psychophysical abilities; in a well-organised educational process with adequate methods and didactic means, all with an absence of emotional and behavioural problems that plague children and the youth. That is the way education is realised daily in many different places, such as in educational institutions, kindergartens, children's homes, schools, in the family, among peers, and in society.

What determines the kind of education that will be realised, is a creative person. The result of such (creative) an upbringing is a fully constructed individual personality, with aesthetic, physical, creative, working and ethically qualities. Developing creative ability is an important prerequisite but is also a consequence of well-organised activities.

Creative problem solving and problems in all subjects can help develop creative abilities.

Instead of learning ready-made insights and facts, and practicing those insights in the same way, creative programmes should help to encourage children to explore and acquire their own new knowledge to be mentally activated more intensively.

Thus, they acquire knowledge on their own through their personal work and commitment, and they replace simply learning by remembering.

Creative individuals have the following characteristics: independence, emotional stability, rule avoidance, orientation towards practical action, a propensity to take risks, self-confidence, constant research, independent decision making, insight, curiosity, an elevated level of motivation, originality, and good observation. Creative students are recognised by their ability to produce a wealth of ideas, and an ability to find alternative solutions, thinking about detail, showing curiosity and a sense of the need for research. They tend to ask many questions, like to experiment, don't like routine work, and show a quick ability to switch from one way of solving problems to others, to change orientation and opinions, and show their ability to develop a plan.

CREATIVE PROCESS

The creative process takes place in several stages: gaining experience, knowledge transformation and evaluation. it contains initiative, data combining, combining concepts and discovering their meanings, finding different thought processes, production of unusual original ideas formulating creative problems during work and redefining them as needed, breaking down of more complex problems, seeing, developing and defining creative hypotheses, development of self-instruction programmes, problem analysis, question formulation, prediction, cause-and-effect, combining and rearranging facts in new forms, discovering and finding new meanings derived from data, critical appraisal, truthfulness and assessing the value of the material studied. It also includes linking different data in the material, changing opinions, putting data into new relationships, and discovering a new system of rules, compiling different and original tasks, changing principles in problem solving, planning new experimental projects, etc.

Creativity is an elementary starting point in the upbringing of young people. They are children by nature and are therefore always open to new experiences and they never reconcile with existing knowledge. They prefer movement rather than rest, research and checking rather than uncritical and conformist reception of finished data. Educators and teachers have a great responsibility for identifying the scope and types of creative potential of each child and student which goes beyond developing scientific paradigms. Creativity has its own beginning which is contained in the creative personality which enters divergent productions in the creative process and produces new original solutions as special products that have ether a personal or a wider social value. The world of the future is a world of change. changes are hypothetical in nature. Fluency of ideas, flexibility and alternative approaches in problem solving will be the basic labels that identify human futurity.

CREATIVE RESULT

Creativity, refers to human potential and the need to express what is naturally present in every child. Children focus primarily on the process, not the result of their creative activities, to reform and express personal expression towards the world around them, which makes a child different from an adult or an artist who consciously aspires to produce a product. The result of the creative process is not just a product of children's invention, creative spirit, perseverance and skill, but is reflected in their personality; in the way they experience the world around them, and their aspirations, thoughts and feelings. Creativity is the making of an original product that has a certain market value and is socially recognised. It can have both psychological and material value.

In almost all products of creativity we observe an emphasis or a discipline that attempts to extract the essence of something. It impacts a certain person. Each individual in his or her own way relates to the creative process, to the environment, to the world, to reality and that is where final creative results come from.

The elements of a creative product endeavour is:

- A feeling expressing "eureka" – when a creator has the feeling that he or she has discovered something.

- anxiety about isolation – every creator feels alone in what he creates because while others may be pursuing the same goals they might not even be really trying, and he or she wonders if he or she is right, or alternatively is simply lost or deluded.
- A desire to communicate – creators are after something and want to share their realisations. That is the only way to calm their anxiety about their isolation.
- We come to the creative product; It involves:
- Selecting, highlighting, emphasising and to try to produce the essential, to arrive at the feeling that something new has been discovered.

The functions of a creative product are the perceptions of life, the behaviour/s of the organism and the satisfaction of internal needs.

The creative product, personality and process signify a unique and an inseparable system of human existence. He or she is a creative person, the main driver of the creation of work. The creative process connects the person and the product and produces the results of that person and their process. The creative product is the result of the thoughts of the creative process, it is original and applicable, and often contains even the simplest solutions.

The criteria for measuring the degree of creative result are:

1. Novelty (originality), and
2. Validity (application in practice or theoretical stability ideas).

The products of creativity are created and are the starting points of a further creative process. It is something tangible, new and has value, and secondly, is also psychological in nature.

SCHOOL AND CREATIVITY

Children find everything in nothing, and people find nothing in everything. (Giacomo Leopardi 1798-1837, Ian Italian poet) Because children are naturally curious, playful, and lively, coming to school should not interrupt that process, but instead, should direct it in some other direction; but the opposite is happening.

Going to school, in fact, may be interpreted as an interruption of children's playfulness and creativity that they themselves are not aware of. To improve this situation, modern pedagogy, Creatology and didactics are attempting to find innovative solutions for providing a better quality upbringing of the child. Children in schools must have the opportunity to express themselves through various activities, in the sense of creating something new, expressing their own thoughts and feelings. In this way, the school will succeed in structuring and developing the child's personality. Instead of being suppressed the child's desires and creativity that he carries along the way he will want to be even richer and more.

Creativity in school requires security, love, trust, and recognition. The child needs to be instilled with confidence in the world and the desire to discover everything new of the unknown. In this way, the child can individually, independently or under the guidance of another person develop as a complete multifaceted person trained for divergent (creative) thinking, research, creative behaviour, organised creative process and valuable creative work. The school can be naturally stimulated if the school environment is such that it is permissible for the child to ask questions and to be open to new ideas, to a high level of trust and the possibility of learning from mistakes and failures (Trilling, Fadel, 2009 according to Pringle, 2016).

Creativity – like human life itself – begins in the dark. We must accept that fact. We often think only in the environment of light: "And a ray of light pierced me, and I saw!" However, such rays of insight can also be blinding and also such bright periods are preceded by periods of dark, torturous plunging into oneself. We usually talk about ideas as children of the mind. In doing so, what we do not realise the fact that children of the mind, like children, must not be born prematurely from the womb. Ideas are, like stalactites and stalagmites. They form in the dark interior cave of consciousness. They are shaped drop by drop, not like stone blocks that stack on top of each other to form solid structures. We must learn patience and wait for ideas to mature.

if we compare the notion of ideas to gardening, we have to realise that we do not have to uproot ideas to convince ourselves that they are really growing. Scratching on paper at random is an unartistic art form. It's fun. It's a way whereby we allow ideas to gradually take shape. Until that moment when they direct us to a source of light. Too often we try to control our ideas instead of letting them grow organically. The creative process is a teaching process. It's not just monitoring. That secret is at the heart of creativity. It's a surprise. It often happens that when we say we want to be creative, by that we mean we want to be productive. Being creative really means being productive, but only by collaborating with the creative process rather than forcibly encouraging it and then strictly supervising it. When dealing with creative channels we must learn to believe in darkness. We must learn to surrender gently, not compete with the process like operating a small machine on rails.

Scratching on paper can be very daunting. "I never come up with the right ideas this way," we say because we are frightened; and then we wonder what we are achieving. Generating ideas resembles baking bread. An idea must emerge. If you are too talkative at the outset and if you constantly check the flow of the process, the idea will never spring to life. Bread or the cake we are baking must spend enough time in utter darkness. If we open the oven too soon, the bread will flatten or collapse in the middle because a torrent of fresh air and light suddenly penetrated the darkness.

Creativity requires patience. That's how the best ideas sprout. Let them grow in darkness and secrecy. Let them form on the root of our consciousness.

CREATIVE OPINION IN CHILDREN

Creative thinking is a new way of building man's mental circuits, and it leads to discovery, invention, experimenting, imagining, and researching. It is contained in knowledge, but more than that, it is a new organisation a personality that includes feelings, cooperation, and initiative. Already in preschool you can make rhymes and verses, transforming smaller words into larger ones and collecting interesting words about someone or something. In addition, children will produce their own ideas and create various games, and will change situations (events), names and rules in existing ones. Help games are being devised today, that use different material and are played according to new tasks and rules.

Children need to be prepared to look for tomorrow and for new encounters with the unknown. This is not only achieved by facts and instructions. It is a new call that will activate minds. Children need to learn to think, to find, create, suggest alternatives, look for different ways of achieving goals and solving problems. It's all part of finding independence, tolerances, and actions in individual and group activities.

When we prepare children for the future, then we must teach them to think creatively while optimising their inner fulfillment. Creative development is not a side issue, but rather a system of procedures to use for developing creative thinking. It's a bipolar process that connects internal and external influences.

All children come into the world with creative potential, which is essential for their future creative development. Unfortunately, the release of that potential has not been fully elucidated, so it is difficult for practitioners to cope. The naturalness of the message is reduced, and as the child gets older it suffocates. A stimulating environment, family, kindergarten, and school, are all important determinants of the development of children's creative potential. Such an environment ensures the child's safety, warmth, enthusiasm, and support. It enables cooperation both between children and between children and teachers for the purpose of simultaneous and common learning, while respecting individual differences. A proper choice of activities encourages original work in children. The child's position is not limited by anything. Teachers devise appropriate questions and selective activities arouse curiosity, research and manipulation of ideas and materials. Different concepts about how children think are explored and thereby new strategies are adopted to encourage creative thinking. Strengthening the production of ideas is more beneficial than the simple consumption of knowledge.

Children's activity springs from their internal structure which in turn, rests on genetic structures. From this arises children's initiatives and setting of a goal to be achieved. Teaching should meet individual needs and interests and encourage flexibility in style of expression. Educators are brave, they delight in progress and attach a minimum amount of importance to mistakes.

Mistakes are a much needed and expected part of learning. They allow time to think and lead to bold children's creative ideas. Creativity is based on the choice of a teacher's appropriate motivational components. Guiford (1967) singled out the following motives:

- the need for curiosity,
- striving for success,
- inner satisfaction with creative work,
- striving for new answers and desire or diversity, and
- orientation towards independent opinion.

In young children, innate motivation is especially developed and reflected in the attractiveness of an object or situation. A situation can stimulate a creative work that leads to self-actualisation, which is the highest motive according to Maslow (1982).

Children are always exploring something in search of the unknown and mysterious. Anticipation of pleasure is an important driver of activity. A child loves to work just as well as other children, and they all declare that when they grow up, they become teachers, firefighters, police officers, doctors, etc. which thus shows a desire to achieve a distant goal. For starters, teachers can pose questions and then turn the answers into beneficial exercises, e.g., what would happen if the sea covered a new half of the Earth's surface? how the animals would feel when the sun shone for twenty-four hours? how would I feel if I had wings and could fly? The process of child development takes place as already explained in the cognitive and affective areas. Opinions derived from the ability to be creative are reflected in oral speech, cooperative learning, effective relationships, and effective development.

There were various indicators of children's creative achievements in the past age. First and foremost these are all independent works of children, especially those that children have imagined and made themselves, without any role models. They will primarily be artistic achievements, and at school level, children will have specially assigned homework, literary compositions, songs, technical constructions, independent production simpler projects etc. There will also be some who seek the distant, when given the original, and witty answers. Torrance (1965) developed a battery of tests that examined the ability of creative thinking. These are individual and group intelligence tests, teacher assessments of creativity behaviour, achievement tests, creative tests, opinions, independence, giftedness, ambition, and motivation. Criterion creativity is perceived through tests that measure different abilities of creative thinking. Using ability, both processes and creative personalities, are measured.

People are genetically endowed with creative codes in some areas of culture with either weaker or stronger intensity and several types of creative dispositions. Preschoolers have unsurpassed creative impulses, which show a variety of activities, which are expressed in play, movement, music, stage drama and art. These potentials need to be further developed using scientific paradigms; while keeping in mind the settings from whence they came, as a new and special scientific discipline, in kindergartens and schools.

CREATIVE IMAGINATION

Creative fantasy (imagination) is an important determinant of creativity. Imagination or fantasy has long been a European tradition which was considered as a dubious human ability; a "demon." artists. Imagination was seen as being at the lower end of children's characteristics. More recently, creativity that arises from imagination, is no longer despised. On the contrary, it is considered as showing supreme ability. Imagination is often a trip into an unexplored area and is the main ability common to all visionaries.

Creativity is the ability to imagine things and phenomena that do not exist. It is the ability to imagine objects, persons and situations a variety of combinations based on imagining connections and relationships. It's about connecting notions or elements of old experiences in new combinations. Barron (1969) saw the advantage of imagination in seeking originality in art, given the possibilities of inventing new combinations. Rossman (1976) pointed out that imaginative behaviour is reflected in spontaneity, to a degree that separates it from visible data and the quality of the topic covered. We invent non-existent characters in our imagination; we move through space and time. Simply put; what is impossible according to reason is possible to the imagination. It is necessary to distinguish creative imagination from vain fantasies. The greatest creators were and are free-spirited, playful, and sometimes childish. The simplest forms of imaginative creatures are, for example, a mermaid (the upper part of woman is connected to the rear part of a fish), the sphinx (female head on a lion's body), the centaur (human head and chest connected to a horse's body). Of course, imagination is the "eye" of ingenuity. The extent of the existing world goes way beyond human logic, as imagination can expand and multiply it to infinity with imagination.

Creativity plays a special role when imagination is given free rein. High level anticipatory imagination allows for creativity to boost scientific endeavour. The Psychologist Osborn expanded the idea that creative imagination helped by practical adaptation, can modify concepts, produce new ideas replace outdated ideas, rearrange, and reverse and combine concepts to form new solutions. The 'search' model anticipates solutions and provides for new ways of doing things. New concepts start with an idea that is formulated in the imagination, and then goes from the general to the specific. Search patterns free a person from objective determinations and realities, which then lead to new and unexpected solutions. Imagination is achieved freely and by means of spontaneous association and fabrication. Its role is seen in invented characters, events, and situations.

HOW TO RECOGNISE
CREATIVE CHILDREN

Recognising creativity in children is a new concept because creativity was previously not believed to be beneficial to children at the kindergarten stage. so great opportunities for creativity in kindergarten and in everyone's teaching technique were lost. Prior to that, education was represented by convergent and logical thinking at the expense of divergent and artistic creation. Only recently has the true meaning and need for affirmation been discovered. Creative thinking offers original solutions to problems, richness, strangeness, breadth of ideas, finding new features and relations, fluency of ideas (more ideas under certain conditions) and flexibility of opinion and approach, to solve problems.

Methods for recognising creative children and students are:

Every educator/teacher should be trained in identifying creative students to make them more successful thus allowing them to express their creative impulses. There are several indicators which can identify creative individuals, namely:

1. They solve tasks in an unusual way.
2. They invent unusual and surprising solutions.
3. They produce new ideas.
4. They propose solutions for controversial situations.
5. They like to explain things with a drawing (schematic).

6. They communicate skillfully with text, numbers, and drawings.
7. They fully immerse themselves in creative problem solving.
8. They include analogies and conclusions when solving tasks.
9. They like to collaborate on project tasks.
10. They show initiative and ire enthusiastic about tasks.
11. They propose ideas and alternative solutions.
12. They are prone to using humour and making up jokes and original stories.
13. They do not give up on solving problems.
14. They ask questions and suggest alternative answers.
15. They show openness to research and experimentation.
16. They show their ability to abstract and operate abstractions.
17. They demonstrate their ability to reason, based on intuition.
18. They show an ability to generalise and find similarities in different things.
19. They show their ability to find original solutions.
20. They participate in competitions.

Bronowski wrote in (1973); saying 'there is no absolute knowledge. Those who claim to have it, whether they are scientists or dogmatists, open the door to tragedy. No information is perfect. We must treat them with humility. It's human destiny.'

Why is this statement important to us? – for the simple reason that it directs us to a transparent approach to student answers; and that means following every student's reaction and treating all students with due respect. It is the best method. We cannot create creative children. Students determine results only according to their intellectual abilities, on the basis of their other characteristics, such as: dedication to work, temperament traits, interests, views on school and life, strength of ego and emotional stability, their degree of impulse control, having a propensity for abstract thinking, self-sufficiency and self-confidence, development of creative attitudes, focusing towards spontaneous creative problem solving and openness to new experience, courage in research, independence in judgement and opinion, intuitiveness and introversion.

It is important that educators and teachers only help children through mediation. They cannot offer them ready-made knowledge, rules, and definitions. In mediating children, teachers must include children's expressions, procedures, cultures, ways of cognitive reasoning, affective and physiological expressions, and they must be confident and show patience in interactive multidirectional communication.

CREATIVE EDUCATION

'For the upbringing of a preschool child, it is important to know that he or she is a child and thus is qualitatively different from an adult, and that preschool age is the foundational period of human development, wherein the child manifests and develops his or her basic specific characteristics and physical and mental capabilities.' Development at that time determines the scope of overall development in adulthood, and much depends on the conditions and influences of the environment, and the activities of the child. Development shows how important the specific tasks of preschool education are, compared to the tasks of education at a later age.

Among the predominant specifics of preschool age, it is possible to single out important human, especially creative possibilities of the child, such as, among others:

- A curious, active, creative attitude of the child towards environment.
- Complete (complex) forms of perception (through all sensory modalities) and imagination (imaginations, fabrications, imagination).
- Development of speech of the basic human form of communication.
- Development of sociability, empathy, and self-control, which along with other consequences and traits it allows the child to adopt behaviours in harmony

with some of the basic demands of community living (Socialisation).
- Sensitivity to music, poetic word, different forms expressions, etc.

The basic role of preschool education is to contribute favourable overall development of the child's personality and the quality of his life (Proposal of programme orientation of education and education of preschool children, 1991).

CREATIVE FAMILY EDUCATION

The child's closest environment is the family, in which he acquires his first wishes and habits of creation. Parents have a big and sensitive role to play in childhood. What is important is their tolerance, kindness, indulgence to a certain extent, and above all love and attention. Parents' attitudes toward child labour can be very influential and stimulating, but also vice versa. If the parents pay enough attention to their children's behaviour daily, and control it judiciously, the children will be encouraged creatively and will enjoy freedom of expression, and will be more satisfied and will attach importance to themselves and their behaviour. Parents and other relatives should instruct their children in proper behaviours towards other family members, peers, neighbours and in general towards all persons with whom they encounter daily or occasionally. The family is a closed unit with the three most important members, namely;

The mother – who embodies care and love, is a bearer of joy, comfort, and other qualities that are especially needed for fostering social health in a small child.

The father – the bearer of true authority, is full of experience and life wisdom about life.

Children – are the bearers of hope and the prolongation of life.

Family life may be characterised by several basic divisions: the atmosphere in a family is warm and friendly, or cold. relationships of intimacy and trust prevails in the family, or there is alienation and mistrust between the parents and the children. The children will either agree and understand their parents, or will disagree with them, and will say that their parents strictly control them, or do not control them. Parents may allow their children to be independent, or they may not. Parents may often and willingly cooperate with their childrens' school, or may avoid cooperating with the school altogether, and come into conflict with it.

CREATIVE EDUCATION IN KINDERGARTEN – POSITION OF CHILDREN AND EDUCATORS IN THE PROCESS OF EDUCATION

Kindergartens are institutions for the upbringing of children, which take great care in providing complete and proper psychophysical development and the socialisation of children. Working with children must be aimed at creating conditions for children's play and practical activities. It is therefore necessary to ensure that there is adequate space, time, means, contents, etc. and above all natural and spontaneous interaction between children, and educators. Family upbringing is the first upbringing a child receives as soon as he or she becomes aware of himself or herself, objects, the person, and the environment he or she is in. The child's departure to kindergarten does not diminish in any way the meaning or importance of family. On the contrary, the best results will be achieved when parental and preschool education in kindergartens are supplemented or assisted (not replaced or excluded).

Educational action depends on the educator and the pupil. They are equal partners. Educators do not play the role of objects. They enter the educational process and in turn they condition and determine the process. The pedagogical relationship between children and educators must be based on mutual recognition, appreciation, and respect. The educational process presupposes a constant relationship of the educator to the subject, i.e., the educator's relationship with the child and vice versa.

The educator is primarily focused on monitoring and encouraging the development, upbringing, and education of children. The educator allows and encourages the children's spontaneous and creative behaviour, organises space, communicates with the children, develops children's spontaneity in expression, allows the child to communicate with the rest of the children and implements an elastic organisation of work within the kindergarten.

The educator plays the roles of organiser, coordinator, motivator, forecaster, researchers, partners, etc. Given that kindergarten for the child becomes another place for socialising, play, creativity and learning, the educator's role is more demanding, complex, and very responsible. The educator is in constant agreement with children, accepts their initiative, rejoices in their activities, attempts and successes, encourages them to address problems, to look for answers on their own, encourages their curiosity, diversity, unusualness, originality and independence, helps them not to experience failure and mistakes as discouragement, but rather as a challenge to new attempts.

The educator is the child's greatest role model, along with his or her parents he must be aware that his entire personality and behaviour affects a child's development and cognition. An educator must meet the basic needs of the child and preserve his or her health, to satisfy his needs for security, tenderness, and love. It is important that the child listens daily to music, at nursery age. Educators need to be creative, but they must understand that they are not just transmitters of knowledge, but they are the ones who must succeed in awakening creativity in children. The educator should the child's questions with respect. The child's curiosity needs respect and development. The time that the child spends in kindergarten is where his creativity should be awakened. Also, topicality can encourage creativity. If the basis of the educator and the child is creativity, then creativity should experience new vistas and forms. Children at work need to feel pleasure and joy. The level of trust in a child depends on our implicit pedagogy, about that invisible reality of the garden that constitutes the values and beliefs of educators (Slunjski, 2015). This means that we first need to define the way in which we operate within kindergartens, at all levels of education. This is possible only with constant criticism and questioning one's own implicit pedagogy and respect for the postulates of social pedagogy. Exactly from that the importance of the role of educators is especially emphasised.

In the very structure of the space, the educator makes known what picture or theory represents the child, his learning, upbringing, education and that which is applied in everyday work (Miljak, 2009). Walking toward changes for the stated reason the context is essential, that it is organised by the centres in which children can organise their own activities. Self-organised activities are part of the educational process which should directly tell children how we perceive them as intelligent, competent, and prudent persons (Slunjski, 2008). Creativity finds fertile ground when there is coexistence of certain conditions: the presence of materials that offer more possibilities of use, research opportunity, experimenting and reflecting over time and the presence of an adult who can make appropriate environments available. (Gariboldi, Cardarello, 2011)

Think of a caring and supportive family – that's right, a garden should also be conceived, like the big house in which they live children and adults. In such an institution the foundations are laid on a democratic basis, which includes each other respecting and achieving reciprocal communication of all participants. In the educational process (Miljak, 2009) NICHD ECCRN research (2002, 2005; Belsky et al., 2007; Vandell et al., 2010) this primarily shows that the veda is total quality of institutionalised preschool education associated with more developed pre-academic skills and knowledge of children's language acquisition in preschool age, and more developed cognitive abilities and better results on tests in primary and secondary school. Children should be encouraged to think about the given "problem", but not direct their creativity towards their ideas, rather than allowing them to create themselves unhindered. It is important that a child in kindergarten and other forms outside the family life has opportunities for successful establishment and expanding emotional and social ties, quality relationships with adults and children in the immediate stimulating environment. In such an interaction a child can develop several types of activities, such as:

- Life practical and work activities related to biological needs of the child such as: childcare, undressing, dressing, self-service, housework, care of plants and animals, making toy items, etc.
- Various games – functional, symbolic, games construction and construction of games with rules, etc.
- Social and fun activities – socialising with more children and adults, parties, festivities, walks, so-called performances, etc.

- Artistic observation, listening to interpretation works of art for children, picture books, art, literary, musical, stage, film and other works various expression and creation of the child – singing, playing, drawing, painting, modeling, building, construction, speech, stage expression, expressing with overall motor skills, dancing, etc.
- Research knowledge – research manipulation of objects, observing, getting to know something or someone, walks, visits, meetings with different people, creators, research activities in in a narrower sense – revealing and simple experimentation, practical and verbal solving various problems, intentional learning and practicing procedures, behaviours, rules, etc.
- Specific activities with movement – physical exercise, swimming, sledding, skating, cycling, skiing, etc. (Proposal of programme orientation of education and education of preschool children; 1991)

A child's efforts to always find new things and solutions should be appreciated in a situation. To achieve this, personality the educator must be at an appropriate creative level. Creativity is planned, organised, directed, coordinated, encouraged, valued and controlled. The child needs to be constantly encouraged.

The educator needs to create situations that will encourage creativity in child labour. These should be special conversation techniques, motivation, clear tasks, and good working conditions (place, resources). Creativity can be encouraged in other ways as well. First it should emphasise the willingness of educators to have highly respectful attitudes toward the child's unusual issues and ideas and to develop their curiosity. They would then consider the following measures:

- encouraging initiatives,
- encouraging a variety of approaches and solutions, and
- Relieving the fear of mistakes.

Children who feel joy, pleasure, in kindergarten undoubtedly feel that their efforts to find new solutions are appreciated to problem situations will show a desire for creativity.

The educator must always be:

- Honest,
- loyal to his calling,
- fair,
- valuable,
- neat,
- principled,
- self-critical,
- accurate,
- aesthetic and cultural appearance,
- must have a developed social sense, a sense of cooperation and ability to empathise,
- to be adorned with serenity, composure, and optimistic feelings, and
- should dispose of high intellectual, emotional, and creative traits.

Educators are skilled workers who work directly with children and implement various programmes.

The tasks of educators include:

- Guiding and organising improvement for children with their physical, mental, and socio-emotional development.
- Organising and conducting various activities and content to foster understanding.
- Physical and social environment of children, stimulation and developing their interests and capabilities, self-confidence, self-expression, and socialised behaviour.
- Improving physical development, children's habituation to purity, focus, patience, tolerance, and other elements of social behaviour.
- Consideration of the child's developmental process and their achievement jointly with parents (according to International standard classification of occupations Geneva, 1986).

PROFESSIONAL
TRAINING-EDUCATION TRAINERS

The kindergarten should pay special attention to the professional training of its employees, with the relevant services, ministries, and higher education institutions, especially those who train educators.

Creativity education is a fundamental concept of Creatology as a new science. An important factor in building a younger creative personality is an educated teacher and educator.

Educational educators will develop in children a sensitivity to problems, mobility in reactions to external impressions and experiences (openness of experience), originality, ability analysing, synthesising, formulating simpler problems. Educators will conduct education especially in the field of divergent production. The activity results in success only if the educator is qualified for his or her role. Considering knowledge alone is not enough for the specificity of his or her task, it must have a special educational skill. Taking part in the proper development of another person requires possession of creative abilities. Creativity touches on all activities of man's life, ennobles them, gives them meaning, but it is an important presence in the field of teaching children.

It is necessary to teach children to always behave and act creatively, which favourably affects their intellectual and emotional development. This means everyone can be creative, you just need to know how to develop and apply it. Creativity is important to man because with it we give most of ourselves, we create something new, we expand our views to things and the world around us. Without creativity it is difficult to cope with life's situations and as such it is increasingly important in today's world. Educators and professional associates are required to professionally improve in accordance with the laws and acts which was adopted by the ministry. Professional training is conducted in several forms:

1. Formation and constant enrichment of the professional library which educators will use, as well as reading professional papers and magazines.
2. Participation in professional meetings (assets, conferences, workshops, forums, symposiums, round tables, congresses), especially at the organised ministry, as well as various associations and colleges and Faculties.
3. Each educator and professional associate for the needs of collective professional development should prepare two professional topics to be presented at the parent meetings.
4. Invited experts will be invited to visit with relevant professional and scientific topics.
5. Educators will be involved in action research.
6. Other permanent professional measures will be implemented for training and advancement of all employees in the kindergarten.

Educators and teachers have a constant need to correct and by supplementing existing knowledge they modernize their own educational processes. That is why we say that education is important because the inability to learn is tragic for individuals and disastrous for organisations (Korber, 2003).

CREATIVE OPINION

When a child begins to observe the world, the thought process begins. Of course, this is not abstract logical thinking as in adults. The child begins to give meaning to colours and shapes and learns to name one thing at a time. It is the most realistic opinion. Children's opinions are mostly picturesque nature, less abstract than the opinions of adults. The children like pictures because they are more vivid than mere informative content.

Research teaching, i.e developing programmes creative thinking, consists of:

- originality – finding new and unusual responses,
- flexibility – the ability to change orientation,
- fluency – the ability to propose new ideas, etc.,
- ability to redefine – approach the familiar in a new way,
- sensitivity to problems,
- independence in solving tasks,
- durability of the adopted,
- easier resourcefulness in new situations,
- higher work motivation,
- joy and satisfaction with the achieved solution,
- better and better preparation for coping later in work and life,
- openness of spirit to new combinations and solutions, and

- elemental stability, courage, discipline, criticality, and imagination.

Creative thinking is the form of thinking at its core the complex intellectual activity they characterise originality and socially recognised as value of the results and activities. For a person to develop into a creative person, it is necessary to develop a creative mind that drives everyone's creative process. The feature of originality is attributed to the results of thought activity that leads to something new, unusual, rare, and unique. This is a feature that can also be applied to the procedures and methods used to arrive at solutions, which, as a rule, mean significant progress in the relationship according to the existing procedures for reaching a solution.

Originality is also attributed to the results of opinion where there are new ideas, solutions, and answers, and sometimes the term originality refers to the wit of the answer and solution to the problem. Creative thinking becomes an object of intense psychological as well as broad social interest.

Experimental findings show that originality comes during the discovery and formulation of the problem than during a new settlement. It is harder to solve it because at that stage it should formulate new concepts, find, and develop new programmes, improve existing ones, and discover new rules and principles.

Originality is possible only when the problem allows, that is, it offers different solutions or different ways of getting to solutions. Creative thinking is the imagination that establishes new relationships, while realistic thinking allows for acquaintance given relationships. Creative thinking characterises transformations of initial elements. Transformation means the ability to organise material differently, a new way to interpret data, change of meaning and sense, insight new functions of existing problem solving elements, that is, a significant change in the organisation.

We distinguish three types of creative problem solving: explaining; foresight and invention, explaining the creative person (creator) who tries to answer the question as to why something happened. Prediction refers to predicting the possible consequences of an event. Invention, is closest to the narrower meaning of the term "Creative thinking" and refers to the creation of new results.

Creative problem solving is influenced by personality traits such as a person's ability to solve problems, motivation, prior knowledge and more. In creative thinking we distinguish between both convergent and divergent ways of thinking which are explained in detail in the part that defines creativity and its main features. A convergent way of thinking, is dominant in scientific creation or in spiritual production with a tightly organised system of knowledge and ideas which also requires a precise way of thinking. Divergent opinions are focused on producing different, original, and new ideas based on a given source.

Creative and divergent thinking exists in situations where children try to solve their own problems. That is, first setting the problem, finding it (discovery) and having different strategies for solving it. Such problem solving can take the form of explanations (why something happened), predictions (forecasting possible consequences) and invention (coming to the result).

Creative thinking is a child's ability to discover implicit (hidden) answers (ideas). It's ingenuity in finding remote solutions (answers). i.e., observation perspectives (development) of an event, phenomenon, or situation.

Personalities with a developed cognitive style are autonomous, unconventional, strong ego, imaginative, and prone to search and research. Such traits and abilities come from expression in creative texts in which it cannot be a comprehensive review of the correct answers. All intelligence tests seek an opinion by analogy, not an inverted opinion.

CHILDREN'S CREATIVITY – EXPRESS INCENTIVES OF CHILDRENS' CREATIVITY

Children's creativity should be understood as irreplaceable a way of understanding one's own relationships and acquiring authentic experiences. It develops empathy and understanding for others constructive inclinations and emancipates the child's personality. Creativity does not require any special abilities and talents.

An individual's creativity can be expressed in very different ways. When we talk about children's creativity, we speak in isolation, but it should be viewed as a whole organisation and realisation of the educational process. The work process with children should be structured so that endeavours consider and apply the thought that gardens should be institutions intended for all children but should not be grounded on the idea that all children are the same. The task and principle of educational action is important to the child's identity, where the affirmation and development of a positive image is influenced about oneself and develops an awareness that each child is special.

First, the educator should be aware of and draw attention to the fact that no child remains anonymous. The child is placed in a situation to deal intensively with themselves through various activities and thus completes the image of themselves – its importance, ability, and success. The process of finding identity is even more intense the more the child is engaged in activities that can explain and influence reality, the child becomes aware of the expressiveness of the body, hands, eyes, hearing, thoughts, speeches…, coping in various life situations by perceiving their own values, abilities, and capabilities differences in peer society. The child's expression would be more personal, more authentic. The child needs to be provided with different life experiences, before the cultural environment in which the child lives. It is provided to the child in different ways, there is opportunity, encounters, examinations, recognition of the same contents in different ways, such as the experience that the world will be less verbalised without teaching. Immediate experience for children (owning a zoo, going to the sea, owning a museum, preparing cakes) we enable our own experience (touch, smell, taste, hearing, manipulation), followed by our own interpretation and experience through discovery. Such sensory impressions leave a deep mark on the child, especially if they are consciously living it out. Only such a child can enjoy themselves and life.

Children should be put in a situation where they have the right to express themselves, enjoy the news and surprises, to satisfy their own curiosity by experimenting, researching, and setting hypothesis. There are no right and wrong expressions of a child, no right and wrong experiences of the world; the child has the right to his own research, own living and own expression, and everything is based on children's curiosity, in any situation in which the child expresses an interest and curiosity. The educational, creative process must enable broadening the horizons of perception, freedom of imagination and expression experienced, which all contribute to establishing a relationship with the outside world. Such work in children results in a rich emotional experience, which children strongly manifest through various forms of creation. Children's statements, imagination, creativity, are not an innate ability, but such abilities can and must be encouraged and developed. To improve the quality of children's creativity, it is necessary to ensure conditions, material environment, as a prerequisite and incentive for childrens' creativity. Adults must identify this in children, by supporting and stimulating preferences for the individual creativity, which is achieved by providing conditions, which are more freely structured, with as little finished material as possible and with as many different offers as possible. Space and equipment are constantly being explored, shape, restructure, and all with the purpose of being a child and the adults in it feel better, the better they live, because the garden should be experienced as a place where something beautiful happens, where one lives a part of life. Vrtid is not just a cultural institution but is also a place where culture is created together with children. A great part of it is also contained in children's creativity.

To encourage and develop children's creativity, it is necessary to implement some changes in organisations and work, these are:

- Should we go beyond "certain frameworks" by accepting newspapers around us.
- Every child should be encouraged to enter the world as much as differences in expression and view of the world around them.
- Every child should be trained to base emotional and psychological liveliness creates, through creativity, his new creation.
- In working with educators and children, efforts should be made to leaves the conformist, classical, stereotypical

way to encourage new initiatives for their own successes in children and educators, to be suppressed by submission to authority and gaining self-confidence.
- Pedagogical curiosity should be made aware and developed – finding something new and unknown in expression.
- Should also be made aware and developed pedagogically optimism, willingness to take risks and research new expression, and mutual enrichment by exchanging ideas.

For the realisation of children's creativity to be of the highest quality, it is necessary to:

1. Provide a richly stimulated diverse environment that will enable each child to express their interest, activity, and expression where one feels most secure (large range and quality of materials, suitability and space flexibility, favourable emotional climate, support for children's interests, suggestions, imagination, creativity).
2. To enable the strongest possible experience of nature, environment, active relationships, and participation in life by inclusion in any convenient situation, by supporting the child's curiosity, applying the principles of research, surprises, because after such an accomplished process upbringing and playing children's, expressions are emotionally stronger, richer and more varied.
3. Enable the realisation of diverse projects as possible, thus putting both educators and the child into initiating creative expressions and potentials creativity.

4. Give greater importance to children's expression as a process, not as a result, which will make the child feel satisfied, relaxed, different, without competition, by manifesting their personality as it is.
5. Statements without commenting and assessing.
6. Presents and children's statements in areas where the child resides, because the environment in which we live is a kind of aquarium in which ideas, ethics, abilities are reflected, lifestyle peculiarity of children living in it, and children in doing so, feel important and fashionable.
7. Parents and educators need constant guidance to direct and emphasise positive messages to children.
8. The freedom of the child is thus largely preserved; thus, an energy pillar is created in the child's personality for personal creative potential.
9. Educators need to be educated and must constantly improve new knowledge to have a strong and secure orientation in working with children in the field of holistic upbringing and creativity.
10. Accept the fact that the ability to testify either artistic expression, artistic creation, speech, musical or any other expression of imagination and creativity is not an innate ability, but with the help of the above procedures you can encourage and develop.

Creative processes and results can be observed in artistic expression, in making music, in the field of the mother language, in dramatic plays, word games, literacy and journalistic works, games with a film camera, in games construction, and in modern mathematics.

MOTIVATION FOR CREATIVITY

Motivation is also important for various creative activities.

The motives of children and students are different. Characteristics of the child that directly affect creativity are dispositions; habits, skills, and knowledge; preferences, interests, and views. The abilities of the child that directly affects creativity are cognitive, conative, and affective, psychometrics.

People differ in their abilities. They are the result of the objective behaviour and actions of people. For ability is related to several factors. General (G) or general factor gives a common feature to all intellectual operations. It enables the discovery of laws and principles. For complex intellectual functions eloquence – richness of vocabulary (W), then verbal factor (V), easier understanding of speech symbols, numerical factor (N), which determines success in mathematical operations (M) – corresponds to elements that are not connected, the speed factor of the operation to be reported to the limited time.

According to numerous authors, they are.

- manual dexterity – the skill of performing hand movements,
- finger dexterity,
- sighting, and
- motor response (Stevanović, 1997).

It is therefore about the specificity of performing hand movements, fingers, the ability to perform fast and precise movements under visual control (sighting), repetition of motor reactions, etc.

In the field of perception and feeling, the following apply:

1. Perceptual factor (P) – ability to discriminate small differences.
2. Special factor (S) – imagining and representation arrangement and relationship of surfaces and objects in two or three spatial dimensions.
3. Factor of discrimination in different areas.

The mechanical factor determines the success in the use of technical devices and understanding of mechanical principles. Factor articulation refers to the use of spoken symbols. Factor the speed of association implies the ability to create new one's connected to presented data (by similarity, touch, contrast).

Yet the main primary factors by which they can determine human capabilities in different operations are G, V, N, S, P.

To be able to create in kindergarten or in class individualise and become an independent student activity, which is an important modern didactic doctrine, it is necessary to know the specific features well beforehand as well as the personalities of students, primarily the activity and position of students in schools/departments/groups and in the family itself. Based on this data it is possible to organise educational work at such a level from which each student will benefit accordingly.

Some specific personality traits of students that should be discussed are:

- is stable and confident, or unstable and confused,
- overestimates, or underestimates its capabilities,
- is ambitious and prone to self-promotion or is modest and self-effacing, and
- arouses the sympathies or antipathies of others towards oneself.

As can be seen, each student's trait is expressed by two genders, positive and negative. For every student, the educator or teacher determines one of the five in the assessment degrees, as many as there are. Thus, a certain profile is obtained student characteristics, and that is the psychological-pedagogical map students (Furlan, 1990).

CREATIVE CHILD

Čačinovič-Vogrinčič (1998), while writing on the attitude towards children, states: 'We act wrong, if we take care to them for the rest of their lives. The child learns too little about themselves if they only meet our image of them. Of course, they must be familiar in that image, but in the first-place trust, love, recognition, it should draw security from it so that they could only look for themselves further. Authoritative relationship with the child leaves them with little choice. We can make them into a senseless rebellion against us and any authority. By imposing our answer on them, we did not answer, they left without help, empty-handed and out of fear or the indecision we caused them, often unable to look for your way. If we teach them to accept obediently our world, we disable it for coping, for getting to know yourself and your differences in relation to others. Let's repeat the starting point once again.

The creative child will be the only one who receives enough security, love, trust, and recognition of their parents. Creative will be the man who knows how to shape relationships more consciously towards other people. Searching for yourself and your place in the world is creative work. The child requires us to infuse him with trust in the world, a desire to discover the world. We must help make sense of the world. The child's question: who am I, what can I do – it is meant for everyone who lives with a child, and in the first years, especially family. A child can know himself only if he gets to know his own family better. It takes a lot of honesty and understanding to make a child with a realistic picture of their parents and they also got a realistic picture of themselves. For parents, which means yes, they must continue their own search, answer the question of their needs, their troubles and conflicts, their own place in society, about their goals. The world our children will live in requires active participation of their parents. The world of our children requires education for creativity, requires education to change the world. Creativity is the potential with which the child is born. People differ from each other in the type and extent of creative dispositions that are brought up with and by education they turn into abilities.

A preschool child is already predisposed to diverse creative activities, only that process should enable him. In a preschool institution, creativity should be a source of activity and everything a child does should be accepted as his creative activity. Nowhere is the creative imagination so developed as in small children. Children need to be raised and further developed because they are the basis of any creative activity. It allows creation of original characters, dialogues, scenes, plots and unfolding, construction and dismantling, defining, and redefining, composing and decomposition. The educator will make a significant contribution to the creativity of children in a group when it sets creative goals that should be ashamed, defines the desired results, i.e what is expected from the creative act, harmonise all the objective and subjective opportunities (children and environment). Educators will develop in children sensitivity to problems, mobility in reactions to external one's impressions and experiences (openness of experience, ability analysing, synthesising, observing, and degrading problems, factors of divergent production, elaboration, etc.).

Through such efforts we form a creative child, which is an essential assumption for their future family, professional and creative development. The world of children demands just education for creativity, so educators in that field have an irreplaceable role and responsibility. Creativity in the preschool is first realised through creative games (Stevanović, 2003).

Creativity is an elementary starting point in raising children. At no age, is the creative potential not so pronounced as is the case in preschool children. Children openness, spontaneity, structuredness, originality, flexibility and nonconformism are the dispositions that are the foundation of every creation. In kindergarten, children are referred to a variety of research procedures, cooperation, issues, clarification, opposition, polemics, search for solutions. Children are encouraged to produce different and alternative responses, pluralism and struggle of opinions, criticism develop. It is stronger in children's self-awareness and getting to know your personality better. That helps build strategies of independence, but also community, perceiving one's own and others' opinions. The child actively participates in solving problems and helping the relationship in the group. Educators appear as professional helpers throughout child development. A child in group creative interaction reflects different feelings by which he shows a desire to be as wide as possible by knowing all that surrounds him. It seeks complete explanations and does not reconcile with the superficial and unsatisfactory answers. An educator must always be ready to show an unconditional attitude that he wants the child to listen and provide him with all the necessary explanations and help. It shows the ability to empathise and understand the child's needs.

Originality is the ability to give unusual, rare, distant, and witty answers, the ability to give new ideas that are statistically rare. In the development of a creative child other factors are indispensable, such as:

Environment – The environment can be natural and social. The child is developed in the family and social environment. The child's family is the first environment. The second is separatist nature – when a child separates into a nursery, kindergarten, or school. For a preschool child it is extremely important to be in a warm, tolerant, safe, stimulating, and creative environment.

Abilities – Abilities can be general and special. General abilities are related to overall characteristics and capabilities so that a man can learn, work, and communicate properly in his environment. Special abilities enable effectively performing usually only one activity (art, music, theatre-drama, literary, scientific). An individual can have both general and special abilities, but also only general and only special. Special creative abilities come to the fore very early, which is especially evident in the fine arts and musical activities of a preschool child.

Abilities differ in their breadth and quality. For It is important for educators to monitor each child on time and identifies the special abilities with which he is gifted.

Skill – A skill is the ability to perform one quickly and easily. It is created by practicing and performing an action based on motion automation. Skills in young children come to the fore when dressing, undressing, using utensils for eating, handling drawing and writing utensils. Each activity in the first phase of performance is based on precision. Performance and a high proportion of consciousness to be performed afterwards is easier and faster.

Reciprocity of concepts – By teaching and connecting concepts preschool pedagogy ensures a more complete educational work with preschool children. The meaning in concepts changes, modifies, and expands along with development thoughts on raising preschool children. These terms apply to the child, his development, upbringing, and education. Every notion is an expression of the achievements of pedagogical science (but also of many others scientific disciplines), theory and practice, as well as a factor of development.

Craniological significance – is immeasurable. Every child is born with genes that carry the germs of creative impulses. It's a task parents and educators in preschool institutions must do on time discover, direct, encourage, create conditions, realise, and affirm. Here their role is most precious.

If they fail to do so, they have not responded to the needs of the child and modern requirements that are set in terms of encouragement and developing a child's creative personality.

EVALUATION OF CHILDREN'S CREATIVITY

Children's creativity should not only be encouraged, realised, but also evaluated. It is an integral part of any well-organised activities. The creative product (work, act) should be valued in two ways from the point of view of a group of children. Educators are competent to recogniSe and meet the basic needs of children in the educational group they work in. Conditions it can provide "Garden as a children's home" that allows everyone to satisfy basic children's needs.

They will have more success in creative research work as an educator with built positive creative attitudes and developed a sense of creativity and aesthetic-hygienic value. An important feature of preschool has already been highlighted. It is his lush imagination. This is an essential condition for creativity. Every child is gifted with something, but in a very different way domains and degrees. It needs to be discovered, identified, stratified, identified predispositions, and create the conditions to develop in ability. Here the role of the educator is especially valuable. The child imagines, plays, models, draws, sets questions, seeks answers, it is all in questions and varied developments. The earliest education for creativity is especially emphasised lately. They are the first years in a child's life that are crucial for any education, and thus for the education of creativity.

The child should be given safety and trust in the environment. This will give the child freedom of thought, expression, and spontaneity behaviour. When this is achieved, the child will show that they are curious about their environment, so they will start questioning it and explore to see what is in her, and what she is to him. A child in such conditions, they strengthen self-confidence, they have faith in their own strength and positive thinking about themselves, so the child goes further and further in his research and by questioning, he becomes increasingly independent and increasingly moves away, so the social aspect appears early in nonconformity. This is best seen by a certain negligence and disobedience regarding the demands he places social on the environment (parent, educator, peers, etc.). In such children appear curious and persistent on a task. This is especially characteristic in the early stages of preschool age. In addition to strong curiosity, children of the mentioned age are also distinguished by absent anxiety (fear of the unknown, uncertain), which is best seen by the fact that they are easily approached by objects which can be very dangerous for their lives (fire, water, animals, the possibility of falling from a height, crossing the street, etc.). The third label is social nonconformism, when children single out and start an independent game. Another characteristic is important. It is an accentuated strength inner satisfaction at the expense of feeling the need for external approval. It is quite understandable that with everyone the child should be treated as an individual case. The role of educators to foster creativity in preschool children is extremely important.

THE RELATIONSHIP BETWEEN
CREATION AND INTELLIGENCE

In observing the relationship between creativity and intelligence the already mentioned convergent and divergent are especially important ways of thinking. A convergent way of thinking prevails in scientific creation or in spiritual production with a firm and organised system of knowledge and ideas in which it requires precise thinking (mathematics, logic). The point is a convergent way of thinking in information production and conventional consequences based on certain data.

The divergent way of thinking is production-oriented different original and new ideas based on a given source. Individuals with a developed divergent way of thinking are strong, unconventional, autonomous, imaginative, and prone to search and research.

According to some, it is a relationship of creativity and intelligence of law creative ability regardless of what is being measured like intelligence tests, while others make claims about their high correlation. In intelligence tests the way of thinking comes to one right answer, while in tests of creative thinking, in a divergent way opinions, there are different solutions.

THE IMPORTANCE OF MODEL FOR THE MODERN LEARNING AND COMMUNICATION CREATIVITY

Computer-simulation models have a great educational and conative importance for the development of each individual if on time orients correctly. In principle, it is insured in the individual (internal) orientation. Namely, the person perceives himself as a source of control over one's own actions and results. Successes and failures are found in oneself, not in external influences.

Such people have a reduced internal/internal locus of control to a minimum. The advantages of the mentioned model are numerous and variety. The most important among them are:

- openness to new searches on the computer,
- persistence and easier coping with stressful situations,
- different approaches to data,
- heterogeneous events can be monitored simultaneously in the environment, and
- show greater interest in communication, etc.

BASIC CHARACTERISTICS
OF CHILDREN PRESCHOOL AGE

Every child is unique and endowed with limited creativity, with a special blend of individual characteristics that make it valuable. To increase potential in every child, it is necessary to be flexible in the process of establishing discipline and encouraging creativity.

The approach in working with preschool children should be considered as unique characteristics of each child. To understand the child needs to consider the overall situation of the child and only the child in the kit. These aspects include personality, temperament, modalities and learning styles, social environment, and gender differences. Every child is born with a certain behavioural dispositions, while life experience and character developed.

Among the basic characteristics of preschool children are biological deficit, plasticity, complete emotionality, mental vulnerability, and suggestiveness.

a) Biological deficit refers to the fact that the child is completely helpless after birth, and that helplessness lasts a long time. The child is not capable of taking care of your needs until much later. Part physical and mental independence the young person acquires in the middle of puberty, while gaining complete independence only after the age of twenty. Dependence of a small child on adults, and especially parents, has major consequences. In addition to the need for food, the child also has a social need, the need for protection and security. That need is the psychological consequence of their biological deficit. The need for protection or security can be met only by the mother or her appropriate replacement. Emotionally, the bond between the child and the mother is a sure guarantee that she will nurture, guard, and protect. In connection with the biological deficit the child's need for affirmation is also brought up. Growing up the child increasingly feels dependent and clumsy, which causes him discomfort, which is why the child feels less valued in relation to adults. The child develops arbitrariness and defiance, explained by the child's frequent painful feeling that it is constantly subordinated to the will and help of adults. Feelings of subordination cause constant restlessness in the child's psyche, striving for liberation and for the affirmation of one's own personality. It affects the child in such a way that he aspires to independence. The child begins to carry out his will in various ways. He starts imagining at the age of five a bright future for himself. Children's need for affirmation should be considered and surrounded with love and care, to consider them as an independent person, avoid insults and punishments, do not neglect it, and give him instructions on how to avoid defeat and solve life problems.

b) Plasticity is a property of the nervous system that enables fast and strong development of many abilities. It allows the child to receive extremely quickly external impressions. In later periods it weakens. For example, a child learns to speak very easily, and he also learns foreign languages easily. The downside of plasticity is that unpleasant and traumatic experiences are deeply etched in the psyche of the child, which can have consequences in adults as well.

c) Complete emotionality or total affectivity is one of the most important characteristics of a preschool child. The child is smaller, so his or her overall behaviour is increasingly influenced by emotions. Little children overwhelm the seats and shake them. Children find a vent in joking, crying, laughing, gestures, etc. The child experiences the world and love emotionally. A baby's complete emotionality in preschool is important for his upbringing and represents the only way his or her motivation for the activity. In the first years of life, we can only rely on children's emotional life, while explaining and persuading superfluous! That is why it is important for the mental health of children to create a joyful and healthy emotional life for children, and especially for the development of their social senses. As consequences of emotional and behavioural disorders and improper emotional development in preschool age, emotional and behavioural problems occur.

d) Mental vulnerability is closely related to the strong emotionality of the child. A child in the first years of life cannot comprehend life around itself, things and events, worries, and fears, and yet it is enjoyed in the feelings of their parents (fear, excitement, etc.). Given that these tensions are helpless lead to the destruction of his sense of security. Improper educational influences and uncoordinated relations in family, quarrels, and rudeness, can be left to the child psychological trauma that can in old age cause aggression, fear, feel less values, jealousy, depression, etc.

e) Suggestibility is also an important feature for preschool children. Children look at themselves blindly imitating actions and accepting other people's views and opinions. Preschool child due to an underdeveloped world will blindly trust people around him, he admires them and imitates them. It therefore uncritically takes over his environment. Suggestibility is related in this period with processes of identification with parents and other personalities that must form the child's personality far-reaching consequences.

CHARACTERISTICS OF PRESCHOOL CREATIVITY CHILDREN

Creativity is first needed to solve problems. Given that preschool children are constantly encountered with unknown problems, issues, and tasks, are in the situation to continuously use their creative abilities in thinking. Torrance (1976) gives the following definition of creativity: "Creative behaviour occurs in situations when you become sensitive or aware of a problem, you compose information and put it in a new relationship, when defining it difficulty or recognising missing elements, when seeking solutions, making assumptions, or forming hypothesis of problems or shortcomings of testing and re-examining such problems, in their improvement and, on in the end, when communicating the results." This process is common to all children, with motivation at every stage of their special role. Torrance states that the degree of creativity depends on the degree to which the result is new, in which it shows novelty and value, if unconventional compared to all previous solutions, if true in the sense that it can generalise or if it is surprisingly given what it is the child knew at the time and if he was steadfast in exceeding existing past achievements.

To develop creativity in preschool children, for educators it is essential to identify a hierarchy of creative thinking skills and establish a sequence for preschool children. In this sense, it is useful to use a hierarchy and interpretations stating that the largest number of preschool children develop the following creative thinking skills by school age:

1. The child will be able to create new combinations of manipulation. Torrance (1974) states that it is one of the basic learning skills of preschool children. There are several forms of manipulation. That's right by manipulating shapes (lines, angles, triangles, circles, squares, etc.) can affect discover and distinguish the alphabet and other symbols. Voice manipulation can develop auditory discrimination important for reading. For these purposes they can conduct onomatopoeia exercises. Manipulation with colours children also learn to distinguish colours. For assembling a story and reading them can be useful manipulating characters from stories. This can be done successfully conduct through creative dramatisation, puppetry, and socio.

2. The child will be able to see many combinations or new relationships. The skill of this degree can be built based on the previous. So, it is on every one of the above areas manipulation the child can focus on changing your creative opinion issues such as "What can be done about this?" to add? What happens if you add... to this...? What can be taken away from this? What will happen if are you inclined... from...? What will happen if you combine... with...?" (Examples given by Torrance).

3. The child will be able to recognise the missing elements picture, shape, letters, etc., if they are large enough. Materials that can be separated into 2 – 3 are taken part. The main elements of the picture are

omitted, objects can be placed one behind the other or letter elements, etc. may be missing.

4. The child will be able to make increasingly complex new combinations and by manipulation it will pass on to thoughtful experiments. Torrance states that at this stage it should be possible to orient children to exercise skills of presenting construction in two or more levels of abstraction – on paper by drawing and making models. Lego and others are good for this purpose construction materials. When the child can present a specific object with a drawing, it should be instructed on other drawing motifs (dream house, park, castle) and then make what he drew from someone's construction material. The child is perceptive and a cautious observer to usually "see more" and "draw more" from stories, movies, sightseeing, etc. "A sign that a child is endowed with creativity is that he is capable of imagining objects from different perspectives." For an educator who develops creativity code it is important for your children in the group to know the indicators as well creative behaviour.

Torrance also identified a list of indications that point to creativity. These are:

- Role-playing and storytelling – The child completely enjoys role-playing, creative drama or telling stories and creating many new ideas in the process role-playing and storytelling. He invents a new one surprising and unexpected solutions in storytelling and role-playing, brings solutions to conflict situations for which there are no logical solutions.

- Visual arts – The child is creative on this plan and simply loves to draw, paint, and enjoy such actions. Communicates skillfully and well through drawing, colouring and other visual media, storytelling and narrates events as if they were really happening.
- Creative movements and dancing – Creative child simply loves games and dancing; he fully enjoys this activity it lingers longer. He can interpret songs and stories through creative dance.
- Music and rhythm – The child draws and chalks in rhythm. Interprets ideas, feelings and objects through music and rhythm, shows perseverance in music and rhythm activities, noticeably responds to sound stimuli, and uses music to make it easier to solve certain problems.
- Humour – This is a special feature of creativity. Indicators are diverse: making others laugh at many games, inventing funny stories and jokes, describing personal experiences with humour. Torrance points out that it matters that parent, educators, and psychologists understand that creative thinking is a skill to be developed by direct attention, and the best way of paying attention is a practice that takes place in the right environment. There is no creative thinking without the willing effortlessly, without everything will remain below the level of the real child potential. Creativity is the opposite of giving ready-made solutions (knowledge, facts, data). Child should be discovered by independent research efforts the world around you. Creative processes always open opportunities to establish a relationship between emotional (Experienced) and cognitive (Rational). The educator

will be at his height a humane task if it educates the young in spirit mobilisation of all their potential forces. The creative personality is an elementary starting point in education. To be able to form a creative personality, it is necessary to cultivate creative qualities as well as personality. He will be more successful in creative work educators of broader views, wider general culture, rich professional and pedagogical culture and which multidisciplinary approach their work.

CONTENTS AND FORMS OF CHILDRENS' CREATIVITY PRESCHOOL AGE

There are numerous ways of improving the creativity of preschool children. Every activity at that age has elements of creation. The child enters a new life, a new world and everything around him or her is unknown and unexplored. Children hold the power of expression, construction and imagination in their hands, which is, in fact, quite enough to unravel the enigmatic world in which they find themselves. Children ask questions and try to decipher meaning, bend objects, break and separate them. These are the first sparks of a child's creative process. Although children do not have enough words to examine and explore everything, they use movements, facial expressions, voices, tones, crying and smiling to communicate. We can observe creative processes and results in our mother tongue, make music, artistic expression, play dramatic word games, or play with cameras and in games.

It has already been proven that children can solve problems at the earliest age in preschool, but only if we allow them to devise their own approaches in searching for answers. They might ask themselves; 'What can I do with the data I have?' Children's creativity should not be directed towards performing technical tasks. Their job is to influence attitudes towards creative processes and develop their aspirations towards research, experimentation and the like. We, as educators should enable them to indulge their imagination and independence without following established procedures.

An important indicator that a child has creative qualities is when he or she enjoys creative work. Creative activity is the best exercise of one's autonomy and independence from others. Children should be allowed to rely on their own strengths and express their own ideas. The quality of their creative activities, the transformation of creativity into becoming the child's permanent traits and their positive attitude depends on creating favourable conditions (material, spatial) and on their having fruitful relationships with educators who are able to indulge the creativity of children. There are a variety of conditions that children need, to ensure that they can perform creatively. Here are some of them:

- creating a special atmosphere,
- having respect for a child's personality,
- providing rich emotional experiences,
- the educator's personality, and
- different incentives.

A special atmosphere is an essential prerequisite for creative work. It is achieved by providing interesting props, objects, furniture, a creative layout of the space the inhabit (interior and exterior), various stimulants (music, paintings, etc.), where the educator's communication with the children has a special value. Respect for the child's personality implies ensuring the child's freedom to talk, explore, and express himself in the way that suits them best, thus creating trust between the educator and the child. In that way the creative child is liberated from fear. Providing a rich variety of emotional experiences is a condition and stimulates creativity. At the heart of this situation lies interaction between the child and the environment. Appropriate accessories, tools and materials on their own present a challenge to the child, which inspires him to create. But that is not enough if vital other factors are not present. The educator's personality is an extremely important condition of encouragement towards a child's creativity. That implies having an educator who is humane, intimately interested in the children, who knows how to win children over and gain their trust. On the other hand, an educator needs to be an expert who can use his knowledge and persuasiveness to encourage children to encourage their creative activity. It is especially important that the educator himself is creative. Different impulses also encourage creativity, and can be presented in different ways; by employing questions, alternative answers, problematic questions, explanations, conversations, ideas, works of art and other forms of artistic expression such as literature, music, songs and films.

THE ROLE OF THE FAMILY IN ENCOURAGING CREATIVITY

To get a complete picture of the child, we must not rely solely on their internal motives and abilities. The child's social environment should be addressed, starting with families as the leaders of social groups. From birth, the family, not the school, provides the child's first educational experiences. Family upbringing is a special interpersonal relationship filled with trust, understanding, love, sincerity, desire, hope, joy, and disappointment. With a supportive upbringing in the family man becomes richer, more successful, and more complete. In families who have developed understanding and trust; children are much more confident in themselves, in their strengths and abilities as well as at the point when they enter school and work and they are then able to tackle life more decisively and consistently.

Misunderstandings with parents and unsettling marital relationships create many difficulties for children and thus hinder children's creativity. The family can do their job successfully and play a positive role in education only if there are favourable conditions within the child's family; and such conditions are made up of psychological, social and cultural factors within family environments that reflect each member's personality, relationships, and behaviours. Each modern family is specific in its own way, but great differences exist from family to family. Given such diversity, we can talk about different parenting styles.

CONTEMPORARY FAMILY STYLES AND CREATIVITY

Today, families are very different in terms of the authority parents wield towards their children. In education, authority is paramount. Too much authority from caring parents causes a patriarchal relationship, in which the child cannot express himself, or herself, and too little authority means they are compliant parents over whom the child is gradually beginning to rule is not a suitable ground for development of creativity. Given the authority of the parents towards their own children and given the range of parenting practices that parents adopt; today in the modern family we can distinguish three styles of family as described by Rosić (1998):

- An authoritative style,
- A compliant (pedocentric) style, and
- A democratic style.

111

AN AUTHORITATIVE STYLE AS AN OBSTACLE TO CREATIVITY

In the authoritarian or patriarchal family style we find a family in which the child cannot come to the fore because of the authoritative behaviour of the adults (parents). Usually, the father is the "head" of the family to whom must be listened. Children, and often mothers, do not have the right to vote. Any opposition or emphasis of their own opinions ends in punishment, so the child gradually acquires the habit of always acting as he is told. He does not dare to offer his own opinion. In such parents, children are usually quiet, calm, withdrawn, or overly good. A cold upbringing of that type usually has an unpleasant atmosphere with a lot of rudeness wherein only punishment stands out; and often that type of upbringing process causes children to become "rebellious".

Such children are often calm and obedient in the house, but outside (e.g., in preschool) they tend to often express themselves in a negative rather than a positive way. The children are often abusive to their peers, particularly those children who are younger than themselves, they spoil games and over time they become not only an educational and sometimes even a social problem. In such families, the child grows up to be dependent, and to have a dissatisfied outlook and an unfriendly personality. The behavioural characteristics of children of authoritative parents are:

- timid or anxious,
- sullen or grumpy,
- unhappy,
- are easily angered,
- are prone to conflict,
- are passively hostile or openly aggressive,
- are vulnerable in a stressful situation, and
- have an aimless lifestyle.

FLEXIBLE PEDOCENTRIC STYLE AS OBSTACLE IN CREATION

Pedocentric conceptions of absolute child freedom emerge under the influence of a moral crisis and have an anarchistic understanding of freedom. The child is the exclusive centre of the family who everyone in the family feels subservient to. Other family members satisfy his or her desires, whims, and requirements.

A pedocentric child commands and manages the family. In such families due to excessive child freedom parents do not feel that they are raising their child, but rather that the child is raising the parents. Opportunities and encouragement from the family to build their own personality and be individual and independent which would allow the child to be able to fit into an environment which would accept him does not exist. Such an atmosphere in which the child is the centre of the family supports the child's selfishness, ruthlessness, conceit, domination, and it becomes almost impossible for the child in that situation to develop normal human traits. To put it briefly, that is the shortest and easiest path to egocentrism. Such a child often plays alone. A child needs parental help to build his or her personality. Such children must be guided so that they don't feel lost. Some authority is needed. The behavioural characteristics of children of permissive parents showing pedocentric tendencies are:

- rebellious and disobedient,
- have low self-confidence and self-control,
- are impulsive,
- are aggressive,
- have a dominant need to govern,
- are without goals, and
- have weak cognitive and social competency levels.

DEMOCRATIC STYLE IN ENCOURAGEMENT CREATIVITY

In a democratic family style, as opposed to an authoritarian one, parents accept the views and opinions of their children starting from the premise that every human being is an individual who thinks for himself or herself and needs respect. In such a family, democratic relations prevail, based on mutual communication between all members. Democratic parents shape and feel responsible for raising their children so that they can guide them positively and help him or her to realise what their needs and interests are so the child can then become a responsible and mature person who respects himself and others. Such parents base their authority over their children on each family member's knowledge, respect and understanding. The parents are an example for their children to follow. Such parents have a tendency to speak less and rather use their own behaviour to offer a model for their children's behaviour. They behave naturally in front of their children. They laugh, sing, and speak calmly for the most part, but, when necessary, in an elevated tone, they do not hesitate to admit when they have made a mistake or when they can't explain something to their children. The child sees it, feels it, and experiences it deeply. Thus the parent accepts the child as a person who can be trusted, and whose behaviour they can depend on.

Children should be guided on the path to growing up right; using a measure of authority and freedom; and that is the path to creativity.

Behavioural characteristics of children of authoritarian parents:

- self-confident, show self-control,
- cheerful and friendly,
- cope well with stress,
- cooperative with adults,
- curious,
- goal-oriented,
- achievement-oriented, and
- achieve high cognitive and social competence.

HOW TO BUILD THE RIGHT CREATIVE EDUCATIONAL AUTHORITY IN THE FAMILY

'True educational authority is characterised by the permanence of educational action. Suggestions from false educational authorities are forgotten the moment the person who gave them disappears.' How should one build real, creative educational authority? The answer is, gradually, persistently, systemically and in principle. Parents must first be carriers of a healthy family environment that is imbued with love, respect, sacrifice, and consistency.

Parental attitudes towards children should be imbued with follow-up activities and by understanding their needs, preferences, and interests. When a child feels that his or her parent are giving him or her reliable support when he or she has difficulties, the parents find that they have the ability to fully, without pressure, achieve even the most delicate educational goals. Such parents possess educational authority.

FAMILY TYPES AND
CREATIVITY FAMILY FACTORS
FORECASTING LATER CREATIVITY

Not everyone grows up in an ideal atmosphere. That is confirmed by analysis of the biographies of great creators (Goethals, Jackson, 1962).

Three quarters of exceptional creators experienced some kind of extreme family stress in early childhood, such as poverty, death or divorce of parents, rejection, abuse or parental alcoholism, professional breakdown, or bankruptcy. They often come from atypical explosive families, prone to depression or they exhibit a wide scale of mood swings. In a later study Jackson found that as many as eighty-five percent of creators come from such families.

The upbringing of highly creative children and children with high intellectual (academic) achievements, often differs significantly. Such an upbringing can make unusual and unexpected demands on parents. More Torrance (1960) warned of "awkward" traits in creative children (Cvetković – Lay, Sekulić – Majurec (1998) and claimed that 'society is extremely cruel' to creative people is well known, especially when they are young.

'All happy families are similar, and every unhappy family is unhappy in its own way,' Tolstoy wrote at the beginning of Anna Karenina. 'Hatred towards one parent can create John the Terrible' wrote Ernest Hemingway; and 'protective love between two loyal parents can completely destroy an artist,' wrote Gore Vidal. Retrospective depictions of persons' families which, when they grew up, became astonishing creators conflict with the benevolent image of the family of gifted children, which was described by Csikzent, Bloom and others. It seems that a creator quite often grows up in a creative family who are minimally focused on their child and provide little support.

The atmosphere in a family of creators can be more stressful than the atmosphere in a family where a child grows up, who is not destined to become a creator. Three quarters of prominent creators experienced in their early years a family life that suffered extreme stress, or poverty, or death of one of the parents, divorce or alienation of the parents, parents who rejected their children, abused other family members, were alcoholics, or fathers who experienced professional failure or bankruptcy and so on. Those creators came from families where there was an atmosphere with great mood swings.

SOCIO-EMOTIONAL
CLIMATE I CREATIVITY

One aspect of child-parent interaction is what experts call the emotional climate in the family and in the parent-child relationship. These are generalised views and feelings that can occur in families. Feelings, attitudes, children's opinions, and behaviours reflect the emotional climate which predominates in one's home. If children get a feeling of security in their family, that can help them to cope more successfully with school learning tasks and other problems encountered in school. Conversely, if the climate in a family is characterised by negative aspects such as disorganisation, extreme rigidity and punishment, the likelihood is greater that children will have problems in behaviour, and thus turn-out to be less successful. What might affect the emotional climate in a family, mostly depends on parents' views. Nancy Bayley (1964), stated that much research on parental attitudes and child behaviour relates to styles of education in the home. In democratic families, the emphasis is on tolerance, understanding and permissiveness, whereas when the atmosphere is authoritative or traditional, there is a greater chance of disobedience, nonconformism, ignoring of parental wishes, and frequent punishment.

Thus, healthy, successful, and resilient families are the basis for development communication that will be a protective factor in avoiding development behavioural disorders. Unsuccessful families, on the other hand are very often unsuccessful, precisely because of a lack of communication or poor-quality communication. Communication is an integral part of a successful family, and the chances are good that the family will be successful because members communicate qualitatively.

HOW PARENTS HINDER
CHILDREN'S CREATIVITY

Children's creativity can't come to the fore if:

- television is the child's only form of entertainment,
- there is a lack of communication between parents and children,
- parents prohibit children from playing outdoors, and
- the parents over-impose conformism on the children (too many toys).

When a child uses their own energy and urges to reach the goal that they set for themselves, then they are greatly motivated. Maybe his or her parents or friends were thrilled about his or her goal, but what is really valuable is when the child has set it up for themselves, considers it attainable, and can see the benefits of achieving it (G. Smalley, 1998). By connecting play with creativity, children find it easiest to discover the connection of a movement of one's body with the artistic expression it celebrates; for example in ballet, art, and in inventing (creating) stories and role-playing with literature and theatrology. Also important is the fact that expression and communication in fine art is quite different from the way it is expressed in the art of music.

That is how a child experiences play and creativity as an inexhaustible source of expression and the origin of heterogeneous creative potential. Piaget (1962) highlights play is an important way for children to have new experiences and thereafter integrate that data into their conceptualisation of the world. Perspectives should be opened in a child, they should be made aware of different types of creative potentials and warned of different ways of development. In all this, one should start from the child's need and its intrinsic motivation.

In the process of children's creativity in play, the child initially merges with objects from the environment being played with, but later, by means of objects he learns to distinguish the objects from himself (his body) and pushes them into the outside world. Why is the game important? Playing, says Winnicott (2010), is above all, something that happens in the interface between the internal world and external reality. It takes place strictly in our imagination, not in the outside world. Winnicot (2010) considered that gaming activity, as described in the first year of life depends upon the role of the mother. The child shapes, changes, rejects objects, and his mother returns them and thus gives him the opportunity to feel as if he is the source of an action. He feels as if he is a performer of an action. Mothers play a role in introducing their child to different subjects, and by being available to them. In the next game the child might play alone, but he feels like the absent person is next to him. Winnicot claims that it is not the content of the game that matters, but the mental state that is like that of concentration in larger children and adults. From mental states that condition a game Winnicot (2010) stated that creativity itself emerges. A child is, in his opinion, creative only when playing, and is only then capable of knowing of the existence of his own self. Modern scientific literature mentions a symbolic game that is related to various mental and emotional processes, such as creativity, symbolic function, imagination, etc.

LACK OF CREATIVE EXPRESSION AND CREATIONS CAN LEAD TO BEHAVIOURAL AND EMOTIONAL PROBLEMS

Creativity in childhood the development of behavioural disorders in children is related to the manifestation of adult behavioural disorders and emotional problems. Early childhood is a critical period which affects the entire course of life. Izard, Trentacosta, King, and Mostow (2004) recommended a systemic approach when providing preventive measures for problematic behaviours, all with the goal of facilitating and encouraging positive behavioural patterns in the field of early childhood education. While one might wish for children's behavioural problems to be reduced in order to positively improve behaviour, it is necessary to understand the factors that affect children's behavioural problems and the relationships whereby these factors are located.

Torrance (1990) stated that creativity is related to children's behavioural problems, it can lead to improvement in creativity, which is referred to as the abilities of individuals to find new ideas or to create a unique and meaningful product. The ability to do that as an individual characteristic might be influenced by genetic factors and social needs, and such ability is present within every individual. Torrance (1990) developed a test for measuring creative thinking (TTCT) which aims to assess creativity in children. When completing that test, the children were asked to form lines and simple shapes, which they put on paper, to make or produce a new shape.

The children needed a high attention level to succeed in the task. So, if a child has a limited ability to concentrate and shows a high level of impulsivity and fatigue, he or she will get a low grade on the creative test (TTCT). Research on examining the existence of a connection between creativity and problematic behaviour also revealed that drug use, criminal behaviour and mental disorders correlate negatively with problematic behaviour (Brower, 1999). When examining problematic behaviours DeMoss, Milich, and DeMers (1993) found that children who had increased creativity might be more sensitive than other children. Hence, they might suffer from internalised problems such as withdrawal, anxiety, depression, etc. Moreover, some researchers pointed out that teachers often view creative children as potential nonconformists and adults who will probably break rules in the future (Chan-Chan, 1999).

Russ (1998), unlike the previous researchers, argued that creative children have appropriate creative problems – solving skills in various social situations and show better strategies for dealing with problems, and have clearer patterns for behavioural modelling, which indicates a negative correlation between creativity and problematic behaviour. Blacksmith (1998) and Plucker, Beghetto and Dow (2004), presented the idea that creativity plays a key role in the development of various strategies to resolve peer conflicts. When examining the relationship between creativity and behavioural and emotional disorder problems it was observed that there is a significant negative correlation between children's internalised and externalised problems and creativity. Many authors have concluded that creativity influences the prosocial behaviours of children (Kováč, 1998; Plucker and sur, 2004; Russ, 1998). Plucker et al. (2004) argued that creativity plays a key role in developing a strategy for resolving peer conflicts. It is important for researchers as well as practitioners to be aware that a relationship with peers can be associated with children internalised and externalised problems (Denham, 2006). That is why it is important that educators and teachers pay attention to the relationships between children with internalised problems and ways to resolve conflicts with peers (Denham, 2006).

Russ (1998) argued that being creative, children might be better able to cope more successfully with problematic situations in everyday life. Creative children can generate ideas on how to understand oneself and others, as well as understanding how to solve problematic situations creatively. When children face problematic social situations creatively, they come up with different and more flexible solutions, and they succeed in dealing with situations in a more appropriate way, so therefore, he expects to have less chance in future of getting involved in problematic behaviours and enjoying solving them. Galluccieva et al's (1999) research showed that children exhibiting problematic behaviour are in a negative correlation with low self-esteem. Many internalised problems are related to low self-esteem. This result is consistent with research by other authors such as (Doumen et al., 2011; and Sowislo et al. Orth, 2013), who suggested that positive self-esteem reduced behavioural problems while also helping children to adapt successfully. Children who have appropriate self-esteem in childhood tend to develop stable self-confidence later on, and thus they have a relatively small chance of being overwhelmed by hardships generated outside themselves because they can handle difficult situations in an appropriate way. Fox and Schirrmacher (2012) stated that creative children have high cognitive abilities, as well as high problem solving skills in society. Fox and Schirrmacher (2012) and Kováč (1998) suggested that creative children can generate different strategies and ways of problem solving when they experience social conflict. Their studies indicated a negative correlation between creativity and problematic behaviour. There is also a small amount of research that did not reveal a clear correlation between creativity and problematic behaviours (Gallucci, Middleton & Kline, 1999; McNeil, 1971). A significant negative correlation was observed between children's problematic behaviours and cognitive abilities, in the sense that cognitive abilities can lead to less behavioural problems (Giannopulu et al., 2008). Cognitive inability to process and interpret various parts and symbols in a systematic way can lead to emotional and social problems and there is an even greater possibility of manifestation of problematic behaviours. Deficiencies of cognitive abilities are the cause of internalised problems. Coglin and Petermann (2011) averred that children with internalised problems have tended to have difficulty understanding and interpreting other people's emotions and are more sensitive to dangerous situations. Ale, Chorney, Brice, and Morris (2010) reported that poor abilities interpreting other people's emotions, expressed through facial expressions are a significant factor in predicting internalised problems.

They stated that children would have a greater ability to see and understand their own and others' emotions, if they had the ability to understand the causality of a given situation. Children who cannot interpret other people's feelings accurately may have internalised problems.

The existence of significant negative correlations between cognitive competencies of both internalised and externalised problems is explained by the way children with low cognitive competencies are unable to participate in classroom activities; actively, feel constrained, experience failure, and thus directly expose themselves to problematic behaviour.

Giannopulu et al. (2008) indicated that there are behavioural problems in children that are associated with cognitive, visual, and perceptual working memory, reaction time, and inhibiting of responses. This suggests that low cognitive abilities can lead to children behaving in a problematic way; i.e., they do not respect social rules, they disturb their peers and attack others. Negative correlations found between children's social competencies and their internalised and externalised problems are revealed by the way children with low cognitive competencies do not can actively participate in class activities, feel restrained, experience failure and thus expose themselves to problematic behaviour. Graham and Coplan (2012) published a study showing that children who have difficulty forming relationships and maintaining relationships with peers have an increased chance of manifestation of problematic behaviour and thereafter experience social fears and anxiety.

Low self-esteem often reinforces externalised problems, such as aggression. Doumen et al. (2011) explained that when social competence is low, children show such aggression not only by internalisation because of their anxiety in dealing with peer relationships, and externalised problems, but also as a means of compensating for their low self-confidence. Physical competence is reflected in the way children see and use their bodies. There is a negative correlation between children's physical abilities and their internalised and externalised problems. This result suggests that educators who deal with children in early childhood need to explore effective approaches for encouraging children's positive physical competencies, to prevent problematic behaviour.

Every child needs support in early childhood; especially at-risk children from vulnerable environments who are likely to develop problematic behaviours (Heckman, 2008). Furthermore, investing in early childhood education for vulnerable children is a successful strategy to reduce future social costs (Heckman, 2008).

BEHAVIOURAL AND EMOTIONAL PROBLEMS: CHARACTERISTICS FOR CHILDREN OF PRESCHOOL AGE

The term behavioural disorders is a collective name for various forms of inadequate, socially unacceptable, harmful, and incriminated behaviour of children and youth. At the same time, different types of behavioural disorders can be interrelated, closely intertwined and connected by both causes and consequences, and can also be used to find ways of participating in society (Bašić, Koller-Trbović, Uzelac, 2004). These authors stated that these problems are about behaviours that can cause harm to children and young people, and problems and difficulties, either for themselves or for another person, group, or community. In doing so, children could have negative behavioural repercussions on the educational and work achievements of the child, and the child's overall functioning. Consideration of behavioural disorders in general, and thus disorders in the behaviour of children and youth from a socio-pedagogical perspective, necessarily relies on several biological, psychological, sociological, pedagogical, legal, and other interpretations of the whole subject of human functioning in given social circumstances. The term *behaviour* in itself is often used in colloquial speech when warning of the dangers caused by one's behaviour, or conduct, and the like. So often, the term "behave" implies dealing with someone's problems.

Derviševbegović (1997) uses the term emotionally impaired or socially maladapted children. Children with such serious disorders are described as children whose behaviour causes conflict situations. Behavioural disorders are the most common category of psychosocial disorders in children and the youth, and if they are beyond the reach of experimentation, which makes it significantly difficult for children and families, who have the responsibility of dealing with very serious and far-reaching disorders.

Behavioural disorders include all those behaviours of a child which are not adapted to his age and/or environment and interfere with the child's functioning, by harming the child and/or the environment; thus bringing him or her into conflict or excluding him or her from communication with the surrounding environment.

Popović-Ditić and Žunić-Pavlović (2005) used the term *crime* and pointed out that when it comes to prevention in the area of practical work, it is more acceptable to use this term, as it covers a wide range of unacceptable forms of behaviour, such as; problems in schooling, running away from home, wandering and begging, abuse of psychoactive substances, violent behaviour and vandalism, sexual behaviour disorders and other things. At the end of the continuum of manifestations is juvenile delinquency (committing a criminal offence) as the most serious type of criminal behaviour.

The existence of certain disorders and deviations in behaviour in daily functioning does not necessarily mean that *crime* is the right word to use when referring to behavioural disorders. For such categorisation, Koller-Trbović, Žižak and Bašić (2001, according to: Bouillet, Uzelac,

2007), stated that it is necessary to satisfy numerous criteria, which include the following:

- Duration of disturbances, whereby disturbances in behaviour can last a long time (three to six months and longer) or if a sudden change in behaviour occurs.
- Intensity, i.e., severity of the disorder, where usually disorders are categorised as, mild, moderate or severe disorders, or low, moderate, high, or very high risk disorders.
- The presence of disturbances in a particular environment. The environment needs to be specified because dangerous and severe disorders can occur in various environments such as; in the family, environment, at school, in society or with peers.
- The presence of a large number of different disorders needs to be specified, such as whether it is considered to be a monosymptomatic disorder, which will give a better prognosis in terms of treatment success (It is known that disorders intensify and that new forms appear if no intervention is made).
- Social or cultural criteria, which means that they are determined disorders that are not assessed in the same way, depending on the nature of the environment or for different sexes or age, etc.
- Urgency of the intervention, and
- Previous interventions and their results.

Whether the phenomenology of behavioural disorders in children is over or not is also impossible to determine, because it depends on the environment, the extent and intensity of occurrence and a subjective observer assessment. The symptomatology is very different. These are behaviours that are considered unusual for the environment and for which it is assumed that they may adversely affect further development, or it may affect the personality of a minor or the environment in which such behaviour occurs.

Furthermore, if a child exhibits such behaviour, or if, due to the surroundings, it becomes necessary to provide some protection, due to such varied phenomenology of behaviour; that does not necessarily mean that there has been any violation of any provisions of criminal law, even though it is etymologically related to delinquent behaviour. Risky behaviours of young people as well as behavioural disorders can be observed with respect to their phenomenology, but at the same time provision must be made for the intensity, or risk of danger (Bašić, Koller-Trbović, Uzelac, 2004).

To talk about the division of behavioural disorders, we need to look at a demonstration of classification models. The two basic diagnostic-classification models are: the categorical diagnostic-classification system and the dimensional diagnostic-classification system.

1.1 The Categorical Diagnostic-Classification Systems

Categorical classification systems are dichotomous and inferential and include the identification of qualitative differences in behaviour that are based on observation and careful taking of a history. ICD-10 (International

Statistical Classification of Diseases and Related Health Problems) and DSM-V (Diagnostic and Statistical Manual of Mental Disorders, five edition), as generally accepted categorical classification systems contain descriptions and criteria based on which diagnosis of the behavioural disorder is made. In addition to certain differences in diagnostic categories, the form of these two systems is determined by the idea of the existence of clear the boundaries between the presence or absence of disturbance. According to the diagnostic criteria, the existence of behavioural disorders is determined based on the number and severity of symptoms, as well as the age when the symptoms appeared and the difficulty with certain areas of life functioning.

In the currently valid, tenth revision of the International Classification of Diseases, Injuries and Causes of Death (ICD 10), behavioural disorders are classified in the diagnostic category: behavioural disorders and emotion, with onset usually in childhood and adolescence (World Health Organisation, 1992). The elementary characteristic of behavioural disorders is repeated and the permanent presence of patterns of antisocial, provocative, and aggressive behaviours, such as; excessive beatings or intimidation, cruelty to other people or animals, fierce property destructiveness, arson, theft, repeated lying, truancy and running away from home, unusually frequent and severe fits of rage, defiantly provocative behaviour and constant disobedience. This diagnostic category includes several types of behavioural disorders, namely, behavioural disorders limited to the family environment, unsocialised behavioural disorder, socialised behaviour, disorder of behaviour, disorder in the form of opposition and defiance, and other behavioural disorders and unspecified disorders behaviour.

In the fifth version of the Diagnostic and Statistical Manual (DSM-V), currently in place, classified behavioural disorders are in a diagnostic category called attention deficit and disruptive behavioural disorders. Diagnostic mark behavioural disorders have been described as recurrent and persistent patterns of behaviour that violate the rights of others, or age-appropriate social norms and rules, which include aggressive behaviour towards people or animals, intentional destruction of property, fraud or theft and serious violation of rules behaviour. Two typologies of disorders are offered in behaviour, namely; the age-type that predominantly occurs in childhood and the type that occurs in adolescence as well as being dependent on the severity of the disorder i.e. mild, moderate and severe type. Within this diagnostic category, the disorder that is defiant towards opposition was singled out as characterised by long-lasting patterns of negativity, insolent and hostile behaviour, but without serious violation of accepted norms of behaviour. Oppositional defiant disorder refers to developmentally inappropriate levels of negativistic, defiant, disobedient, and hostile behaviours towards authorities. Behaviours associated with oppositional defiant disorder include active defiance or rejection of adult requests, frequent outbursts of anger, excessive reasoning ("stretching") that can significantly interfere with the interaction of adults – child and child – peers), i.e. here we include children who are temperamental, who often quarrel with the elderly, opposing of authorities, openly and deliberately annoying others, often blaming others for their own mistakes, those who are very sensitive and quick, who get annoyed, and are often angry and resentful.

In addition to the two already mentioned, the following categorical ones have also been developed; The so-called IDEA and CCBD systems. These are educational diagnoses that differ from medical conditions, according to terminology, definitions, and criteria, because they have the purpose of identifying children who need additional support. IDEA and CCBD are quite often used in education and health.

According to IDEA (Individuals with Disabilities Education Act) a special category of impairment comprising severe emotional impairment. Severe emotional disturbances are defined as a condition characterised by the manifestation of one or more of the following characteristics:

- Inability to learn that cannot be explained intellectually, or by sensory or health factors.
- Inability to establish and maintain satisfactory relationships with peers and teachers.
- Inappropriate feelings or behaviours under normal circumstances, and
- Pervasive feelings of sadness or depression and a tendency to develop physical symptoms or fear that are related to personal or school problems (National Council on Disability, 1995; according to Žunić-Pavlović and assoc., 2010).

However, in practice we often have a situation with some students, where there is a need for appropriate services and interventions, although the criteria for diagnosing behavioural disorders according to mentioned descriptions and criteria is offered in the framework of the mentioned diagnostic categories, they offer a different approach according to dimensional (empirical) classification systems, as alternatives to categorical systems (Achenbach, 2007).

1.2 Dimensional Diagnostic-classification Systems

Dimensional classification systems assume that a behaviour is not dichotomised but is continuous. The systems are empirical in nature and assume that the boundary between typical behaviour and behavioural disorders is not clearly defined. Problematic behaviours can occur in all adolescents but with different intensity, duration, and frequency. Descriptive variables of dimensional systems such as symptoms, behaviour and/or scales from measuring scales are collected and linked to other variables, with which they are correlated; and thus, they form a dimension. The dimension summarises descriptive information variables, meaning that it is a summary of the variables it describes (Blashfield, 1998). The existence of a smaller number of dimensions in relation to the number of variables that describe the behaviour as useful is due to the presentation of the results that are thus more systematised than they would be in the case of dealing with all variables (Blashfield, 1998). The main assumption behind dimensional systems is that certain possessors can exist anywhere along the plane of these dimensions (Scotti, Morris, 2000). A Diagnostic-classification is a dimensional system based on quantification of attributes and best described behaviour, which has no clear boundaries and is continuously distributed (American Psychiatric Association, 1994).

The topic of many discussions was the comparison of these two classifications i.e., categorical or clinical-inferential classifications and a dimensional or empirical, diagnostic-classification system. Many papers have been written in favour of dimensional systems classification and they were given priority over the categorical system.

For example, Achenbach and McConaughy (1992) state that the "yes/no" nature of categorical classification methods that were used in the past it is not sufficient, that is, complete for children whose problems vary by degree or weight. Significant evidence suggests that many behavioural problems such as: attention disorders, hyperactivity, depression, and aggressive behaviour, come in continuity. Accordingly, the continuous nature of child behaviours is more appropriately measured by dimensional scales rather than categorical ones. Although not fully incorporated into popular diagnostic systems, empirical basis dimensional classification approaches have demonstrated their usefulness in the study of psychopathology. For example, dimensional approaches have shown that there is greater predictive validity using categorical approaches (Fergusson, Horwood, 1995), as well as higher statistical reliability (Cantwell, 1996). Such methods reduce the need for clinical judgements and conclusions, provide more sensitivity on presence comorbidities/covariances (Caron, Rutter, 1991), and can display patterns of multiple symptoms onto a particular individual, at the same time (Cantwell, 1996). Furthermore, and perhaps most importantly, the use of the dimensional, on the individual oriented classification system for identification of specific subtypes or groups of adolescents, can lead to the development of more successful and modern subtype-specific approaches in prevention and treatment (Achenbach, 1995; Bergman, Magnusson, 1997).

Critics of categorical classification systems point out that it is essentially better to avoid the stigmatisation of children and in support of this state that the term "conduct disorder" is the category whereby the disorders are behaviours that are referred to as DSM classification because, for example; a boy who engages in behaviours that violate some relatively banal rules can get the same diagnosis as an adolescent who committed murder (Flaherty, 2002). The most serious consequence of the diagnosis is depriving the child of adequate treatment. Some authors consider a categorical and dimensional approach as they are not opposed but reflect a natural flow development of knowledge (Coie et al., 1993 according to Žunić-Pavlović, Kovačević-Lepojević, 2010). Originally formed categorical systems are geared towards identifying the underlying characteristics that distinguish dysfunctional individuals, while dimensional systems represent the result of more detailed perceiving of the developmental processes of a particular disorder. Such correlation confirms the evident influence of the empirical results research on updating descriptions and criteria in categorical systems, which is especially true of DSM (Žunić-Pavlović, Kovačević-Lepojević 2010).

Other researchers (Kraemer, O'Hara, 2004) claimed that they are fundamentally equivalent categorical and dimensional approaches, explaining it in such a way that any dimensional approach can be converted to a categorical one, if we assign it classifications or diagnoses. Regardless, this one of the two approaches seem to be inextricably linked to the other, because when dimensional information comes to a clinical decision, and if there is a need to 'descriptively get the label' or dimensions diagnosis, the decision itself represents the application of categorical approaches (Kraemer, Noda, O'Hara, 2004; Widiger, 2005).

Categorical and dimensional approaches needed to be viewed as complementary. It is accepted in modern dimensional systems that division into externalised and internalised behavioural problems is acceptable (Achenbach, Rescorla, 2001). Achenbach, together with his associates identified a total of eight syndromes which assume a set of symptoms of emotional, social, and behavioural problems. By applying factor and cluster analysis, patterns of grouping of symptoms or forms were observed as representing problematic behaviour and based on that, they singled out the following syndromes:

- Anxiety-depression (crying, fears tension, perfectionism, shame, etc.).

- Retreat-depression (dullness, timidity, lack of energy, avoidance of contacts, etc.).
- Somatic complaints (dizziness, vertigo, fatigue for no reason, nausea, headache, etc.).
- Social problems (excessive reliance on adults, jealousy, feeling disliked, awkwardness, speech problems, etc.).
- Problems of thinking (impossibility to divert thoughts from certain things, intentionally attempting to injure or perform suicide, possession of strange ideas, seeing things that do not exist, collecting unnecessary things and FIG.).
- Attention problems (inability to concentrate and retention, inattention, difficulty falling asleep, running away from home, etc.).
- Behaviour that violates the rules (non – existence of guilt if the patient has done something bad, lying, cheating, hanging out with problematic children, swearing, using drugs, running away from home and from schools, violation of the rules of conduct at home, at school, etc.).
- Aggressive behaviour (physical confrontations, disobedience in school, malice, suspicion, "awkward nature", threatening others, screaming, shouting, destroying other people's things, etc.).

Based on further analysis, these syndromes were classified into two wider groups of syndromes, mostly active disorders behaviour (externalised) and passive disorders in behaviour (internalised). Active behavioural disorders refer to all socially undesirable and unacceptable behaviours; behaviours that deviate from normal, expected and "normal", while passive behavioural disorders include children who are withdrawn, often isolated, and unaccepted by peers. because of their behaviour, they interfere with work, so the intervention and help of adults is often lacking.

Outsourced behaviours are also called uncontrolled behaviours, while internalised behaviours are overly controlled.

Externalised syndromes are related to conflicts with other people and their expectations and where they are, as we mentioned earlier, they include behaviour that violates rules and aggressive behaviour. The second group of problems includes types of behaviours that are directed towards themselves, such as internal problems, such as anxiety, depression, somatic complaints without clear medical reasons and social withdrawal.

Achenbach and Rescorla (2001) pointed out that while one side singles out anxiety-depression, withdrawal-depression and somatic complaints, the other side sets behaviour patterns that violate the rules, together with aggressive behaviour. Social problems, and opinion and attention problems are placed in the middle, that is, they are on the cusp between internalised and externalised behaviours and do not fully belong to either group. However, factor analysis shows that they both belong equally and are both internalised and externalised.

The grouping of the syndrome is the result of numerous multivariate analyses of behavioural and emotional problems. Two groups of syndromes are designed to contrast personality disorders with behavioural disorders

(Petterson 1961), internalised versus externalised behaviour (Achenbach 1965; 1966); and inhibited versus aggressive behaviour (Miller, 1967); and uncontrolled versus overly controlled behaviour (Achenbach, Edelbrock, 1978). The difference which is referred to as internalised versus externalised shows more internalised syndromes that refer to problems within themselves such as anxiety, depression, somatic complaints without a clear medical cause and social withdrawal from contact. Mood disorders and anxiety are often referred to as internalised disorders because they result in emotional trepidation and depression. Non-clinical depression or a depressed mood in children is characterised by social withdrawal, declining self-confidence, anger, or self-destructive behaviour, as well as the decline of achievements at school. Many depressive symptoms are associated with the way we see ourselves and our understanding of ourselves (Kovacs et al., 1997).

Externalised syndromes refer to conflicts with others and their expectations. Externalised behaviours refer to those types of behaviours that are directed toward to the external world and two external syndromes are singled out: aggressive behaviour and behaviours that violate rules. These two syndromes only partially coincide with diagnoses from DSM-V (APA 2013). The first syndrome (aggressive behaviour) encompasses oppositional defiant behaviour and aggressive behaviour i.e. physical aggression, while the other syndrome (behaviour that violates the rules) includes only non-aggressive forms of behavioural disorders, i.e. lying, theft, socialising with bad company, setting fires, running away from school, running away from home, substance abuse and Fig. This division implies the existence of two types of behavioural disorders, which is confirmed by the results of other authors.

Frick et al., (1993) summarising the results of factor analyses from forty-four different studies involving 28,401 children and adolescents, concluded that problematic behaviours can best be conceptualised based on two dimensions, namely; the revealed-hidden dimension and the destructive-non-destructive dimension. Frick et al., (1993) referred to a model given by Loeber and Schmaling (1985) that dealt with the dimension of covert-revealed behaviours added to a dimension of destructiveness (destructive-non-destructive behaviour).

The first, the "discovered" or "aggressive" type is characterised by host-host confrontations with other persons, either in the form of oppositional (anger, defiance, stubbornness, harassment of others, frequent outbursts of anger) or aggressive behaviours (cruelty, violence against others, physical confrontations and attacks, cruelty towards animals, blaming others for their own actions). The other "covert" or "non-aggressive" type includes behavioural disorders that do not involve confrontation with victims, such as property offences (theft, lying, vandalism, arson) and status offences, such as breaking rules, running away from school, running away from home, abuse, and abuse of psychoactive substances (Loeber, Schmaling, 1985; Frick et al., (1993).

By further discussion of behavioural factors, divided them into destructive (theft, lying, vandalism, bribery fire, cruelty, violence against others, physical confrontations and attacks, cruelty to animals, blaming others for their own procedures) and non-destructive behaviours (violation of rules, running away from school, running away from home, substance abuse, anger, defiance, stubbornness, harassment of others and frequent outbursts of anger) (Frick et al., 1993).

Koller-Trbović, (1993) stated that disorders in socio-emotional development in preschool can be divided into the following groups:

1. Disorders in social development are:
   • Aggressiveness,
   • Intrusiveness,
   • Defiance,
   • lies,
   • Laziness, and
   • Withdrawal.
2. Emotional development disorders are:
   • Fear,
   • Timidity,
   • Playability,
   • Jealousy,
   • Depression, and
   • Anger.
3. Disorders in emotional development accompanied by neurotic disorders are:
   • elimination disorders,
   • eating disorders,
   • speech disorders, and
   • motor disorders, stereotypical actions and unusual behaviour.

147

Aggressive behaviours cover a wide range. Aggression is behaviour intentionally directed at harming others (Parke, Slaby, (1983), according to Matthys, Lochman, 2010). When we talk about aggression, we mean physical and verbal. More recently, relational aggression has also been described (Matthys, Lochman, 2010). Although there are several types of aggressive behaviour, recent research often focuses on two fundamental forms of aggression; proactive and reactive depression, (Kempes et al., 2005; Vitaro et al., 2006). Reactive aggression is defined as aggressive behaviour that represents a reaction to an external stimulus, event, or behaviour (threatening, provoking, or preventing the achievement of a goal), provided that the stimulus may either be real or envisaged by the person.

Conversely, proactive aggression refers to planning behaviour that occurs either due to anticipation of a desirable goal (which can be achieved by aggressive behaviour) or domination over other people, e.g., abuse. The appearance of this type requires neither anger nor provocation.

The notion of reactive aggression partially overlaps with the notions of emotional, impulsive, and hostile aggression, while proactive aggression is like what is referred to as instrumental or predatory aggression (Kempes et al., 2005; Poulin, Boivin, 2000). Previous research shows that these two are fundamental forms of aggression which vary regarding their long-term outcomes.

The opposite type, proactive aggression has been shown to be a significant predictor of future delinquent behaviour and criminal behaviour of children and the youth which appears in early adulthood (Pulkkinen, 1996). Conversely, reactive aggression is not a risk factor for future violent behaviour (Vitaro et al., 1998), but is a significant predictor of victimisation in close relationships, especially among girls (Poulin, Boivin, 2000). However, existing research is often identified by a single, general measure of aggression (e.g., Simons, Paternite, Shore, 2001). Such a measure encompasses various forms of aggressive behaviour, e.g., verbal, physical, reactive, proactive and direct or indirect behaviour.

Consequently, it is not known whether the patterns of connection are concerned with attachment to parents or with various forms of aggression, e.g., reactive, and proactive, similar, or different. Thus, we can ask whether parental attachment has an equal inhibiting effect, regardless of the form of aggression? The answer would be this question could offer research on the aetiology of reactive and proactive aggression. Research shows that reactive aggression associated with parental behaviours results in a low-quality of attachment to parents (e.g. inconsistent and obnoxious disciplining), while development proactive aggression is associated with a deficiency and/or absence of parental discipline and supervision (Dodge et al., 1997; Vitaro et al., 2002). So, one could say that low attachment parents have an important role to play in inhibiting reactive aggression.

Types of aggression in children are:

- Normal or expected – which appears during childhood development and stands out during preschool and adolescence. This type of aggression leads the child towards independence and progress in society.

- Hostile – manifests itself in open hostility according to the child's goal, and has two forms:
    - Hetero-aggressiveness – manifests itself according to the external environment (humans, animals, and items), and
    - self-aggression – is self-directed (nail biting, pulling your own hair, banging one's head against the wall).
- Suppressed aggression which appears in cases where there is a strong fear of punishment and it may appear in a hetero-aggressive form.

The causes of aggression in preschool children are.

- stealth, which prepares a child to attack a person or an object that stands in his way to a desired goal,
- transmitted anger that occurs when a child does not or may express anger directly toward a person or object that hurt him or her,
- parental rejection of the child,
- a desire to attract attention,
- identification with an aggressive environment,
- corporal punishment for misconduct,
- parents' indulgence in aggressive behaviour, and
- emotional tension due to family stress.

Anger is also a behaviour that precedes aggression. Anger occurs due to opposition to certain habits (between first and second years), due to authority and opposition to the child's code forming habits (between the second and third year), due to conflict with peers and the climax of conflict with authority (between the third and fourth year). After the fourth year, the cause of anger is the social environment, and later stealth and distraction of interests and gratification.

Oppositional defiant disorder, characterised by disobedience, is one of the most common behavioural disorders. It's a mess which bothers parents. Sometimes the reasons are justified, and sometimes they are not. Every parent creates an image of what they would be like his child to be so when he is not like that, he or she tries to correct what he or she does not like in the child's behaviour. Children do not understand the word "good" because for them it is an abstract term, and it may have a different meaning for each child. Some children are calm by nature, and therefore they 'live and let live,' and consequently, things are easier for them. Such children are more difficult to educate.

Disobedience can be defined as a form of rebellion against authority. The child resists adults in several ways; either openly by not accepting what the parent asks for, or stubbornness, by persistently doing what is forbidden to him or her or passivity, by avoiding the demands of adults.

Unlike aggressive and opposition-defiant children, withdrawn children are quiet and avoid the company of other children. The parents don't mind and often don't even realise that there could be a problem concerned with behavioural disorders. The withdrawn child speaks little, or he or she speaks in a whisper. The child seems scared, finds it difficult to join other children and then something new begins.

It has been scientifically proven that society accepts withdrawn girls more easily than withdrawn boys because parents of sons react more to the existence of this disorder. The reason for such behaviour lies in the child-family relationship. A withdrawn child requires a lot of attention and feeling and when nothing happens, the only thing they feel they can do is to resort to force. In many ways, parents play big role in development and withdrawal from the problem due to parents having certain fears results in the parents not allowing family members to communicate with the environment and therefore, the problem never goes away. When the child grows up, he or she experiences many discomforts because the parents did not prepare for such problems in his or her childhood.

To prevent aggression, a parent or educator should convince the child that such behaviour is not desirable or acceptable. Many parents and educators do not accept this and therefore they encourage children to defend themselves with aggression. When a parent teaches a child about the unnecessary and undesirable nature of such behaviour, the child laughs because then what the child is forbidden to do is allowed. Children need to learn to stand out among their peers in an acceptable manner, not by fighting. Scuffles should be interrupted by separation, not by identifying the culprit. Children should be helped to grow up and emphasise their good sides. To prevent withdrawal, parents should first consider the attitudes of family members towards such children, by asking whether they are intimidated by his behaviour. Aloof behaviour is a defence against discomfort that comes from one's environment. Using force and coercion on the child can only make the situation worse.

It is necessary to consult an expert and find out what activities the child loves which can help him or her to acquire faith in his or her abilities and successes. If the child does not speak, expressive techniques are used, such as drawing and modelling. In that way, the child is liberated and encouraged and eventually begins to communicate. A withdrawn child has difficulty in manifesting feelings of love and anger and by such negative behaviour only preserves him or herself with an illusion of safety. When it comes to adults, it is important to consider whether their actions are in accordance with the child's abilities and needs.

If a child is disobedient and does not differ from his peers, then the problem is in the adult. If the child's behaviour is different from the behaviour of other children, then the cause lies in the behaviour. If so, one must wonder if it has always been so. If the answer is in the affirmative, the reason for such behaviour is innate; irrespective of whether it is due to temperament or is some kind of disorder. It is then necessary to consult with an expert on children. If the disobedience started recently, we the parents, need to consider what caused it. Corporal punishment which adults often resort to with their child causes discomfort, pain, and anger. The child then forgets the reason for the punishment. Research has shown the accuracy of that statement. Cooperation is not achieved by blows.

A calm and slow voice can be used to ascertain what bothers our children. The problems are often caused by ignorance and misunderstanding. The role of adults is important for understanding a child's behaviour. If a child is constantly told that he is disobedient, the child will will eventually become so because he or she thinks that you, the parents are right. Be careful what you say about your children. A child's behaviour is usually a way for him or her to draw attention to themselves and that doesn't mean that it will last forever because children are constantly changing, growing and developing.

How should one react in the right way to creative children? It is important to emphasise the educator's willingness to deal with new situations and issues. The educator cannot plan ahead concerning your questions and answers. How could he knows, for example, when a child has drawn a picture that will represent his own new idea? The educator can only outline how things may go or how children might behave during working hours. He knows that children come up with new ideas. The child's classmates might include him/her in consideration of ideas and projects that are new to the child. It is necessary to extend one's thinking into other areas to which attention had not been drawn previously. In such cases, whatever the ideas may be, the teacher must maintain a responsible role. One must expect the unexpected.

A proposal that encourages others to think and search for something new, that is moving onto new paths, does not always originate from children. Often, such a proposal comes from an educator or a teacher. If a teacher is faced with a problem that requires him to judge whether a child needs help, he needs to say to himself – *Yes, I must saves the life of this child's idea or No, I should not do so.* If any of those present makes a disparaging remark that could do harm to himself or to a child because he was the creator of the idea he gave to others.

On the other hand, no harm may have been caused by the remark, because the child, by respecting the creative idea the teacher gave to the class may experience satisfaction by reacting to another person's idea. In fact, two boys may sometimes enjoy the pleasure of thinking creatively in mutual communication of a new invention or discovery. Also, sometimes it happens that communication with one particular person is not important. To attain satisfaction It is sometimes enough for a man to be able to use symbols to explain an idea; to explain it in such a way that others can perceive and understand it.

An educator must be especially careful in his desire to help children sustain a creative moment. When ideas are rejected or ignored contemptuously, the effect can have detrimental consequences. Creative ideas can continue living just as much as the people who nurtured them initially. They are born and they grow like other living things. People who enjoy learning new things must learn to observe and respect creativity, by guiding ideas that are being developed, and must learn to respect and consider important facts about the environment in which the idea originated.

THE PREVALENCE AND DEVELOPMENT OF BEHAVIOURAL DISORDERS IN PRESCHOOL CHILDREN

Stephens et al., (1999, according to Bashid, 2009), cited a high prevalence of mental health problems in the youth (twenty to thirty percent), and many of them have experienced multiple problems. Additionally, about a quarter of children live in families whose incomes are below the minimum poverty line, and many children live in families whose behaviours are very problematic. It is well known that between three and ten million children a year experience violence. Thus the request or demand to protect children and young peoples is an understandable way to get them out of such situations (Sameroff, Gutman, 2004). The American Academy of Children and Adolescent psychiatry (1999), reports an increasing number of children and adolescents who are expected to be at high risk for developing and development of mental disorders. Millions were and still are neglected and abused every year. Three hundred thousand of them are in institutional protection; seven million live with alcoholic parents; sixty percent have to consult doctors due to medical symptoms, which are partially or psychosocial problems. eleven to thirty-six percent of all children are diagnosed as having a mental illness. Some epidemiological studies state that mental disorders are identified in almost twenty percent of children and adolescents up to twenty years old. Loeber et al., (2000) stated that prevalence rates for behavioural disorders in the community range from 1.8 percent to 16.0 percent for boys and 0.8 percent to 9.2 percent for girls.

Disruptive behavioural disorder is the most diagnosed childhood disorder (Kazdin, Maxurick & Siegel, 1994) prevalence rates range from 2.6 percent to 15.6 percent in the community and twenty-eight to sixty-five percent in clinical samples (Boylan et al., 2007). In addition, the opposition-defiant disorder is a predisposing factor for the later development of behavioural disorders, as well as for further development of other mental health disorders, including anxiety and depression (Loeber, Burke, Pardidi, 2009), Mrazek and Haggerty (1994), stated that in the United States twelve percent (or 7.5 million) children and adolescents suffer from one or more mental disorders, including autism, ADHD, severe behaviour disorders, depression and addiction (alcoholism, drugs).

Defiant disorder is among the group of the most common and the most consistent disorders in children and adolescents (Costello, 1989, according to Greenberg, Domitrovich, Baumbarger, 1999). In forty percent of children with established opposition-defiance disorder between the ages of eight and twelve, the disorder presented later in life (Offord, Bennett, 1994). Evidence shows that, although boys show a higher prevalence rate than girls before puberty, during adolescence, boys and girls show equal rates of appositionally defiant disorder (Boylan et al., 2007). In cases where the disorder is diagnosed in one year, the criteria for diagnosing an opposition ally defiant disorder were met again in the following year in thirty-six percent of cases. In criteria for behavioural disorders, somewhat less frequently at twenty-seven percent of cases and the criteria for neither of these were satisfied in thirty-seven percent of cases (Burke, in publishing, according to Pardini, Lochman, Powell 2009).

Rutter (1981, according to Achenbach et al., 1991) stated that there is a higher prevalence rate of behavioural disorders in urban children. He explained it by saying that the higher prevalence rate is a by-product of family problems that are more prevalent in urban than in rural areas. This view was also supported by later research in Ontario which also proved a higher prevalence rate disorder behaviours in urban rather than rural areas. Offord et al., 1987 (according to Achenbach et al., 1991) explored the differences between children from urban and rural areas using a sample of 1648 urban and 1031 rural children, and statistically significant differences were found only for hyperactivity (seven percent of urban versus 4.6 percent of rural children) and for the presence of one or more disorders (19.6 percent of urban versus 14.9 percent of rural children).

The researchers did not find statistically significant urban-rural differences for behavioural, emotional, and somatisation disorders. Offord et al. (1987, according to Achenbach et al., 1991) did not find differences, even in the rate of use of mental health services and social services between these two groups (6.2 percent urban versus 7.0 percent of rural children).

Epidemiological studies pointed out that internalised problems, primarily anxiety and depression, major public health is a problem that is present in twenty percent of children in the community (Sawyer et al., 2001). These emotional problems result in young people and families suffering because they receive little professional assistance.

Recent research shows that in western countries, approximately ten percent of children and youth can talk about having a depressive disorder, two to nine percent of children present specific phobias, and in two to five percent of children we find clinically significant anxiety symptoms (Oatley, Jenkins, 2003). Until recently, the prevalence of internalised problems in early childhood was unknown, because children younger than seven years were not included in epidemiological studies (Hammen, Rudolf, 1996). Today, it is estimated that the number of children with internalised behavioural problems of preschool age vary from (Briggs-Gowan et al., 2004; Konold et al., 2003). Interestingly, preschool internalised problems are not of a transitory character, but such problems persist in middle childhood and adolescence (McGee, Feehan, Williams, 1995; Warren et al., 1997).

Internalised problems can be detected at an early age by the detecting hypersensitivity at a certain developmental period. Hypersensitivity is a strong indicator of internalised problems at the age of one to five years (Bayer, Sanson, Hemphill, 2006) followed by anxiety and depression problems in later life (Achenbach, McConaughy, 1992). Research on internalised problems also show that anxiety and depression are not clearly distinguished (Achenbach, McConaughy, 1992).

In early childhood, questionnaires are filled out by parents, which are important and are the only source of data on children (Achenbach, McConaughy, 1992), although there is evidence that both parents and teachers are insufficiently confident in recognising behavioural problems in children, with particular emphasis on internalised problems (Dwyer et al., 2006). Among the testimonies of parents and teachers of children with anxiety and depressive symptomatology disagreement exists frequently in such families and makes a big difference regarding children's self-expression (Achenbach scales used). Dwyer et al., (2006), according to Novak, Bashid (2008) found that parents correctly identified only thirty to forty-six percent of children with internalised behavioural disorders, while teachers succeeded even less – at twenty-six to thirty-four percent. Such data is of particular concern because it clearly accentuates the difficulty of recognising internalised problems. It is probably logical that teachers are not always aware of such "invisible" symptoms, so they do not experience problems with such children because they are calm and do not interfere with classes. However, because the authorities are not educating and sensitising teachers in a timely manner, they need to be aware that timeous response is also key to taking preventive actions.

Furthermore, without question, teachers are less tolerant of externalised behavioural disorders, compared to other types of problems (Algozzine, Curran, 1979; Fabre, Walker, 1987; Kauffman, Lloyd, McGee, 1989; Kerr, Zigmond, 1986). Teachers also tend to treat children with externalised problems with more dedication and provide them with special services (Walker, Fabre, 1987) while children with internalised problems are "not seen" (Walker, Fabre, 1987).

The need for working with parents is still important, as the situation is even more alarming, and it is really a question of why parents have trouble identifying difficulties with their children. In addition to being difficult to recognise aberrant behaviours, the conclusion is that – Yes! the internalised spectrum of behavioural disorders are not experienced as serious and many children are identified too late (Bayer et al., 2006). The onset of school going age is a risky period wherein the development of anxiety disorder coincides with the onset of school age, with a prevalence which decreases towards adolescence (Loeber, Keenan, 1994; Weissman, 1988). The author Vulid-Prtorid (2002) in her research on fears in children and adolescents revealed that twelve percent of respondents from 2,237 children and adolescents extremely often experiencing some fear. Fear intensifies itself right up to fifth grade of primary school and first grade of secondary school, which, in addition to the lack of recognition, is another urgent indicator of the need for preventive action, so as not to have serious problems later.

Social phobias certainly represent a visible form of anxiety, while other forms go unnoticed due to insufficient knowledge of their symptoms. Anxious children are often ashamed of their fears and "pretend to be good" (Kendall, 1994 according to Campbell, 2003). Of course, such children rarely receive appropriate assistance or are involved in counselling.

Logically, the prognosis for this group of children is much worse and often leads to the development of more dramatic clinical pictures later (Dadds, Roth, 2007 according to Vulid-Prtorid, 2002). Numerically, the prevalence of anxiety disorders in children and adolescents is, according to DSM-V, about four percent.

Scientific findings consistently show gender differences in both internalised and externalised problems. Boys take the lead in aggressive and rule-breaking behaviours (Achenbach et al., 1991; Card et al., 2008; Loeber, Stouthamer-Loeber, 1997), while girls show a higher level and higher prevalence of internalised problems, such as depression and anxiety disorders (Achenbach et al., 1991; Galambos et al., 2004; Lewinsohn et al., 1997). With the boys, the frequency of aggressive behaviour in childhood almost doubled that of girls, while that difference gradually decreases and is barely visible in adolescence (Bongers et al., 2003). Achenbach et al., (1991) while sampling 5200 children aged four to sixteen years, observed significant differences in gender and age. In addition to noticing that the boys have a much higher level of externalised behaviours compared to girls, they recorded a steeper decline in externalised behaviours for both genders when they increased the age limit. More recent research showed that aggressive behaviour is becoming more common in children of preschool age both among both boys and girls (Knezović, Buško; 2007) Today's girls when compared to previous generations showed themselves to be significantly more aggressive, used specific methods to impose and intimidate their victims, with a desire to become "most popular," and at the same time, maintain a good image of themselves as 'sweet and dear' because society expects that from them, while at the same time, controlling all that threatens them (Prpić, 2006).

Boys more often choose open, direct, and physical forms of aggression, and girls use verbal forms of aggression, which are sophisticated, disguised and implemented in aggressive behaviour (Petermann, Petermann, 2010). Undoubtedly, these disturbances, reflected in their behaviour have negative consequences on children's development, especially in their social functioning and development of social competencies, while, at the same time, not bypassing other segments such as development of emotional, somatic, and communicative aspects.

ECOLOGICAL DEVELOPMENT MODEL OF PREVALENCE DISORDER BEHAVIOURS

Bronfenbrenner's ecological theory observes the individual who develops within a range of living contexts or attachments to the environments of others, meaning attachments to the environment of the masses.

Ecological approaches can be observed through the adopting the following strategies (Jack, 2000 according to Bašić, 2009):

1. Strong environmental influences (e.g., poverty and poor quality of life) that affect health and development in children, usually through a negative effect on family functioning.
2. Strong influences arising from social interactions between community members.
3. Successful promotion and protection of health and development in children, often through the social support provided by parents.
4. An ecological model that will set up a clear balance between the experience of family stress and the support resources that are available to them. Bronfenbrenner (1979, according to Bašić, Koller-Trbović, Uzelac, 2004) believes that the social context of the interaction of experiences of the individual, determines the degree to which the individual can develop and realise their potential in the psychic (psychosocial) and in a physical sense.

Ecology of Human Development according to Bronrenbrenner 1979, according to Bas 2009; Popović-Ćitić, Žunić-Pavlović, 2005)

The basis of the ecological system for him are five ecosystems formed around the child:

1. Microsystem – a system wherein a child lives in a certain way; family, school, neighbourhood.ystems
2. Mesosystem – a system in which children live in a relationship between multiple microsystems; family and school, family and neighbourhood, family, and their local community.
3. Exosystem – systems and places where the child is not an active participant, but which affects him/her: work, parents, school authorities, free organisations, and times.
4. Macrosystem – the wider local community, a society that gives instructions for exo, meso and micro systems and which dictates changes in them.
5. Chronosystem – time course.

Above are listed systems that directly surround the individual, encompasses all those specific conditions whereby the individual lives, works, and acts. The microsystem makes up the largest number of elements, among which the family stands out, as well as, preschool and school institutions, peer groups, the neighbourhood and all those groups with which the individual enters direct social contact and interactions (Bronfenbrenner, 1989; according to Popović- Ditić, Žunić-Pavlović, 2005). At the microsystem level interactions exist that go in two directions from the individual to the middle and from the middle to the individual. It is a two-way or so-called bidirectional system, which has the strongest effect on the development of the individual (Bronfenbrenner, 1995; according to Popović- Ditić, Žunić-Pavlović, 2005).

The second ecosystem level of social impact is the meso-system, which encompasses interactions between microsystem elements. The individual does not participate directly in these interactions but the interactions indirectly influence the shaping of social behaviour.

The third level of the ecological system is the exosystem. It refers to a social environment that has no direct impact on individuals, but which is in direct interaction with the microsystem of the individual and thus conditions change in components of the microsystem, which thereby indirectly influence the shaping of an individual's behaviour. In other words, exosystem individuals represent a microsystem of those elements that make up the microsystem of the individual (Bronrenbrenner, 1995; according to Popović- Ditić, Žunić-Pavlović, 2005). These are different educational, social, economic, political, cultural, religious, and other institutions, organisations, associations, and clubs which operate locally.

The Macrosystem, the fourth level of the ecological system represents the highest level of social influence encompassing a wide scale ideological-value and cultural features of the environment.

These are the ideologies, laws, norms, values, religions, and customs of a culture, which are transmitted from generation to generation. Aspects of macrosystems have a so-called cascading influence, which implies their direct action on the elements of the exosystem, which further conditions changes in the microsystem, which influences shaping the behaviour of individuals.

The chronosystem, the fifth level of the ecological system, is important as it differs from the previous four levels. The chronosystem refers to a time frame, within which different animals come to the fore in events and situations that cause changes in the individual or social environment.

Starting from the ecological approach as the conceptual framework, Salzinger et al., (2002) investigated the association of exposure to the youth's antisocial behaviour in the community and its developmental outcomes; while verifying the mediating role of the family, funding and the moderating roles of the gender of children and youth. The results related to the frequency of antisocial exposure behaviour in the community, in line with expectations show how boys are somehow more often exposed to different forms of antisocial behaviour in the community than girls are.

However, it should be noted that this difference is not great, so we can say that as they are young, so, regardless of gender; on average, several times during the six months prior to the study, the community experienced or saw antisocial behaviour like a rampage by strangers, drunk people in front of cafés, deliberate destruction of property or petty theft. Increased exposure to antisocial behaviour in the community proved to be the strongest predictor of more pronounced externalised difficulties, which is not surprising, given the accordance with consistently validated basic settings theories of social learning and a socio-cognitive approach (Bandura, 1977; Dodge et al., 1990).

Exposure to antisocial behaviour in the community creates a suitable context for modelling aggressive behaviour, as a justifiable way of problem solving and to reduce inhibitions, according to such behaviour, which leads to a larger frequency. Researchers as well as experts in practice warn how precisely the conditioning of violent behaviour as an appropriate coping mechanism with life in a violent community, along with cognitive biases in the processing of threatened stimuli make this problem more frequent and more resistant to interventions (Salzinger et al., 2002). When aggressive, people characterised by hypersensitivity with a selective focus on signs of threat and aggression (Crick & Dodge, 1994), it is logical to conclude that where there are children and adolescents with more pronounced externalised difficulties, that combination of circumstances often leads to conflict situations and consequently, a violent environment for themselves and their peers is created that it will probably lead to continuance and amplification of behavioural difficulties.

Approaches to community prevention – Why community prevention? The simplest answer is in the setting: community implies a narrower way of life of the population, starting from neighbourhoods, then going to villages, towns to cantons and finally, state level: In this case community means a local community, which means a living environment in which certain people live and which connects them with belonging to a community that has recognised its problems, and is on the best way to solve them, by preventing problems and caring for the welfare of its citizens. With that in mind it is logical to take preventive programmes and arrange for these interventions to take place in different domains, with programmes that are aimed at children, the youth, and peers, th at are focused on parents, family, school, the school environment, it is easy to conclude that all of these orientations mean investing in the wellbeing and optimal functioning of the community and its inhabitants and institutions.

The significance of the programme in the local community is reflected in the coverage of all the above domains, as it is investing in the community as an arena for all events to take place. The programmes are necessary for the success of the community, appropriate readiness and mobilisation of the community, resources, knowledge of problems and needs and for downloading of responsibilities for solving problems and finding ways to solve them, with key people in place to take care of the community. Therefore, local community support, and a focus on evaluation is required. The community needs a capable, professional, and motivated team of people, cooperation of all participants, regular planning, a developed monitoring system, implementation of preventive interventions, an evaluation system and financial and technical support.

Every local community is special and specific, and its uniqueness stems from its culture, tradition, history, and the people who live and work in it. The local community is also an institution that administers public authority provided to it by law. The role of the local community is extremely important for organising and setting strategies for the prevention of risky behaviours in children and the youth. Numerous research projects and practical experiences show that a local community must unite to deal with potentially risky factors that may be responsible for the occurrence of aberrations in psychosocial functioning, and must also institute protective factors which ensure that it can successfully prevent and suppress of the spread of risky types of behaviour by children and the youth (Bashid, 2001, according to Mataga-Tintor, 2006).

How much the local community is prepared to invest in the quality of life, parenting, development of youth responsibility, and protection for children from the earliest age depends upon the local community, whose centre is its management. Nowadays, it is necessary for every local community to have a well designed prevention strategy. There are several factors that affect the quality of programmes, such as the environment, cooperation between professionals and institutions, and a policy that supports implementation of programmes (Mataga-Tintor, 2003). There is no single prevention model that will be effective in all local communities. Prevention programmes are specific to each local community because the needs and problems faced by local communities differ. However, quality and performance in the implementation of prevention programmes depends upon the sensibilities of the people who manage the local community, i.e., the politicians elected by the citizens. Only politicians who are aware of the need for and the importance of drafting and implementing prevention programmes in their community will be able to provide sufficient support to the experts who draw-up the programmes, which will make their community resilient and healthy, and keep its members satisfied and happy.

CULTURE AND FUNCTIONALITY OF FAMILIES WHOSE CHILDREN SUFFER FROM BEHAVIOURAL DISORDERS

Many authors speak in favour of the quality or lack of quality of family relations and attachment, weak levels of parental control, rude or abusive forms of parental discipline of children, marital problems, parental rejection of children, weak involvement in child rearing, criminal and addictive parental behaviour are all very strong predictors of the future manifestations of behavioural disorders (Hawkins, Catalano, Miller, 1992; Andrews, Bonta, 2006; Bögels, Phares, 2008; Farrington, Barnes, Lambert, 1996)

The possible pathogenic influence of the family on the personality development of children indicates the valid disease classification (ICD-10) where there are listed factors that affect the state of health, such as:

- Z 61: loss of love in childhood, events that cause conditioned loss of self-esteem in childhood, changing the structure of relationships in the family and physical and sexual abuse.
- Z 62: mistreatment syndrome, emotional child neglect, insufficient parental supervision and control, excessive parental protection of a child, hostility toward children and ill treatment of the child by making him/her a scapegoat, and inappropriate parental pressure.
- Z 63: marital problems, insufficient family support, absence of a family member.

The analysis of the characteristics of the family circumstances of children is extremely important because the family, through its economic, emotional, protective, and educational component may increase risks and fail to provide protection against the development of behavioural disorders in children. Accordingly, the role families play in the genesis of behavioural disorders are paramount. Given the large number of risk factors that can affect the developmental outcome of children's behaviour, observed at the level of family characteristics, the following are first and foremost: family functionality and family structure.

It is important to provide love and security for a child. Sheldon and Eleonora Glueck (1950) published their findings after their ten-year studies on delinquent boys, which conclude that delinquency is the result of an interaction between certain constitutional factors and family influences wherein one or both parents were indifferent or hostile towards the child and followed loose or improper disciplinary practices. Similarly, Rakid (1974) confirmed the hypothesis that children who are not sure whether their parents are taking care of them are likely to develop socially unfavourable traits.

It is especially difficult to discuss the problem of children having just one parent because that brings us to a series of questions such as: *Is it okay when one parent raises a child alone?* or, *is it better for a child to live in a divorced family or to have parents staying together despite constant quarrels?*

Society did not give acceptable solutions to these important problems and what seems to be the prevailing

173

opinion is that adults have the right to choose their own life goals, and that they shouldn't worry about the hardships and consequences that create divorces. There is no doubt that children suffer whenever there are broken abnormal relationships in the family. Numerous studies have investigated the impact of family structure on the development outcomes of children identified three ways of influencing the family; namely; structures that take place through social learning, social control, and instability (Albrecht, Teachman 2003; Amato, 2000 McLanahan, Sandefur, 1994; Teachman, 2004; Wu, 1996; Wu, Martinson 1993).

As Zlokovid (1998) pointed out, research on single-parent children shows that children often observe great instability, a greater probability of childishness, emotional instability, behavioural problems and a failure to succeed (Lindgreen et al. 1998). Many families experience divorce, children remain living with one parent and the other parent is allowed to meet the children at a specific time. Absence of father due to divorce, abandonment, or death, is especially stressful for children. Disturbed family structure affects the time of commencement of criminal offences. Children who start committing crimes before the age of fourteen (as children) have a more disturbed family structure Dišić, 2011). Family incompleteness can take different forms. Most authors believe that families should be distinguished by determining which are structurally incomplete from the very beginning and those which have subsequently become incomplete. (Ljubičid, 2010, according to Kuralić-Dišić, 2011). The fact is that families are special deficient, are often faced with the experience of great stress between two responsibilities: work and family life. Stereotypes of families from the fifties where the father was the only leader; The "head" of the family and the only employee, and where the mother stayed at home with two children, have undergone numerous changes in the new economic, social and cultural environment that prevails now. Hence life with one parent, often being the mother, should not be taken as the source of the problem. It is much better to live with one parent and be emotionally harmonious, rather than with parents who disagree. When a child lives in a family where the parents are constantly arguing and cannot agree, it affects his/her emotional state, in such a way that it hinders the child's creativity. Disturbing the family structure because of major family problems followed by a divorce eventually leads to a scenario where the children begin to exhibit behavioural disorders (Amato et al., 1995; Amato, Cheadle, 2008). The reason that leads to the problem is not the structural disturbance itself, but the catastrophic quarrels and conflicts that occur after the divorce which continue thereafter (Kuralić-Dišić, 2014).

Nye (1973) indicated that the denial of parental love (child rejection) is the main cause of social deviation in children. Some authors pay special attention to examination of the methods of education. It is concluded that parents use educational methods that are in in accordance with their reference system and with the personality structure of their parents. The variables that need to be examined are excessive discipline, verbal and physical punishment, reward and punishment, severe control, and supervision, and so on. The link between severe punishment and problematic behaviour in childhood is statistically significant, which has been confirmed by research. It has also been stated that physical child abuse is associated with aggression and antisocial behaviour by such children, especially boys. That is why there is a statistically significant association between swearing, and deprivation of love with behavioural disorders (Nye, 1973)

A fourteen-year longitudinal study conducted by Church et al. (2012) found that emotional warmth between a mother and a father are negatively correlated with externalised behaviours of children. A father who is under stress is may result in him having emotional and behavioural problems (Compas et al., 1989), while maternal stress is associated with 'internalised problems,' (e.g., anxiety, depression) in boys and with poor school grades in girls.

It has been established in numerous studies that there is a clear link between corporal punishment and growth of children's aggressive behaviour (Gershoff, 2002; Coie, Dodge, 1998; Steinmetz, 1979; Becker, 1964; Patterson, 1982).

In dysfunctional families we find disorders of boundaries, defective roles and leadership, unnatural alliances, failures in problem solving, communication and expression difficulties, and excessive emotion. Severely dysfunctional families are inflexible and poorly adaptable, and do not change in responding to developmental needs, influences, and events from the environment. Their family rules are either rigidly set or do not even exist. Regarding marital pathology the couple creates confusion of the intrapsychic and interpersonal process. Those families become a source of problems and can no longer carry out their functions (Cummings, Davies, Campbell, 2000).

Siffert and Schwarz (2011) investigated the impact of dysfunctional families on children by conducting longitudinal research and determined among other things, a strong connection between family conflicts and manifestations of externalised and internalised problem behaviours among children. Children respond to inter-parent violence with fear, aggression, and verbal hostility. Conversely, conflict resolution or progress towards solutions, mitigates the consequences of marital conflict (Cummings, Davies, 1994, 2002).

Investigating family dynamics, Fiese, and Winter (2010) stated that "chaos in the house" is directly related to externalised behaviours. "Chaos in the house" is associated with manifestation of externalised behaviours during early childhood (Deater-Deckard et al., 1983; Supplee, Unikel, Shaw, 2007), medium childhood (Dumas I et al., 2005) and adolescence (Evans et al., 2005).

Families of children with opposition-defiant disorder and behavioural disorders are characterised by weaker cohesiveness and more frequent conflicts, while in families with who have children with ADHD there is weak emotional support and intellectual functioning (Sar., 2005). When comparing levels of dysfunction in family environments with children who have various disruptive disorders, as a rule, it is revealed that children and adolescents with a diagnosis of oppositional defiant disorder and other disorder behaviours live in much worse family circumstances than children with ADHD (Rey et al., 2000). Of all the characteristics of the family environment that were studied, contemporary authors were the strongest predictors of behavioural disorders resulting from a lack of family cohesiveness (Blader, 2006).

In one of the more extensive studies, (Rados, 1973), conducted a study with the aim of determining the differences in perception of parents' actions in the upbringing of delinquent and non-delinquent girls, which led to the following conclusions:

- Delinquent girls delinquent, even when drastically punished by parents.
- Parents of delinquent girls do not show love and tenderness towards them.
- Delinquent girls are insufficient parents and don't encourage success.
- Parents of delinquent girls use excessive authoritative discipline.
- The parents of delinquent girls do not respect their parents enough for their personality.
- Parents of delinquent girls tolerate aggressive behaviour.
- The parents of delinquent girls do not take care of the child's health.
- The parents of delinquent girls disagree each other in terms of raising children.

Woldrop et al. (1971) found that mothers are hyperactive, more restrictive, and less caring towards their children because such children "seek" frequent bans. Sameroff et al. (1970) indicated that the characteristics of children intertwine with the characteristics of their parents and that the result is an 'individualised miniature social system.' This would mean that the parent 'shapes' the child, and the child 'shapes' the parents. So, the parent-child relationship is needed as well as the child-parent relationship which emphasises the importance of the child-parent relationship.

Lmajudi; in a mind-restructuring approach to research, proposes the view that it is useful for results in practice (by forming a programme of preventive actions) to observe the family as a system that both parents and children contribute their meaning to, but that everyone else (exogenous and endogenous) gives their 'contribution' to development and socialisation of preschool children, continuing into adolescence.

FORECAST OF
BEHAVIOURAL DISORDERS

Children with serious behavioural problems often have a history of behavioural disorders beginning as early as in the preschool period, i.e., while they were in kindergarten (Moffitt, 1990). Behavioural disorders have significant stability in the sense that if they are present in childhood and adolescence, they are likely to persist into adulthood (Masten et al., 2005; Neppl et al., 2009), i.e problems of this kind at preschool age continue persisting even after they start school, while problems from childhood are transmitted into adolescence.

It is precisely the preschool period that is cited as crucial for the development of opposition-defiant disorder (Webster-Stratton, 1997, according to Stormont, 2002).

Similarly, a group of authors (Oberkleid, 1993; Barron, Earls, 1984; Sanson et al., 1993, according to Stormont, 2002) stated that children with developed externalised problems in behaviour already in the preschool period, showed characteristics such as bad moods, increased activity, tension, inflexibility, withdrawal, irritability, and other behavioural that are difficult to control, and children with developed internalised problems are characterised by excessive sensitivity (Bayer et al., 2006).

Such behaviours often do not disappear while a child is growing up, so they are considered to be strong predictors of later antisocial behaviour, addiction and personality disorders (Loeber, Schmaling, 1985; Holcomb, Kashani, 1991; Phelps, McClintock, 1994; Caspi et al., 1995; Campbell, Ewing, 1990).

As for the stability of aggression, research has shown how aggressive behaviour is an extremely stable trait (Loeber, 1982) which is formed quite early in life. Therefore, the prognosis of bullies is usually poor (Kazdin, 1995). Olweus (1979) did a meta-analysis of longitudinal research and found that aggression eventually reaches the level of intelligence stability (he obtained a stability coefficient of 0.76 for the one – year and 0.60 for a two-year interval) (Parke, Slaby, 1983). Similarly, for a time interval of twenty-two years (Huessmann et al., 1984) obtained the coefficient of stability of aggression of 0.46. coefficient correlations over a longer period decrease, which rarely went below 0.40, even over longer periods than twenty years.

Research also showed that stability of aggressive behaviour is greater in men than in women (Kagan, Moss, 1962). However, Olweus (1982) showed that the difference in stability of aggression between men and women is small (the coefficient of stability for women was 0.44, and for men 0.50). In a longitudinal study, (Loeber, 1982, according to Coie, Dodge, 1997) indicated that reduced severity of aggressive behaviour in children may lead to increased severity of aggression in adulthood. Many visible negative behaviour patterns at an early age, may remain visible in adulthood as well as in old age (Shortt et al., 2003), which may pose a serious problem when attempts at adaptation and general functioning are made

(Lipsey, Derzon, 1998). Also, accumulation of disturbances over time may exacerbate detrimental effects on
development (Fergusson et al., 2005).

Young people with behavioural disorders in childhood
tend to nurture high levels of delinquency in adolescence
(Simons et al., 2002; Windle, 1990) as well as criminal
activities in early adulthood. That tendency also demon-
strates the longevity of this disorder (Simons et al., 2002).

Maintaining outsourced behaviours associated with the
existence of a constellation of different problems, which
are relatively frequent and serious, which are affecting
several areas of functioning and are manifested in different environments and in relation to different persons
is considered high risk (Campbell et al., 2000 according
to Žunić-Pavlović, Kovačević-Lepojević, 2011).

Externalised behavioural problems are the most common and persistent form of child adjustment problems
(Campbell, 1995). In the same time, To study these externalised behaviours which often change shape and
frequency during development at one point of development can only give limited information or create a false
phenomenon (Kraemer et al., 2000). Thus, externalised behaviours should be studied from the perspective
of developmental ones (Costello, Angold, 2000), or lon-
gitudinally, because transferring research of this type
does not bring valid results.

Many studies point to negative outcomes of early manifestations of externalised behavioural problems because

they are often associated with serious behavioural problems at a later age (Duncan, Brooks-Gunn, and Klebanov, 1994; Stormont, 2002 according to Herrera, Little 2005), in the form of manifestations of antisocial behaviour and abuse of psychoactive substances later on and in adulthood (Caspi et al., 1996; Englund et al., 2008, Farrington, 1990; McEvoy, Welker, 2000). However, one should note that many children who show aggressive and antisocial patterns of behaviour do not continue exhibiting the same behavioural disorders in adulthood. Loeber (1982) stated that many children manifesting it show reduced aggression as they grow older. This is supported by Kazdin (1995) who emphasised that exhibiting aggression can be considered part of the normal developmental process in most children.

Externalised behaviours at an early age increase and probability of poorer academic competencies (Masteni et al., 2005), long-term unemployment (Wiesnersur, 2003), and even and earlier mortality (Jokela et al., 2009).

A strong association was also found between disorders in behaviour at an early age and socialising with deviant peers and conflicts with parents at a later age. A combination of these factors significantly increases the likelihood of abuse psychoactive substances and the development of antisocial disorder personalities in adulthood (Keyes, Iacono, McGue, 2007).

Children with behavioural disorders need appropriate interventions to support development and/or encouragement to encourage appropriate social behaviour.

COMPETENCE REGARDING
BEHAVIOURAL AND SOCIAL PROBLEMS

Factors that contribute to the development of social competencies when one is studying the social development of preschool children, brings the quality of institutionalised preschool education and education together, especially the quality of the process itself, which is crucial for answering the question of whether attendance at preschool affects the social and emotional development in children positively or negatively in later life (Phillips et al., 1987; NICHD ECCRN, 1998; Howes, 1990, 2000.) If we look at the quality of structure, we see that it is associated with more positive social child development (review in CFWP, 2003). Howes (1990) found that the less favourable quality of the structure is related to the fact that educators judged more children to be difficult and hostile during preschool. In the second sample (Howes, 1988), better structural quality factors such as group size, the number of children per educator, the education of educators, and the curriculum at the age of three years were positively associated with more developed work habits and fewer problems in student behaviour in third grade elementary school.

There was more verbal interaction with peers who were associated with a greater number of prosocial behaviours (Howes, 2000). The knowledge of sociability and independence, and to a lesser extent, being task-oriented, according to the educator's assessment, determined the level of knowledge aggressiveness (Phillips et al., 1987).

Regarding the effect of attending preschool institutions on social child development there is less consensus. Review authors American works (e.g., Philips et al., 1987; Clarke-Stewart, 1989; Vandell, 2004) cited various studies of which some indicated a positive impact, and others a negative one, and a third that showed no difference. Violato and Russell (2000) can be cited as an example of citing negative influences. Based on conducted meta – analyses of 101 research published until 1995, they concluded that preschool institutions have adverse outcomes thereafter, around behaviour, such as increased aggressiveness and less indulgence. Such a connection, they argued, existed, regardless of the quality of the institution and the time the children spent in it and the principle applies to all children, regardless of their personal and family characteristics.

NICHD ECCRN research in 2005 showed that preschool attendance was associated with behavioural problems and conflicting relationships between mother and teacher towards children in the third grade of primary school. On the other hand, similarly to the opinions expressed by some Scandinavian authors (e.g., Andersson, 1998, 1992; Borge and Melhuish, 1995; Jurčević-Lozančić (1996) the research showed that, measured in years before starting school, children who were kindergarten were socially and emotionally more stable, and suffered less behavioural problems and other active and passive disorders than children who only attended preschool. So preschool children were less likely to respect the requirements and were more depressed, worried, and lonely. There have several attempts to explain such different findings. Clark-Stewart (1989) notes that carousel children show greater social and emotional competence in kindergarten and later in school, which includes self-confidence in social relations, ability to focus on tasks, cooperative behaviours, and taking the initiative. However, at the same time, they reject rules earlier and are less obedient and more aggressive than other children. By way of explanation for this, it has been stated that the greater independence and assertiveness shown by kindergarten children actually has a positive influence on their lives thereafter.

There are also explanations for the observed differences in behaviour arise from different programme structures (Phillips et al., 1987), the quality of preschool institutions, family characteristics (Vandell, 2004) and different research methods (Barnett et al Ackerman, 2006).

Research done that examined the impact of the amount of time children spends in preschool did not produce unambiguous results. A study that examined then total amount of time spent in preschool showed that children who had attended kindergarten showed more negative influences on behaviour and social competence than those who had not attended such institutions(NICHD ECCRN, 2003, 2005, Belsky et al., 2007, Loeb et al., 2007, Vandell et al., 2010).

Vandell (2004) suggested that children who learnt social skills in preschool for found the experience stressful. They examined the daily cortisol levels in children during their time in kindergartens and found them to be particularly high in poorer quality kindergartens (Vandell,

2010). Italian authors (Varin et al., 1994) found that children who during their first year of life spent more time in the nursery at the age of three years, were less resistant to frustration. On the other hand, there is research suggesting that children who spent less hours in kindergarten, and used half-day programmes, were more addicted and anxious (Phillips et al., 1987). Also, children who spent more hours in a kindergarten were more popular and less aggressive, thereafter, in lower elementary school classes (Field, 1991).

Behavioural disorders in preschool children can also be caused by more difficult adaptations to the vortex. A child may be sad or may be suffering because of a parent's problems. Some children exhibit anger and irritability, especially when they arrive home from the kindergarten. Adaptation is particularly difficult when children feel their parent's insecurity; especially when the parent says goodbye to a child or secretly disappears. Inconsistency in returning home is also difficult for children. Children who must deal with inconsistency find it more difficult to adapt to regular departures to kindergarten. Children may arrive at their kindergarten at different times, especially those whose mothers are at home with other children. Some children are predisposed towards heavier customization; children who are withdrawn and shy and thus are difficult to raise. Separation is hard for those children to bear who are overprotected by their parents or have not been separated from them before. In Scandinavian countries, preschools do not differ so markedly in quality as in other countries. Research shows that more time in preschool contributes positively to social development. Borge and

Melhuish (1995) in longitudinal studies in Norway found that children who had spent more time in kindergarten between the ages of four and seven had less behavioural problems later on between the ages of seven and ten years. In Sweden, Andersson (1989, 1992) found that children who started preschool before the age of one fared better when assessed in terms of socio-emotional adjustments at eight and thirteen years of age. Furthermore, the assessed group was more independent, more confident in social relations, less anxious and found that the transition from kindergarten to school was easier for them; compared to children who had started preschool later or who had been kept at home. Another longitudinal study from Sweden (Prodomidis et al., 1995) showed how age of departure to preschool or the number of hours per week spent in preschool was not associated with aggressive and naughty behaviours under the age of 6, whereas traits passed on from parents and parental style were.

The quality of the kindergarten attended seems to be the most important factor here. Additionally, research by Field (1991) showed that children who had spent several months in quality full-time programmes at preschools institutions had more friends in the lower grades of primary school, participated more in extracurricular activities, were more popular among peers, were more assertive, less aggressive and had better grades. Howes (1990) said that children had more difficulty in relationships with peers if they started preschool earlier at poor quality institutions. Also, Vandell and Corasaniti (1990) stated that children who attended more than thirty hours per week in a low-quality preschool, had poorer working conditions, habits and interpersonal skills in the 3rd grade of elementary school and, if they had gone to such an institution before the completion of their first years of life, was less disciplined and less popular. If they started preschool after the first year, they were assessed more negatively in social and cognitive areas. Children who spent less than 20 hours per week in preschool did not suffer from problems that occurred in low-quality preschools. The quality of preschools could explain the differences in results obtained from American compared to Scandinavian countries. Unlike the situation in the US, in Sweden there is no difference in the quality of preschool institutions. There is a very high quality public system in place across the board.

Children from all families in all walks of life attend preschool together, so there is no difference in the type and quality of the protection children receive, nor are the economic differences in society so pronounced.

In The Scandinavian countries, unlike in America, kindergartens are not perceived as a necessary evil. Moreover, the higher socio-economic status that prevails in Sweden means that children generally go to preschool earlier (Andersson, 1992), while in the United States being sent to preschools earlier and staying there all day tends to be associated with unfavourable family characteristics such as having divorced or less educated parents, poverty or frequent relocations. Andersson (1992) also argued that the more favourable conditions in preschools encourage parents to send their children there. Child development in Sweden is also associated with generous parenting regulations which all parents to dedicate more quality time to their children.

189

STRATEGIES IN EDUCATION FOR CREATIVITY IN KINDERGARTEN AND PREVENTION OF UNDESIRABLE BEHAVIOUR

The quality of observation is important for success in creativity. Observation is the first strategy to use in education in fostering creativity. It is necessary to notice and identify problem situations (facts), to reveal relationships that are not easily noticed. Situations should be pre-formulated for each observation. Observation inspires most of the notions and knowledge we have. This strategy is especially important in educational work. That is why it is necessary to train children in observation. If observation is more thorough, the memory will be more complete. Children need to be given more frequent opportunities for observation. Teachers or carers should instruct them to observe what's going on as often as possible. The great Czech pedagogue J.A. Komenskyhe had a very high opinion of observation and caring. He stated: "Everything should be known by one's own observation."

Let the "golden rule" to come out of it be that the senses should draw-on whatever they can, whatever is visible – to the sense of sight, which also has an element of taste – to the sense of taste, which is tangible – to the sense of touch, and, if more senses can operate at the same time, something that one can feel should be brought on as well. Success in observation will be amazed to the observer in situations where an emotional experience is also present. Being interested in something is essential for creativity.

It is useful for an educator to be well acquainted with the individual interests of the children in his group. He should redirect a child if he considers the focus of the individual child on a particular object, situation, or activity to be overwhelming. He needs to know what is important for each individual child and how emotional they are in their reactions to things. Curiosity has value in creative work. That is why it needs to be constantly encouraged. This can be accomplished in several ways, such as:

- encouraging children's preference for individual activities,
- praise and encouragement,
- more frequently dealing with certain objects which children show special interest in,
- causing problem situations, and
- encouraging children's issues, etc.

A child should understand from an early age that he or she is not a creator who invents, rather than someone who, by working and researching, discovers. Concentration is an important prerequisite in the creative process. Attention must be focused on what is being created. Personality comes to the fore when a child surrenders his entire being to the work he makes, discovers, and investigates. It is then quite understandable what creativity gives to the whole man – a complete personality. Creativity requires great will, energy, strength, perseverance, endurance, sacrifice, etc. That is why it is said that creativity is realised based on personal commitment. Creativity is uninterrupted, present and responsive. It is an individual act and experience. Individuals continuously plan, explore, change, combine, reverses points of view, examines, tries to decipher, rejoices, and mourns, and is constantly in movement, in action. A person in such situations understands what it means to be new, unrepeatable, original or witty. The process of creative work will be more successful according to Stevanović (1998) if the educators who are closer to the realisation of tasks, endeavour to:

- specify and determine the creative goals that are desired,
- defines the desired results, i.e what is expected from creative work,
- harmonises objective and subjective possibilities, which are appropriate to each person in accordance with their possibilities,
- defines the goals to be achieved, clarity of important goals, and
- moves towards the act of creation as soon as possible.

Educators of groups realise that if children instruct them to work according to a plan, use various procedures to extract opinions. They know how to organise concentration of attention, don't weakness, etc. Emotional habits are related to development of positive attitudes, interests, and ideals (role models). They cultivate a love of the beauty of creation and expression in children. They get used to having small feet around who find pleasure and meaning in the beauty of ART CREATION the creation of life and work. These factors are crucial for creativity and creative work. They include educators, children, kindergarten, the environment, and family and society. The educator is the basic driver of their children's creativity.

He or she is already cognizant of the fact that only creative people can educate a creative trainer. Creative children will come to the fore more if they are focused on creativity. If they are given the chance to think freely, explore independently, and work without hindrance, coercion, or any kind of restriction, they will have greater success if they are guided on solving problematic situations, formulating assumptions, in children who develop critical thinking, originality, wit, etc. Vrtid as an institution has a special place in the creative work of children and educators. It needs to enable the fullest possible manifestation of the creative personality, create material and simple working conditions, and affirm creative educators, groups, and every single child in kindergarten. Central factors should enable creative people to get to know themselves. It is necessary for someone to take responsibility for every creative person. Society is the broadest environment in which educators and children can find themselves. It needs to affirm creative educators and children in a wider area. The company developed a value system so that the best educators have a special place in society, and for talented and creative children, conditions are created that can be further developed Stevanović (2003).

In preschool children, there is a clear interest in art creativity. Children like to express themselves artistically because by doing so, they can liberate their personality from the usual stereotypes of life, and they can then build an integrative personality. Children's artistic expression should remain specifically childishly constructive, attractive, and unusual. Educational work in this area includes developing motor skills, muscles, hands, and arms, developing their experimental abilities and nurturing of their creative potential, in addition to training children to use drawing tools, painting and modeling, as well as evaluating finished works through conversation and mutual comparison. It seems that to children, Molding seems closer to them than drawing. Therefore, that technique could be a good place you start.

Children should be allowed to model and draw as they wish. Their educator should not determine appropriate content for them to pursue. Children need to get used to a richer perception of visual reality by developing the habit of observation, which is of great importance to artistic creation. By developing the ability to observe children's performances they can become richer and more accurate and then strive for the most complete and meaningful artistic expression. The educator's intervention should consist of guiding the child's attention to the characteristics of the materials they are using and instructing them in the technique of using that material. Children's original artistic expression starts from the centre of a circle and they can then move outwards. Then they appear in a circle as fundamental forms of existence. Circles for the child always signify a particular whole.

The child develops a path for later development by distinguishing between animate and inanimate forms. They can add a 'tail' to living forms and inanimate forms are still shown in a circle. The children use lines uses to denote energy and forces, i.e., for marking their manifestation of movement. That type of movement is especially present in the art works of children who are three to four years old.

Children from four to five years old then begin to distinguish shapes. The more common angular shapes are drawn along a circle, and the then children start to compose their own forms only from their fifth year onwards. The child draws all people identically. Only from the fifth year onwards do children start to differentiate differences between people. First, they notice the difference in sex with the help of hair and leaves, then in size, and just after that, the child notices other details. At the age of six to ten, children expand their interests in new forms, their parts and construction of detail, which they all present together in their artwork. At that stage, their drawings and paintings are starting to move closer to concrete shapes.

DRAWING AS A DIAGNOSTIC
AND THERAPEUTIC

In research on the child's psyche and cognitive functioning, drawings, which were studied by numerous authors
about 100 years ago (Nazor, 1991), were shown to be a
reliable and predictive diagnostic tool and therapeutic
medium (Pražić, 1987; Radovančević, 1999), especially
in children who due to inhibited intrapsychic processes
(De Zan, 1988) and verbal difficulties with expression
and communication (Antonović, 1977) which show ina-
daptability in the social environment or inadequate behaviour (Radovančević, 1986).

Children's interest in the pen, which was shown while
manipulating it, was revealed by a trail in the form of
certain patterns, according to Jean Piaget; which begins
at the end of sensorimotor development, in around the
third year of life, and thereafter the development of visu-
ospatial and vasoconstrictive and practice abilities, first
in the body and then in the hands.

In the identification, diagnosis, and therapy of children
with difficulties in socio-emotional, speech-language,
psychically, behaviourally and cognitively, through drawings, interdisciplinary cooperation of art pedagogue, a
social pedagogue, a speech therapist, and psychologist
would seem to be an optimal multidisciplinary team.
The concretisation of that problem was declared as necessary at that stage; given the frequency and forms of

aggressive behaviours in early childhood that had by then already been observed in group educators who spent a certain part of the day with children in different situations and who, from these experiences, were able to decide on the child-child, child-educator, and child-parent relationships and in that sense, their role was very complex and successful.

Children who often verbally insult, provoke, ridicule, threaten, or physically attack other children, educators, professional or associates; who destroy toys and furniture and in similar ways oppose the environment, should be taken care of by the intervention of an educational support programme, among others. Also within art activities that were shown through art workshops such groupings proved extremely effective in dealing with children who exhibit the above forms of behaviours (Kojić, Markov, 2010; Kojić, Markov, 2011a; Kojić, Markov, 2011b).

Evaluation of the art pedagogue's drawings quantitatively and qualitatively are significantly different from psychological and socio-pedagogical analysis of children's works of art. Quantitatively it refers, above all, to the length and frequency of follow-up of the child's artistic expression lasting at least six months, as well as often continuously monitoring a child's artistic expression within the educational process in kindergarten, in artistic expression from the age of three to seven years old.

Simultaneous assessment by an art teacher, a clinical psychologist and a social pedagogue could give a more complex insight into undesirable forms of child behaviour such as anxiety, shyness and aggression (Sambolek et al., 2010) and could benefit the social pedagogue in the preparation of preventive and therapeutic programmes aimed at preventing and treating disorders in children.

SPEECH AND STAGE CREATIVITY

Speech creativity is mostly about fluency. Fluency is an important factor in creative thinking.

There are many fluency factors:

- Fluency of ideas – production of many ideas, words, appropriate titles, consequences.
- Word fluency – the ability to produce new words.
- Expressive fluency – the ability to develop ideas and put them into words.
- Associative fluency – the production of synonyms and words of a particular meaning, finding words with the right sense of meaning, and
- Expressive fluency – the ability to organise and develop ideas into appropriate new systems or structures.

All these factors of fluency come to the fore in artistic (art, stage, etc.) creativity. Through speech we nurture the culture of speech in creativity in children's. we enrich the vocabulary; we stimulate the imagination and establish the relationship between words will create a basis for the stage work. It is a spontaneous game, interwoven with words, sound, movement and artistic and musical expression.

The child should be given tasks, which must be discussed with the child and explained to him/her. This is an essential prerequisite for speech and stage creativity. In the creative dramatisation of children through play they can experience the real meaning of the world around them. Children can also present an imaginary world that often intertwines with the real world.

When participating in dramatisation, children are often not even aware of how far they are progressing by using movement, voice, facial expression, body movement, fantasy, and intellect. The child has an inner need to express himself in such a way, that it allows him to discover self-awareness and his capabilities. Sometimes children are surprised when they discover their own knowledge and abilities. They are then satisfied with those findings because they lead to self-affirmation of their personality.

LANGUAGE CREATION

Language appears early in children. Children are constantly striving for personal expression. Telling stories to children is of particular importance to them as well as providing an incentive to talk further with their parents or educator. It is interesting for children if their educator starts to tell a story and interrupts it in a most interesting place and then allows the children to continue telling the story on their own, taking it in any direction they choose. Linguistic creativity first comes to the fore in stories. In telling a story, the child takes the lead role and identifies with a person or a hero. Reading stories to children enriches their imagination and vocabulary, strengthens concentration and intellect, opens vistas, spreads knowledge, and has a beneficial effect on psychological and emotional development.

A great national campaign to encourage children to read aloud from the earliest age, *read m* i, on its page states that only fifteen minutes of reading aloud a day helps the overall development of a child. Actually it all adds value. Something that is much more serious, in fact imperative for you to know is that your child will not be healthy if you do not read to him or her. It sounds radical, but scientific research avers that reading to a child from an early age is as important for a child's development as meeting primary needs like food, security, play, rest and love. Synapses that develop by reading do not develop with any other activity and they are responsible for children's language creativity. Today magnetic resonance records authentic brain activity in the child's real-time environment, so there is no more speculation about that.

There is tangible evidence that a healthy child's brain that is exposed to the right stimuli is significantly more developed than the brain of an equally healthy child whose environment is, conditionally speaking, ignored. This of course does not mean that reading is the only real stimulus at the earliest ages; but it provides incentives that contribute to a child's physical and mental health. It brings comfort, warmth and closeness of parents or educators, who can then focus on the child without any external interference; as well as colourful interesting items that can be scrolled, flipped or played with. Most texts, articles, and books that point out the importance of reading to children emphasise that reading must be a pleasant emotional experience. However, because children are by nature curious, that curiosity must be encourage and used, and guided properly. When those two things are connected, children have already set out on the path of reading and developing their language skills.

DRAMATIC CREATION

Dramatic creation is a typical example of cultivated creativity.

Games. It contains all the elements that encourage and engage children's creative abilities. In this type of game, children find a variety of ways to explore it's; and your desires and emotions, as well as their relationship with you as a teacher/carer, the environment and themselves, which is expressed by movement, sound, and word. In a play, children identify with someone else; a character who leaves the strongest impression on them. In doing so, children use imagination to imagine a situation and find words and movement to illustrate it. This kind of creativity requires special application, which implies choosing appropriate content and incentives. Incentives can take various forms, such as:

- a song,
- a story,
- reading a picture book,
- an event, and
- film, etc.

Children's creativity should contain inherent games, but as as a game progresses, so can the field of creativity monitor and maintain an appropriate development line. Preschool age is one of the busiest periods in the development of a young person. It is the age when all a child's creative potential is awakened and expressed in various activities. Many point out that preschool is a "golden age" for children's creativity;" but keep in mind that creativity it is not equally innate in every child. Therefore educators must not go too far beyond the fact that they must specifically encourage and direct children towards finding appropriate creative activities.

MUSICAL CREATIVITY, RHYTHMIC GAMES AND THEIR APPLICATION IN WORK WITH CHILDREN PRESCHOOL AGE

Musical creativity is an integral part of other creative activities of a preschool child in kindergarten, which should all be encouraging creativity. One of the positive environments for this is in kindergarten; "Dorisini cvjetovi" in Pula; in which art and musical activity is the most common form. In that respect, educators very often organise public events in the form of exhibitions or stage performances with solo pointsin the programmes or group performances. Creativity in the music field allows children to express themselves; so educators should suggest how and what to do (e.g. play, listen), where, when, etc., with the proviso that educators should predetermine the goals (tasks) they are aiming at achieving.

If we want to know children's musical dispositions, we can seek-out their feelings and opinions when they are alone, unfettered by pedagogical dogmas, and feel free enough to express themselves. Their expression – on the playground, on the street, in home yards. Educators who are in favour of this type of free expression in children should hope to observe and enjoy seeing the purest, unrestrained joy of children's creation. They should get involved in creative application themselves, by giving kids the freedom to enjoy fashion, freedom, and fun, within the bounds of practicality of course! They should be free to express themselves and develop their individual identity as young people, striving towards a successful tomorrow!

Let educators show children that we can teach them not just facts and the laws of the world outside them but also about the world within them; their psychological needs so they can live a balanced satisfying life.

In nature, sound originated even before man himself and independently of him: the roar of the sea, the pounding of the waves against the shore, the murmur of streams, the sound of wind, storms, etc. However, this is not the case with music. Musical sounds excite and inspire people.

The first musical tones that differed from sounds in nature were created with at a specific pitch. At first, man created tools for doing work. The sounds created by those tools inspired humans to create the first musical instruments on which they could then consciously produce sounds. By using such rudimentary musical instruments, humans early man expressed his fear, joy, merriment, and other emotions. Starting from that base, different kinds of music developed which then allowed people to express their celebrations about hunting, fighting, defeats and perform other rituals. Music was used to express the collective spirit of individual tribes. One of the tasks undertaken in preschools is attempting to bring children back to making music and singing.

That will only happen if educators working with children nurture a love of music, while educating them about how music works. Children need to have enough music education and, of course, pedagogical expertise is also needed. Goethe stated: "It's the same in music to the greatest degree because it stands so high that it cannot be understood by means of reason. It rules over all and that no one is able to explain how it works. It's not a religious cult, but society cannot cannot be without it. Music; with the help of man exerts a miraculous influence." When we talk about music's influence and power over man, we mean that music which is artistic in its own way directs performances. Only when music is performed does it rise to the level of artistry. This process whereby man and music work in harmony produces magic.

Poetry works in a similar way. The most beautiful verses read expressively lose their strength and beauty if the person who presents the poetry does not experience it in a profound way. Likewise, every educator must know that he has to present the musical or poetic material in such a way that it conveys to children the love and experience of music and song, because it's not just fun for children. The performer or teacher's role is not simply to cheer up children, but also to inspire them.

FUNCTIONAL MUSIC PEDAGOGY –
IN PROMOTING CHILD
DEVELOPMENT IN SCHOOL

The head of the music school marvelled at the children's creativity which disappeared when they grew older. 'Where does that creativity go?' she wondered. Or, 'How does children's creativity come about?' She watched the children on the playground and admired the skill with which the children reproduced complex rhythms at their benches, while producing the same rhythms caused great difficulty for older children at their music school desks. 'Why is that so?' a distinguished music school professor wondered in Zagreb Rhelly Bašid.

The answer to both questions was that it was a game. Professor Bashid sometimes joined the children in their play, and she had spent many summers writing down the children's movements, while watching their games. 'Why was the game so stimulating for learning and for creativity'? she asked herself. In the games, children satisfy all their own psychophysical needs – for acceptance, freedom, respect and fun. They all strive for the same goal. Rules in games provide security and set boundaries for behaviour and consequences for both success and failure. The consequences of failure are predictable, but not painful, so the children are motivated to learn, and to always try again, until they acquire a new skill or new knowledge.

The children play freely because they can choose both the nature of the game and of their role in it. In addition, the behaviours are expressed with gestures and movement much more freely than in their homes, which corresponds with its free nature. The child laughs while playing and he is happy. he wants to learn because he wants to play, and so learning becomes easy, fun, and productive. Since both their needs are met, the children are in balance mentally and react spontaneously, which means each experience reinforces the behaviour and acts as as a stimulus for creation and invention because the children create their own own words, poems and new rules. That type of creativity arises out of pure entertainment, because because there is no assessment and new rules are invented, no matter whether they are considered good or bad. Everything she learnt from the children, prof. Bašić conveyed is in her pedagogy.

Methodological principles of functional music pedagogy are:

- Play is present as a powerful motivational tool in the process of learning to sing and make music.
- Learning chalk from emotional experience and ends by his awareness (from the unconscious to conscious).
- The child deepens the experience of music and singing art, speech, or motor expression.
- One of the strongest is involved in the educational process the child's givens – imagination, and
- Improvisation (as an expression of creativity) is a component of music pedagogical work.

EXAMPLES OF WORKSHOPS FOR WORKING WITH CHILDREN IN KINDERGARTEN

1. SELF-KNOWLEDGE WORKSHOPS

The third face of a creative emotion education workshop
There are three faces in one curriculum/
It's me...
Have the children sit in a circle.
Educator: "Each of you – say your name in turn."
Children: (say name in order circle).
Educator: "Who are you?" (Asked the first child in the circle).
Child: "I am Farah."
Educator: "Now ask a friend sitting next to you. Who are you'?"
Ivo: "Who are you?" (He says to a friend next to him.)
Second child: I am..."
Educator: "And so; we have five to six questions and answers in a row. Now let's expand our answer a bit. Let's have a new question..."
"Who are you and what do you look like?" says one of the children.
Educator: "Say your name and briefly describe yourself. For example: "I am John and I have black hair."
After a few answers, the educator asks a new question.
Educator: "Who are you and what do you like to do?" You can answer for example like this: "I'm Davor and I like to run..."

2. WORKSHOPS TO GET TO KNOW OTHERS

LET'S MEET...

The educator (singles out two children and turns one to face the other. Have the other children face each other). He says: "It's called a couple. Now talk to the person opposite you, in pairs. Quietly tell each other the names of your family members. Now tell each other what the family members do in the house. Tell each other on which street you live, and who your best friends are. Now that you know each other better, you can tell each other how you treat animals in your neighbourhood..."

The instructions depend on the educator...

After a while, the educator asks the children to switch partners to form new couples.

3. WE TALK ABOUT FEELINGS

The educator prepares papers marked with the numbers on which he has written statements.

1. I'm in a terrible mood,
2. I'm in a bad mood,
3. I'm in a so-so mood,
4. I'm in a good mood, and
5. I'm just happy.

The children line up in a circle and each child chooses a number that suits him, and he then responds according to how he feels. The educator asks if anyone wants to tell the others why he feels a certain way; and he tells all of them that they do not have to talk about their mood if they do not want to. Children are sometimes able to speak about things that bother them, and sometimes they do not want to talk. Problems children talk about in kindergarten are usually the following:

- teasing,
- a sense of exclusion,
- fear, and
- aggressiveness of other children.

The educator's role is to get the children to recognise the feelings that lie behind such a mood: anger, jealousy, worry, hurt and the like, and to teach them how best to respond to their own emotions.

4. STORY INVENTION WORKSHOP

The children sit in a circle and try to sit as comfortably as possible.

The first part of the workshop:

Educator: "Think about which of your favourite stories you would like to hear."

Each child in turn tells what story he or she would like to hear.

Educator: "Now let's invent a story together. Which of your favourite stories do you like the most?" Every child should then invent a few sentences, and the child next to him has to continue the story; and then each child, in turn must continue the story.

The educator begins a new story, and the children in the circle one by one, invent sentences to continue the story.

When it is the educator's turn again, he invents the end of the story.

The second part of the workshop:

The educator divides the children into pairs and instructs them to imagine that one of each couple is an adult and the other is a child. "Adults" are then instructed to tell the "child" quietly the story they had all shared a moment before.

When the story is told, the "adults" sit in the middle of the circle, and the "children" remain in the circle. Then the adults tell stories "from the future." Eventually every child is given paper and crayons and draws the stories. The drawings can later be used for a new workshop in storytelling (Itkovid, 1997).

PREVENTION AND TREATMENT
OF DISORDERS BEHAVIOURS
OF PRESCHOOL CHILDREN AGE

In preschool, prevention and therapy focused on helping children with behavioural problems is shaped in such a way that parents are taught how to teach their children effective behavioural skills such that family relationships are improved and made more positive.

What are the most effective therapies for preschool children?

Evidence shows that children respond best to therapy for behaviour change up to the age of seven or earlier. Parents must cultivate and use a set of skills. Stopping negative behavioural patterns and reinforcing positive types of interaction in children leads to long-term improvement in their behaviour.

THE ROLE OF THE EDUCATOR AND THE SOCIAL TEACHER IN DISORDER PREVENTION BEHAVIOUR

When young children behave in a way that is extreme unacceptable, it happens that some parents do not feel worried, thinking that all this would stop when the child grows up. But the reality is different. When children are not taking opportunities to act in appropriate ways in preschool age, it is best not to wait, and rather to respond appropriately to the age of the child. Children learn all the time, and the more their illicit behaviour is tolerated, the stronger it becomes rooted in their psyche. The longer inappropriate behaviours are present, the harder and more stressful it is for parents and educators to redirect them towards positive behaviours. So, for example, parent training can simply help children to avoid disruptive behaviour by teaching them skills they have not learnt yet; meaning that they provide them with knowledge and skills on how to manage their impulses. At the same time, the parents institute effective responses to the child's bad behaviour, which indirectly helps them to avoid labelling their children as 'problematic'.

The World Health Organisation divides prevention into primary (its goal is to reduce the number of new disorders or diseases), secondary (the goal is to reduce the number of identified cases disorder), and tertiary prevention. The goal is to reduce the number of problems associated with pre-existing disorder or disease. Over time, the idea of prevention has changed, so that in addition to what has already been mentioned, we also have universal prevention, selective divisions of prevention and indicated preventative interventions. What is commonly stated in the literature is that the division of prevention programmes varies according to the target population, i.e. according to the existing level of risk given by Gordon, according to which universal, selective and indicated programmes are selected (Gordon, 1994; according to Bašić, 2009).

The programmes include:

a) Universal programmes intended for the entire general population, regardless of the presence of at-risk and protective factors.
b) Selective programmes aimed at subgroups or general populations that are exposed to the action of many different factors, and
c) Indicated programmes that are aimed at individuals and groups with behavioural disorders and a high degree of individual risk.

Various authors have analysed the success of the programme at certain levels of intervention. Greenberg et al. (2001) analysed over a hundred and thirty prevention programmes for children and adolescents, to identify strictly evaluated programme interventions that have been shown to decrease symptoms of aggression, depression, anxiety, and the like, or yes – positively affect risk-related factors that predict the onset of mental illness in children. The authors mentioned reviewed universal, selective, and indicated programmes for reduction of externalised and internalised behaviours, and they identified thirty-four programmes that they marked as successful. The authors selected thirty-four programmes that met the evaluation criteria, including fourteen effective universal programmes that were classified into four categories of building programmes, socio-emotional skills; prevention programmes to reduce violent behaviour; school environment change programmes and multicomponent programmes that target multiple domains.

In addition to the fourteen universal programmes, the group of authors singled out another twenty successful selective and indicated prevention programmes, of which ten programmes are applied for prevention of externalised disorders. Programmes were applied to children and adolescents with aggressive and antisocial behaviour, and according to the focus of action were divided into three groups: child-centred programmes, support programmes and adult and multicomponent programmes for children and families.

EXAMPLES OF SUCCESSFUL
PREVENTION AND TREATMENT

The programmes that are shown below are selected from a list of effective programmes housed in the SAMHSA National database Registry of Evidence-Based Programmes and Practices, except for the programme called 'Programme for Successful Self-Regulation emotion and to promote the development of preschool children' (which is not in the mentioned database). This National Register exists in the United States as a model to produce scientific evidence of programme success. Finished programmes that are taken from the database can be replicated or adapted. Replication implies consistent application of the programme, while the adaptation refers to the adaptation of the programme to specific conditions. Common to all programmes located in this database is that they are based on theory, have been evaluated and have demonstrated success. They have also been replicated; which showed similar results and were published in peer-reviewed journals.

In the period from 2007 to 2011, Samshim reviewed and evaluated more than one thousand one hundred programmes and designed over a hundred and fifty promising, effective, and model programmes (USDHHS, 2005). Of all the programmes contained in this database, for the purposes of this paper, several successful and scientifically based ones were singled out to be used in prevention and treatment programmes aimed at working with preschool children. These programmes promote mental health and mental health treatment programmes. All the programmes aim at prevention or treatment of externalised and internalised behavioural disorders in children by means of comprehensive family-oriented interventions, by educators and teachers. The main selection criteria of the programmes were that they were intended for prevention and treatment of behavioural disorders in preschool children.

1. Heart Smarts Programme

The early Heart Smarts programme focused on self-regulation of emotion and promoting the development of preschool children (Trevor, Bradley, Galvin, Atkinson & Tomasino, 2012).

The programme is intended for the preschool population, is designed to facilitate social, emotional, and motor abilities, and it encourages the development of ther cognitive and linguistic abilities of children aged three to six. It is based on more than ten years of research which was based on examining the importance and role of positive emotions in the functioning of the body, brain, and nervous system; followed by investigating the positive impact of emotions on cognitive development itself.

The programme is based on the knowledge that the period between three to six years of life, is the age of "maximum neurological and psychosocial development." Therefore, efforts are being made to justify, implanting an engram in a child's brain in a bid to improve the learning of; and continuous use of socio-emotional self-regulation skills during this period. it is easy to implant an engram in a child's brain that could encourage its future optimal emotional self-regulation. and thus significantly determine the long-term development trajectory and thus facilitate beneficial future psychosocial growth.

The programme comprises eleven sessions that are designed to help children to better understand basic emotional states, self-regulation of emotions, strengthening the expression of positive feelings, improve relationships with peers, and develop problem solving skills. Each session lasts fifteen to twenty minutes, and is practised twice a week, using different examples.

The topics on which the programme is based are:

- Emotional regulation in early childhood,
- Psychophysiology of emotional regulation,
- The role of the heart in emotional experience,
- How to reflect emotions through heart rhythms,
- Psychophysiological compliance – optimal conditioning of success/prosperity, and
- Generating psychophysical coherence.

Accordingly, the integration of this programme into educational systems, commencing in preschool education is designed to stimulate social-emotional competencies and thus indirectly seeks to prevent the manifestation of numerous psychosocial dysfunctions and pathology in later ages, which not only deprive individuals of quality of life, but also incur a huge financial cost for our society. The goals of teaching should inculcate in children caring for others, having the ability to express a range of different emotions, and developing empathy and cooperative play. The programme is implemented using toys: dolls and teddy bears, as well as using a stethoscope, by means of dance, riddles, song, acting in dramatic roles, photography, pictures, cards, etc.

The programme teaches children:

- How to recognise and better understand basic emotional states.
- How to regulate emotions.
- Ways of expressing positive feelings.
- Ways to improve relationships with your peers, and
- Problem solving skills.

The implementation of the programme requires an educator who has a kindergarten or has a certificate and/or teaching staff in the school who are licensed or have permission to practise, as well as an assistant who supports teaching activities in classes.

One of the most important aspects of this programme is that all results apply only to children of preschool age – so, these are very young children, of which ninety-six percent were between the ages of three and four years old. It is also important to emphasise how truly amazing it is that three year old children can learn, retain and practically apply the socio-emotional skills they learnt through this programme, in order to facilitate their proper psychosocial development. This programme is also designed to perform performance interventions with preschool children who are ethnically speaking minorities who come from areas having lower socio-economic status.

2. Children In Between Programme

The Children in Between – CIB programme is an educational intervention for families who are in the process of divorce. The level of preventive action is selective. The programme advocates reducing parental conflicts, pressures, communication problems, as well as raising awareness of the impact of divorce on children. The duration of CIB is one to two (ninety minutes to two hours) sessions. CIB interventions seek to educate parents with special parenting skills, especially good communication, to reduce the level of family conflict during parents' divorce. Each parent attends classes and receives two brochures which give advice on how to reduce the stress caused by divorce. Brochures are also distributed that contain practical tips for implementation of the overall programme (CIB). Parents also watch a video which shows the feelings of children who are trapped in the middle of conflict between parents.

The area of operation of the CIB programme is the promotion of mental health. Expected outcomes are a reduction of parental conflicts, raising awareness of the impact of divorce on children, a reduction in litigation costs, development of communication skills and relieving the stress that a child or adolescent is experiencing. The programme can be applied in urban, suburban, rural and border areas. Since 1992, intervention or adaptations of this programme have been conducted in about 1,200 cities with about 2.5 million parents. CIB was conducted in Australia, Canada, China, Ireland, Japan, The Netherlands, Singapore, South Africa, South Korea, Spain, the United Kingdom and the United States.

The effectiveness of the programme was positively assessed. Research papers examining the effectiveness of the CIB programme stated that the families involved in the programme had better solutions for parental conflicts for people who were in the process of divorce, and the embarrassing act itself was also made more acceptable. In this way, parents learnt how to keep children away from conflict between their parents. The children of CIB participants stated that they felt less 'Caught in the middle,' i.e., they became less of a target between conflicting parents, compared to children of other parents who were in the divorce process (Arbuthnot, Gordon, 1996; Kramer et al., 1998; Kurkowski et al., 1999). A smaller study also noted the percentage of occurrence of long-term litigation (Arbuthnot et al., 1996).

Children whose parents underwent CIB interventions experienced a lower percentage of stress (Kurkowski et al., 1999). The parents used divorce and parenting skills to navigate the divorce process using the skills they had previously successfully mastered during the programme. The parents also had better relationships even after the divorce. They established healthy communication after only three months, and the children were encouraged by the parents to spend time with both the mother and the father (Arbuthnot et al., 1996; Kramer et al., 1998).

3. PATHS
(Promoting Alternative Thinking strategies – Development alternative strategies)

PATHS (Promoting Alternative Thinking Strategies) is a comprehensive development which established a programme of universal prevention which promotes social-emotional competencies that help prevent behavioural and emotional problems in children. Authors of the programme M. Greenberg and C. Kusche from Pennsylvania, USA, in the 1980s devised this programme based on theoretical models developmental theories (in the integration of emotions, cognition, language and behaviour), a neuro-cognitive model (for the regulation of function language and emotional awareness and for behavioural control) and an environmental model (focused on building a caring educational environment). PATHS promotes socio-emotional competencies that are encouraged and developed by this programme. The programme promotes self – knowledge (identification of emotions, personal responsibility, and recognition of personal strengths), care for others (acceptance and respect for diversity and respect for others), responsibly, decision making (emotion management, analysis situation, goal setting and problem solving) and social competence (communication, creation relations, negotiation, rejection skills, and seeking help).

Analysis of results and testing of differences in a study conducted in Pennsylvania showed that there are clear differences between the groups that were included in the programme and those that were not. The results showed that the children who were involved in the programme had a higher level of emotional knowledge, and were rated by parents and teachers as more socially competent in their relationships with peers. Furthermore, teachers rated children who had undergone interventions as being less socially withdrawn, i.e., better socialised by the end of the school year, compared to the control group (Domitrovich, Cortes, Greenberg, 2007).

Given the way the PATHS programme affects the development of primary social and emotional competence, educators, social pedagogues and professional associates stated that the programme enables them to act in educational work with children on developing self-control, emotional awareness and skills problem solving in interpersonal relationships.

The purpose of the programme is to develop social skills and understanding of social interactions in children, and the cognitive enhancement abilities of children who are in preschool institutions. Interventions are conducted on average twice a week for thirty minutes. The concept of self-efficacy is achieved through selection of a 'Child of the day' and giving them praise. Every day a 'child of the day' is randomly selected, which is special for that child that day. That process helps educators and carries an identifier. The child is given special roles, and tasks, feels important and receives praise from educators, children, me and their parents. Choosing a 'child of the day' is not determined by the child's behaviour. His status cannot be taken away. The child feels important and special. The concept of emotional understanding speaks to the child's importance and feelings; as well as other people's cognitions and communications about them. These premises are important materials for the development of emotional understanding in children.

After a one year implementation of the programme at their preschool children who were involved in the PATHSRASTEM programme, showed reduced symptoms of hyperactivity, less reduction attention problems, reduced oppositional behaviour, a reduction of aggressive behaviour, improvement of behaviour related to learning, a reduction of emotional difficulties, better of emotional regulation skills and a reduction of internalised symptoms.

4. Children of Divorce Intervention Programme (CODIP)

The Children of Divorce Intervention Programme (CODIP) – Is a preventive programme designed for children whose parents are in the process of divorce. This programme is a preschool and school prevention programme, which is designed for children aged five to fourteen, and deals with the challenges of divorce. CODIP offers four versions that are developmentally adapted for certain age groups. The intervention is designed to strengthen protective factors and weaken risk factors, including emotion regulation, problem solving for skills, understanding changes in the family, anxiety, internalised problems, and stress induced physical symptoms. It is based on cognitive-behavioural therapy and paediatric developmental therapy. These topics are covered in twelve to fifteen sessions which are game-based and last forty to sixty minutes, depending on the age of the participant.

The first set of sessions deals with children's feelings due to divorce, the understanding of changes in the family, providing children the opportunity to get to know each other and share their feelings and shared experiences. These sessions also focus on clarifying children's misconceptions about divorce, and they use books and a film to better understand changes in the family. In another set of sessions, children make self-statements and learn coping techniques for interpersonal problems. In the third set of sessions, anger and the feelings of others arising from parental divorce are resolved with the help of puppet shows for children and role-playing for older children. The final session focuses on talking and discussing feelings after the end of the programme and talking about experiences. School psychologists, social pedagogues, social workers, and counsellors lead these sessions.

The programme is concerned with the promotion of mental health, family work and family relationships. programmes are aimed at:

- competencies and behaviours related to kindergarten and school,
- behavioural and emotional adjustments to divorce,
- anxiety, and
- attitudes and feelings about the family.

The project implementation takes place in kindergartens and schools, and is suitable for all three geographical locations: urban, rural, and semirural.

Historical implementation: CODIP was first implemented in five suburban schools in Rochester, New York in 1983. Since then, it has been conducted in more than five hundred locations in the United States and operates internationally. The author and collaborators conducted eight research studies examining the success of the programme in the United States. At international level, research has been conducted in: Canada, Cyprus, Germany, Portugal, and South Africa, and a great pilot study is ongoing in the Netherlands.

Certain programme adjustments have also been made. CODIP has been translated into Dutch, French, German and Turkish. Most programmes are adapted for use in schools, but in in the Netherlands, there is also a programme that is adapted for children in clinical trials in dispensaries.

The level of preventive action is selective.

Children's behaviour was assessed using three instruments under called: Classroom Adjustment Rating Scale

(CARS); the Health Resources Inventory (HRI) and the scale of assessment of the relationship between teacher/ teacher-child, the Teacher-Child Rating Scale (T-CRS). CARS measures three factors: action, shyness-anxiety, and problems with by learning, HRI measures educators/ teachers and children's social competencies and adaptability, while T-CRS comprises two parts, and is filled by educators/teachers. The first part consists of five items that measure a teacher's perception of behaviour child behaviour (in general, behaviour outside, shame, anxiety and problems in acquiring new knowledge and skills) while the second part comprises four to five points for measuring children's competencies; namely, frustration, tolerance, patience, social skills within peer groups and work habits. For each item, teachers/educators mark the extent to which the statement describes the child, from 1 (not at all) to 5 (very good).

This programme emphasises feelings of; support, recognition and expression that are related to divorce, communication, resolution problems, anger management, and increased self-esteem. After the intervention has been completed, the children are better adjusted are in a new situation, which is better than that of their peers who did not participate in the intervention. The results of studies that measured the effects of this programme supported it. The children of divorced parents are randomly divided into intervention and control groups.

The children in the first group who were subjected to the programme showed significant improvement in the field of social competencies, behaviours and better adaptability compared to the children from the control groups (CARS p <.001). Another study showed that children from the intervention group show great progress (HRI p <.001); while the third study showed no significant progress; as observed in school or kindergarten in respect of their behavioural problems (T-CRS). The studies were both experimental and quasi-experimental. In another study behavioural and emotional adjustment to divorce was measured by means of children's anxiety help scales of twenty items. The object of the questionnaire was to ask the children to self-assess the frequency of occurrence of twenty specific feelings (e.g.: "I take care of my parents," "I feel like she's crying"). The researchers used a 3-level scale ranging from 1 'very rare' to 3 'often') (Pedro-Carroll et al. 1992; 1986).

In one study, children from divorced or separated parents were randomly allocated to an intervention group and a delayed intervention group (Pedro-Carroll et al. 1985, Alpert-Gillis, Pedro-Carroll, Cowen, 1989). Children who were subjected to the prevention group had a significant drop in anxiety compared to children from the control group (p <0.02) (Pedro- Carroll, Jones 2005). The design of the study was experimental and quasi-experimental. It was carried out with children in kindergarten and children in the first class. It consists of twelve sessions. The programme customised the characteristics of children aged between five and six years old.

In the third study, children's attitudes and feelings about family were measured using three instruments:

1. CASP is an instrument developed by the author. It contains fifteen items on children's opinion about divorce and related attitudes and perceptions; measured on a scale of 1 (very true for me) to 4 (not at all valid for me).
2. The CDAS instrument is intended to measure the feelings of a child about his family, parents, himself, and his ability to cope with stress.
3. CFA is an instrument about children's feelings about family, self and their support system. The answers are based on three scale levels (1 = no, 2 = sometimes, 3 = yes).

Children of divorced/separated parents who are divided into an intervention group and a deferred intervention group do not have significant differences in the self-perception of the observed phenomenon, which was clearly shown, based on the measurement results obtained with the help of the instrument – Children's Attitudes and Self-Perceptions-CASP (Pedro-Carroll et al. 1986). In the fourth study the researchers compared three groups: a group of divorced children; separated parents subject to interventions and a control group comprising children of divorced or separated parents who had not received interventions and a group of children whose parents were not divorced or separated. They came to the conclusion that the children who were subjected to the CODIP prevention programme had made significant progress in self-perceived attitudes and perceptions compared to children in the control group when it comes to divorce (p <.001), CFA (p<0.01) and CASP (p <.01).

The most effective therapies when it comes to children of preschool age include:

5. Parent Management Training (PMT)

PMT is intended for children aged three to thirteen. Parents acquire skills and learnt to successfully cope with illicit behaviours; learnt from their therapist, and then followed that-up by role-playing with parents. After each session, the parents were asked to practise practical skills at home. Families usually participated in at least ten sessions.

If indeed the parents when they come home did what they had agreed to do, it was possible to teach them all the important skills they needed to know within four or five sessions. This was followed by straightening, processing, and smoothing the relationship.

It is advisable to choose this programme if there is a need for fast and major changes. This situation can arise from situations where there are difficult tantrums or where a child exhibits aggressive behaviour, where it is necessary to intervene urgently.

PMT is suitable for all ages of childhood, although it is specially recommended for 4-year-olds and their families, especially if it is evident that the parent-child interaction is quite good, but where other things like anxiety, extreme impulsivity or explosive anger could be in play.

PMT can be harder for younger children to understand, especially if their cognitive development has been slow.

6. Parent-Child Interaction Therapy (PCIT)

PCIT is conducted with parents and children together, teaching them skills to communicate in a positive, productive way. Interventions are successful if they are implemented on children in between the ages of two and seven, and the interventions must be done in a period lasting from fourteen to seventeen weeks.

At PCIT, parents receive live instruction during training (via a bug in the ear) with the therapist looking from behind one way mirrors, while their children perform assigned tasks. The parents practise giving certain responses to desired or unwanted behaviour.

PCIT practices that parents must perfect one skill before moving on to the next. Therapy begins with work on positive interactions, then wait until the parents do perfect that skill before embarking on strategy adoption for successful discipline and acceptable ways of reacting to opposition-defiant behaviour.

PCIT requires that parents need more than one "one on one" interaction with a child, especially if the therapist feels that there had previously been many forced negative interactions between child and parent. Sometimes it is important for parents to learn how to spend time with their child in a positive way.

PCIT is a therapy that is considered a very good choice for working with children and parents who have a strong need for positive interaction and when the child is younger than seven years old.

7. Positive Parenting Programme (Triple P)

The Triple P programme focuses on preparing parents and providing information and skills to increase self-confidence and self-sufficiency when managing child behaviour. It can be used for a wide age range of children, from earliest childhood to adolescence.

There are different levels of intervention, depending on how difficult the case is. This programme is aimed at improving parenting on many different levels.

The programme offers four treatment sessions for parents, while for families with more severe behavioural problems, twelve sessions are planned aimed at the treatment of parent(s) and the child. Meetings are managed by a clinician, which implies a double action: sessions "one to one" with parents; followed by sessions on teaching skills and strategies and other forms of work; with children and parents together, where the therapist teaches the parents directly during training.

EDUCATORS AS COMPETENT CREATIVE ARTISTS

The number of children in the kindergarten group and the competencies of the educators are important for social development; precisely because they contribute to better quality processes which, as numerous studies have shown, strongly contributes to social development. An educator in a 'kindergarten as a child kudi' is the creator of ideas and deeds. He learns at the same time he is creating, learns by creation, 'creativity for creativity's sake,' but he also teaches creativity to children.

The process of mastering creativity begins in preschool and every educator has the responsible task of encouraging and developing creativity. Preschools, and after that, professional institutions, have a great responsibility for preparing creative educators. Research in particular points to the importance of having numbers of children in the group and of offering education of educators. Educators need to be educated for original creation, nonconformism, and to have a developed ability to think critically, to be familiar with creative strategies and creative methods and children's productions.

There is knowledge of creative dispositions in every child. Educators will develop creativity in children by using the contents and activities in a "garden as a house". These are, before everything, creative games, which develop creativity in observation, multiply the interests of children, so that the child in his work and experience senses the emptiness of contradictions, notices the shortcomings in his skill; shortcomings that make it difficult for him to reach his goal. The games stimulate curiosity encourage certain activities, create problem situations, and encourage children to ask questions.

Creative action is a system of individual and group activities that occur in everyday life. The educator is essentially the driver of children's creativity. He achieves this well, by firstly organising activities. Creative children are easily spotted because they research things independently. They use different media (material), easily notice problem situations and contradictions between the known and the unknown, given and given, nearer and farther, can formulate assumptions (hypotheses), have developed a questioning attitude, and practise critical thinking. Educators give children independence, which then enables them to explore, affirm original answers, support children's spontaneity, and infuse confidence.

Creativity requires love, security, trust, and recognition. Educators need to have the ability (and habit) of enabling all children to ask freely and safely themselves and express themselves. He needs to be given confidence in his own desire for discovering everything new and unknown. The creative work of educators allows them to stimulating environments such as gardens, which are the best places for children's creative activity to blossom. It should be borne in mind however, that they are there to satisfy the creativity needs of children.

THE ROLE OF EDUCATORS IN ENCOURAGING CHILDREN'S CREATIVITY FOR THE PURPOSE OF PREVENTION OF DISORDER DEVELOPMENT IN THEIR BEHAVIOUR

The role of educators LIES in creating conditions and incentives for manifesting children's creativity, to prevent them from developing behavioural disorders. The educator needs to have firstly, a positive attitude towards children's creative behaviour. It is also important for creative work that the number of children per educator is small because then children are able to express more prosocial and positive behaviours as well as positive activities with their peers and are then can more confidently form attachments with educators (CFWP, 2003). The authors find NICHD ECCRN studying (2000b), where there are fewer children in the group, less restrictive and more responsive to children's needs because they can spend less time reassuring them.

The point of view of an educator who can work creatively in a kindergarten is essential because then, they will, of course, strive to promote creative education, actively include themselves in it and thus make a personal contribution. Encouraging creativity can refresh work, create comfort, and change routine into personal creativity. Although creativity is an individual act, it also needs to be anti-institutional. However, education in institutions, especially in kindergartens, is fully justified. That is why children who went to preschool before attending an institution in which there were quality interactions are more socially competent (Vandell, 2004). Positive verbal messaging and educator stability (review in Phillips et al., 1987), sensitivity and positivity (review in CFWP, 2003) and closeness in a relationship between educators and children (e.g. Peisner-Feinberg, 2001; Howes, 2000) are vital.

Educators' efforts to teach children to follow rules and resolve conflicts are also necessary (Clarke-Stewart, 1989). It is characteristic of children to behave creatively, but, at the same time, their creativity and talent does not mean that that he does not need to follow certain rules. With the right upbringing we can guide him towards conscious creativity, i.e. we enable him to manage his creativity. In creative work with children, a democratic style of teaching rather than an authoritative style will work better. Authoritarian educators always focus on keeping control; and on taking care of their own interests, plans, ideas and concepts. In that situation, the children have no independence, They play the role of a passive observer and merely follow the educator's orders like parrots; just imitating everything. Children are unable to express themselves. And must conform with other people's people's assessments and opinions. Educators should observe the children under their care, should not judge but should rather concentrate on understanding and interpreting children's reactions to stimuli. Regular assessments of children are threatening and cause children to adopt defence mechanisms and attempt to conceal their feelings.

There is no need for grading. Because, if given the chance, children will feel free enough to express themselves and their diversity, which is an important aspect of creativity. Children deserve to be given praise instead of being rebuked. Teachers should say things like "You did it well, but I know you can do even better" or "Try it; I think you are on the right track"; or "I know that you can do it well," or "Excellent! keep going." "Be persistent. There is no need to rush it." A good educator will put children's creativity first, rather than focusing on problems or difficulties. Children since need to understand that difficulties are an integral part of life and that nothing in life goes smoothly. It all takes effort and knowledge. In solving such problems, educators should encourage and delight the children under their care and help them with interpretation and handling their experiences. Non-creative teachers believes that their role is to be facilitators, rather than controllers.

Children should be drawing inspiration their environment, and from education, so they can derive benefit from enrichment of their lives. Educators should play the role of facilitator of children's creativity. They should choose the content for activities that reflect the characteristics of their group that enhance people's lives. Educator swill have better results on a creative level if they present tasks for the children to tackle, rather than merely providing ready-made knowledge. Children sometimes have to deal with difficult problems and are sometimes better able to perceive different aspects of problem situations. Educators should create a pleasant emotional climate wherein children can be motivated to help solve problems. The formal and professional education of educators is also important because better educated educators have tend to be more stimulating, warm, supportive, and better organised than their peers and thus are

239

better equipped to provide teaching that gives children more fulfilling experiences, that are also appropriate to the ages of children in their care. (NICHD ECCRN, 2000b; Phillips et al., 2000); all of which positively contributes to social development. Children whose educators had more years of formal education and professional development were seen to be more cooperative, persistent and willing to benefit from school (Ruopp et al., 1979, according to Vandell, 2004), and had fewer behavioural problems (Howes, 1988; Loeb et al., 2004).

The problems affecting children should be discussed at various times, in different rooms and on different occasions, while educators pursue different tasks, conduct research, and perform experiments. Teachers should first appreciate original thinking, uniqueness, unusual ideas, and solutions and affirm children's humour. They should appreciate unexpected reactions, make sense of unexpected combinations that arise from data and create new relationships between facts.

Children should be accepted as they are. Educators do not have the right to think that they should change children's thinking. I there is no creativity, there is – nothing. If the educator has no ability to empathise with children, then children's creativity will go into reverse. If children only identify with their teacher, they will very soon lose their ability to create and their creative imagination. The result of such a demand for uniformity can only be the development of a hypocrite personality. The children become alienated from themselves, and from all their desires and ability to seize opportunities. They will no longer know their own nature and therefore will not be able to act in accordance with it. Instead, they will act according to principles that have been drummed into them. The end result will be complete suffocation of the children's creativity and initiative. A proper relationship between educator and child first is an essential prerequisite for successful and creative work.

Educators should be able to see their educational role in fostering creative work. Creativity is an integral part of one's personality. There are four main aspects in creative work: physiological, psychological, social, and pedagogical.

Physiological reasons – The most important property is organised dynamism, mobility, action, work, activity, building, creation. Creativity demands change, creating something, gaining new knowledge, and finding one's path (process) or products (deeds, acts). The body can only react if it is in action and if it creates things, it can overcome passivity and inactivity. Creativity is an existential need.

Psychological reasons – By acting, man creates. He constantly changes and perfects, supplements, restructures, decomposes, redefines, and creates new facilities. Only then does he feel like the full person he is supposed to be to meet all his needs. Uniformity of work leads to insensitivity. If educational work is not creatively directed, students will fall into apathy and insensitivity. Only unique and creative teaching can affirm students' personalities and boost their creative potential.

Social reasons – In the creative process, people enter interpersonal relationships. It is impossible not to communicate in a situation when two people can see each other; so, every communication an imperative of contemporary interactive work. The focus of creative secondary activities is transferred from the educator/teacher towards the child. Only in well-organised work are students fully engaged in creative activity. They plan independently, hypothesise, research, create, prove and check; thus creating new knowledge.

Pedagogical reasons – Every educational method has present and futurological features. Present paradigms cannot take away the predominance over futurological study. We are educating the younger generation for future needs. And what the needs will be (economic professional, technical-technological, intercultural, etc.), can be predicted and assumed. Still, the orientation of humanity should be on educating young people for general, focusing on special and individual values that are assumed to be dominant, both in the near and future times (Stevanović, 2003).

Creative action requires general, as well as special ability. General abilities are related to good knowledge about the educational profession, and special includes knowing and applying the insights we have gained in Creatology, which needs to be independently, scientifically and creatively investigated in kindergarten, school, and college. Abilities can be developed as well as followed only if educators engage in creative work. Two types of abilities can be observed in educators;

firstly, the ability to encourage children's creativity and secondly, abilities which enable independent creation. Both are important for developing children's creative abilities. General values are universal and relate to freedom, justice, equality, coexistence of different peoples, denominations, and culture. Special values refer to positive traditions, culture of living, customs, values derived from civilisation, respect for diversity in the environment, and tolerance of diversity. Individual values are the judgement-related and value-based attitudes of every person. However, these values need to be incorporated into the system of special and general values to make them coherent.

Today, it is accepted that love, fashion, fun and freedom are the highest individual values. Love is fundamental human need which signifies belonging. It is satisfied in intimate friendly relations (in the family, the workplace and in the wider environment). Love is a feeling that shows that someone cares about you and the person you care about. To realise that, every person must first love and care for themselves. The way you present yourself signifies a sense of importance, but not in a perverted way in terms of fashion, as compared to other people. That type of fashion endangers or deprives people of something. Man needs fashion that does not endanger others. One way to satisfy one's need for fashion is to gain recognition of oneself from other people. Recognition is given by your colleagues, students, and parents; by means of praise, awards, respect, and self-esteem. When your opinion is valued, you take value from that. Entertainment is one of the most important human needs (not just children, as is commonly thought). You should enjoy your work, its results and human contact. You need to experience having fun as a pleasure. All you enjoy is fun. However, fun is not always a game or a joke. Fun Arises from when you use your mind in a spontaneous way, such as when you tell jokes, listen to jokes or stories, laugh, socialise, walk or enjoy hobbies or activities.

Freedom means having control over one's life. Freedom means having opportunities to make choices (work, entertainment, choice, creative teaching, experimentation). You need to allow yourself freedom to meet different needs, but as an educator, you need to think of yourself as an 'educator with consistency, rights and responsibilities' (Miel, 1986), which gives you freedom.

What is the profile of the educator-creator? Research that is conducted for the purpose of examining and obtaining the profile of an educator-creator, clearly points out that the profile of the creative educator has the following characteristics:

- Inspirers of children (above all).
- Is constantly on the move, i.e., is always striving for something new and more modern. He has his ideals and is regarded by the children he educates as an idol.
- Effectively finds situations and means by which encourages children to search for strangers and to in connection with the team asks questions.
- He or she asks children for as much feedback as possible (to learn exploring, asking, discovering) in a variety of ways research forms (oral, written, graphic etc.).

- Encourages children to ask, talk, think, change their opinions (when it is a problem situation), to find contradictions, to search for the unknown, and to self-formulate problems and hypotheses.
- Is constantly open to new creative experiences.
- Uses his or her potential for creativity.
- Is aware of other people and reacts positively to their needs and ideas and to other events.
- Has a sense of security in his insecurity and tolerates ambiguity.
- Has a clear concept of goals he or she wants to meet and chooses realistic means to strive to achieve them (Stevanović, 1985).

The creative activity of educators should be focused on: dynamism, action, creation, change, redefining, communication.

THE ROLE OF EDUCATORS IN CREATIVE PROCESS AND RESULT POSITION OF CHILDREN AND EDUCATORS

Children, or pupils, are persons who are brought up and educated. Educators are the people who educate. The place and role of students in the educational process depends on the development of an effective socio-political system in which they live and work; meaning the goals and tasks that education requires and their realisation in educational organisations. The child becomes acquainted early on in childhood with science, culture, art, and technology, which then shapes his personality according to his own activities and activity educators. Without his engagement, he would remain unused genetic potential. Having educators who follow a democratic style particularly affects the child's activity; as well as the favourable social and emotional climate; which, in turn can stimulate the development of potential skills. When there are democratically organised and positively stimulated parenting groups children are more motivated in their work and study, develop their social, moral and emotional traits better, and are more focused on self-education and education of a free and creative personality.

Children are at the same time, educators, self-educators, and self-assessors of their own educational achievements and can initiate changes of their environment, and themselves. The educator's personality is important for encouraging creativity in the children he teaches; which implies him or her having a humane, intimate character which can win children's trust. The creative work and creative products that are produced will have more success when the educator holds broader views, and a broader general, professional, and pedagogical culture; who approaches his work in a disciplined manner. That type of well-trained educator will be able to plan properly and will put thought into developing the creative abilities of the children they educate. Educators should only be people who have acquired general and professional psychological education. A good educator plans, programmes, encourages his learners, directs work, and evaluates educational results.

Communication (cooperation) between educators and pupils are essential; the educator must create favourable conditions for the overall development of the young generation. He needs to serve as a positive example for identification. The educator is not the person who programmes and coordinates different activities and organises the educational process. That is why he needs to have the ability to communicate, trust and understand the children. His role is essential for the development of the child's complete personality. The creative and research role of educators is expressed in the organisation of new forms, methods, and modern technical resources and in the relationship between educators and information. The educator helps with finding and formulating problems, directs children with their solving of tasks, encourages them to persevere, but should never interfere or allows them to get into a position where reigns because that then denies them the opportunity to develop their creative abilities. The orientation of educators is another requirement which he must fulfil. The educator constantly directs and motivates your children to work creatively. It's an everyday and continuous process. The educator plans the procedures himself that help children to express their creativity. Effective procedures are:

1. Stimulating the need for certain creative activities.
2. Creative notions of the object with the help of which children perform the activity.
3. The educator motivates children using various actions.
4. He assists with the procedure for understanding the importance of results.
5. He participates in joint decision making on creative strategies.
6. HE assists with processes of perception and comprehension.
7. He helps with the phase of presenting results and obtaining feedback from children.
8. At the end of the activity the educator comes to a certain conclusion which will be transferred into an experience that will lead to new creative activities (Stevanović, 1997).

It is important that the educator should not proffer his own opinions to the adult world on children's creativity values. However, that, however, does not mean that he must not show the child the various procedures from which he can choose. The children must be free to develop them on their own. The educator can provide incentive material, but without too much delay, he must ask if a particular child is ready for them. It is best to offer him one thing, keeping it simple, and then it is easier to judge and decide when the child is ready to proceed with the next step. The child should be encouraged to surrender to that guidance as much as possible concerning what direction he should take. The educator does provide him with motivation for his creative work and encourages him to seek new, original, and witty material. It takes a lot of willpower, energy, strength and endurance to accomplish creativity.

Creative work requires that the educator should care about the feelings of the children; because they embody the whole of the child's personality, not just about his intellect or emotional understanding. He is a creative educator in a constant search for new solutions. He finds new forms, methods and means all the time, and so creative relationships do assist children's educational work. Educators must possess knowledge about creativity so they can encourage children to continue creating. The educator must always set different and versatile tasks, enable children to solve activities and maintain an overview over the children's activities. The educator must create an atmosphere that is suitable for the development of creativity. He or she must give children freedom and encourage them to have independent opinions and actions. He or she must enable the gratification of curiosity and further development, thus enabling the mastering of basic knowledge and skills. He or she must enable and ensure repetition for full adoption of basic knowledge and skills. He or she must encourage and reward divergent thinking, imagination, and perceptual representation. It is necessary for educators to ensure the free development of interests, and not to break the emotional creative circuit in children; and he must know that an individualised approach encourages children to develop their interests and acquire a knowledge base, all of which are then aligned with the development of children's ability.

The educator must also:

- give the child access to the resources of specific knowledge: must bring him books and magazines, and go with him to various institutions, museums, natural environments and situations, societies, organisations, art institutions, performances, exhibitions, etc,
- give the child access to instruments and data about their use (computers, telescope, TV, radio),
- develop in the child love and a lasting interest in certain activities and areas: conversations and demonstrations and must show sincere interest in children's area of interest, its progress in the area, participation in the children's progress, and provide support, advice and help in problematic situations, and
- provide the child with contacts with experts from his or her areas of interest.

The role of the child itself is insufficiently understood, so it may be neglected. In some children there is resistance to negative influences or greater or lesser sensitivity to environmental influences, so creativity usually develops in a harmonious relationship with a favourable environment, but conversely, sometimes develops from rebellion against that environment.

ENCOURAGING AND RESTRAINING THE CREATIVE BEHAVIOURS OF EDUCATORS AND CHILDREN

Like any well-organised process, creative activities are planned, organised, realised, directed, coordinated, encouraged, controlled, and evaluated. Educators and kindergartens are professionals first and institutions thereafter, that will organise their work so they are able to constantly encourage children to work creatively. To have interesting conversations, educators should ask provocative questions, such as whether children can research, discover, shape, draw, show new rhythmic movements, etc. Good questions to ask might be: "That solution may be good, but perhaps you could think of a few more." You could ask yourself, "How could that be solved differently?" Then choose the best way, etc. However, it is important to emphasise the readiness of educators to be prepared to treats children's unusual issues and ideas properly. The educator should should draw the attention of children to the value of such issues and encourage children to set them up constantly. Next, it is necessary to constantly maintain and develop children's curiosity. Stevanović (2003) considered some measures in addition to these factors as being:

- organisation,
- topicality, and
- rationalisation.

The organisation of educational work should be set up so that each child finds himself, i.e. is given a chance to manifest all his or her creative potential, i.e. the child feels joyful and confident and can work according to his own desires, needs and possibilities. Educational work should always be diverse, unrepeatable, challenging, attractive and predisposed to the possibilities of every child's creative activity in the educational group.

Actuality also contributes to creativity. If an educator, a kindergarten teacher, or people in the wider environment constantly encourages, speaks, and creates material and other preconditions for creativity, and it will contribute to creative works.

Rationalisation of educational work is only achieved through creativity. Only creative work enables knowledge to be gained in the most satisfying way, meaning the way that enables increasing knowledge on an ongoing basis. Children who are in educational work find happiness, joy and satisfaction, in which they value themselves, their efforts and new discoveries and will always strive to find new solutions to problem situations in their quest and will constantly show their will and desire for to continue being creative.

There are several factors that can hamper creativity in educators and children. Stevanović (2006) states that numerous factors have been recorded that hinder the success of the creative personality. The first group is:

- having a classic (stereotypical) way of working,
- fear of failure,
- subordination to authority,
- conformism,
- low level of aspiration,
- poor motivation and lack of curiosity,
- lack of initiative, and
- lack of critical judgement.

The same author stated that he achieved greater success in the creative field with people who adapted faster to new situations, who were curious and enterprising, open-minded, and showed visible emotional tension. An unprepared educator can also restrain and reduce children's creative behaviour. Those types of educators would be more successful in their creative efforts if they used functional carousel objects and if in them they provided enough space for a variety of children; or If children could work independently (in boxes), in pairs, in larger and smaller groups, or collectively (jointly), based on their own interest. In addition to these factors that hinder independence, some problems of a purely subjective nature also appear, namely,

- poor motivation of educators and children in their search for creativity,
- predominant application of the same forms, methods and means for creative educational work,
- the educator accepts the child's usual answers but does not insist on diversity, originality,
- wit and unpredictability, and

- educational work does not start from predisposition and each child's need should be dealt with separately, rather than being organised for the 'average' child. Diverse types of children in a group should not all be treated in the same way.

Working in the same way for a long time, results in educators, and consequently children in a group, becoming rigid. Rigid behaviour does not lead to creativity because it is steady and focused on stereotypical answers, opinions, behaviours and reactions. When attempts to solve problems always pursue the same course, they tend not to succeed in solving problems. Rigidity affects overall activity and behaviour of personalities, which then negatively affects creativity. Rigid behaviour includes stereotypes, inflexibility, intellectual immobility, fixation, a lack of variability, resistance to changes, and a lack of self-confidence and faith in one's own strength to be able to work and create in a new way.

THE IMPORTANCE OF ENCOURAGING CREATIVITY IN CHILDREN WITH DISORDERS IN BEHAVIOUR

Creative socialisation groups are formed by educators, social pedagogues, psychologists, or social workers who single out children who live in risky conditions. These experts usually do not have sufficient enough insight into the family situation of children and consequently, increases the severity of risk factors and general situations whereby the child lives. Usually then, the identification of children who are exposed to a high degree of risk is carried out on the basis of greater or lesser consequences of these adverse conditions.

Criteria that we can use in selection, and which are often proved to be present are:

a) The child often interferes with the work of the group.
b) The child behaves inappropriately outside the kindergarten.
c) The child is often unacceptably late.
d) The child is very aggressive towards other children.
e) The child is isolated from his/her peers.
f) child is unsuccessful in mastering age-appropriate knowledge and,
g) The child manifests various symptoms such as:
   • tics,
   • hypersensitivity (often crying 'without enough reasons'),
   • aggression (constantly fighting or arguing),

- cowardice (to any verbal or nonverbal responds to the message by retreating, defending, twitching, his/her facial expression shows fear, the child's palms get wet etc.),
- attention problems (the child is not able to pay attention at all to same content, or less than his or her other peers; and prematurely turns to others for help even before he or she has fully understood the material being taught,
- the child has difficulty remembering ("that child is not able to "Nothing" to remember even after repeated repetition"),
- "So far, the child seems to know and understand the content, but when it needs to be interpreted it is not possible because he/she can't come up with terms, names, or numbers..."),
- motor skills in general ("incredibly clumsy child"), and
- visual-motor coordination ("there is nothing in order to perform nicely, although he understands what should be done") – like, (Janković, Peko, 2002).

When creating programmes for small creative socialisation groups and when the teacher finds that the usually acceptable activities such as art expression (drawing colouring, modeling), music (listening, singing, playing and public musical expression), stage expression (dance, acting), sports (football, tennis, basketball, athletics), demonstration of knowledge (quiz), are not working; various alternative interactions may prove to be particularly successful; such as group games.

THE IMPORTANCE OF IMAGINATION IN DEVELOPMENT CREATIVITY AND BEHAVIOURAL PREVENTION OF EMOTIONAL DISORDERS

Our imagination is constantly producing new behaviours that we can choose to adopt, to solve problems and make them more effective for meeting needs. Even those who claim not to be especially imaginative and creative, have a creative system that is constantly 'in drive mode'. Most of us, even If we wanted to try, are not able to serve in a creative capacity.

The way to overcome this is to try and use our imagination and creativity, as that it will give us more options to choose from and more opportunities to meet our needs. The more we are able to do that, the more options we will have to meet our needs; and the less likely it will be that we will resort to really 'crazy' and irresponsible behaviours. We can teach young children to be creative in two ways. The first way is to teach them the process of 'brainstorming.' 'Brainstorming' is recommended as a regular problem solving technique when one is working with children. It will teach them that there are always different possibilities from which we can choose. This will help them realise that any problem can be solved in several different ways. This will save the children from falling into the trap of "correct or incorrect" answers, which is often the remedy applied in school, which has no value.'

'Brainstorming' is a fun activity that encourages children to focus on their thinking component, thus expanding their own cognitive possibilities. In addition, brainstorming has developed creativity.

Another way to not be ashamed of creativity is 'relaxation,' which is something that can be included in an educational programme or can be applied with children who criticise. In the same way as adults can use their creatively by engaging in non-competitive behaviour, relaxing and individual activity, children can establish a similar behaviour pattern. To provide children with a "structured" experience that makes sense, we can 'overcrowd' childhood days. Although structure is a great thing, kids whose days are reorganised have little opportunity to use unstructured time in an appropriate and effective way. Such children are not creative because their overly structured life dictates all the time how they must behave. All children should have thirty to sixty minutes a day for 'relaxation'. They should not be watching television all the time. nor should they excessively be socialising. Children should have time devoted to things that enable them to have fun creatively. Stacking dice, playing an instrument, reading a book, colouring, drawing, or just "thinking" are appropriate behaviours for 'relaxation' time.

You can choose any activity you from the list below. (they can be different activities on different days), but they must have the following characteristics:

- They should be uncompetitive.
- It should not require much effort and the child would be well supervised.

- The child should perform it independently, and
- Most importantly, the child should have confidence in themselves. If the child is self-critical in this activity, he or she will lose a lot of the activity's therapeutic and creative value.

Most of us will agree that adults need 'good times' as well as 'Relaxation' time. We live in a stressful society, and we pay a high price for that, including disabling use of the creative solutions offered to us by our behavioural system. Even those who will never practise say – 'yes, but they just don't have the time.' We should be aware of that value. If it is in question, help your children avoid the same trap. Start teaching them from an early age to find time every day just for yourself, to boost your creative system. Behaviours that become habits are difficult to change. Why not turn that sometimes frustrating fact into a useful asset by helping children develop a habit that will help them; however, with proviso not to expect children to become visibly more creative in one day.

The fact is that children are more creative than adults because they must overcome fewer obstacles. The advice we can offer to children to take some 'relaxation time' will not necessarily enhance their creativity, but it will help them create a model of behaviour that will become more valuable to them when their creativity diminishes, i.e. when they grow up. The immediate benefit for the children will be in the fact that they will be indulging in a self-acceptance activity which will mean that everyone will enjoy their day better. That will help them to become stronger and they will live more happily.

Activity – 'time to relax' – Set aside half an hour or so whenever you can for your child to 'relax'. Talk to your children about the characteristics of the activities referred to as relaxing activities and let them then produce suggestions on how to relax. Every child should choose one activity to practice in 'relaxing time.' Using your imagination is a perfectly acceptable activity during relaxation time.

THE USE OF FAIRY TALES AS METHODS
FOR CREATIVITY DEVELOPMENT

Fairy tales in children can be a source of humour for children, but only in certain situations that do not require a deep mental contrast, let alone irony. If your child chooses a story from your own world because she wants to surprise you, then her portrayal must be naive and without any obvious intention. All children's books, which are read to children while they sit and listen, in one way or another fulfil certain conditions. The stories are overshadowed by other impressions, which can be harmful. While a listener might roll about from laughter at a simple story that depicts a particular situation. The stories attracts children's abstraction – this is an old truth which is self-evident. All the lessons virtues and qualities which are so well covered in fairy tales are revealed to children surprisingly quickly and the children just declare them 'boring'.

Children don't like fables, and yet they stimulate discussion. If a fox or a bear appears in a fairy tale or else in real life, children want to befriend them, which usually produces a lively discussion that is suitable for children. A picture of a bear or a fox in a book does not leave much of an impression on them if they have already seen the animals in the wild or in a zoo. The picture in a book to some extent allows them to exercise their with their power of imagination, but it weakens the strength of children's imagination, even if we are able to succeed in entertaining them with lessons. The pictures and comparisons with the real thing, are conclusions drawn by someone else, but nevertheless, they do not prevent the children from exerting their independence of thought and of exercising their critical capacities. However, they are forgotten very quickly.

It's the same as with toys. On the one hand, they are pleasures that children can play with by themselves but they offer only two levels of joy; showing off their toys to others and then disassembling them into their parts to find out what moves them. That is the only self-employed activity possible. When teaching children using toys and picture books the pictures are too perfect and too richly illustrated; so the experience prevents the children from exercising their own free imagination, and often even good illustrations do more harm than good, and often, children are disappointed by such images. All of these observations lead to the following conclusion: what is offered today by reading for children is not appealing any more. Instead of offering a sense of peace, textbooks offer a restless mix of anything and everything – from the children's room in the library, we get everything from religious education to poetry, natural history and history.

What has happened to the richness of seeing the educational good portrayed by knowledge. Only by appreciating the benefits that science has given us, which is freely available to us by means of multiple forms of media we have access to can allow us to be inspired by our own inner images, flickering feelings and connecting ideas. The more we are bombarded by suggestive impressions, the more that will allow us to study our personality; our inner world of imagination. Nowadays, since students are offered little in the way of 'food for the imagination' and despite the fact that universities can only offer us 'excellent testimonies', the outcome students take from a university degree is that the knowledge gained will probably lead to serious damage, which their university education has inflicted on them, which will probably accompany them throughout their lives. The knowledge required to pass exams is soon lost.

However, anyone who relies more on his/her independent study and has a 'thirst for knowledge' will soon be able to 'fill in the gaps' left by a disappointing stint at university. Only those who through insight acquires knowledge about the connection of life, the connection between nature and man, as well as the connection between people and ideas, will not lose his 'education'. Only a person who has benefited from the intellectual 'food' that is available to all will get stronger as he he feels and sees the richness and diversity of life. That type of education can be saved in a way that not subject to rules; perhaps by a fireplace or on the seashore or in the woods. It can also be found in old books. That kind of education can have great repercussions and although it might be biased it is alive, personal and rich compared to the knowledge that closed minds acquired during fifteen years of schooling – 'hitting the grain from others fields'. Time invokes personality, but it is all in vain to predict everything until we allow children to live as individuals, until they are allowed to have and express their own will, do their own thinking, acquire knowledge on their own and are free enough to judge for themselves. Therefore, in a word, until we stop stifling their creativity in kindergartens and until schools suffocate personalities with unnecessary knowledge, we can only hope that life and creativity will fill the gaps.

KINESIOLOGICAL PROGRAMMES IN CHILDREN THAT WILL ALLOW KINDERGARTENS TO PERFORM THE FUNCTION OF PRESERVATION OF CHILDRENS' PHYSICAL AND MENTAL HEALTH

In the last fifteen years, many studies have attempted to deal with the impact of physical exercise on improvement of motor and functional abilities of preschool children where the authors confirmed the usefulness of participating in kinesiological programmes already at that age (Sindik, 2009; Živčić-Marković, Stibilj-Batinić, Krističević, 2012). Early childhood represents a very important developmental period in a child's life. This is the period when children acquire a variety of rich experience that the child uses in the subsequent developmental stages of life and characterises it by a biological need for movement and play. Popular kinesiological programmes for preschool children, when well designed and implemented, can be a potentially effective form of health, but also psychological prevention for preschool age children. Moreover, they can provide children with the opportunity to develop positive attitudes towards sports and the future. Bodily activity is a prerequisite for optimal growth and development of children (Canadian Pediatric Society, 2002) It has a major impact on child health (Biddle et al., 2004).

Children who are physically active, have better cognitive and socio-emotional characteristics (Campbell, 2006; Parfitt, 2005) in contrast to children who tend to have a sedentary lifestyle and potentially could have chronic health problems in later life such as obesity, osteoporosis, diabetes and cardiovascular disease (Reilly, 2005). The advantage of engaging in physical exercise early manifests itself in having a positive effect on growth and development, on the psychological health of children, suppression of chronic degenerative diseases, acquisition of motor skills (Haskell et al., 1985) and, most importantly, on habit formation regarding regular physical exercise. So, for example in researching the impact of a nine-month sports programme on changes in motor characteristics when children aged four; it was determined that the children of the experimental group under the impact of the sports programme significantly improved their motor skills. (Živčić et al., 2008) Children aged five to six who were involved in sports programmes at their kindergarten showed better functional capabilities (Trajkovski et al., 2014).

More and more children in recent years have been threatened by an escalation in disease that is threatening their lives (Canning et al., 2004). Technological advancement and the virtual world is increasingly offering fascinating opportunities in information processing; that among other things revealed an urgent need for preschools to include morning exercises for the preschoolers as a priority. Educators in preschools should instil in children the urgent need for teaching them the habit of having an active lifestyle, and performing physical exercise every day from an early age. In the selection of motor activities for children, preference should be given to movements and activities that stimulate functionally improving one's heart, blood circulation and respiration. Although no reliable evidence that physical activity prolongs duration of life, such exercise is known to prevent, alleviate, and even eliminate risk factors, such as: psychological stress, blood cholesterol levels, high blood pressure, and being overweight. That kind of activity improves the health of children (Ivankovid, 1980)

On the other hand, relaxation achieved by physical exercise (kinesiological activities) is irreplaceable in the fight against the mental overloads and stressful situations that abound in today's life. Everyone should be aware that there is nothing more important in life from satisfying the so-called. biological needs of children which, in addition to movement or exercise, also includes their need for oxygen, sleep, fluids and food (Andrilović, Čudina-Obradović, 1994; Maslow 1984; Andrijaševid, 2000). Kinesiological contents can serve us well in preparing children for school because of the different tasks of the education they receive; part of which should include content regarding the contents of movement whereby children learn through play and experience joy, that is derived from exercise. This is the easiest way for children to adopt the material. Without experiencing any boredom they repeat the contents and in a crowded schedule, time is saved because the material is interpolated with other skills, competencies and abilities in the most creative and efficient way (Živčić-Marković, Stibilj-Batinić, Krističević, 2012). Physical exercise should be an indispensable part of the activities of children, both inside and outside their homes. (Andrijašević, 1996 according to Sindik 2009). The skill of their application must be left to them to an activity manager, who must make an informed decision, based on the knowledge of the participants in the activities, which is the most suitable choice and moment of application, as well as the fast modification of routines. This is crucial and important for realisation of set goals (Sindik, 2009).

WHAT MAKES A CHILD SAFE

Characteristics of a safe child

Here we list the basic characteristics and patterns of relationships that determine the safety of children, and patterns of signs or worries that reveal uncertainty. No children or adults have all these qualities, but, they have more or less most of them.

The ability to engage and trust in vital relationships with the child's mother, father, brothers and sisters, and other adults, is the most important trait for child safety.

Children must have enough confidence in relationships that will benefit them and enable them to feel better when they find themselves in moments of stress. It is easy to take this trait for granted. Most of us have family relationships and relationships at work or school. However, when we observe our children, and children in general, we see different patterns. We see children who, when they are upset, move away and go to their rooms to play alone.

Another pattern is when children flee into fantasy, chattering to themselves about their worries and isolated themselves and exhibit repetitive behaviour. On the other hand, troubled children may look for a way out by spending excessive time on computers or they may watch a lot of television; or they may form relationships with others that lead to quarrels and provocative arguments. The ability to form relationships begins early in life. For example four-month-olds call their parents to make them smile every time the parents pass by them.

Children learn how to create an inner standard. They may ask others about how they feel and about about their beliefs. This allows them to compare the views of others with their own standards. For example, a child might think and feel as follows; 'I am a pleasant and kind person. I'm good to my brother and sister. I know I'm nice even when some kids they treat me like I'm awful.' Children have certain feelings about themselves (they think to themselves and may ask themselves; 'who am I as a person? Am I good or evil, bright or less clear?') Those thoughts then allow them him to compare everyday developments with their own standards. Every period from early childhood until late maturity brings well known new challenges. The world is becoming more complex.

GIFTED CHILDREN

Interfering with the child's functioning with any of the developed forms of behavioural disorders, is an equal challenge and likewise giftedness in children is a challenge. Children with behavioural disorders and gifted children are on the same continuum. They just are positioned at two different ends. Čudina – Obradović stated that some children with great intelligence, may be gifted in certain areas, but have difficulties with reading. Initially, learning to read may show similar symptoms or a child may be dyslexic. It is possible that the causes are the same. Hereditary factors such as slower nervous development, or parental stress. Sometimes gifted children may try to explain their symptoms to a neurologist/Geschwind and Galaburda, (1987), and there are many practical confirmations for the probability of their assumptions. He pointed out that in some children in prenatal development over-secrete the hormone testosterone, which affects the dominance of the right brain hemisphere. The consequence of this imbalance in brain development usually increased sensitivity to mathematical, visual, or musical content (for which the processing in the right hemisphere is dominant). Negative side effects such as speech disorders, dyslexia and hypersensitivity of the immune system often manifest in frequent allergic diseases in such children. So, it can happen that a although a child is gifted (in mathematics, art, music area) and very intelligent and creative, he has difficulty in school. In first

271

grade, his difficulties are usually much more obvious than his talents, because they are expressed in basic activities such as learning and reading. Thus, the child's talent will go unnoticed and he will be placed among children with disabilities in learning. Often such an inappropriate procedure will completely prevent the further development of a child's giftedness, and considerable effort of parents and the school is needed to recognise the gift he has, despite his being dyslexic and prevent his downward slide.

Personality traits of gifted children that predict later creativity

For those who make it into the list of creators, it has been proven that there is a certain set of personal characteristics that are much more important than possessing a high general IQ or high level abilities that are area-specific, even for those who are at genius level. Creators are very penetrating, focused, dominant, and independent risk takers. They often survive a stressful childhood and may suffer from some kind of psychopathology. Such a picture of creators suggest how for children with above-average abilities without at least having overcome some of these factors there is not much hope that when they grow up, they will become important creators.

The myth is that gifted children, and especially geniuses, are destined to become prominent and creative adults. Many, in fact, gifted children, even geniuses, do not become prominent when they grow up, and many prominent adults were not geniuses in childhood. Gifted children are creative so on their own, they discover things in their field and solve problems in new ways. A person can't be creative in the sense of reshaping an area. No one can reshape an area, without having worked hard on it for years the minimum number of years seems to be about ten), so no wonder children usually don't do that. Most gifted children don't reshape an area, even when they grow up. Most of them can't surpass the type of early development and technical skills they stood out as children. Some continue to work in the same field and become qualified professionals, as children who operate within a designated area. Some go further into areas of other interest, where they show ability but do not shine.

Those who become adult creators are different from those who become trained professionals within their field. However, they differ in personalities, not in degrees of ability. They have dissatisfaction that often stems from the wounds caused by having had a stressful family life in their childhood. They are nonconformists, and risk takers. They want to shake things up and improve their status.

Sometimes they suffer from psychopathology. They are depressed, manic, or manic-depressive. No one knows whether their mood disorders are created by the environment due to their traumatic childhood and perhaps parental loss, or they had genetically transmitted genes from their parents whose emotional states created trauma in their own childhood. Both environmental and genetic causes may play a role. Gifted children not only progress faster than ordinary children. They are different.

Because they don't need a lot of structured support, as they independently discover and create new ways of understanding and because they have such zeal to master concepts, they are different from children who just work hard. Gifted children, especially those we call geniuses, are very different from children who work hard but are otherwise normal children.

We can only speculate about how the minds of gifted children deviate from the norm. With the new one brain scanning technologies that are constantly being improved, one day we may have a definitive answer about the nature of the brains of gifted people. Psychology should have theories that explain the development of the typical as well the untypical. We should not have separate theories which explain the development of the typical as well as the atypical. We shouldn't have theories to explain learning and development in ordinary, retarded, autistic and gifted children with learning disabilities. Too often, scientists are loyal to only one of these groups, and the result is; – yes we have separate explanations for each of these groups. Universal theories of development are necessary, but they must be able to include special groups, whether they are special due to pathology or giftedness or both.

Giftedness and reading –
Accelerated development of
reading code gifted children

Children of great intellectual ability are very often advanced readers. They read before going to school, some of them for over two years. In descriptions of the development of gifted children, we can find unusual testimonies that testify to that. An example of this is a boy who first spoke when he was three months old, talked when he was six months old, and by the time he was three, he was reading simple books and corrected his mother's writing (Feldman, 1987). A similar description of the development of F. Galton claimed that his sister Adela had taught him to recognise letters, so he could show that aptitude clearly even before he started reading, and by the time he reached the age of two, he could read simple books. We can find such data in the biographies of many famous mathematicians, physicists, philosophers, and writers. On average gifted children begin to read independently between four and four and a half year old, and more than a third of gifted children read before reaching the age of five.

Very often, gifted children learn to read on their own, but more often, they seek help from parents, ask for explanations and names of letters and try to read inscriptions and advertisements. A gifted child may spontaneously notice the connection between voices and letters in words. As soon as they realise that they start looking for ways to understand messages and get information from written text. They read books early, especially those who are far above the level of understanding of their peers.

Whether they are gifted in mathematics, literature, or in some other area; often the easiest way to recognise gifted children is precisely by seeing their early interest in books, by their distinct and early expressed ability to use written text and by observing their passion for reading in their spare time. Gifted children read much more than their peers and many of them continue being passionate readers into adulthood. In reading they show very diverse interests in reading, ranging from realistic stories to fantasy, historical novels, and biographies. Accelerated development of reading skills in gifted children is interpreted by the mutual support the child receives from others; as well as by the child's intelligence and interest in caring about the environment. Parents of gifted children, encouraged by the child's interest and understanding, read to their children three times more than parents of children who are not gifted.

Creating a positive reading environment

Children live in a certain type of environment and notice and strive to emulate everything. They imitate their parents when they read by turning books upside down. When parents talk about what they read, live among books at home, borrow books from libraries and treat books with respect and love; children notice that. It is much easier and takes much less time for a child to understand the importance and meaning of reading if they are surrounded by adults who regularly read and use a variety of printed material. The library next door should become a close and familiar place, and parents should regularly take their children with them and let them browse through the section where the childrens' books are so they can page through children's books while their parents choose books for themselves. When your children ask if they can take a book home the parents should enrol them in the library.

The child's reading space

When children have learnt the meaning of written text and start to take pleasure from reading, they will start to become interested in independent readers and activities. They should be provided with suitable spaces where they can read as well as provide things to their children that bring them closer to books, which makes it easier for them to become comfortable with reading. Parents should provide a small shelf or box – to keep books and materials in or on; as well as a pillow or a comfortable low chair, as well as writing tools such as paper, pencils, felt-tip pens, scissors, glue, envelopes and so on. box with old cutting logs, box for shoes with blank cards, letter writing paper and envelopes.

Parents could mount a small Styrofoam panel on which the child can paste 'newly found' words such as SOL, NIVEA,

LEDO, as well as his or her own notices and drawings. Progressively, as the child develops, the space will be enriched. Attractive boxes or jars could contain letters, magnetic letters, cubes, a dictionary, a children's printer. In a separate book the child could attach ready-made messages whereby the child can communicate with his/her parents such as prohibitions, warnings, or expressions of gratitude. Kutić can be complemented with CDs containing children's stories and accessories for listening to them. Also, kutic could occasionally be used to enrich the occasional box to dramatise a story (see 'Living stories' that parents and the child created together and previously played with). A box could be used to stage stories and invent new ones. Parents could sometimes get involved in the game, explain a new game or a new activity, or help with technical matters when their child begs them to do so; however, usually children choose to spend many hours playing with a box alone or with a friend. Then the children will amuse themselves with lots of speech, express themselves, communicate and enjoy all kinds of pre-reading and reading activities (Čudina-Obradović, 2014).

Reading skills

Parents and non-experts, even children think they have learnt to read when they have mastered the alphabetical principles behind reading; i.e. when connecting letters with voices and connecting voices successfully. We have pointed out many times in this document that that is not the case. Reading, is not only about mastering the technique of reading. To achieve mastery of reading takes a lot of repeated deciphering of the meaning of thousands of words in many different types of reading material. Discovering the meaning of many unrelated words is a sign that the child has made some progress in the technique of reading.

The ability to understand the meaning of words quickly and smoothly is the first step towards good reading. However; although 'good reading' is about 'smooth reading with comprehension'; which not only means that is a child knows the meaning of words, but it is also about not merely focusing on individual letters and sounds, but also about understanding and appreciating the concepts being revealed by the writing, and grasping such concepts fast and effortlessly. Also, emphasising the right words in the sentence conveys subtleties of meaning by means of a so-called 'spoken melody.'

An essential feature of mature readers is that they recognise when the content they are reading is illogical in the context of the book or document they are reading. The reader is then able to shed light on these types of illogical content. Therefore, if parents wants to establish whether their children are developing into mature readers, it is simply not enough, merely to determine the number of correctly read words in a given time. In fact, it is more important to check whether children's awareness of the content is on point. (Čudina-Obradović, 2014).

Regarding the need for establishing the existence of children's identity Miller Lane (2000) sublimated the work of the famous teacher Ellen Key by writing: 'Creating a new generation needs an educator who doesn't advise the child to do what others do, but to rejoice when he notices that the child is deviating from it. If someone else's opinion becomes a guideline, we begin to submit to the will of others and thus becoming only part of the horde that the "superman" leads based on their will; a will that could not overcome the number of personalities that they are each shaped on themselves.'

'One of our basic ones the need as creative beings are support. Unfortunately, sometimes support is hard to save. Ideally, at first will nurture us and encourage our immediate family, and then expand a circle of friends, teachers and all those who wish us well. As young artists need our respect, efforts and aspirations, and our achievements and victories. Unfortunately, many artists never experience this critical point early on incentives and encouragement. The consequence of such an absence encouragement can be that you never even realise they are artists' (Cameron, 2008).

A gifted child is one who walks and can do more. Ability corresponds to a competence that one is significantly above-average in one or more areas of human ability. There are four types of giftedness:

- Intellectual,
- Creative,
- Socio-emotional, and
- Sensorimotor.

Innate abilities are in fact "bricks" that build talent that is both a form and a product of developed congenital ability. Giftedness needs to be specified, to determine what kind of giftedness it is. Gifted children are those who are capable of self-discovery and finding new paths of understanding. There is a great need to master understanding a scenario wherein gifted children differ from children who are only very diligent and work hard.

There are three characteristic features of a child's giftedness: Firstly, knowledge of themselves enables creative people to begin to 'sing their song', and thereby learn to search for answers in a qualitatively different way. Usually, gifted people learn independently, and thereby independently find new rules in the area they are in the process of mastering and find new specific ways of solving problems within their area of interest; as well as enthusiasm in mastering their skills. Children have a strong inner motivation to master and design within areas in which they show advanced development. Gifted children should directly practise their so-called metacognitive skills because that will certainly enhance their academic achievement, develop their intelligence and increase their creativity for solving problems.

- Early signs of giftedness can be manifested only in individual areas.
- Early language acquisition: use of phrases and whole words and sentences at an early age.
- Early use of a richer vocabulary, accurately using words, early reading.

- Refined observation and retention of information about observed things.
- Obvious expression of early interest and mastering skills in an area.
- Interest in books, letters, dictionaries, encyclopedias, atlases.
- Early understanding of cause-and-effect relationships and
- A subtle sense of humour and in humour per se.

Everyone is gifted in an area, so it is necessarily having fully individualised programmes that adapt to the individual and foster his/her strengths. The first step towards that is the adaptation of existing developmental tasks for children, which accounts for their calendar age, abilities, and level of development of a gifted child. Frustration in relationships with each other can be reciprocal. On the one hand, gifted children often flee into 'childish behaviour,' as they are being pressured by the high expectations of parents, and parents (educators). On the other hand, usually, it bothers them that they understand new ideas too quickly, They "skip" the usual stages of learning, by participating in two to three activities at a time, listening to only a portion of the explanations, have obsessive interests, and sometimes are simply not interested.

Gifted children are usually tormented by two imbalances, between themselves and their peers (environments) and within themselves (uneven development of individual abilities). In order to adapt to the group they are in, gifted child sometimes "cut off" a part of themselves, adapt their vocabulary, conceal themselves and do not develop their abilities further, or express their desire not to remain isolated. The appropriateness and success of individual programmes and forms of work with the gifted depend significantly on the conditions in which the work is performed, or on the possibilities of concrete institutions being designed to realise all the necessary stages that are needed to develop whole programmes and characteristics for the gifted population.

THE INFLUENCE OF CREATION
ON GIFT OF CHILDREN

Flexibility, creativity, and development of preschool programmes can be considered fertile ground for the application of modern knowledge and experiences in the field of working with the gifted in general. It is all about encouraging the development of abilities, interests, and creativity. It is important to encourage development in gifted children's creative abilities. That component of the child's personality and its development is rightly given increased importance in theory and in educational practices of modern pedagogy and education. Man, with his creative abilities, improves and enriches life. Talent is present in most people, and is especially pronounced in gifted children, and we must take everything that is needed and give it to those who develop further. An educator needs to discover in which area every gifted child is showing creativity, and then direct efforts towards helping him. The types of activities that are especially recommended for working with gifted children are those that encourage active learning, higher levels of thought processes and creative thinking such as conducting experiments, solving educational puzzles, asking questions, playing computer games, creative problem solving, "brain teasers" and various logical combinatorial games.

The advantage of the preschool programme in relation to school, which follows the developmental peculiarities and needs of children, is that it has been stated that activities can be carried out in everyday situations in regular programmes, with high quality that are specially designed for gifted children, but also for all other participants in educational processes.

ACCIDENTAL CHARACTERISTICS
OF CREATIVE CHILDREN

When dealing with children who have highly creative abilities it is not easy to cope, either in the family or in kindergarten or school. Creatives have several qualities that significantly complicate relationships with them, from the smallest feet upwards.

- They are stubborn and unwilling to cooperate.
- They are disinterested in detail and indifferent to customs and rules of good behaviour.
- They are disorganised and messy in things they consider unimportant.
- Their moods are changeable, and they are demanding and sensitive (George, 1992).

The main goal of project implementation within implementation of a differentiated programme in kindergarten is to provide gratification of specific educational needs for gifted children, while still including all other children in the group. It is never too early to start developing a child's ability.

EDUCATION OF THE GIFTED

Rezulli offered another popular definition of giftedness Rezulli (1977) which was that giftedness includes
above-average intelligence, making changes to tasks and
creativity. However, this definition cannot be widely applied because it does not include, for example, successful students who only show creativity. Creativity is an
area where gifted and talented kids always stand out.
Unfortunately, creativity is extremely difficult to define and measure.

One of the more interesting works in the field of creativity is 'Torrence's test for creative thinking' (Torrence,
1974). The test covers: rejoicing with creative individuals, developing a checklist to check their traits, including
the ability to express feelings and emotions, enjoyment
of group activities and ability to work in a group, problem solving, humour and originality, and perseverance in
solving problems. In addition to intelligence and achievement, there is another area that falls under our broad
definition, and it needs to be identified. Involvement of
children with such concrete talent broadens one's horizons in the relationship with the gifted, and that is partly
why those who are interested in gifted and talented children seldom make accusations elitism against them.

Cvetković-Lay (2002) stated that gifted children are
children who have high abilities in the academic field

(school achievements).Children with high abilities in art are also talented.

However, there is no justification for such a division: Children who are successful in classical school subjects are called 'Gifted', and likewise, children who are successful in art, music, song, dance, athletics, or "talented" sports. Two different names in the subtext to the layman suggest two different types of children, why not identify those who excel at scientific justification as being 'gifted.' Although the areas in which they are exceptional differ, these types of children are similar in expressing their uniqueness. The following general statements apply to all children who have high level of abilities, regardless of their area of expertise:

- Their abilities are partially innate.
- Their partially innate abilities are developed.
- They develop because of a certain type of similar family characteristics.

It is completely wrong to consider one person as gifted and another as merely talented.

One of the significant assumptions is that a gifted child becomes a significant adult, to gifted, especially "miracles" of children, become famous creatives, or individuals when they grow up.

It is typical for gifted children to be perceived as future prominent and creative adults. But many gifted children, especially 'miracle' of children, who 'burnt-out' ahead of time, and others who simply changed their area of interest. Many gifted children do not become famous adults and numerous famous adults were not "'miracles' in childhood. So, we can't imply a connection between early giftedness, and exceptional, and achievements in adulthood. There are gifted children who undoubtedly are creative and capable of independent discoveries and solving problems in a new way in their area of talent; but they don't have to be creative in the sense of having a global impact on changing the areas they deal with; such as Einstein.

No one really 'changes the world'; meaning that, if one looks at established principles in science, art, and elsewhere – without years and years of dedicated work. Most gifted children do not make such breakthroughs happen. If they remain in their area of interest, they can become skilled professionals and top experts who operate within certain already demarcated boundaries. Only a few can disturb the order of things, 'reshape' field such as science or art. Those few individuals are different from the skilled experts who operate within a given framework created by someone else. They operate not only at a certain level of ability but also benefit from inherited traits, which help shape their personality. Obviously, there are complex and multiple factors that predict the direction of life and success in some areas in one's adulthood. However, factors such as ability levels, personality, motivation, family environment and possibilities all play their part. Nevertheless, all such factors cannot reliable predict their path in life.

ENCOURAGING AND CAPACITY DEVELOPMENT, TALENT AND CREATIVITY

Contemporary gifted theorists Renzulli (2006) Riley et al., (2004) and Gagné (2006) talk about encouraging development creativity as being the essence of working with the gifted. In that sense, the preschool system places certain demands on the development of the creative abilities of children and their active attitude towards knowledge. They recommend distinguishing between creative and academic giftedness, because they are fundamentally different, which should also affect the development of an appropriate programme. Failure to develop creativity and encourage taking risks in order to come up with new ideas are sore points of many school systems; and they seem to be even more so when they are forced to rely on developing smart, but not particularly creative students. Also, even when trying to identify giftedness, teachers often do not consider the creativity of students.

How does one encourage a child's creativity?

- listen,
- customise the programme,
- encourage thinking skills and openly discuss and nurture a variety of extracurricular activities,
- value individuality and openness,
- improve active learning,
- accept childrens' ideas as being worthy of investigation,

- Give children enough time to think and give them positive feedback, and
- Boost their self-confidence (Cvetković-Lay, 2010).

Torrance and Rockenstein (1988) advocated learning methods which encourage creativity from the point of view of encouragement of right hemispheric and integral activities that require brain activity. The goal of this approach was to launch creative, emotional, and cognitive processes that activate, intertwine, and support each other. Goleman (1996) in support of this, cited the great role of emotional intelligence and positive emotional states in so-called Meta-abilities, which affect problem solving performance. Humour is closely related to creativity. Some authors emphasise the need to use humour in schoolwork, especially when working with the gifted. "Always use gifted children with a lot of humour, they adore him," said Clark (1988). However, there is too little research to determine more precisely how useful humour is as a tool for stimulating intellectual development, social and emotional maturation, or someone's area of giftedness. However, it is still known that humour (Webb, 1983):

- unleashes creativity,
- develops thinking,
- contributes to the quality of problem solving,
- improves the quality of communication,
- helps to develop a positive attitude towards oneself and to create a positive self-image, and
- mobilises activity and mobilises energy for work.

Cropley (1994) warned that schools are too focused on one-sided strictly logical, goal-oriented thinking, and yes! They neglect the social and emotional processes through which students gain experience in expressing feelings and in relating to others. It is necessary to balance both sides as development creativity, has intellectual, emotional, social, and motivational elements, which will not be compromised. Cropley (1994) saw ways of balancing the elements through school programmes that encourage creative thinking. Considering all the above. perhaps the most important issue of any school system is: what it means to a student when he learns and knows what it is to be regarded as merely a function of what he has learnt in his overall schooling and development?

Why is creativity important?

In modern terms, giftedness embodies being a 'wonderful combination' with exceptional above-average abilities, creativity and being an individual who benefited from having certain personality traits (motivation, perseverance, risk appetite, etc.). The creative process is the process of reorganising everyone's previous experiences and successful application of that experience to some new problem situation. Creativity is a complex phenomenon, a unique and specific combination of intellectual motivational parts of the personality of gifted individuals. Productive creativity is the form of creativity in which products are created that are new, different, and original. Such is the concept that embraces the creativity of inventors, innovators, researchers; in other words, all those who create new 'products' in the broadest sense of the word.

Sternberg (1996) said that creativity, together with intelligence, determines; according to some theorists, what we call success in life. Since childhood abilities and hobbies in certain areas predict occupational choices in adulthood; from examining general IQ, we can expect fashion to predict the future of genius. Children who seem to have been born to occupy a particular area of expertise, and who are so gifted as to create as well as if they were at adult level, will become dramatically successful. It is tempting to assume then that certain children will become geniuses, or at least, significant creators. If we start by asking adult creators whether they were geniuses in their childhood, the response is mixed. Some classical music composers, according to Dean Keith Simonton (1980) averred that they are the greatest composers ever, (estimated by productivity and fame) were geniuses when they were children. The biggest (the most creative) composers began composing before entering their teenage years, while a significant number of them usually started composed in their late teens. It's great that it took an average of three years less than the start of the formal teaching age when they created the first composition. It also took them three years less between creating their first composition and their first masterpiece. Other researchers also showed that greater premature development in childhood was associated with prominence in adulthood. Geniuses need less time to become great, in general, they reach greater heights.

BASIC PRINCIPLES
IN WORKING WITH CHILDREN

1. Successful Communication
And Listening Activity

Compassion sets the tone for ways of communicating with children. Communication has many features. Communication is not just about how we talk to another person. Successful communication involves actively listening to children and understanding and affirming of what they try to tell us. Resistant children develop the ability to communicate successfully with the help of their parents who are important role models to them in the process. For example, if one's reaction to difficulties in performing an activity is: "I told you it wouldn't work." Then, the chances are that didn't have enough patience to read the instructions carefully. That is an example of giving someone a message who then acts contrary to the development of a resilient mental circuit because he has an accusing tone. Communication skills or lack of same have important consequences on many behavioural elements that are associated with resilience, including the skill of dealing with other people, coexistence, and the ability to solve problems and make sensible decisions.

2. Providing Help To Children To Experience Success By Recognising And Strengthening Their 'BOXES COMPETENCE'

Resilient children do not respond to the problems they face, they have already recognised them and then they focus on their strengths. Unfortunately, many children who have a bad opinion of themselves and their abilities in such situations feel hopeless. This is why they often diminish the value of what they are good at. Parents sometimes talk about the positive comments they make and are then surprised when they find their children uncooperative, which is why they become frustrated and fail to give positive feedback to their children. Parents must understand that when a child thinks he is not worthwhile, he/she will be less willing to accept our positive opinion about him. Therefore, we need to continue giving positive feedback. More importantly, we need to know it to be true that a sense of value, hope and resilience are based on the child's experience of success in areas of life that he and his peers and family consider important. Parents need to identify and strengthen areas of the child's 'competence'. Every child has his 'competence boxes', which are areas in which he fells 'Strong', and we need to promote that feeling; instead of emphasising the weaknesses the child has.

3. Teaching Children To Solve Problems And Make Decisions

Children who are full of hope with a strong sense of self-esteem and resilience's believe that they are masters of their own destiny. They believe that they need to manage their lives. It is crucial for all of us to have and maintain control over our lives. When parents help their children to learn to make independent decisions and solve their own problems, that provides them with a key ingredient for establishing control over their lives. Resistant children know how to recognise problems, how to take different solutions into account and choose the solution they consider most appropriate; as well as how to learn from the outcomes.

If parents want to empower such an approach to problem solving in their children, they must be careful not to constantly tell them what to do. Instead, children should be involved in thinking about possible solutions. To facilitate this process, it helps if parents conduct 'Family reunion time' every week or every other week to discuss issues and offer possible solutions. In support of this we cite the example of a girl whose friends didn't want to sit with her in school, so she asked her mom what to do. Her mom was well-meaning, but by offering her a solution before asking her daughter to give her solution, she took away her ability to find a way to solve the situation; and unknowingly, took away an opportunity for her daughter to develop skills that would allow her to solve her own problems.

4. Acceptance Of Unique Quality And Performance Of Each Child

This last principle is closely related to the other three principles and is also embodied in the main theme of the previous chapters. It is about accepting their children as they are, rather than what we want them to be. That was the problem in a case where girls whose grades were not as good as her parents expected. Likewise, with a boy, whose parents did not accept the fact that their son was interested in plants.

We have singled out this principle to emphasise its importance. Let's go back to an exercise in which one should state the areas of your child's ability. Then make a separate list of what you would like your child's 'ability boxes' to contain. Then – compare your child's list with the list of what you currently see as the qualities of your child. Now, check to see how similar what you see as being the positive qualities of your child with those you your child sees as positive. In most cases there is some discrepancy between the two lists. For example, many parents hope that social relationships, school success or even art or sports become areas that reflect the abilities of their children. Think of ways disagreements affect the quality and tone of communication with your child. Do these disagreements interfere with your ability to notice and accept the unique strengths and successes of your own child? Kids are aware of your disappointment when they don't fulfil your expectations; and children are especially sensitive when parents do not consider their successes important or essential.

PEDAGOGICAL GUIDANCE
AS CREATIVE PROCESS

Pedagogical guidance is an interactive communication-creative process. Educators have the role of pedagogical leader. Leadership is a pedagogical-psychological and social phenomenon for each group. When considering how leadership intentionally influences individuals and groups, it is important to realise that the role of the leader is decisive for developmental groups of students. Leadership is a pedagogical process, not a finished one with a result. It is very closely related to the creative qualities of the leader. Leaders prepare their group to achieve the planned goals of the group in the context of the environment; which is shaped by organisational culture (Beare, Caldwell & Millikan, 1989). The educator has the task of preparing pedagogical assignments and arranging for their implementation. He creates a team climate, maximises group potential, proposes priorities and sets standards. He also motivates individuals and gives clear instructions about what results are expected. He prepares evaluation techniques and instruments. He awakens the group members' desire to act (Bell, Bolam, Cubillo, 2003; Cubillo, 1999). His message focuses on positive values, vision, and mission, not on performance only. The leader therefore develops the necessary strategies for realisation of the group's goals. He connects group members by means of appropriate communication links. Pedagogical categories wherein the educator and the parents should lead the child in determining his level of creative personality include the terms:

- alternative courses of action,
- a draft plan,
- a vision,
- the mission,
- organising,
- growth and development,
- evaluation,
- getting used to,
- transformation, socialisation, success,
- evaluation,
- creativity,
- visionary,
- initiative,
- competency in the organisation,
- observation of the problem situation and analysis of the problem,
- developing critical thinking and being open to new experiences,
- leadership skills,
- personal motivation and diversity of interests, and
- continuing education.

Pedagogical guidance starts from the child's age and expresses a need whose satisfaction will be enhanced by physical, cognitive, and affective development. The sources of fashion leaders are found in the pedagogical competencies of the creative person (Acquired and learnt).

It is possible to apply several methods to encourage and guide children:

a) Relaxed instruction. ("it would be nice to end this on time").
b) Reason ("if you do not do this as we agreed, you will not gain anything from our visit").
c) Threat ("we agreed on a neat drawing, so keep that in mind!").
d) My compliments.
e) Service. ("if you do not stick to the agreement, you will not be honouring your promises").
f) Bribery. ("if you are here at the time this activity starts; remember what we talked about – you won't have to later spent a lot of time on it").
g) Request. ("I would ask you to think about how we can solve this drawing").
h) A clear directive. ("We must prepare an exhibition for parents").

Pedagogical guidance can arouse pleasant and unpleasant reactions (moods), so it should be understood as a style of education.

Models of pedagogical guidance:
Behavioural models:

It is possible to present a successful model of behaviour for an educational leaders' group as follows:

- solves the problem independently,
- collects answers and draws conclusions himself,

- presents the problem, collects ideas and suggestions, and then decides for himself,
- present the problem in a group and then solve it on your own, and
- present the problem and look for solutions.

The best method is a model that calls for openness in acceptance new experiences by means of an independent investigation of the problem situation, defining problems, defining hypotheses, collecting data, answering hypotheses, drawing conclusions, followed by generalisation.

Creative pedagogical guidance starts from the age and needs of children and on that basis, it then structures the extent and intensity of the educational content. Childrens' age is a fundamental biological-psychological component that determines access. The needs of children are prioritised in a modern way, which presents a requirement from which to start creative education. The children's satisfaction should be provided, as well as catering for biological (primary), and higher order needs, such as creativity, play, love, modes, freedom, autonomy and knowledge.

INSTEAD OF CONCLUSION

At the level of every preschool and all kindergartens it is necessary to determine the conditions for creativity that first apply to creating a professional atmosphere, taking part in research opportunities and evaluation methods and pursuing creativity in education. The affirmation of a creative educator of children can be a sign of concern for the all-round development of the personality. Nurturing talent requires persistency and patience. Everything that makes up the nature of a man should be observed for long enough and with enough attention to reveal insights into things that are not considered to be respectable which should not be said by anyone.

There is something that can be found in all exploration. because we have become so accustomed to using our own eyes and just accepting what others before us thought, that we fail to see that even the smallest thing contains something small and unknown. Man needs hope. To describe the fire that flames and the wood in the plain, we must sit in front of that fire in order to discover its mystery and before a tree before it no longer resembles any tree we have seen before until the tree and the fire disappear forever. That is the only way that man can continue being creative.

We realised that preventive efforts should target different aspects of a child's life with respect to different problems. Positive family environments and family relationships can be a valuable resource for successful overcoming children's developmental challenges. Help for children with behavioural disorders are important for continuing the joint work of both parents and educators. The functioning of the whole family needs to be addressed. Interventions aimed at promoting communication between family members, family warmth, improvement of skills and conflict resolution among family members can be important to support the children. The importance of raising the self-confidence of children also needs to be emphasised. Fostering self-confidence in children through interventions on an individual level is important because it leads to greater personal commitment and better adaptive functioning of adolescents. That can only be achieved by encouraging self-efficacy through positive experiences in kindergartens, extracurricular activities (sports, music, social events), and training in specific skills that are important in the everyday life of children (academic skills, social skills, coping and problem solving skills).

This book can also serve as a suggestion for success in universal and selective programmed interventions in the education system which should be designed in a way that is mandatory; including educators and parents in universal and selective prevention programmes. These programmes should be family-oriented, and be implemented in the preschool or school environment. It is also necessary that experts who work on the identification of children who need help, as well as parents who are threatening or could endanger the psychophysical development of their children, recognise adverse opportunities and risk factors and ensure that interventions are made available for such children.

Education is not about publicising facts but rather about the adoption of facts, as well as about encouraging children's natural need to learn to rely on his inner motivation. The goal should be to nurture the child's natural desire to learn, as well as children 's individuality and interest in different things. It is clearly beneficial to turn learning into a game.

If a kindergarten is needed in the future, it needs to be a place where children will have the same freedom as kittens and dogs, a place where fashion will play a part, and where children will invent new games, a place where they will the means at its disposal to make something available are available, a place where there are many children to play with. Sitting next to the children should be a smart woman who watches over them, who will only intervene if it looks like the children could harm themselves or others. In the same way, mothers should observe children's games. It is important to observe how children treat other children. A responsible carer should observe the children's preferences and should gather as much material as possible and she should only interfere in the children's games if it becomes necessary. That type of lasting, versatile, stimulating and passive perception allows mothers; at least to some extent, to get to know their own children better; we can never be fully acquainted with our children anyway, even when we give them life and when we continue to give them life every day to achieve a complete haven of spiritual motherhood! The statement that giving life to a child is a sign of physical maturity, and that raising a child is a sign of mental maturity. If they don't gain any insight into their children's psyche, most parents remain immature throughout their lives. It is possible that despite the best principles and despite diligent fulfilment of their obligations some mothers still do not they see the true nature of their children and work against it, which causes hardship for parents and children.

Every child is by nature a researcher and is permanently motivated by a desire for getting to know and understand the world around him or her. Arising from spontaneous play it is possible to perform easy as well as difficult problems or activities. Prevention of behavioural disorders is usually significantly more useful when implemented at the level of society as a whole or within groups of individuals, rather than entirely individually. That's why everyone would like kindergartens to continue working on the detection and prevention of disturbances in behaviour.

Because children are often said to be our 'future' it is extremely important to consider them as important members of our communities, and to consider their rights and needs.

AUTHORS BIOGRAPHY

Doris Stevanović

Born 16.01.1959. in Zagreb. She graduated Philosophically faculty in Pula. Her vision is to create creative work preschool education. Educator and director of the former kindergarten "Doris's flowers" in Pula. Founder of the Kindergarten in Šijani.

She presented the programs that will take place at the press conference to spend in that garden "Doris's flowers" in Pula, published 18.12.2003. years. The first headmistress of the kindergarten presented for project "Encyclopedia of children's five minute activities", project author Stevanović Doris. Adopts programs Experimental program "Lifelong learning of children preschool".

Kindergarten "Doris's flowers", kindergarten manager award diplomas for selfless educational and humanitarian contribution shown in the formation of the kindergarten "Doris's flowers". Proposal project "Getting used to preschool children for life Education (NDCO)", the main researchers on the project were Stevanović Marko and Stevanović Doris. Dorisini cvjetovi Garden presents the project "Lifelong learning of preschool of the child", published publication. Learning, creativity for creativity – this scientific study that has been published "Preschool child for the future" – authors Stevanović Marko and

Stevanović Doris, 2004 Tonimir Varaždinske toplice this scientific study is based on pedagogical experiment conducted in the kindergarten "Doris's flowers" in Pula: the project was published by Stevanović Doris, artistically spontaneous expression through searching to a given topic: a bird exhibited at the Home of Veterans in Pula. Participated in various scientific conferences.

Lifelong Learning (NDCO) the main researchers were at project Stevanović Marko and Stevanović Doris garden "Doris's flowers" is a project of Lifelong Learning preschool child, a publication was published. Teachings creativity for creativity this scientific study that is published "Preschool child for the future", authors Stevanović Marko and Stevanović Doris in 2004 Tonimir Varaždinske spa this scientific study is based on pedagogical experiment conducted in the kindergarten "Doris's flowers" in Pula project published by Stevanović Doris artistically spontaneous expression through searching to a given topic. Bird exhibited at the Home for Veterans in Pula. Participated in various scientific conferences Faculty of Philosophy in Pula International People's Scientific Conference "School without the weak students" Doris Stevanović Pula 30.10.2004. years.

Doris Stevanović presented an experimental programme for early learning foreign languages for preschool children. In a multicultural environment, Director Doris pointed out Stevanović. The media publishes newspapers as a new form of educational creativity communication with the highest degree of tolerance and intellectual dialogue; says director Doris Stevanović (SB) Now in the future he wants to publish a scientific study "Child and creativity" and a project of a future modern educator on faculty and a book for college educators.

My view to train future educators for permanent perfecting education as the main creative a professional observer and leader in future contemporary schools and kindergartens.

AUTHOR BIOGRAPHY

Lejla Kuralić – Ćišić

Dr. Sc. Lejla Kuralić – Dišić was born on December 19, 1984, in Tuzla. From 1991 to 1999, she attended elementary school "Novi Grad" Tuzla, after which she enrolled in High school "Meša Selimović" in Tuzla, which she graduated in 2003. Academic 2003/04. She enrolled in the Educational-Rehabilitation Faculty in Tuzla, Department: Behavioural Disorders. During the study achieved excellent results, with an average score of 9.27. She graduated in 2007. At the same faculty in 2008. She established an employment relationship as an assistant. Postgraduate she enrolled at the Faculty of Education and Rehabilitation 2008, field of social pedagogy. She won gold plaques of the University of Tuzla for above-average success in progress study. She received her master's degree in 2011 and acquired her Master of Social Sciences degree in the field of Social Pedagogy.

She received her doctorate on January 31, 2014, acquiring the title of Doctor in Social Sciences in the field of Social Pedagogy. She actively participated in several domestic and international scientific research projects and attended various professional and scientific gatherings.

She has been published as an author and co – author of several scientific and professional papers and publications.

She mentors candidates in the preparation of master's degrees in Turkey and abroad. She is actively involved in humanitarian and socially useful work. She is married with one child.

LITERATURE

1. Achenbach, T. M. et al. (2007). Achenbach System of Empirically Based Assessment (ASEBA) – multicultural supplement to the manual for ASEBA school age forms and profiles, Nelson Education.
2. Achenbach, T. M., Edelbrock, C. S. (1983). Manual for the child behaviour checklist and revised behaviour profile. Burlington: University of Vermont Department of Psychiatry.
3. Achenbach, T. M., Rescorla, L. A. (2001). The manual for the ASEBA school age forms profiles. Burlington, VT: University of Vermont, Research Centre for Children, Youth, and Families.
4. Ajduković, M., Rajhvajn, B. I., Sladović, F. B. (2008). Agresivno i prosocijalno ponašanje djece u dječjim domovima. Ljetopis socijalnog rada, 15(2), 18513213.
5. Ale, C. M., Chorney, D. B., Brice, C, S., Morris, T. L. (2010). Facial affect recognition and social anxiety in preschool children. Early Child Development and Care, 180(10):1349-1359. doi: 10.1080/03004430903059318
6. Alpert-Gillis, L. J., Pedro-Carroll, J. L., Cowen, E. L. (1989). The Children of Divorce Intervention Programme: Development, implementation, and evaluation of a programme for young urban children. *Journal of Consulting and Clinical Psychology*, 57, 583-589.
7. American Psychiatric Association. (2013). Diagnostic and statistical manual of mental disorders (5th ed.). Arlington, VA: American Psychiatric Publishing.

8. Anderson, L. M., Shinn, C., Fullilove, M. T., Scrimshaw, S. C., Fielding, J. E., Normand, J.,

9. Andersson, B. E. (1989). Effects of public day care – A longitudinal study. Child development, 60(1), 857-866. doi: 10.2307/1131027

10. Andersson, B. E. (1992). Effects of day care on cognitive and socio-emotional competence of thirteen-year-old Swedish schoolchildren. Child development, 63(1), 20-36. doi: 10.2307/1130898

11. Andrijašević, M., Rekreacijom do zdravlja i ljepote. Zagreb: Fakultet za fizičku kulturu, 2000, str. 22-24.

12. Andrilović, V., Čudina-Obradović M. Osnove opće i razvojne psihologije. Zagreb: Školska knjiga, 1994, str. 25-57

13. Antonović, Z. (1977). Likovni izraz djece koja mucaju, Specijalna škola, 1T2:37T46, Savez društava defektologa Jugoslavije, Beograd

14. Barnett, W. S., Belfield, C. R. (2006). Early childhood development and social mobility. Future of Children, 16(2), 73-94. doi: 10.1353/foc.2006.0011.

15. Bates, J. E., Marvinney, D., Kelly, T., Dodge, K. A., Bennett, D. S., Pettit, G. S. (1994). Child care history and kindergarten adjustment. Developmental Psychology, 30(5), 690700. doi: 10.1037/0012-1649.30.5.690.

16. Barnett, W. S., Ackerman, D. J. (2006). Cost, benefit, and long-term effects of early care and education programmes: Recommendations and cautions for community developers. Community development, 37(2), 86-100. doi: 10.1080/15575330609490209

17. Barron, F. (1969). Creative person and creative process. NYC: Holt, Rinehart & Winston.

18. Bašć, J. (1985). Diferencijalna analiza strukture stavova roditelja prema djeci s poremećajima u ponašanju kojo su izrečene vanzavodske odnosno zavodske odgojne mjere. Disertacija' Fakultet za defektologiju Sveudilista u Zagrebu, Zagreb'

19. Bašić, J. (2009). Teorije prevencije, Zagreb.

20. Bašić, J., Koller-Trbović, N., Uzelac, S. (2004). Poremećaji u ponašanju i rizična ponašanja: pristupi i pojmovna određenja. Edukacijsko-rehabilitacijski fakultet Sveučilišta u Zagrebu.

21. Bayley N. (1964). Consistency of Maternal and Child Behaviours in the Berkeley Growth Study, Vol. 7, No. 2. Laboratory of Psychology, National Institute of Mental Health, U.S. Department of Health, Education, and Welfare, Bethesda, Md.

22. Beare, H., Caldwell, B. J., Millikan, R. (1989). Creating an Excellent School. Some New Management Techniques. New York: Routledge.

23. Beck-Dvoržak, M. (1987). Psihička uvjetovanost kreativnosti, u: Dijete i kreativnost. Zagreb: Globus.

24. Belfield, C. R. (2004). Early childhood education: How important are the cost-savings to the school system? Centre for Early Care and Education, Schulyer Centre for Analisys and Advocacy, Child Care, Inc. Available at http://www.winningbeginningny.org/publications/documents/belfield_report_000.pdf

25. Belfield, C. R. (2006.) Does it pay to invest in preschool for all? Analysing return-on-investment in

26. Development, 18(1), 23-42. doi: 10.1177/016502549501800102

27. Bell, L., Bolam, R., Cubillo, L. (2003) A Systematic Review of the Impact of School Headteachers and

Principals on Student Outcomes, EPPI-Centre, Social Science Research Institute. London: University of London

28. Belsky, J., Lowe Vandell, D., Burchinal, M., Clarke-Stewart K. A., McCartney, K., Tresch Owen, M. (2007). Are there long-term effects of early child-care? Child development, 78(1), 681-701. doi: 10.1111/j.14678624.2007.01021.x

29. Bezić, Ž. (1990). Zašto i kako odgajati? Đakovo: Biskupski ordinarijat.

30. Bezić, Ž. (1996). Biti čovjek! Ali kako? Đakovo: Karitativni fond UPT.

31. Biddle, S. J., Gorely, T., Stensel, D. J. (2004). HealthTenhancing physical activity and sedentary behaviour in children and adolescents. Journal of Spors Sciences, 22, 679-701.

32. Blashfield, R. K. (1998). Diagnostic models and systems. In A. S. Bellack, M. Hersen & C. R. Reynolds (Eds.), Comprehensive clinical psychology: (Vol.4) Assessment. New York: Elsevier Science

33. Blomeyer, D., Coneus, K., Laucht, M., Pfeiffer, F. (2008). Initial risk matrix, home recourses, ability development and children's achievement. IZA Discussion Paper, No. 3692. Available at IZA website http://ftp.iza.org/dp3692. pdf

34. Borge, A. I. H., Melhuish, E. C. (1995). A longitudinal study of childhood behaviour problems, maternal employment, and day care in a rural Norwegian community. International Journal of Behavioural Development, 18(1), 23-42. doi: 10.1177/016502549501800102

35. Bouillet, D., Uzelac, S. (2007). Osnove socijalne pedagogije. Zagreb: Školska knjiga.

36. Broberg, A. G., Wessels, H., Lamb, M. E., Hwang, C.P. (1997). Effects of day care on the development of cognitive abilities in 8-year-olds: A longitudinal study. Developmental Psychology, 33(1), 62-69. doi: 10.1037/00121649.33.1.62

37. Brower, R. (1999.) Dangerous minds: Eminently creative people who spent time in jail. *Creativity Research Journal*, 12(1):3-13. doi:

38. Burger, K. (2010). How does early childhood care and education affect cognitive development? An international review of the effects of early interventions for children from different social backgrounds. Early Childhood Reasearch Quarterly, 25(2), 140-165. doi: 10.1016/j. ecresq.2009.11.001

39. Caiman, J. L., Tarr-Whelan, L. (2005). Early childhood education for all: A wise investment. New York: Legal Momentum.

40. Cameron, J. (2000). The Artist's Way Creativity Kit by Julia Cameron, Paperback –1836.

41. Campbell, S. K. (2006). The child development of functional movement. In S. K. Campbell, D. W Vander Linden, R. J Palisano (eds), Phisical Therapy for children (pp. 33-76). St. Louis: Saunders.

42. Canadian Paediatric Society (2002). Healthy active living for children and youth. Paediatric Child Health, 7, 339-345.

43. Cantwell, D.P. *Journal of the American Academy of Child, and Adolescent Psychiatry*. 1996;35(8):978–987. [PubMed]

44. Caron, C., Rutter, M. (1991). Comorbidity in child psihopatology, Concept, issues and research strategy, *Journal of Child Psyholgy and Psychiatry* 32.

45. Chan, D.W., Chan, L. K. (1999). Implicit theories of creativity: Teachers' perception of student characteristics in Hong Kong. *Creativity Research Journal*, 12(3):185-195. doi: 10.1207/s15326934crj1203_3

46. Clark, P., Griffing, P., Johnson, L. (1989). Symbolic play and ideational fluency as aspects of the evolving divergent cognitive style in young children. Early Child Development and Care, 51, 77-88

47. Clarke-Stewart, K. A. (1989). Infant day care: Maligned or malignant? American Psychologist, 44(2), 266-273. doi: 10.1037/0003066X.44.2.266

48. Colney, A. (2010). Childcare: Welfare or investment. International Journal of Social Welfare, 19(2), 173-181. doi: 10.1111/j.14682397.2009.00665.x

49. Colwell, M. J., Pettit, G. S., Meece, D., Bates, J. E., Dodge, K. A. (2001). Cumulative risk and continuity in nonparental care from infancy to early adolescence. Merrill-Palmer Quarterly, 47(2), 207-234. doi: 10.1353/mpq.2001.0009

50. Committee on Family and Work Policies (2003). Working families and raising kids: Caring for children and adolescence. Washington, D.C.: National Academies Press.

51. Cropley, A. J. (1994). Creative Intelligence: A Concept of "True" Giftedness. European Journal for High Ability, 5, 6-23.

52. Currie, J. (2001). Early childhood education programmes. Journal of Economic Perspectives, 15(2), 213-238. doi: 10.1257/jep.15.2.213

53. Cvejić, D. i Kosanović, M. (1982). Fonijatrija, I deoGlas. Beograd: Zavod za udžbenike i nastavna sredstva.

54. Cvetković-Lay, J., (2002). Ja hoću i mogu više – Priručnik za odgoj darovite djece (3-8 godina), Alinea, Zagreb.

55. Cvetković-Lay, J., (2010), Kad bi se njih pitalo... Priče iz radionica za darovitu djecu, Alinea- Bistrić, 2010.

56. Cvetković-Lay, J., Sekulić Majurec, A. (1998). Darovito je, što ću s njim? Zagreb: Alinea.

57. Čačinovič-Vogrinčič, G., (1998). Psihologija družine, Znanstveno in publicistično središče, Ljubljana.

58. Čudina-Obradović. (2014). Psihologija čitanja: od motivacije do razumijevanja: priručnik, Zagreb: Golden marketing-Tehnička knjiga.

59. Čudina-Obradović, M. (1995). Psihološka utemeljenost institucionalnog predškolskog odgoja. Napredak, 136(1), 64-76. Duran, M. (1976). Utjecaj rada predškolskih ustanova na uspjeh u prvom razredu osnovne škole. Život i škola, 28(1-2), 83-89.

60. Winnicott, D. W. (2010) The Creative Space of Play https://onluminousgrounds.wordpress.eom/2010/0 9/19/the-creative-space-of-play/

61. Dalton, B., (2004). Creativity, Habit, and the Social Products of Creative Action: Revising Joas, Incorporating Bourdieu, Sociological Theory. Vol 22, Issue 4.

62. Dansky, J. (1980). Make-believe: A mediator of the relationship between play and associative fluency. Child Development, 51, 576-579.

63. De Zan, D. i De Zan, M. (1988). Psihodinamski pristup djeci i mladeži s teškoćama učenja. Zagreb: Hrvatski pedagoško-književni zbor.

64. DeMoss K, Milich R & DeMers S (1993). Gender, creativity, depression, and attributional style in

adolescents with high academic ability. Journal of Abnormal Child Psychology, 21(4):455-467. doi: 10.1007/BF01261604

65. Denham, S. A., Weissberg, R.P. (2004). Social-emotional learning in early childhood: What we know and where to go from here. In E Chesebrough, P King, TP Gullotta & M Bloom (eds). A blueprint for the promotion of prosocial behaviour in early childhood. New York: Kluwer Academic/Plenum Publishers.

66. Dervišbegović, M. (1997). Socijalna pedagogija s andragogijom. Sarajevo: Studentska štamparija Univerziteta u Sarajevu.

67. Development and validity of a Dutch version of the Remote Associates Task: An item-response theory approach, Thinking Skills and Creativity, Thinking Skills, and Creativity 7 (2012) 177-186, Soghra Akbari Chermahini, Marian Hickendorff, Bernhard Hommel *

68. Domitrovich, Greenberg. (2007). Improving young children's social and emotional competence: a randomized trial of the preschool "PATHS" curriculum. J Prim Prev. Mar;28(2):67-91. Epub. https://www.ncbi.nlm.nih.gov/pubmed?Db=pubmed&Cmd=ShowDetailView&TermToSearch=17265130&ordinalpos=l&itool=EntrezSystem2.PEntrez.Pubmed.Pubmed_ResultsPanel.Pubmed_RVDocSum

69. Doumen, S., Buyse, E., Colpin, H., Verschueren, K. (2011). Teacher-child conflict and aggressive behaviour in first grade: the intervening role of children's self-esteem. Infant and Child Development, 20(6):449465. doi: 10.1002/icd.725 Flouri

70. Efficacy of an Emotion Self-regulation Programme for Promoting Development in Preschool Children

71. Esping-Andersen, G. (2006). Socijalna država za XXI stoljeće? U S. Zrinščak (ur.), Socijalna država u XXI stoljeću: privid ili stvarnost? (str. 29-60). Zagreb: Pravni fakultet Sveučilišta u Zagrebu.

72. Esping-Andersen, G. (2009). Investing in children and equalizing life chances. In G. Esping-Andersen (Ed.), The incomplete revolution, adapting to women's new roles (pp. 112-144). Cambridge.

73. Fehr, K., Christian, K., Russ, S. (2013). Pretend play in preschool children: Relationships with creativity and effects of a pilot play intervention. Manuscript in preparation.

74. Feldman. L. B. (1987). Phonological and morfological analysis by skilled readers of Serbo-Croatian pp-197- 210, in A. Alport, D. G. MacKay, W. Prinz and G. Scheerer (eds.). Language perception and production, London.

75. Fergusson, D. M., Horwood, L. J. (1995). Early disruptive behaviour, IQ, and later school achievement and delinquent behaviour. Journal of Abnormal Child Psychology, 23,183-199.

76. Field, T. (1991). Quality infant day care and grade school behaviour and performance about the cost and benefits of early childhood interventions. Washington, D.C.: RAND.

77. Flaherty, L. T. (2002). Is there hope for conduct disorder? Adolescent Psychiatry. 26, 245-254.

78. Fox, J. E., Schirrmacher, R. (2012). Art and creative development for young children (7th ed). Belmont, CA: Wadsworth.

319

79. Frick, P. J., Lahey, B. B., Loeber, R., Tannenbaum, L., Van Horn, Y., Christ, M. A. G., Hart, E. L., Hanson, K. (1993). Oppositional defiant disorder and conduct disorder: A meta-analytic review of factor analyses and cross-validation in a clinic sample. Clinical Psychology Review, 13, 319-340.

80. Fromm, E., (1959). The creative attitude, in: H. Anderson, Ed., Creativity and its Cultivation, Harper, New York, 1959).

81. Furlan, I. (1990) Psihologija podučavanja, Zagreb: Školska knjiga.

82. Gagné, F. (2006) (n.d.). Gifted and Talented Students: A Differentiated Model of Giftedness and Talent. Retrieved from http://www.tki.org.nz/r/gifted/reading/theory/francoys-gagne_e.php

83. Gallucci, N.T., Middleton, G., Kline, A. (1999). Intellectually superior children and behavioural problems and competence. Roeper Review, 22(1):18-21. doi: 10.1080/02783199909553992

84. GariboLdi, A., Cardarello, R. (2012). Pensare la creatività. Ricerche nei contest educativi prescolari, Edizioni junior, Bergamo-Parma, pp. 157-178.

85. Gašić-Pavišić, S. i Janjetović, D. (2007). Povezanost učešća u sportu sa prosocijalnom orijentacijom i agresijom adolescenata-razlike po polu. Zbornik Instituta za pedagoška istraživanja, 39 (2), 3290346.

86. Geschwind, N., Galaburda, A. M. (1987). Cerebral Lateralisation: Biological Mechanisms, Associations and Pathology. Cambridge, MA: MIT. the Economic Case for Investment in Preschool, Washington, D.C.

87. Giannopulu, I., Escolano, S., Cusin, F., Citeau, H. Dellatolas, G. (2008). Teachers' reporting of behavioural

problems and cognitive-academic performances in children aged 5-7 years. *British Journal of Educational Psychology*, 78:127-147. doi: 10.1348/000709907X204372

88. Goleman, D. (1996). Emotional Intelligence. Why It Can Matter More than IQ. Learning, 24(6), 49-50.

89. Graham, A. A., Coplan, R.J. (2012). Shyness, sibling relationships, and young children's socio-emotional adjustment at preschool. *Journal of Research in Childhood Education*, 26(4):435-449. doi: 10.1080/02568543.2012.711802

90. Greene, W. R., Biederman, J., Zerwas, S., Monuteaux, C. M, Goring, C. J., Faraone, V. S. (2002). Psychiatric Comorbidity, Family Dysfunction, and Social Impairment in Referred Youth with Oppositional Defiant Disorder, Am J Psychiatry, 159:1214–1224.

91. Gormley, W. T., Gayer, T., Phillips, D., Dawson, B. (2005). The effects of universal Pre-K on cognitive development. Developmental Psychology, 41(6),872-884. doi: 10.1037/0012-1649.41.6.872

92. Grunewald, R., Rolnick, A. (2004). A proposal for achieving high returns on early childhood development. Rad izložen na konferenciji Building.

93. Guilford, J. (1968). Intelligence, creativity, and their educational implications. San Diego: Knapp.

94. Guilford, J. P. (1967). The nature of human intelligence. New York: McGraw-Hill.

95. Heckman, J.J. (2008). Schools, skills, and synapses. Economic Inquiry, 46(3):289-324. doi: 10.1111/j.1465-7295.2008.00163.x

96. Heckman, J. J. (2006). Skill formation and the economics of investing in disadvantaged children. Science, 312(5782), 1900-1902. doi: 10.1126/science.1128898

97. Heckman, J. J., Masterov, V. M. (2007). The productivity argument for investing in young children. Review of Agricultural Economics, 29(3), 446-493. doi: 10.1111/j.14679353.2007.00359.x

98. Hoffmann, J., Russ, S. (2012). Pretend play, creativity, and emotion regulation in children. Psychology of Aesthetics, Creativity, and the Arts, 6(2), 175-184.

99. Howes, C. (1988). Relations between early childcare and schooling. Developmental Psychology, 24(1), 53-57. doi: 10.1037/00121649.24.1.53

100. Howes, C. (1990). Can the age of entry into childcare and the quality of the childcare predict adjustment in kindergarten? Developmental Psychology, 26(2), 292-303. doi: 10.1037/0012- 1649.26.2.292

101. Howes, C. (2000). Socio-emotional classroom climate in childcare, child-teacher relationships, and children's second grade peer realtions. Social development, 9(2), 191-204. doi: 10.1111/1467-9507.00119

102. Itković, Z. (1997) opća metodika nastave, Književni krug, Split.

103. Ivanković A. Tjelesni odgoj djece predškolske dobi. Zagreb: Školska knjiga; 1980, str. 5-37.

104. Izard, C. E., Trentacosta, C.J., King, K.A., Mostow, A.J. (2004). An emotion-based prevention programme for Head Start children. Early Education and development, 15(4):407-422. doi: 10.1207/s15566935eed1504_

105. Jacob, W., Getzels, Philip W. Jackson, Review by: E. Paul Torrance (1963). Review: Creativity and Intelligence, Vol. 71, No. 1, Teaching: A Profession and a Process (Spring, 1963), pp. 112-115. The University of Chicago Press.

106. Jašović Ž. (1970), povezanost nekih oblika odnosa roditelja prema djeci sa prestupničkim ponašanjem. U: Porodica i socijalizacija mladih. Radnička Stampa, Beograd

107. Jenson, J. (2006). Social investment for new social risks: Consequences of the LEGO paradigm for children. In J. Lewis (Ed.), Children in context: Changing families and welfare states. Montreal: Edward Elgar Publishing.

108. Jurčević-Lozančić, A. (1996). Izazovi odrastanja – predškolsko dijete u okružju suvremene obitelji i vrtića. Petrinja: Visoka učiteljska škola u Petrinji.

109. Kapor-Stanulović, n. (1972). Psihologija roditeljstva. Nolit, Beograd.

110. Karlavaris, B. (1988). Metodika likovnog odgoja 2, Grafički zavod Hrvatske.

111. Karoly, L. A., Greenwood, P. W., Everingham, S. S., Hoube, J., Kilburn, M. R., Rydell, C. P., Sanders, M., Chiesa, J. (1998). Investing in our children. What we know and don't know olity Press.

112. Kaufman, C. J., Bear, J. (2002). Hawking's Haiku, Madonna's Math: Why Is Hard to Be Creative in Every Room of the House, u: Creativity – From Potential to Realisation.

113. Kaugars, A., i Russ, S. W. (2009). Assessing preschool children's play: Preliminary validation of the effect in play scale – preschool version. Early Education and development, 20, 733-755.

114. Kelley, P., Camili, G. (2004). The impact of teacher education on outcomes in centre based early childhood education programmes: A meta-analysis. Available at National Institute for Early Education

Research website http://nieer. org/resources/research/TeacherEd.pdf

115. Kempes, M., Matthys, W., de Vries, H., van Engeland, H. (2005). Reactive and proactive aggression in children. A review of theory, findings and the relevance for child and adolescent psychiatry. Eur Child Adolesc Psychiatry. 2005; 14:11–19. [PubMed]

116. Keresteš, G. (2006). Mjerenje agresivnog i prosocijalnog ponašanja školske djece: usporedba procjena različitih procjenjivača. Društvena istraživanja 1T2 (8), GOD. 15: str.241T264

117. Koglin, U., Petermann, F. 2011. The effectiveness of behavioural training for preschool children. *European Early Childhood Education Research Journal*, 19(1):97-111. doi: 10.1080/1350293X.2011.548949

118. Koller-Trbovid, N. (1993): Relacije socioemocionalnog statusa predškolske djece i njihovih obiteljskih prilika. Kriminologija i socijalna integracija. Zagreb, l-l, 97-107.

119. Koller-Trbović, N. (1994): Povezanost poremecaja u ponaSanju predškolske djece i njihovih obiteljskih prilika (disertacija). Fakultet za defektologiju, Sveučilište u Zagrebu, Zagreb.

120. Kovacs, M., Devlin, B., Pollock, M., Richards, C., Mukerji, P. (1997). A controlled family history study of childhood-onset depressive disorder. Archives of General Psychiatry, 54(7), 613–623.

121. Kováč, T. (1998). Creativity and prosocial behaviour. Studia Psychologica, 40(4):326-330.

122. Kraemer, H. C., Noda, A., O'Hara, R. (2004). Categorical versus dimensional approaches to

diagnosis: Methodological challenges. *Journal of Psychiatric Research*, 38, 17–25.

123. Kuralić-Dišić, L. (2014). Povezanost karakteristika porodice i poremećaja ponašanja u adolescenciji, Doktorska disertacija. Univerzitet u Tuzli, Edukacijsko-rehabilitacijski fakultet.

124. Kuralić-Dišić., L. (2011). Poremećaji u ponašanju i porodične karakteristike maloljetnih delinkvenata na području opštine Tuzla. Magistarski rad. Univerzitet u Tuzli, Edukacijsko-rehabilitacijski fakultet.

125. Lochner, L., Moretti, E. (2004). The effect of education on crime: Evidence from prison inmates, arrests, and self-reports. The American Economic Review, 94(1), 155-189. doi: 10.1257/000282804322970751

126. Loeb, S., Bridges, M., Bassok, D., Fuller, B., Rumberger, R. W. (2007). How much is too much? The influence of preschool centres on children's social and cognitive development. Economics of Education Review, 26(1), 52-66. doi: 10.1016/j.econedurev.2005.11.005

127. Loeb, S., Fuller, B., Kagan, S. L., Carrol, B. (2004). Childcare in poor communities: Early learning effects of type, quality, and stability. Child Development, 75(1), 47-65. doi: 10.1111/j.1467-8624.2004.00653.x

128. Loeber, R., Schmaling, K. (1985). Empirical evidence for overt and covert patterns of antisocial conduct problems. *Journal of Abnormal Child Psychology*, 13, 337–352.

129. Lumbart, T., Guignard, J. H. (2002.), The Generality – Specificity of Creativity: A Multivariate Approach, u: Creativity – From Potential to Realisation.

130. Lynch, R. G. (2004). Economic, fiscal, and social benefits of investment in early childhood development. Washington, D.C.: Economic Policy Institute.

131. Machin, S., Vignoles, A. (2004). Educational inequality: The widening socio-economic gap. Fiscal Studies, 25(2), 107-128. doi: 10.1111/j.1475-5890.2004.tb00099.x

132. Magnuson, K. A., Meyers, M. K., Ruhm, C. J., Waldfogel, J. (2004). Inequality in preschool education and school readiness. *American Educational Research Journal*, 41(1), 115157. doi: 10.3102/00028312041001115.

133. Mail, A. (1968). Kreativnost u nastavi. Sarajevo: Svjetlost.

134. Maslow A. (1982). Motivacija i ličnost. Beograd: Nolit; 1982, str. 121-8.

135. Maslow, A. H. (1966). Psychology of Science. New York London, 1966.

136. Masse, L. N., Barnett, W. S. (2002). A benefit cost analysis of the abecedarian early childhood intervention. New Brunswick, NJ: National Institute for Early Education Research.

137. Melhuish, E. C. (2004). A literature review of the impact of early years provision on young children, with emphasis given to children from disadvantaged backgrounds. Report to the Comptroller and Auditor General. London: National Audit Office.

138. Matthys, W., Lochman, J. E. (2010). Oppositional defiant disorder and conduct disorder in childhood. Chichester: Wiley-Blackwell.

139. Max, J. E. S.D., Lindgren, C., Knutson, C.S., Pearson, D., Ihrig, A., Welborn, Child, and adolescent traumatic

brain injury: correlates of disruptive behaviour disorders, *Journal Brain Injury*, Volume 12.

140. McNeil. T. F. 1971. Prebirth and postbirth influence on the relationship between creative ability and recorded mental illness. *Journal of Personality*, 39(3):391406. doi: 10.1111/j.1467-6494.1971.tb00050.x Moon

141. Melhuish, E. C. (2011). Lifelong consequences of early years learning. Rad izložen na konferenciji EUNEC Seminar Building in a lifelong learning perspective, Budimpešta.

142. Miel, A. (1986). Teaching for a democracy. 'The Educational Forum' 50

143. Miller Lane, B., (2008) "An Introduction to Ellen Key's 'Beauty in the Home,'" In Modern Swedish design: Three Founding Texts. New York: The Museum of Modern Art, 2008. 19-31.

144. Morrissey, T. W., Warner, M. W. (2007). Why early care and education deserve as much attention, or more, than prekindergarten alone. Applied Developmental Science, 11(2), 57-70. doi: 10.1080/10888690701384897

145. National Institute of Child Health and Human development, Early Child Care Research Network (1998). Early childcare and self-control, compliance, and problem behaviour at twenty-four and thirty-six months. Child development, 69(4), 1145-1170. doi: 10.1111/j.1467-8624.1998.tb06165.x

146. National Institute of Child Health and Human development, Early Child Care Research Network (2000a). The relation of childcare to cognitive and

language development. Child development, 71(4), 960-980. doi: 10.1111/1467-8624.00202

147. National Institute of Child Health and Human development, Early Child Care Research Network (2000b). Characteristics and quality of childcare for toddlers and preschoolers. Applied Developmental Science, 4(3), 116135. doi: 10.1207/S1532480XADS0403_2

148. National Institute of Child Health and Human development, Early Child Care Research Network (2002). Early childcare and children's development prior to school entry: Results from the NICHD Study of early childcare. *American Education Research Journal*, 39(1), 133-164. doi: 10.3102/00028312039001133

149. National Institute of Child Health and Human development, Early Child Care Research Network (2003). Does amount of time spent in childcare predict socio-emotional adjustment during the transition to kindergarten? Child development, 74(4), 976-1005. doi: 10.1111/1467-8624.00582

150. National Institute of Child Health and Human development, Early Child Care Research Network (2005). Early childcare and children's development in primary grades: Follow-up results from the NICHD Study of early childcare. *American Educational Research Journal*, 42(3), 537-570. doi: 10.3102/00028312042003537

151. Ozimec, S. (1987.), Odgoj kreativnosti: Kako prepoznati i poticati dječju kreativnost. opći Savez društva "Naša djeca", Varaždin. Pastuović.

152. Pedro-Carroll, J. L. Cowen, E. L. (1985). The Children of Divorce Intervention Programme: An investigation of the efficacy of a school-based prevention

programme. *Journal of Consulting and Clinical Psychology*, 53(5), 603-611. Pub Med icon.

153. Pedro-Carroll, J. L., Jones, S. H. (2005). A preventive play intervention to foster children's resilience in the aftermath of divorce. In L. A. Reddy, T. M. Files-Hall & C. E. Schaefer (Eds.), Empirically based play interventions for children (pp. 51-75). Washington, DC: American Psychological Association.

154. Pedro-Carroll, J. L., Alpert-Gillis, L. J., Cowen, E. L. (1992). An evaluation of the efficacy of a preventive intervention for 4th-6th grade urban children of divorce. Journal of Primary Prevention, 13(2), 115-130.

155. Pedro-Carroll, J. L., Cowen, E. L., Hightower, A. D., Guare, J. C. (1986). Preventive intervention with latency-aged children of divorce: A replication study. *American Journal of Community Psychology*, 14(3), 277-290. Pub Med icon.

156. Peisner-Feinberg, E. S., Burchinal, M. R., Clifford, R. M., Culkin, M. L., Howes, C., Kagan, S. L., Yazeijan, N. (2001). The relation of preschool child care quality to children's cognitive and social development trajectories through second grade. Child development, 72(5), 1534-1553. doi: 10.1111/1467-8624.00364

157. Pepler, D., Ross, H. (1981). The effects of play on convergent and divergent problem solving. Child development, 52, 1202–1210.

158. Perkins B. Pringle. (2016) Educational change: development of a creativity encouraging pedagogical framework for a standards-based middle school environment, A dissertation submitted to the Kent State University College of Education, Health, and

Human Services in partial fulfillment of the requirements for the degree of Doctor of Philosophy.

159. Phillips, D., McCartney, K., Scarr, S. (1987). Childcare quality and children's social development. Developmental Psychology, 23(4), 537-543. doi: 10.1037/0012-1649.23.4.537

160. Phillips, D., Mekos, D., Scarr, S., McCartney, K., Abbott-Shim, M. (2000). Within and beyond the classroom door: Assessing quality in childcare centres. Early Childhood Research Quarterly, 15(1), 475-496. doi: 10.1016/S0885-2006(01)00077-1

161. Plucker, J. A. 2000. Positive approaches to preventing school violence: Peace building in schools and communities. NASSP Bulletin, 84(614):1-4.

162. Plucker, J.A., Beghetto, R.A., Dow, G.T. (2004). Why isn't creativity more important to educational psychologists? Potentials, pitfalls, and future directions in creative research. Educational Psychologist, 39(2):83-96. doi: 10.1207/s15326985ep3902_1

163. Plucker, J. A., Beghieto, R. A. (2002). Education and Specificity- Generality, u: Creativity – From Potential to Realisation.

164. Popović-Ditić, B., Žunić-Pavlović, V. (2005). Prevencija prestupništva dece i omladine. Beograd: Ministarstvo prosvete i sporta Republike Srbije.

165. Poulin, F., Boivin, M. (2000a). Reactive and proactive aggression: evidence of a two-factor model. Psychol Assess. 2000a;12:115–122. [PubMed]

166. Prodromidis, M., Lamb, M. E., Sternberg, K. J., Hwang, C. P. & Broberg, A. G. (1995). Aggression and noncompliance among Swedish children in centre-based care, family day care and home care?

International Journal of Behavioural Development, 18(1), 43-62. doi: 10.1177/016502549501800103

167. Programsko usmjerenje odgoja i obrazovanja predškolske djece, Glasnik Ministarstva prosvjete i kulture, Zagreb, 1991., br. 7.-8.

168. Pulkkinen, L. (1996). Proactive and reactive aggression in early adolescence as precursors to anti- and prosocial behaviour in young adults. Aggr Behav. 1996;22:241–257.

169. Rados, K. (1923): Neki postupci u gajenju dece i devijantno ponašanje devojčica. Psihologija bt. 1-2,57-71

170. Raymond Trevor Bradley, R., Galvin, P., Atkinson, M i Tomasino, D., (2012) Global Advances in Health and Medicine; www.gahmj.com. https://www.heartmath. org/research/researchlibrary/educational/efficacy-of-an-emotion-selfregulation-programme-for-promoting-development-inpreschool-children/

171. Renzulli, J. (1998). The three-ring conception of giftedness. In S. Baum, S. Reis & L. Maxfield (Eds.), Nurturing the gifts and talents of primary grade students. Mansfield Centre, CT: Creative Learning Press. Retrieved May 20, 2006, from http://www. sp.uconn.edu/~nrcgt/sem/semart13.ht ml

172. Renzulli, J. S. (1977). The enrichment triad model: A guide for developing defensible programmes for the gifted and talented. Mansfield Centre, Conn.: Creative Learning Press.

173. Renzulli, J. S. (2006) A Practical System for Identifying Gifted and Talented Students. University of Connecticut: The National Research Centre on the Gifted and Talented. URL: http://www.gifted. uconn.edu/sem/semart04.html (02.02.2017.)

174. Reynolds, A. J., Ou, S. R. & Topitzes, J. W. (2004). Paths of effects of early childhood intervention on educational attainment and delinquency: A confirmatory analysis of the Chicago Child-Parent Centres. Child development, 75(5), 12991328. doi: 10.1111/j.1467-8624.2004.00742.x

175. Reynolds, A. J., Temple, J. A., Robertson, D. L., Mann, E. A. (2001). Age 21 cost-benefit analysis of the Title I Chicago Child-Parent Centre Programme. Madison, WI: University of Wisconsin.

176. Riley, T., Bevan-Brown, J., Bicknell, B., Carroll-Lind, A., Kearney, A. (2004). The extent, nature, and effectiveness of planned approaches in New Zealand schools for providing for gifted and talented students. Wellington, New Zealand: Ministry of Education Research Division.

177. Rolnick, A. J., Grunewald, R. (2003). Early childhood development: Economic development with a high public return. The Region, 17(4), 6-12.

178. Rosić, V. (1998). Obiteljska pedagogija. FF, Rijeka, Graftrade, Opatija dopunska.

179. Rossman, B. B. (1976). Art, creativity, and the elephant: Some clues to artistic creativity among the gifted. Gifted Child Q. 20:392–401.

180. Runco, A. M. (2002). Everyone has Creative Potential, u: Creativity – From Potential to Realisation.

181. Runco, M. (2007). Creativity theories and themes: Research, development, and practice. Burlington. MA: Elsevier Academic Press.

182. Russ, S. W. (1998). Play, creativity, and adaptive functioning: Implications for play interventions.

Journal of Clinical Child Psychology, 27(4):469480.
doi: 10.1207/s15374424jccp2704_11

183. Russ, S. W. (2004). Play in child development and
psychotherapy: Toward empirically supported practice. Mahwah, NJ: Lawrence Erlbaum Associates.

184. Russ, S., Grossman-McKee, A. (1990). Affective expression in children's fantasy play, primary process
thinking on the Rorschach, and divergent thinking. *Journal of Personality Assessment*, 54, 756–771.

185. Scheiwe, K. & Willekens, H. (2009). Childcare and
preschool development in Europe. Hampshire:
Palgrave Macmillan.

186. Schweinhart, L. J. (2003). Benefits, costs, and
explanation of High/Scope Perry Preschool pro-
gramme. Rad izložen na konferenciji Meeting of the
Society for Research in child development, Tampa,
FL. Schweinhart, L. J., Barnes, H. V. & Weikart,
D. P. (1993). Significant benefits: The High/Scope
Perry Preschool study through age 27. Ypsilanti,
MI: HighScope Press.

187. Scotti, J. R. & Morris, T. L. (2000). Diagnosis and
classification. In M. Hersen & R. T. Ammerman (Eds.)
Advanced Abnormal Child Psychology. Mahwah,
NJ: Erlbaum

188. Shonkoff, J. P., Phillips, D. A. (Eds.). (2000). From
neurons to neighbourhoods: The science of early child
development. Washington, D.C.: National Academies
Press, National Research Council, Committee on
Integrating the Scien

189. Simonton, D. K. (1980e). Thematic fame, melodic
originality, and musical zeitgeist: A biographical

and transhistorical content analysis. *Journal of Personality and Social Psychology*, 38, 972-983. ABS/PDF 1981

190. Sindik J. I okvirna psihološka procjena može doprinijeti prevenciji pojave posebnih potreba predškolske djece. Hrvatski časopis za javno zdravstvo, 2008;4:14.

191. Sindik, J., (2009). Kineziološki programi u dječjim vrtićima kao sredstvo očuvanja djetetova zdravlja i poticanja razvoja, Coden: MEJAD6 39 (2009) 1-2

192. Singer, D. G., Singer, J. L. (1990). The house of make-believe: Children's play and the developing imagination. Cambridge, MA: Harvard University Press.

193. Singer, D. L., Rummo, J. (1973). Ideational creativity and behavioural style in kindergarten age children. Developmental Psychology, 8, 154–161.

194. Slunjski, E. i saradnici (2015). Izvan okvira – kvalitativni iskoraci u shvaćanju i oblikovanju predškolskog kurikuluma. Zagreb: Element. 4.

195. Slunjski, E. (2008.): Dječji vrtić zajednica koja uči – mjesto, dijaloga, suradnje i zajedničkog učenja. Zagreb: Spektar media.

196. Sowislo, J. F., Orth, U. (2013). Does low self-esteem predict depression and anxiety? A meta-analysis of longitudinal studies. Psychological Bulletin, 139(1):213-240. doi: 10.1037/a0028931

197. Stevanović, M. (1986). Kreativnost nastavnika i učenika u nastavi, Istarska naklada, Pula.

198. Stevanović, M. (1999). Kreatologija, Tonimir, Varaždinske Toplice.

199. Stevanović, M. (2005). Razvijanje komunikativnih sposobnosti kod učenika, Didaktički putokazi, Zenica, 35/.

200. Stevanović, M. i Stevanović, D. (2004). Predškolsko dijete budućnosti, Varaždinske Toplice, 2004.

201. Stevanović, M. (1984). Istraživanje učenika u nastavi, Loznica.

202. Stevanović, M. (1985). Učenje putem rješavanja problema u nastavi književnosti, Beograd.

203. Stevanović, M. (1986). Osposobljavanje učenika za samostalnu interpretaciju tekstova. Gornji Milanovac.

204. Stevanović, M. (1989). Osposobljavanje učenika za permanentno obrazovanje, Centar za povijesna istraživanja, Rovinj.

205. Stevanović, M. (1994). Vrednovanje stvaralaštva u obrazovanju. Građevinski fakultet, Rijeka.

206. Stevanović, M. (1996). Kreativna primjena udžbenika u nastavi, Pula.

207. Stevanović, M. (1997). Edukacija za stvaralaštvo, Tonimir, Varaždinske Toplice.

208. Stevanović, M. (1998). Didaktika, Tuzla.

209. Stevanović, M. (1998). Metode recepcije u nastavi, R & S, Tuzla.

210. Stevanović, M. (1998). Modeli stvaralaštva, Tonimir, Varaždinske Toplice, 1998.

211. Stevanović, M. (1998). Odgoj u obitelji i školi, Pula.

212. Stevanović, M. (2001) Predškolska pedagogija, R & S, Tuzla.

213. Stevanović, M. (2001). Kvalitetna škola i stvaralaštvo, Tonimir, Varaždinske Toplice.

214. Stevanović, M. (2001). Udžbenik u kvalitetnoj nastavi, Gračanica.

215. Stevanović, M. (2002). Interaktivna stvaralačka edukacija, Andromeda, Rijeka.

216. Stevanović, M. (2002). Pedagogija, Tonimir, Varaždinske Toplice.

217. Stevanović, M. (2002). Škola i stvaralaštvo, Mediadesing, Labin.

218. Stevanović, M. (2003). Kreatologija, Digital point, Rijeka.

219. Stevanović, M. (2003). Model kreativne nastave, Andromeda, II. izdanje. Rijeka, 2003.

220. Stevanović, M. (2003). Nastavnik odgajatelj umjetnik, Tonimir, Varaždinske Toplice, 2003.

221. Stevanović, M. (2003). Nastavnik odgajatelj, umjetnik, Tonimir, Varaždinske Toplice, 2003.

222. Stevanović, M. (2003). Predškolska pedagogija, Andromeda, Rijeka.

223. Stevanović, M. (2003). Stvaralačka edukacija, Andromeda, Rijeka.

224. Stevanović, M. (2006). Kreativno vođenje u vrtiću i školi, Andromeda.

225. Stevanović, M.82000). Modelski pristup pripremanja djece za cjeloživotno učenje, Čakovec,2000.

226. Supek, Rudi (1987). Dijete i kreativnost, Zagreb: Globus.

227. Taylor, C. W. (Ed.). (1964). Widening horizons in creativity. New York: John Wiley.

228. Teplov, B. M. (2000). Ability and talent Psychology of individual differences. Moscow: ChRo

229. Torrance, E.P. 1990. The Torrance tests of creative thinking norms-technical manual figural (treamlined) forms A & B. Bensenville, IL: Scholastic Testing Service, Inc.

230. Torrance, E. P. (1972). Can we teach children to think creatively? The Journal of Creative Behaviour, 6, 114-143.

231. Torrance, E. P. (1976) Guiding Creative Talent (65-83). Huntington: Krieger

232. Torrance, E. P., Rockenstein, Z. L. (1988). Styles of thinking and creativity. In R. R. Schmeck (Ed.), Learning strategies and learning styles (pp. 275290). New York: Plenum Press.

233. Torrance, E. P. (1974). Torrance tests of creative thinking. Lexington, MA: Ginn/Personnel Press.

234. Vandell, D. L., Corasaniti, M. A. (1990). Variations in early childcare: Do they predict subsequent social, emotional, and cognitive differences? Early Childhood Research Quarterly, 5(1), 555-572. doi: 10.1016/08852006(90)90019-W

235. Vandell, D. L. (2004). Early childcare: The known and the unknown. Merrill-Palmer Quarterly, 50(3), 387-409. doi: 10.1353/mpq.2004.0027

236. Vandell, D. L., Belsky, J., Burchinal, M., Steinberg, L., Vandergrift, N. (2010). Do the effects of early childcare extend to the age of 15 years? Results from the NICHD Study of early childcare and youth development. Child development, 81(3), 737-756. doi: 10.1111/j.14678624.2010.01431.x

237. Varin, D., Crugnola, C. R., Molina, P., Ripamonti, C. (1996). Critical period in the development of attachment and the age of entry into day care. *European Journal of Psychology in Education*, 11(2), 215-229. doi: 10.1007/BF03172726

238. Violato, C., Rusell, C. (2000). A meta-analysis of the published research on the psychological effects of nonmaternal care on child development: Social policy implications. Rad izložen na konferenciji 34th Annual Meetings of the Canadian Economics

Association at the University of British Columbia, Vancouver.

239. Vitaro, F., Barker, E. D., Boivin, M., Brendgen, M., Tremblay, R. E. (2000). Do early difficult temperament and harsh parenting differentially predict reactive and proactive aggression? *J Abnorm Child Psychol. PubMed*

240. Widiger, T. A. (1997). The construct of mental disorder. Clinical Psychology: Science and Practice, 4, 262–266

241. Zloković, J. (1998). Školski neuspjeh – problem učenika, roditelja i učitelja, Filozofski fakultet u Rijeci

242. Žagar Kavran, B., Trajkovski, B., Tomac, Z. (2015) Utjecaj jutarnje tjelovježbe djece predškolske dobi na promjene nekih motorikih i funkcionalnih sposobnosti, Teorijski i praktični problemi i rasprave, Fakultet za odgojne I obrazovne znanosti, Osijek

243. Žičoć Marković, K., Stibilj Batinić, T., Krističević, T. (2012) Kinesiological prevention in preschooland early school education, kineziološka prevencija u predškolskoj i razrednoj nastavi, Faculty of Kinesiology University of Zagrebu, Croatia, Zagreb Health School, Croatia, Hrvat. Športskomed. Vjesn. 27: 108-114

244. Živčić, K., Trajkovski Višić, B., Sentderdi, M. (2008). Changes in some of the motor abilities of preschool children (age four). Facta Universitatis. Series: physical education and sport Series: Physical Education and Sport. 6 (1), 41-50.

245. Žunić-Pavlović, V., Kovačević-Lepojević, M. (2010). Uvod: Savremeni pristupi u prevenciji i tretmanu poremećaja ponašanja. U V. Žunić-Pavlović, M. Kovačević-Lepojević (Ur.), Prevencija i tretman poremećaja ponašanja (str. 9-38). Beograd: Fakultet za specijalnu edukaciju i rehabilitaciju, Izdavački centar.

EIN HERZ FÜR AUTOREN A HEART FOR AUTHORS À L'ÉCOUTE DES AUTEURS MIA KAPΔI
HJÄRTA FÖR FÖRFATTARE UN CORAZÓN POR LOS AUTORES YAZARLARIMIZA GÖNÜL V
CUORE PER AUTORI ET HJERTE FOR FORFATTERE EEN HART VOOR SCHRIJVERS TEMC
SZÍVÜNKÉRT SERCE DLA AUTORÓW EIN HERZ FÜR AUTOREN A HEART FOR AUTHOR
CORAÇÃO ВСЕЙ ДУШОЙ К АВТОРАМ ETT HJÄRTA FÖR FÖRFATTARE À LA ESCUCHA DE
AUTEURS MIA KAPΔIA ΓΙΑ ΣΥΓΓΡΑΦΕΙΣ UN CUORE PER AUTORI ET HJERTE FOR FORFAT
YAZARLARIMIZA GÖNÜL VERELIM ERZÖINKÉRT SERCE DLA AUTORÓW EI
FÖR SCHRIJVERS TEMOS ESCRITORAÇÃO ВСЕЙ ДУШОЙ К АВТОРАМ ETT

The author

Doris Stevanovic was born in Zagreb in 1959.
She attended a university in Pula and majored
in philosophy. She dedicated herself to studying
preschool education and was the Educator and
Director of the former kindergarten 'Doris's Flowers in Pula. She also founded a kindergarten in
Sijani. She presented and published a programme
titled Doris's Flowers at a press conference in Pula
in 2003. She was the first headmistress of the
kindergarten and authored and presented a paper
titled 'Encyclopedia of chldren's five-minute activities. She adopted an experimental programme
titled 'Lifelong Learning of preschool children.'
She was awarded numerous diplomas for 'Selfless
Educational and Humanitarian Contributions' for
her work at Doris's Flowers and collaborated on
numerous projects and published many research
studies about preschool education; together with
other researchers on pedagogy and participated in
various scientific conferences.